邹广胜 著

人的乌托邦

生活·讀書·新知
三联书店

图书在版编目(CIP)数据

人的乌托邦 / 邹广胜著. —北京:生活·读书·
新知三联书店,2021.3
ISBN 978 - 7 - 108 - 07025 - 8

Ⅰ.①人… Ⅱ.①邹… Ⅲ.①乌托邦-研究-世界
Ⅳ.①D091.6

中国版本图书馆 CIP 数据核字(2020)第 255687 号

责任编辑　王秦伟　成　华
封面设计　米　兰
责任印制　黄雪明
出版发行　生活·讀書·新知 三联书店
　　　　　(北京市东城区美术馆东街 22 号)
邮　　编　100010
印　　刷　常熟市文化印刷有限公司
排　　版　南京前锦排版服务有限公司
版　　次　2021 年 3 月第 1 版
　　　　　2021 年 3 月第 1 次印刷
开　　本　880 毫米×1230 毫米　1/32　印张　13.375
字　　数　278 千字
定　　价　48.00 元

序　人的乌托邦

　　关于人的基本观念包括人是什么和人应该是什么两个方面，人是什么是对现实中的人的基本状况进行揭示，而人应该是什么则是对人的可能性生存、完美的人性进行思考，为人及社会文明的未来走向提供理论的探讨。对未来的思考，不仅是对生活与社会的思考，对人未来全面发展的可能性做出富有想象力的思考（这些乃是人本性的一个重要组成部分），也是人展望未来，反对对当前现实消极默认、展示人类使命的一个重要方面。完美的人即人的乌托邦是乌托邦理论的基点，也是它的出发点与最终归宿。人的全面发展与人的根本解放，不仅仅是经济上的富有，更是精神上的自由与丰富；不是片面的单向性的人，全面的、多样性的、有无限广度与深度的可能性的人才是人发展的真正目标。理想的人是人的多样性与内在丰富性的完美统一。无论是古希腊还是中国古代的哲人，直至马克思主义理论家都异常精辟地探讨了人的乌托邦问题，即为全面的人的丰富内涵及如何实现人的全面性、丰富性问题做出了自己独特的理论贡献。

　　对人的乌托邦，也就是完美的人的思考，亚里士多德的

《诗学》中就很明确地论述了这个问题，他认为诗人的工作之所以与历史学家不同，其原因在于诗人是描述应该有的事，他说："诗人的职责不在于描写已发生的事，而在于描述可能发生的事，即按照可然律或必然律可能发生的事。历史家与诗人的差别不在于一用散文，一用'韵文'；希罗多德的著作可以改写为'韵文'，但仍是一种历史，有没有韵律都是一样；两者的差别在于一叙述已发生的事，一描述可能发生的事。因此写诗这种活动比写历史更富于哲学意味，更被严肃的对待。"① 亚里士多德把对文学的思考与对人的乌托邦的思考紧密联系在一起，他在《诗学》中区分喜剧与悲剧时说，喜剧倾向于表现比今天的人差的人，而悲剧则倾向于表现比今天的人好的人，等等。这些内容是对这个问题更为具体的论述。亚里士多德的文学理论不是关于既成事物的构成原理，而是关于应有事物的调整理论；不是对过去的怀恋，也不是对现实的默认，而是对未来的预言，让人们面向未来而生存。亚里士多德对文学与历史的区分，充分显示了他对人是什么，人应该是什么的思考，而这种对可能性的思考是与对事物普遍性、类性、自在自为的本体的思考联系在一起的。他说柏拉图是第一个对哲学研究提出更深刻的要求的人，其原因在于柏拉图要求哲学认识的对象并不是事物的特殊性而是它们的普遍性、类性，善并不是个别的善，而是善本身，美也不是个别的美，而是美本身。对理想人生、可能生活、普遍规则的思考是哲学家与艺术家相对于科学家、政治家对人生所做出的特殊

---

① 亚里士多德：《诗学》，罗念生译，人民文学出版社，1997年，第28—29页。

贡献。西方文化强大的理性传统并不仅仅表现在科学之中，同样也表现在对人的"应该""可能"的存在状态的思考与探索上。

亚里士多德对文学作用的看法来自他对人本性的深刻认识。在他看来，人的灵魂有一个理性的部分和一个非理性的部分，非理性的部分为一切生物和植物所共有，理智与欲望，理性与反理性的区别正是人是否有自制能力的表现。亚里士多德的这种区分来自他的老师柏拉图关于灵魂三驾马车的描述。柏拉图认为，人的灵魂正如一驾马车，其中两部分像两匹马，一匹驯良，一匹顽劣，第三部分则像一个御车人，与此相对应的则是人性中的理智、意志与情欲，他对理想国的设定则完全贯穿了他对人性的分析，国家的结构与人性的结构相对应，其中有相当于理智的哲学家，相当于意志的武士，相当于情欲的工商阶层，武士工商受哲学的控制，正如人性中的理性必须控制情欲一样。[①] 柏拉图之所以要把艺术驱逐出他的理想国，其原因在于，在他看来，艺术无非是一种表现，甚至是迎合满足了人性中无理性的情欲部分，滋养了人的感伤癖与哀怜癖，而这都不利于培养理想国的统治者与保卫者，艺术必须服务于人生，用效用来衡量，这是柏拉图的基本理念。柏拉图与亚里士多德哲学中的节制原则就来自他们对人性的共同认识，人的欲望必须得到理性的控制，只有这样，人自身、人生存其中的社会才可能得到合理的存在与发展，否则无理性的过度扩张与膨胀只会导致人自身的毁灭。追求享乐虽为人之本

---

① 《柏拉图文艺对话集》，朱光潜译，人民文学出版社，1997年，第131、321页。

能，但只有有理性的节制之人才能使自己与社会共同和谐发展。所以，亚里士多德在《尼各马科伦理学》中反复论证伦理学的基本原则就是中庸之道，伦理学是关于快乐与痛苦的科学，而快乐与痛苦的根本原则就在于要始终保持中庸之道，既不要过度，也不要不及，他们的老师苏格拉底就是这样的范例。

我们在柏拉图的对话中就能深刻认识到苏格拉底作为一个伟大的节制者的形象，他每天早晨总要坚持散步及各种体育锻炼就是为了能控制自己的欲望，使之保持一种理想状态。他告诫年轻人，克尔凯（Circe）正是借着大摆筵席才把人变成猪的，俄底修斯（Odysseus）也是由于听了赫尔米斯（Hermes）的忠告，能够自我克制，不吃他的美食，也就没有变成猪；他甚至劝听他演讲的年轻人要躲避情欲与美女的诱惑，它们比毒蜘蛛还要厉害，因为毒蜘蛛只有在接触人体时才能释放毒液，而它们在接触身体之前就远远地释放了自己的魔力，使人不能克制自我。苏格拉底时刻克制自我，忍饥耐渴，抵御瞌睡及各种情欲的侵袭，在磨炼自己身体与意志的同时也就享受了最大的快乐。所以，黑格尔在《哲学史讲演录》中说："苏格拉底是各类美德的典型：智慧、谦逊、节约、有节制、公正、勇敢、坚韧、坚持正义来对抗僭主与平民，不贪财，不追逐权力。苏格拉底是具有这些美德的一个人，——一个恬静的、虔诚的道德形象。"[①]苏格拉底的形象是西方文化中和耶稣一样处于圣人地位的哲人形象，他既不追求金钱，也不追求名利。他的一生是追求真

---

① 黑格尔：《哲学史讲演录》第二卷，贺麟、王太庆译，商务印书馆，1978年，第49—50页。

理的一生，为追求真理付出了一切，快乐、财产、家庭，以至生命。同时他不任公职，把自己的一生都花在教育年轻人，同他们讨论真理、正义、合法的政府、理想的官员、完美的人上，个体的完美与社会的和谐正是他的最终追求。苏格拉底时刻以德尔菲神庙(Delphi)的"认识你自己"作为自己的座右铭，认识自己就是认识自己的局限，认识自己作为人的软弱，时刻以道德的意志、真理的力量来规范自己的思想行为。苏格拉底求真、求善、谦虚、坚韧的特点乃是中外圣人无不具有的根本特点，印度的释迦牟尼、甘地，中国的老子、庄子都无不如此。

人的问题同样是马克思主义美学的根本问题，既是其出发点也是其归宿，是贯穿马克思主义美学始终的核心问题。马克思关于人与社会根本问题的论述与解决问题的根本方法之间保持着内在的一致性，这在《1844年经济学哲学手稿》中论述得最为清楚。首先，贯穿手稿始终的一个根本问题就是人的全面发展与人的根本解放问题。人的解放不仅仅是经济上的富有，肉体上的健康，更是精神上的自由与满足，是多样性与内在丰富性的完美统一。马克思对人的全面丰富性的发展论述得更为透彻：人是一个整体的人，它以一种全面的方式来占有世界，同时也以一种全面的方式来彰显自己的本质存在，它与世界的任何一种对话关系中，它的一切器官都起着不可替代的重要作用，视觉、听觉、嗅觉、味觉、触觉、思维、直观、情感、愿望、活动、爱恨情仇等等都是作为个体独特存在的不可或缺的一部分，内在的全面丰富性与外在的和谐一致正是他完美自我的标志。无论马克思还是恩格斯都以人的全面发展作为自己的人生目标，虽然二者个性各异，但仅以语言学为例,二者都精通多种语言。保尔·拉法格在《回忆恩格斯》一文中提到恩格斯曾用一个流浪汉的家乡话和对方交谈,竟使这个流浪汉"听到乡音,高兴得留下来眼泪"。他还特别提到恩格斯在语言学上的博学,他说:"恩格斯一激动就有点口吃,一个巴黎公社流亡者曾经开玩笑地说'恩格斯能结结巴巴地说二十种语言'。"①恩格斯这种全面的修养,及其道德上所坚守的善良原则往往是很多博学的人所最为匮乏的,因为博学往往导致人的高高在上。私有制下的人更是这样,对效率及个人利益最大化的无限追求使人变得片面而极端,它把人及人的所有器官分别进行利用,当作满足欲望的对象或手段,而不是当作目的来消费,人在劳动过程中被强烈的欲望所牵引,被机械化的手段所控制,被异化的人际关系所左右,同样也被异化的本性所折磨,人的精神与肉体都在这种巨大的异化之中被狭隘的物质价值判断所激荡,在畸形的利害关系之中被扭曲。

在人的各种社会活动之中,马克思更多地注重思考经济活动中的人、人与人及人与物的关系,特别是仅仅能维持生存的工人阶级的状况及被金钱所异化的资本家的精神生活。资本主义私有制与政治制度直接导致了工人阶级身体的畸形,精神的空洞与日常生活的机械化,要实现从动物般的工具到真正自由的人的身份的转化,实现普遍的人的全面发展与解放,就必须把人从异化的人与物、人与人的对立关系中解放出来,打破既存的资本主义私有制经济关系与政治制度。马克

---

① 保尔·拉法格著,中共中央马克思恩格斯列宁斯大林著作编译局编:《回忆恩格斯》,人民出版社,2005年,第27页。

思对货币万能论的批判更是振聋发聩。马克思说："依靠货币而对我存在的东西，我能为之付钱的东西，即货币能购买的东西，那就是我——货币占有者本身。货币的力量多大，我的力量就多大。货币的特性就是我的——货币占有者的——特性和本质力量。因此，我是什么和我能够做什么，决不是由我的个人特征决定的。我是丑的，但我能给我买到最美的女人。可见，我并不丑，因为丑的作用，丑的吓人的力量，被货币化为乌有了。我——就我的个人特征而言——是个跛子，可是货币使我获得二十四只脚；可见，我并不是跛子。我是一个邪恶的、不诚实的、没有良心的、没有头脑的人，可是货币是受尊敬的，因此，它的占有者也受尊敬。货币是最高的善，因此，它的占有者也是善的。此外，货币使我不用费力就成为不诚实的人，因此，我事先就被认定是诚实的。我是没有头脑的，但货币是万物的实际的头脑，货币占有者又怎么会没有头脑呢？再说他可以给自己买到有头脑的人，而能够支配颇有头脑者的人，不是比颇有头脑者更有头脑吗？既然我有能力凭借货币得到人心所渴望的一切，那我不是具有人的一切能力了吗？这样，我的货币不是就把我的一切无能力变成它们的对立物了吗？如果货币是把我同人的生活，同社会，同自然界和人联结起来的纽带，那么货币难道不是一切纽带的纽带吗？它难道不能够把一切纽带解开和联结在一起吗？因此，它难道不也是通用的分离剂吗？它既是地地道道的辅币，也是地地道道的黏合剂；它是社会的电化学势。"[①]即使在今日，我们也不

① 马克思著，中共中央马克思恩格斯列宁斯大林著作编译局编：《1844年经济学哲学手稿》，人民出版社，2008年，第143—144页。

能说他的精彩论述已经过时。

马克思对资本主义经济及社会条件下人性及人格异化的分析直接来自他对当时社会现实的观察与思考，他反对把现实与理念颠倒的做法，关注现实，研究现实，从现实中引申出解决问题的方法与途径。当然这一切都有一个根本的前提，那就是马克思对人与社会的完美设想，正是这个完美的设想，并时刻努力把自己完美的设想用以改造现实中的人与社会，所以他的著作充满了强烈的批判现实精神，从现实的原则出发，从人与人之间的真实存在的社会关系出发来思考解决社会与人生的各种问题。马克思所说的人不是一种抽象的人、超越任何价值存在的自我意识，而是现实的自然存在的活生生的人。不过这种自然的人并不是人的永恒存在，它不过是短暂的、朝着人的完美方向不断前进的一个中间站，资本主义的异化不过是整个发展过程的一个短暂过渡，一个早晚都要被超越的瞬间过程。正是对这个看似有着乌托邦性质的过程与最终目标的确认与坚信使马克思的一生充满了乐观向上的精神，无论在任何艰难困苦的情况下都能始终以一种昂扬的姿态来面对现实，并迎接将来。正如王国维在《人间词话》中所说的，艺术家"有造境，有写境，此理想与写实二派之所由分。然二者颇难分别。因大诗人所造之境，必合乎自然，所写之境，亦必邻于理想故也"。马克思对人类未来理想的坚信，正是他坚守人的全面发展的理念的显现，后来的西方马克思主义者也大多沿着这条道路前进，在新的语境下解决新的问题。

马克思相对于他之前的思想家所做的独特贡献就在于，

他深刻揭示了资本主义私有制制度下，这个以追求效率为标志，并以强大的社会阶层对立为基础的经济及社会制度下，人，不管是劳动者还是资产者都面临的反人性的异化问题。人的任何一项感官自然都是人的无限丰富性的一部分，都是人完整存在的不可分割的一个方面。但这种制度下，可以用来欣赏音乐的耳朵，可以用来观看绘画的眼睛，可以用来阅读文学作品的心灵，都被一种更为功利、更注重效率，也更为畸形的利害原则所替代。人所谓的本质力量往往仅仅体现在对原始生存意义的物质与本能的追求上，对音乐、绘画、文学美感的欣赏被残酷的生存原则所驱逐，从而使人原本全面、丰富、和谐的心性变得片面而麻木。只有对物质不断强烈的占有欲，只有利用消费的牵引才能激发人的内在动力。消费的对象不仅仅是物质的商品，同样也包括人的自由与尊严、人与人的亲密关系。人无论在肉体上还是在精神上都被一种强烈而狭隘的物质价值判断所异化，人的肉体与精神只有在占有控制支配的情景下才能获得自己的存在感。人被彻底地异化，非人无所不在，无产者被自己的创造物所异化，资产者则被自己的追求目标即权力与金钱所异化。特别是无产者更是如此，他们的劳动没有享受与尊严，牛马般的辛苦在给资本家生产尊严与财富的同时，也为自己生产了赤贫与低贱，他们创造的财富愈多，社会愈完善，自己就愈贫穷、愈畸形，他们不过是资产者获得利润的机器而已。截然的对立并没有使看似胜利的资本家获得更好的结果，他们被自己无限膨胀的欲望，被对金钱的攫取，商品的崇拜，畸形的人与人的关系所扭曲，人的自由、快乐、善良均已荡然无存。马克思之所以能深刻揭示在资本主义文化语境下人的异化状况,就在于他时刻把具有全部丰富性的人性,具有无限可能性、全面而深刻的人作为自己理论的出发点与参照系,同时也作为自己人生奋斗及全人类社会发展的最终目标。仅以他与恩格斯的友谊为例,就足以在人类精神文明的发展史上写上浓重的一笔,正如列宁所指出的:"为了帮助马克思一家免遭饥饿之苦,使马克思能够完成《资本论》的写作,恩格斯决定重返曼彻斯特,回到'该死的生意'中去,从 1850 年 11 月到 1870 年 9 月,他在曼彻斯特居住了将近 20 年。如果不是恩格斯经常在经济上舍己援助,马克思不但不能写成《资本论》,而且定会死于贫困。"[1]

中国文化初期的大儒们也开始了对人的乌托邦的思考,他们甚至身体力行自己的主张,孔、孟、老、庄无不如此,最典型的就是儒家的修身、齐家、治国、平天下。完美的人格乃是一切问题的关键,如果没有了完美的人性,那一切都无从谈起,一切都是空中楼阁。在儒家看来,礼、乐、政、刑的根本目都是一致的,都是为了社会的和谐与统一,也就是《礼记》中所谓"礼以道其志,乐以和其声,政以一其行,刑以防其奸"。"礼节民心,乐和民声,政以行之,刑以防之。"[2]礼、乐、政、刑的目的无不是为了控制人的欲望,从而达到社会的大治。当然他们还没有达到康德、马克思所谓人的完善乃社会进步的重要标志,过分强调了人的完善作为社会大治的手段与中介作用,但对人的完善的要求却是共通的。

---

① 保尔·拉法格著,中共中央马克思恩格斯列宁斯大林著作编译局编:《回忆马克思》,人民出版社,2005 年,第 51 页。

② 杨天宇:《礼记译注》,上海古籍出版社,2004 年,第 468、472 页。

儒家要求人要做到礼、乐、射、御、书、数等六艺的全面修养，用今日的表述就是德、智、体全面发展，我们在《诗经·卢令》"其人美且仁"、《叔于田》"洵美且仁"、《郑风·羔裘》"洵直且侯"、《有女同车》"洵美且都"等中就可看到儒家对人格中美、善、智完美结合的追求。《论语》中孔子说自己"十室之邑，必有忠信如丘焉，不如丘之好学也"（《公冶长》），"骥不称其力，称其德也"（《宪问》）等都表明孔子坚守自我、追求完美人格的强烈愿望，这和马克思《1844 年经济学哲学手稿》中的观点几乎是相通的。仅以音乐为例，儒家的经典文献《乐记》中就进行了全面的论述，特别是音乐的教育作用、对人内心世界的感化作用、对社会移风易俗的作用等都论述得鞭辟入里：嘈杂的声音产生烦乱的情绪，从而产生邪恶的音乐，导致人不正确的行为；纯正的声音产生和顺的情绪，从而产生优美的音乐，令人做出正确的行为，和谐的内心与和谐的社会有着同构的关系，音乐能从整体上反映一个人、一个社会整体上的基本风貌。这种音乐观与美学观正与"美是道德上的善的象征"这一理念完全一致。儒家，包括孔子，并不是禁欲主义者，他们要求人们的是要合理地实现欲望，但应适可而止，欲望不要过分放纵，志不可满，否则就会乐不可极。当然这种中庸之道并不是一般人所能轻易达到的，即使像颜渊这样好学上进之人，也很难达到。但是，中庸之道作为儒家设定的人性乌托邦乃是一种恒久的标准，正如孔子所说："天下国家可均也，爵禄可辞也，白刃可蹈也，中庸不可能也。"因为中庸不仅意味着内心的和谐，同样也意味着人与人、人与自然、人与社会、人与自我的和谐。

道德修养作为贯穿中国传统文化的一个基本原则，是知行合一原则的具体体现，《文心雕龙·程器》中详细地阐明了这个原则，而这个原则在今日过分强调作者与文本分离的时代语境下则淡出了文学研究的视野。人品、文品之争乃是中国文论史上的老问题，从道家的言不尽意始，到《文心雕龙·程器》，再到钱锺书的《文如其人》等都深入地讨论了这个问题。《文心雕龙·程器》分两部分讨论了作家及政治家，特别是文学家的道德问题，它根据《尚书·周书·梓材》的标准，列举了历代文人及武士的各种瑕疵。但实事求是的刘勰讲："盖人禀五材，修短殊用，自非上哲，难以求备。"人有缺点是很正常的，正如中国大量的知识分子在复杂历史语境下的表现一样，并不是任何人都是"圣哲"，不能求全责备。然而刘勰并不因此就陷入无可奈何的境地，他又说："若夫屈贾之忠贞，邹枚之机觉，黄香之淳孝，徐幹之沉默，岂曰文士，必其玷欤！"①虽然中国古代的文人有各种各样的问题，顺势者飞黄腾达，逆势者则处江湖之远，至如屈原、司马迁、刘勰者，或自杀，或出家，或忍辱负重以待将来，但文人理想的旗帜在中国传统中从未衰落，历代文人也从未中断对此问题的思考与宣扬。儒家常常把尧舜、文武、孔孟等组成一个圣人系统，至荀子把圣、王联系在一起就使此圣人系统发生了根本的转向，但从个体到群体再到人类，"修身、齐家、治国、平天下"的根本要求并没有发生改变。

　　人们常常引用康德在《实践理性批判》中所说的话："有两

---

　　①　周振甫：《文心雕龙译注》，中华书局，1992年，第438—439页。

样东西，我们愈经常愈持久地加以思索，它们就愈使心灵充满日新月异、有加无已的景仰和敬畏：在我之上的星空和居我心中的道德法则。"①正是人心中的道德感决定了人之为人，人与自然同样的伟大之处。这种道德感与道德本身，也就是人类社会对人的基本要求与设想并不如那些过度的民族主义者与民粹主义者所想象的那样差别很大。读过《回忆苏格拉底》《回忆马克思》《论语》的都知道，甚至他们的个性也不像人们想象的那样差别很大。正如《易经·系辞下》所说的，"天下同归而殊途，一致而百虑"。《荀子·解蔽》讲"天下无二道，圣人无二心"，钱锺书《谈艺录》说"东海西海，心理攸同"都是讲这个道理，人的乌托邦正如完美的人一样，我们可以借用托尔斯泰的话"幸福的家庭都相似，不幸的家庭却各有各的不幸"说，完美的人都相似，有缺陷的人却各有各的毛病。

在这个到处充满符号与表象的物质化时代里，任何关于真善美的终极思考都已被各种后理论解构得体无完肤，从而在人的日常生活中也了无踪影。然而对那些始终沉着而坚定的生活着的人，真善美却又是那么的清晰而稳固。纷繁的交通、疯狂的网络、奇异的趣好既展示了人丰富流动的一面；同时也彰显了其相通相同的一面；民族性、时代感正如追逐狂风暴雨的车轮，也如急于满足人心的快餐；然而驻足静观、沉心深思确应是少数人应该承担的无法逃避的责任。然而今日的我们却往往陷在"仅仅谈论"的范畴里，很少，甚至根本没有想到用此问题来烦恼自己，反思自身，正如德尔菲神庙的教导

---

① 康德：《实践理性批判》，韩水法译，商务印书馆，2000 年，第 177 页。

"认识你自己"已很难达到,更不要说知行合一地去践行种思想,而反思与践行正是问题的关键。先哲的教诲除了书本上的知识外,还告诉我们,知行合一才是问题的真正实质,苏格拉底、耶稣、释迦牟尼、孔子、马克思等这些古今中外的圣哲所共仰的理想无不体现着这一原则,虽然他们之间也有差别,但都是真善美完美结合的典型。他们大多离我们已千年之久,近者也有百年之遥,其光辉的理想却是人类共同的榜样,他们知行合一的原则正是我们反思自身人生所必不可缺的。古今中外这些看似简单而朴实的关于人的乌托邦的真理,在所谓后现代众生喧哗的语境中,在物欲横流为生活奔突不已的日常慌乱中早已被悬置。我们迷失了方向,也迷失了自我,早已忘却了先哲这些直指人心的教导,我们对先哲的谈论与思考也许有某些启迪意义。

目　录

一 孔子与苏格拉底

　　儒教经典中的孔子形象与古希腊典籍中的苏格拉底形象是中西文化关于知识分子形象最为典型的描述，二者在中西文化中的影响是无与伦比的。知识分子是最能体现一个民族精神传统与文化价值观念的人物，知识分子在对普遍性的追求与对个体意义的思考的同时成为一个民族的精神领袖与普遍价值观念的真正代言人，知识分子作为一个民族的精英分子的集合，应该以探讨一个民族的未来，反思它的过去，认识它的现在为目标，同时要不断反思自己的合法性。文学与文化理论的重大问题大都和知识分子的精神历程与历史命运密切联系在一起。对于我们这个民族来说，教育乃是一种异常稀缺的资源，因此思考知识分子对于民族发展与进步的意义就更为重要。韦伯在一篇题为《以学术为业》的演讲中提出"教师不应是领袖"，因为"在讲台上他们只能处于教师的位置",“如果听任所有的学院老师在课堂上扮演领袖的角色,情况将更为严重。因为,大多数以领袖自居的人,往往是最不具备这种角色能力的人。最重要的是,不管他们是不是领袖,他们的位置根本没有为他们提供就此做出自我证明的机会。教授感到他有做年轻人顾问的职责,并享有他们的信任,他可以由此证明自己同年轻人私交不错。如果他感到,他的职责是介入世界观和政治意见的斗争,他大可以到外面去,到生活的市场去这样做,在报章上,集会上,或无论他喜欢的什么地方。但是,在听众可能有不同看法,却被责令保持沉默的地方,让他来炫耀自己信仰的勇气,这未免太容易了"。① 但是关于是否“介入世界观和政治意见的斗争”,一定有很多争论,而这个争论正是中西文化关于知识分子根本不同理念的真正焦点。

恩格斯在《自然辩证法》中论述文艺复兴时说:“这是人类以往从来没有经历过的一次最伟大的、进步的变革,是一个需要巨人而且产生了巨人——在思维能力、激情和性格方面,在多才多艺和学识渊博方面的巨人的时代。给资产阶级的现代统治打下基础的人物,绝不是囿于小市民习气的人。”而且分析了这些巨人成功的根本原因与时代的密切联系。他说:“他们的特征是他们几乎全部都处在时代运动中,在实际斗争中生活着和活动着,站在这一方面或那一方面进行斗争,有人用舌和笔,有人用剑,有人则两者并用。因此就有了使他们成为全面的人的那种性格上的丰富和力量。书斋里的学问是例外:他们不是第二流或第三流的人物,就是唯恐烧着自己手

---

① 马克斯·韦伯:《学术与政治》,冯克利译,生活·读书·新知三联书店,2005 年,第 42—43 页。

指的小心翼翼的庸人。"①在恩格斯看来真正巨人的产生是与时代和社会分不开的,书斋里不可能产生大师,只有迎着时代的需要,为时代的需要而奋斗的人才有可能成为时代真正需要的人。然而这些巨人与时代的真正联系并不仅仅是指他们直接对现实生活的介入,而是指他们用自己的方式提出,甚至是回答了时代所面临和亟待解决的重大问题。作为思想者的知识分子,他们对时代的作用则更是与众不同。亚里士多德对哲学思辨意义的论述,也就是对哲学的现实意义,对从事精神世界的真理的探讨的知识分子的现实意义的论述,则异常清晰地说明了西方文化传统中对知识分子这个人类文化的特殊阶层所做出的定位。他说:"哲学以其纯洁和经久而具有惊人的快乐。……在政治活动之外,所寻求的是权势和荣誉以及自身和公民的幸福。不过这和政治活动是两回事,显然是被当作另外的东西来追求的。如若政治行动和军事行动以辉煌和伟大取胜,而它们是无闲暇的,并不是由于它们自身而选择,而是为了追求某一目的,那么,理智的活动则需要闲暇,它是思辨活动,它在自身之外别无目的可追求,它有着本己的快乐(这种快乐加强了这种活动),它有着人可能有的自足、闲暇、孜孜不倦,还有一些其他的与至福有关的属性,也显然与这种活动有关。如果一个人能终生都这样生活,这就是人所能得到的完满幸福,因为在幸福之中是没有不完全的。……如若理智对人来说是神,那么合乎理智的生活相对于人的生

① 中共中央马克思恩格斯列宁斯大林著作编译局编:《马克思恩格斯选集》第四卷,人民出版社,1997 年,第 261—262 页。

活来说就是神的生活。……如若人以理智为主宰，那么，理智的生命就是最高的幸福。"①

在亚里士多德看来，哲学思考并不是一种实践活动，而是一种自足的精神活动，作为科学家与哲学家相统一的亚里士多德始终贯穿着他的为真理而真理的思想。正如黑格尔所说的，当亚里士多德谈到科学的价值时，后者会认为"既然人是为了免于无知而开始哲学的思考，很显然，人乃是为了知识而追求知识，而不是为了一种功用或用途。这也可以从全部外表的进程看得到。因为，只有当人们已经具备了一切必需（需要）的东西以及能使生活安适的东西之后，人们才开始去寻求这样一种（哲学的）认识。因此，我们不是为了另外的效用而去找寻它。因此，正如我们说，那个为了自己而不是为了别人的人乃是一个自由的人，同样地也只有哲学才是科学中真正自由的科学，因为只有它才是为了自己"。② 在亚里士多德和黑格尔看来只有为追求真理而追求真理，为认识而认识的行为才是自由的，认识行为自己就是自己的目的和目的的实现，才是一个真正的哲学家的所为。正如孟子所讲："我无官守，我无言责也，则吾进退，岂不绰绰然有余裕哉？"③这就是贯穿亚里士多德整个哲学思想的根本理念。当然这种观念首先来自亚里士多德对自然的思考，因为自然本身就是为自身而存在，生物本身就是自己的目的，而且在自然界被构造出来的符

---

① 亚里士多德：《尼各马科伦理学》，苗力田译，中国人民大学出版社，2003年，第224—225页。
② 黑格尔：《哲学史讲演录》第二卷，第286页。
③ 杨伯峻：《孟子译注》，中华书局，2000年，第96页。

合自身目的的事物与生命总是更容易生存下来。同样善也是这样，善的真正目的不是它自身所直接带来的效用和行为，而是为了善自身，是道德的理念的直接作用。黑格尔说："在实践里面，亚里士多德把幸福规定为最高的善；——最高的善并不是抽象的理念，而是其中具有实现其自身的环节的那种理念。亚里士多德不满足于柏拉图那种善的理念，因为善的理念只是共相，而问题在于善的特性。亚里士多德说，善乃是以自身为目的的东西，——（τελειογ）如果把这个字翻译成完满，那是太坏的译法——，就是那不是为了别的缘故而是为了自身的缘故而被渴望的东西。这就是 ευζαιμογια，即幸福。绝对自在自为的实在的目的，他规定为幸福。幸福的定义是：'按照自在自为的实在的（完善的）美德，以本身为目的的实在的（完善的）生命的活动能力。'他同时更把理性的远见当作美德的条件。他把善和目的规定为合理的活动（幸福在本质上必然属于它），——至少他是从反面来加以规定，即没有远见就不是美德。一切出于感性的冲动的行为，或一般地由于缺乏自由而发生的行为，都表明缺乏一种远见。"[①]

亚里士多德认为美德的本质就是自在自为，美德的行为就是出于对美德自身的追求，而不是以其他为目的，同时美德的前提必然是理性的思考的结果，而不是感性的冲动或者是不自由的结果。与柏拉图过分强调理性的原则不同，亚里士多德承认欲望与理性都是美德的必要环节，这与柏拉图反对的审美的合理性与亚里士多德承认审美的合理性是一致的，

---

① 黑格尔：《哲学史讲演录》第二卷，第 358—359 页。

与康德道德哲学的原理也是一致的。正如黑格尔所说的,"行为的物质的原则完全可以归结为冲动、快乐。但理性的原则本身是纯粹形式的,并且包含着凡是应该被当作规定的,必定可以设想为有普遍效准的定律,而不至于被扬弃。行为的一切道德价值建筑在这样一个信念上,即这个行为之产生,是由于具有定律的意识,是由于为了这定律而行为,并由于尊重这定律和它自身而行为,并不考虑到什么东西可以使人快乐"。[①] 道德的自由不能用任何别的东西来规定自己,它是绝对自主的,它的自由就是它的本质,就是它自身的目的。这就是"哲学家"希腊文为"爱智者"的根本原因。[②] 也同样是苏格拉底反复强调追求美的本质的根本原因。他常常说:"我问的是美本身,这美本身,加到任何一件事物上面,就使那件事物成其为美,不管它是一块石头,一块木头,一个神,一个动作,还是一门学问。……美应该是一切美的事物有了它就成其为美的那个品质。"[③]苏格拉底认为要达到对纯粹美的认识必须经历几个阶段:先从人世间个别的事物开始,逐步上升到最高境界的美,好像升梯,从一个美形体到两个美形体,到全体美形体,再到美的行为制度,到美的学问知识,一直到只以美为对象的那种学问,彻悟美的本体。他最后的目的仍然是美本身,而不是美对其他事物的依附。[④]

也就是从亚里士多德的"为自己而存在"的角度,散步对

---

① 黑格尔:《哲学史讲演录》第四卷,第289页。
② 《柏拉图文艺对话集》,第175页。
③ 同上,第188—192页。
④ 同上,第273页。

于哲学与美学有着特殊的意义。知识分子不仅要以功利的态度来参与完成人生，更要以审美的态度来观照反思人生。正如人生不能被走路充满，慌慌张张把自己的路走完，还要有散步充斥其间，使人生在匆忙之中在心灵之中反思自己的心路历程。散步仅仅因为它始终处在跑步与停止之间而显出中庸的哲学含义，更重要的是散步作为一种审美与旁观的态度给予散步者一种其他方法无法代替的自由思考的形态与自我反思的可能。理论家把审美与游戏看作在本质上是一致的，可游戏与审美的一个重要不同就是游戏必须自由参与其中，而审美的本质乃是一种静观世界的无限想象的自由。宗白华在《美学散步·小言》中有一段关于散步的议论，他说："散步是自由自在、无拘无束的行动，它的弱点是没有计划，没有系统。看重逻辑统一性的人会轻视它，讨厌它，但是西方建立逻辑学的大师亚里士多德的学派却唤做'散步学派'，可见散步和逻辑并不是绝对不相容的。中国古代一位影响不小的哲学家——庄子，他好像整天是在山野里散步，观看着鹏鸟、小虫、蝴蝶、游鱼，又在人间世里凝视一些奇形怪状的人：驼背、跛脚、四肢不全、心灵不正常的人，很像意大利文艺复兴时大天才达·芬奇在米兰街头散步时速写下来的一些'戏画'，现在竟成为'画院的奇葩'。庄子文章里所写的那些奇特人物大概就是后来唐、宋画家画罗汉时心目中的范本。散步的时候可以偶尔在路旁折到一枝鲜花，也可以在路上拾起别人弃之不顾而自己感到兴趣的燕石。"①

---

① 宗白华：《美学散步》，上海人民出版社，1982年，第1页。

不仅亚里士多德是逍遥学派，苏格拉底、康德、卢梭、孔子等都是逍遥学派。当然以人生为审美的散步学派，并不意味着学术上没有逻辑的统一性。色诺芬在《回忆苏格拉底》中说："苏格拉底常出现在公共场所。他在早晨总往那里去散步并进行体育锻炼。"①卢梭干脆把他晚年的著作命名为《一个孤独散步者的遐想》。康德更是以散步出名，古留加在《康德传》中有形象的说明。康德在阅读卢梭的《爱弥儿》时，这本书强烈吸引了他，"以至于平时户外散步的惯例打破了，一连停止了好几天，阅读占去了全部时间"。② 晚年的康德更是如此："午饭后的时间哲学家是用来散步的。……散步时间（成了一桩轶闻）来到了。哥尼斯堡人已习惯于看到自己的名士缓缓地沿着同一条路线——'哲学之路'——散步，通常是一个人，低着由于高龄和冥思苦想而垂下来的头。……在途中康德是尽量不思考问题的，可是一有了想法，他就在板凳上坐下，把想法记下来。"③黑格尔也是一样。"黑格尔喜欢在伯尔尼和楚格郊区散步。""白天如有几分钟的空闲，他就到市内公园去散散步。"④《论语·先进》中也谈到孔子对散步，也就是"游"的看法。子路、曾皙、冉有、公西华陪着孔子坐着。孔子说："我比你们年纪大，不可能有人再用我了。你们平时都讲没有人了解你们，如果有人要用你们，那你们该怎么办呢？"子

① 色诺芬：《回忆苏格拉底》，吴永泉译，商务印书馆，2001 年，第 3 页。

② 阿尔森·古留加：《康德传》，贾泽林译，商务印书馆，1997 年，第46 页。

③ 同上，第 173 页。

④ 阿尔森·古留加：《黑格尔传》，刘半九等译，商务印书馆，1995 年，第 20、177 页。

路非常直率地回答:"有一千兵车的国家,夹在大国的中间,外国的侵入,再加上饥荒;我要去治理,不到三年,就可以使他们都有勇气,并且知道治国的方法。"孔子笑了笑。孔子接着问冉求:"求,你呢?"冉求回答:"方圆六七十里,或五六十里的小国家,我要是治理,不到三年,就可使民富裕。至于礼乐的事情,就等着君子贤人来了。"孔子问公西赤:"赤,你呢?"公西赤回答说:"我不敢说自己会,但我愿意学习。在祭祀的时候,或同外国会盟的时候,我愿意穿着礼服,戴着礼帽,做一个小司仪。"孔子问曾点:"点,你呢?"曾点弹琴的声音慢下来,把琴放下,回答说:"我和他们不一样。"孔子问:"那有什么关系呢?不过是个人说说自己的想法罢了。"曾点说:"暮春的时候,穿上春装,和五六个成年人,六七个小孩,在沂水旁边洗洗澡,在舞雩台上吹吹风,唱着歌回来。"孔子很感叹地说:"我同意点的想法啊!"①

　　一贯积极从事于政治的孔子表达他对人生的另一种态度,这不仅是孔子因为不能实现自己人生理想而厌世的反映。其实,这两种态度一直都是和谐地统一在孔子的人生理想里。孔子在很多地方都表现了他的这种想法:"邦有道,不废;邦无道,免于刑戮。"(《公冶长》)国家治理得好就得到重用,国家混乱就逃避刑罚。"宁武子,邦有道,则知;邦无道,则愚。其知可及也,其愚不可及也。"(《公冶长》)宁武子在国家清明的时候就聪明,在国家混乱的时候就糊涂,他的聪明别人赶得上,可糊涂别人赶不上。"天下有道则见,无道则隐。"(《泰伯》)天

---

　　① 杨伯峻:《论语译注》,中华书局,2000 年,第 118—119 页。

下得到治理，就出来做官，天下得不到治理，就隐居。"邦有道，危言危行；邦无道，危行言逊。"(《宪问》)国家有道，语言正直，行为正直。国家无道，行为正直，语言谦逊。可见孔子并不是在任何时候都主张入世的。在无道的乱世，他的主张就是逃避。甚至反对入世，至于在无道之世获得荣华富贵更是他所不齿的。"邦有道，贫且贱焉，耻也；邦无道，富且贵焉，耻也。"(《泰伯》)国家清明，没有财富，地位底下，可耻。国家无道，财富很多，又地位很高，也同样可耻。"饭疏食饮水，曲肱而枕之，乐亦在其中矣。不义富且贵，于我如浮云。"(《述而》)吃着粗茶淡饭，枕着胳膊睡觉，其中仍有很多乐趣，不义得来的富贵，对于我来说，就是天上的浮云。这一切都表现了孔子不愿与时同流合污的鲜明立场与坚定的信念。从另一个角度讲，孔子的从政也不是为了个人的利益而是为了道能够通行天下，使天下人都能各得其所。《论语》讲，颜渊、季路陪孔子坐着，孔子说："谈谈个人的志向吧。"子路说："愿意把车马、轻便的裘装拿来和朋友一起享用，坏了而不遗憾。"颜渊说："不愿夸耀自己的优点，也不愿表白自己的功劳。"子路对孔子说："我们希望能听到老师的志向。"孔子说："老人能够得到安逸。朋友能够得到信任。年轻人能够得到关心。"孔子的志向可谓远大，虽然他非常注重世俗的利益，可有什么时候他为自己的利益考虑呢？可是世间的大多数人只能达到子路的境界罢了。颜渊的境界都很难达到，更不要说孔子了。至于孔子所说的仁那更是使很多人望而生畏的。正如《圣经》里所讲的，一个年轻的富人要进天堂，就来找耶稣。耶稣说要进天堂必须把自己的财富分给穷人，年轻人一听就转身离开了。耶稣接着就说:"富人要进天堂比骆驼穿过针眼还难。"某些打着孔子入世旗号却到处谋私利的人想达到孔子所说的仁义,其结果恐怕和耶稣评价的富人一样吧。苏格拉底从没有离开过自己的城邦,康德也从未离开过哥尼斯堡。他们的著作却千古流芳。

当然哲学家不仅思考现实的世界,同样还必须思考世界的最终目标与理想。真理不仅仅指理念要同现实一致,同样要求现实必须要同理念一致。不仅哲学家,任何人都必须分清"真实"和"正确"的关系,人的智慧不过是认识世界、按世界所是的样子来认识它,而人的意志的真正目的却在于改造世界,使世界成为人的理想,成为它应有的样子。从事政治则主要是一种实践活动,实践活动就是把思想转化为一种现实存在,它需要很多的外在物质条件,实践者的动机愈高尚,事业愈伟大,那需要的外在条件也就愈宽广。但是,一个思辨者却对自己的思辨一无所需,甚至越简单的生活,对他的精神活动的影响也就越少,权势与金钱并不能带来真理。更重要的是精神的思考与思辨乃是一种在意识领域对真理的探讨,并不是一种现实生活中的实践活动,也不是一种行为上的选择,因此,对精神领域的价值判断与对行为实践领域的德性和邪恶的称赞与责备根本不同,德性是某种选择,而意见只有真和假、对和错,而没有善与恶的区别。意见是对某物是什么或者它对什么有利,或者以什么方式来认识,至于采取什么样的方式,在什么时间,则是选择实践的问题,它可以提出意见,对实践的实行有着重要意义,但并不是实践本身。有很多人有着聪明的意见,但却没有做出正确的选择,这就是真理和道德、聪明和善的最为根本的区别，正如有了健康的知识并不意味着身体的健康一样。当然，仅仅具有德性的知识肯定是不够的，问题是德性如何在实践中才能得到实现，如何能够使人获得幸福，并使生活更美好。知识无疑具有重要的，甚至决定性的意义，但知识毕竟是知识，和实践仍然是两个根本不同的领域。康德关于真、善、美的区分，正是直接来自亚里士多德对真理与善的区分。我们在苏格拉底的思想中则能够看到这种区分的真正开始。苏格拉底说："我想起很久前听说过的一种关于快乐与理智的理论——也许是在梦中听到的——这种理论认为二者都不是善，善是另一种东西，它与二者都不同，比二者更好。你要知道，如果我们现在能够清楚地知道这第三样东西，那么战胜快乐就不成问题了，因为这样一来，快乐就不能继续等同于善了。"苏格拉底认为智慧和善往往是一致的，虽然它们不是同一样东西，因为只有智慧的人才知道善、并遵循善的原则来行事，但快乐和善往往不一致，在苏格拉底看来，理性是天地之王，没有理智的快乐不过和动物一样，三者的重要性在苏格拉底看来，理性应是最重要的，它是问题的关键，而快乐只能排在最后，因为它既不是目的也不是结果，它只是人类极端邪恶的欲望的满足，只能扰乱人的灵魂，给人带来粗心与健忘，这也是人类需要理性的节制、需要法律和秩序的根本原因。他说："快乐不是第一位的，不是，即使所有牛和马，以及存在的每一个动物，依据它们对快乐的追求这样告诉我们，快乐也不是第一位的。当民众认定快乐对于我们的良好生活具有头等重要性的时候，他们就好像占卜者依赖鸟类一样，是在以动物为理由，把动物的欲望设定为权威性的证据,而那些运用哲学缪斯的力量来推测这样或那样真理的理性论证所知的欲望反倒不是权威性的。"[①]人和动物的最大差别就在于人能根据理性的需要来节制自己的欲望,以符合善与正义的要求。

理论界包括亚里士多德与康德都针对苏格拉底把真理与善相提并论的说法提出质疑,因为智慧和善并不是一回事,有智慧的人并不一定是善良的,同样,善良的人也不一定有智慧。《庄子·盗跖》中就讲述了道德的善与智慧和意志的区分。盗跖聪明绝顶,而又意志坚强,和兄弟有着同样的出身环境,但他从事的事业却截然相反。庄子讲盗跖心灵嘴巧,善于辩论:"心如涌泉,意如飘风。"但他的行为却是"脍人肝而铺",恐怖异常,他批评孔子"作言造语,妄称文武……多辞谬说,不耕而食,不织而衣……妄作孝弟,而侥幸于封侯富贵者也。子之罪大极重,疾走归,不然,我将以子肝益昼铺之膳也"。在他看来孔子不过是用自己的花言巧语来骗取天下人的信任,用胡编乱造的文王、武王的言行来使天下人困惑,自己不劳而食,坐享其成,乃是天下人的祸害。孔子说他:"唇如激丹,齿如齐贝,音中黄钟,而名曰盗跖。"这样不好,应该改邪归正。但盗跖却用"好面誉人者,亦好背而毁之"的话来反驳孔子。接着盗跖对所谓天下的仁义道德提出了自己的看法:"以强凌弱,以众暴寡……盗莫大于子,天下何故不谓子为盗丘,而乃谓我为盗跖……黄帝尚不能全德……尧不慈,舜不孝,禹偏枯,汤放其主,武王伐纣……其行乃甚可羞也。伯夷叔齐……

---

① 《柏拉图全集》第三卷,王晓朝译,人民出版社,2002年,第189、263页。

饿死于首阳之山，骨肉不葬。鲍焦……抱木而死。申徒狄……负石自投于河，为鱼鳖所食。介子推……自割其股以食文公……抱木而燔死。尾生……抱梁柱而死……子胥沈江，比干剖心……人上寿百岁，中寿八十，下寿六十……忽然无异骐骥之驰过隙也，不能说其志意，养其寿命者，皆非通道者也……诈巧虚伪事也，非可以全真也。"在盗跖看来，世界上最大的盗贼就是天子，孔子也应该称为"盗丘"，皇帝、尧舜、大禹、汤武文王并不是什么圣王先哲，而是毫无道德仁爱的无耻之徒。况且所谓的仁义之士又有几个有好下场的呢？伯夷叔齐饿死在首阳山，尸体都无处埋葬；高洁的鲍焦抱着树木而死；正义的申徒狄背着石头自投于河中，成为鱼鳖的食物；介子推自己割腿肉给晋文公吃，但最后还是抱着树木被烧死；守信的尾生抱着桥柱被淹死；伍子胥沉江；比干被剜出心肝。这些所谓的正义之人有几个好下场呢？人生短暂，还不如保全性命重要呢！孔子自己被说得晕头转向："执辔三失，目茫然无见，色若死灰，据轼低头，不能出气。丘所谓无病而自灸也，疾走料虎头，编虎须，几不免虎口哉！"①接着《盗跖》借着子张与满苟得的对话充分表达了聪明与善的根本脱离，甚至是对立："无耻者富，多信者显。夫名利之大者，几在无耻而信。""势为天子，未必贵也；穷为匹夫，未必贱也；贵贱之分，在行之美恶。""小盗者拘，大盗者为诸侯。桓公小白杀兄入嫂，而管仲为臣；田成子常杀君窃国，而孔子受币。论则贱之，行则下之，则是言行之情悖战于胸中也。成者为首，不成者为尾。"

---

① 陈鼓应：《庄子今注今译》，中华书局，2001年，第776—780页。

"尧杀长子,舜流母弟,疏戚有伦乎？汤放桀,武王杀纣,贵贱有义乎？王季为适,周公杀兄,长幼有序乎？""小人殉财,君子殉名。其所以变其情,易其性,则异矣；乃至于弃其所为而殉其所不为,则一也。""比干剖心,子胥抉眼,忠之祸也；直躬证父,尾生溺死,信之患也；鲍子立干,申子自埋,廉之害也；孔子不见母,匡子不见父,义之失也。"[①]在子张与满苟得看来,智慧能够使人成功,能够获得权势财富,甚至成为君王、权重一时的大臣,但这并不意味着他们有什么德性,"小盗者拘,大盗者为诸侯","成者为首,不成者为尾",他们往往是用自己的智慧,甚至是不义来获得声名,孔子和管仲都为险恶的君王服务,那依附权势的不仅仅是普通的小人,他们都屈服于现实的利害,哪有能仅仅为德性而存在的圣人呢？况且所谓的仁人志士大都以悲惨的下场来结束自己的生命,那些为世俗利益而丧失自我的人哪能算得上是有德性的人呢。当然《盗跖》所表达的德性与苏格拉底、亚里士多德、康德所说的德性有所不同,但对智慧与道德的区分却是一致的。

民族精神是一个民族政治、经济、艺术、科学、风俗观念等各方面所共同具有的基本特征,是一个民族,特别是它的知识分子关于人与自然、人与他者、人与自我等的基本理念,这种理念同时能在更为广大的民众中找到它的根基。其中最为重要的理念,如平等的理念、自由的理念、爱的理念,而平等的理念乃是这些理念的核心,没有平等就没有自由与爱。关于自由的理念,在黑格尔看来："在东方世界,各民族还不知道精神

---

① 陈鼓应：《庄子今注今译》,第 790—791 页。

或者人作为人本来是自由的；……唯其如此，这样一种自由只能是情欲的放纵、粗暴和麻木不仁，只能是自然变故或者心血来潮。因此，这个人只能是专制暴君，其本身绝不是一个自由的人。只有希腊人才意识到自由，所以他们是自由的。但是，他们（还有罗马人）只知道少数人是自由的，而不知道人人都是自由的。连柏拉图和亚里士多德也不知道这一点。由于这个缘故，希腊人不仅占有奴隶，全靠奴隶来维持他们的生活，保存他们美好的自由，而且这种自由本身也多少只是一种偶然的、粗拙的、短促的和偏狭的精华。只有日耳曼民族从基督教中才意识到，人作为人是自由的，而精神的自由乃是他最独特的本性。"[1]黑格尔从自由的角度区分了三种民族精神：不知道自由的东方世界，专制暴君的绝对自由也不过是一种麻木不仁的放纵，根本与理性的自由不同；知道少数人自由的希腊人；从基督教中知道人人都自由的日耳曼人。黑格尔这个时候就表现出了他强烈的民族情绪，为他的名言"凡是合理的都是现实的，凡是现实的都是合理的"做出了最好的说明。[2]应该说基督教最为根本的概念不是自由，而是平等，不是人人在神面前的自由，而是在神面前的平等。

　　在黑格尔看来，作为法国资产阶级革命最显著的成果，自由的观念也是一步步在西方人心中扎根的，并不是一开始就深入人心的。黑格尔和赫尔德都曾把人类比作一个从东方开始向西方进行一次漫长旅途的漫游者：古老的东方是他的童

----

　　①　阿尔森·古留加：《黑格尔传》，第120—121页。
　　②　黑格尔：《法哲学原理》，范扬、张企泰译，商务印书馆，1961年，第11页。

年,希腊是他的青年,罗马是成年,日耳曼则是成熟的、充满活力与智慧的老年。① 黑格尔对中国和印度的批评,对希腊的赞扬是众所周知的。在黑格尔看来,中国强大的君权、父权控制了人的自由,没有平等、正义和信仰。印度人也注定要过一种没有尊严的奴隶生活。他们不愿意踩死一只蚂蚁,却对最低种姓的人视如草芥。洋溢着青春活力的希腊则使黑格尔宾至如归,充满美、自由与民主的希腊生活成了他的理想。所以,在黑格尔看来,知识分子的首要任务就是不断地追求普遍的理念,以文化的普遍性来衡量自身民族文化的局限性。黑格尔虽然在普法战争中受到了很大刺激,也遭受了很大损失,但他仍然希望法军获胜,因为他和歌德一样都认为拿破仑作为法国革命的继承者,将摧毁整个欧洲的旧秩序,同样也会为德国开辟新的将来。所以他兴高采烈地写道:"我看见拿破仑皇帝——这个世界精神——在巡视全城。这位伟大人物……骑着马,驰骋全世界,主宰全世界……见他一面实在令人心旷神怡。"②黑格尔自然知道人的民族差别和种族差别是客观存在的,但是在黑格尔看来,有一种东西要超越于民族之上,种族主义并不是真正理性的选择。但中国的知识界往往把民族的价值观念看得超越一切,这是另一种种族骄傲自大的表现。当然,承认超越民族精神之上的普遍性价值观念的存在,并不意味着民族的虚无,那种对民族任何东西都毫无保留地加以夸张的人并不能为民族的进步带来任何积极的因素。黑格尔把学习古代文化看成人文主义教育的最重要的手段,终生对

---

① 阿尔森·古留加:《黑格尔传》,第 123 页。

② 同上,第 47 页。

古希腊文化倾慕不已。“黑格尔说，谁不通晓古代创作，谁就白活一辈子，不知美为何物。”[1]黑格尔的兴趣、对于美的理想几乎全在古代：“当他考察史诗问题时，他兴趣盎然，如数家珍地谈到《伊利亚特》和《奥德赛》。《尼伯龙根之歌》却得不到黑格尔多少好感。”[2]这并不说明黑格尔盲目崇拜古希腊文化，而是他在希腊文化中看到了人类的共同理想。他在《哲学史讲演录》中更清楚地表达了这种观点。至少他没有把希腊文化贬得一文不值，把自己民族的所谓“根”看得异乎寻常的神圣，不管这个“根”对民族现在及未来的意义怎样。黑格尔的这种态度在中国知识分子看来是不可思议的。因为中国知识分子往往把民族的价值观念看成万古不移的东西，始终把自己民族的价值观念看得高于一切。这与他们在本质上把个体的利益看得高于一切是一致的。

韦伯在论述他对中国古代士与官关系的理解时说：“也有原则上不做官的士。这个自由活动的士大夫等级当时同印度、古希腊以及中世纪的僧侣和学者一样，体现着哲学流派的形成及其对立。尽管如此，士大夫等级本身却自认为是统一的：既有等级荣耀，又是统一的中国文化的唯一代表。对于作为整体的等级来说，充当诸侯幕僚是正常的，至少也是正常追求的收入来源和活动机会，这种关系一直是这个等级同古希腊罗马哲学家的区别，起码也是同印度俗人教育的哲学家（其意不在为官）的区别。孔子和老子都做过官，后来丢了官才过起老师和著作家的日子来。我们将看到，谋求官位（教会

① 阿尔森·古留加：《黑格尔传》，第68页。
② 同上，第137页。

国家的官位）对于这个阶层的精神方式至关重要。"①中国传统知识分子同样是最能体现中国传统哲学思想的人物。信奉孔孟哲学的思想者主张积极入世，而以老庄思想为人生原则的思想者则主张消极避世，如《诗经·烝民》中所说"既明且哲，以保其身"是二者共同拥有的基本原则。只有少数者能进入主要统治阶层，同时坚持孔孟以天下为己任的人生基本原则，除他们以外，大部分知识分子虽然信奉孔孟之道却无法获得仕途的成功，他们只好假托老庄哲学以山水为归宿，以逃避为手段。这是中国传统知识分子面临的共同问题。那些进入权力中心的知识分子始终处在权力斗争的漩涡之中，不能自拔。他们往往依附于权贵，很少有自己独立的价值观念，也无独立的人格和自由的思想。

　　总之，苏格拉底和孔子有着相似的个体形象。黑格尔说："苏格拉底是各类美德的典型：智慧、谦逊、俭约、有节制、公正、勇敢、坚韧、坚持正义来对抗僭主与平民，不贪财，不追逐权力。苏格拉底是具有这些美德的一个人，——一个恬静的、虔诚的道德形象。他对于金钱的冷淡是完全出于他自己的决定，因为根据当时的习惯，他教授学生是可以像其他教师一样收费的。"②特别是苏格拉底对欲望的控制更是成为他实现自己哲学理想的一个重要标志。

　　孔子的积极从政与苏格拉底的反对从政、追求真理与追求善是两种根本不同的理念。正如苏格拉底的信念一样："追

---

①　马克斯·韦伯：《儒教与道教》，王容芬译，商务印书馆，1997年，第164页。

②　黑格尔：《哲学史讲演录》第二卷，第49—50页。

求真理——这是哲学的唯一任务。"这也是知识分子的唯一任务。黑格尔说："在柏拉图看来，哲学给予个人以他所须遵循的方向，以便认识个别事物；但是柏拉图一般地把对于神圣对象的考察（在生活中）当作绝对幸福或幸福生活本身。这种生活是静观的，仿佛是无目的的，一切实际利益都消除了的。在思想的王国里自由地生活，在古代希腊哲学家看来，是绝对目的的本身。他们认识到，只有在思想里才有自由。"①苏格拉底一生都以追求真理为己任，即使面临被控死罪也毫不反悔。他对审判官说："假定你们愿意在这些条件下判我无罪，那么先生们，我会这样答复，我是你们感恩的和忠实的仆人，但是我宁可服从神而不服从你们，只要我还有生命和能力，我将永不停止实践哲学，对你们进行规劝，向我遇到的每一个人阐明真理。我将以我通常的方式继续说，我的好朋友，你是一名雅典人，属于这个因其智慧和力量而著称于世的伟大城市。你只注意尽力获取金钱，以及名声和荣誉，而不注意或思考真理、智慧和灵魂的完善，难道你不感到可耻吗？"②他为了追求真理而放弃一切，包括生命和财产，他说他追求真理与善的最大的证明就是他的贫穷与一无所有，以至于最后他交不起罚金，因为他把对真理智慧、善和正义的追求放在生命的首位，不停地反思自己的精神生活，他认为没有反思的人生是不值得活着的。当然作为一个哲学家还对公众的精神生活进行考察，正如他不断地考察自己。对西方文化影响深远的两个人都是因为自己对真理和善的追求而终身贫穷并因此而丧失生

---

① 黑格尔：《哲学史讲演录》第二卷，第 223 页。
② 《柏拉图全集》第一卷，第 18 页。

命,但是对中国文化影响深远的老子、庄子、孔子、孟子却都没有这种结果,甚至他们都在理论上尽力地避免甚至反对这种结果,认为这种结果正是哲学思想某种不合时宜的表现。相反孔孟还一直把获得世俗的利益当作成功的重要的标志,虽然孔子在理论上主张"饭疏食饮水,曲肱而枕之,乐亦在其中矣。不义而富且贵,于我如浮云"。老庄的精神主旨则是为了达到精神的自由而采取避世的态度。但也只有孔子的修养能够达到这种人生的最高境界,当世俗利益与对正义的追求相矛盾时,只有苏格拉底对正义追求的精神才能作为真正的行为原则。苏格拉底甚至都不避开死亡,甚至认为死亡在某种意义上正是逃避比死亡更为不幸的恶的方法与途径,他认为人不应当把自己的智慧用于逃避死亡与贫穷,而应当把智慧用于逃避愚蠢和罪恶。他说:"逃避死亡并不难,真正难的是逃避罪恶,这不是拔腿就跑就能逃得掉的。以我的现状而言,年纪又大,跑得又慢,已经被二者中跑得较慢的死亡追上了,而我的原告虽然身手敏捷,但由于行不义之事而被跑得较快的罪恶追上了。我离开这个法庭的时候将去受死,因为你们已经判我死刑,而他们离开这个法庭的时候,事实本身判明他们是堕落的、邪恶的。他们接受他们的判决,就像我接受我的判决。事情必然如此,我认为这个结论相当公正。"①苏格拉底不仅勇敢地面对死亡,甚至认为,"那些以正确的方式真正献身于哲学的人实际上就是在自愿地为死亡做准备","真正的哲学家是半死的人","真正的哲学家为他们的信念而死,死

---

① 《柏拉图全集》第一卷,第29页。

亡对于他们来说根本不足以引起恐慌","如果你们看到某人在临死时感到悲哀,那就足以证明他不是智慧的热爱者,而是身体的热爱者"。这在普通人是无法理解的,但在苏格拉底看来却无疑是正确的。①

在苏格拉底看来,死亡不过是肉体的消失,而罪恶却关系到灵魂的纯洁,一个理性的人、一个哲学家不应关心他的身体,至少应该对灵魂的关注超过对精神的关注,死亡不过是灵魂从肉体中解脱出来,处于分离的状态,并不可怕,可怕的是灵魂的堕落,一个真正的哲学家应该是按照他自己的哲学方式生活并按照他自己的哲学方式结束生命的人,是自己哲学的真正实践者,而不是为自己的哲学提供反证。

从这个角度,柏拉图甚至是一个反对人的欲望合理性的哲学家。他说:"难道你不认为,进行这种尝试,最成功的人就是那个尽可能接近每个对象的人,他使用的理智没有其他感官的帮助,他的思考无须任何视觉,也不需要把其他任何感觉拉扯进来,这个人把他纯洁的、没有玷污的思想运用于纯洁的、没有玷污的对象,尽可能切断他自己与他的眼睛、耳朵以及他的身体的其他所有部分的联系,因为这些身体器官的在场会阻碍灵魂获得真理和清理思想。"与老子"五色令人目盲;五音令人耳聋;五味令人口爽;驰骋田猎令人心发狂。难得之货令人行妨。是故圣人为腹不为目,故去彼取此"(《道德经》第十二章)的观点完全相似,他们都指出肉体对认识真理的负面作用,推而广之也就是物欲文明对于人的弊害。这样柏拉

① 《柏拉图全集》第一卷,第60、65、66页。

图也就是性恶的理论代表。他说："首先，身体在寻求我们必需的营养时向我们提供了无数的诱惑，任何疾病向我们发起的进攻也在阻碍我们寻求真实的存在。此外，身体用爱、欲望、恐惧，以及各种想象和大量的胡说，充斥我们，结果使得我们实际上根本没有任何机会进行思考。发生各种战争、革命、争斗的根本原因都只能归结于身体和身体的欲望。所有战争都是为了掠夺财富，而我们想要获取财富的原因在于身体，因为我们是侍奉身体的奴隶。根据这些解释，这就是为什么我们几乎没有时间从事哲学。最糟糕的是，如果我们的身体有了某种闲暇，可以进行研究了，身体又会再次介入我们的研究，打断它，干扰它，把它引向歧途，阻碍我们获得对真理的关照。我们实际上已经相信，如果我们要想获得关于某事物的纯粹的知识，我们就必须摆脱肉体，由灵魂本身来对事物本身进行沉思。从这个论证的角度来判断，只有在我们死去以后，而非在今生，我们才能获得我们心中想要得到的智慧。如果有身体相伴就不可能有纯粹的知识，那么获得知识要么是完全不可能的，要么只有在死后才有可能，因为仅当灵魂与身体分离，独立于身体，获得知识才是可能的。只要我们还活着，我们就要继续接近知识，我们要尽可能避免与身体的接触和联系，除非这种接触是绝对必要的，而不要允许自己受身体的性质的感染，我们要洗涤我们自己受到的身体的玷污，直至神本身来拯救我们。"[1]苏格拉底把精神与肉体的对立当作人达到真理与正义的必然障碍，因为在他看来，肉体是个体的、偶

---

① 《柏拉图全集》第一卷，第63—64页。

然的、必死的东西,而精神和灵魂所最终追求的应是普遍的、必然的、永恒的理念,国家、灵魂、理念必然战胜个体、肉体,偶然性也就是合理的了。也就是从这个角度,苏格拉底认为幸福并不取决于个体感受,而由普遍的幸福所决定。他说:"我把那些高尚的、善良的男男女女称作幸福的,把那些邪恶、卑贱的人称作不幸的。"他甚至认为恶人不能得到惩罚就更加不幸:"恶人和作恶者在任何情况下都是不幸福的,如果他没有遇上正义和接受惩罚,那么他就更加不幸福,如果他付出了代价,从诸神和凡人那里受到惩罚,那么他就好些了。"[1]在苏格拉底看来,普遍的幸福才是真正应该获得、应该追求的幸福,个体的幸福应该建立在普遍的幸福之上,逃避惩罚乃是比作恶更大的犯罪,因此他宁愿冒着死亡的危险来接受惩罚。

与此相关,苏格拉底的身份就和孔子所担当的,也就是他希望担当的身份就根本不同。他认为他的一生就是从事爱智之学。他说:"现在我相信,我了解,神派我一个职务,要我一生从事爱智之学,检察自己,检察他人,我却因怕死或顾虑其他而擅离职守,这才荒谬。"[2]他反对参与政治。他说:"我到处巡游,席不暇暖,突不暇黔,私下劝告人家,而不敢上公庭对众讨论国是、发表政见,这也许显得离奇。其缘因,你们听我随时随地说过,有神灵降临于我心,就是迈雷托士在讼词上所讽刺的。从幼年起,就有一种声音降临,每临必阻止我所想做的事,总是退我,从不进我。他反对我从事政治。我想反对得

---

① 《柏拉图全集》第一卷,第 350、353 页。

② 柏拉图:《游叙弗伦 苏格拉底的申辩 克力同》,严群译,商务印书馆,2000 年,第 65 页。

极好;雅典人啊,你们应知,我若从事政治,吾之死也久矣,于己于世两无益也。莫怪我说实话。凡真心为国维护法纪、主持公道,而与你们和大众相反对者,曾无一人能保首领。真心为正义而困斗的人,要想苟全性命于须臾,除非在野不可。"①

这样作为教育家的苏格拉底、柏拉图、亚里士多德与作为教育家,希望作为政治家而存在的孔子就根本不同。苏格拉底终生的义务就是追求真理,追求正义和善。他始终相信神交给他的义务就是,教导城邦的人要不停地修身,获得道德,对那些不服从劝告的人,他责备他们。虽然他说过"日不过是一块石,月不过是一团土"。但他的神根本含义不过是对完美存在的信仰罢了。他为了履行神给的义务从未考虑到死对他的影响,甚至死不过是一次长眠,能使他暂时摆脱这个并不完美的世界,从而到另一个更加完美,很多伟大先知生存在那里的世界里生活,而不像孔子那样始终怀抱着明哲保身的想法来为自己准备后路。即使这样他仍然希望自己能活着,但这不是为了自己而是为了使城邦的人能更具有道德与正义。因为在他看来,他是神赠予他们独一无二的朋友,他用嘲谑的言语把自己说成马虻刺激肥大而迟钝的马使之奔驰。他为什么从不参与公务? 因为惯听的神音阻止了他;他若任公职,就要仗义而与众争,便不能生存而做不好事。曾两次在公务上为正义冒着性命危险:一次在审讯大将时,另一次是抗拒三十寡头的暴命。② 要是孔子就早早地逃避开了。苏格拉底虽然没有担任公职,但他却把自己的一生花在不取任何报酬地教导民

---

① 柏拉图:《游叙弗伦 苏格拉底的申辩 克力同》,第68页。
② 同上,第48页。

众和年轻人上，并始终认为这是他义不容辞的义务和使命。他从不收取任何报酬，他也就更加公正而无私，他教育的对象也更加尊重苏格拉底，但他们都按照神，以及无上的正义或善的原则来办事，而不是按照苏格拉底的话去做。

因为苏格拉底从来也没有考虑到自己，从来没有自己独特的利益，包括他的生死也是为了雅典人的命运而存在。他在临死前的申辩中说："雅典人啊，我此刻的申辩远不是为我自己，如有人之所想，乃是为你们，使你们不至于因处死我而辜负了神所赠予的礼物。因为，你们如果杀了我，不易另找如我之与本邦结不解之缘的人，用粗鄙可笑的话说，像马虻粘在马身上，良种马因肥大而懒惰迟钝，需要马虻刺激；我想神把我绊在此邦，也是同此用意，让我到处追随你们，整天不停对你们个个唤醒、劝告、责备。诸位，这样的人不易并遇，你们若听我劝，留下我吧。象睡眠中被人唤醒，你们尽许会恼我、打我，听安匿托士的话，轻易杀我，从此你们余生可以过着昏昏沉沉的生活，除非神关切你们，另派一个给你们。我这样的人是神送给此邦的礼物，在这方面你们可以见得：我自己身家的一切事务，多少年来经常抛之脑后，总是为你们忙，分别个个专访，如父兄之于子弟，劝你们修身进德，——这不象一般人情之所为。"①苏格拉底从未考虑过自己的利益，他只是考虑如何才能具有德性。他认为德性不应出于钱财，而是钱财应该出于德性。他在《大希庇亚篇》中说自己从没有用智慧挣到一分钱，而且认为"古代的伟人没有一个认为要为自己的智

---

① 柏拉图：《游叙弗伦 苏格拉底的申辩 克力同》，第67—68页。

慧收费，或者认为给各种各样的听众演讲要收费，他们头脑太
简单，以至于不知道金钱的无比重要"①。他的心中只有正
义："我一生，无论在朝在野，总是这样一个人，不曾背义而对
任何人让步，不论诽谤我的人所指为我的弟子或其他人。我
不曾为任何人之师；如有人，无论老少，愿听我谈论并执行使
命，我不拒绝，我与人交谈不收费、不取报酬，不论贫富，一体
效劳；我发问，愿者答，听我讲。其中有人变好与否，不应要我
负责，因为我不曾应许传授甚么东西给任何人。"②苏格拉底
以异常谦虚的态度来追求真理，时刻反思自我，体察自我与人
的局限性。他在《申辩篇》中叙述自己在访问了一个自称智慧
的政治人物后说："我是智过此人，我与他同是一无所知，可是
他以不知为知，我以不知为不知。我想，就在这细节上，我确
实比他聪明：我不以所不知为知。"③更重要的是，柏拉图以追
求真理为己任，不怕结怨，满怀着苦恼和恐惧，用他自己的话
说就是"必须把神的差事放在首位"，最后终于因此而死。

　　苏格拉底在《申辩篇》中讲到关于死的话："怕死只是不聪
明而自以为自己聪明、不知道而自以为知道的另一种形式。
没有人知道死亡对人来说是否真的是一种最大的幸福，但是
人们害怕死亡，就好像他们可以肯定死亡是最大的邪恶一样，
这种无知，亦即不知道而以为自己知道，肯定是最应受到惩罚
的无知。""我不拥有关于死亡之后的真正的知识，我也意识到
我不拥有这种知识。但是我确实知道做错事和违背上级的命

---

　　①　《柏拉图全集》第四卷，第 27 页。
　　②　柏拉图：《游叙弗伦　苏格拉底的申辩　克力同》，第 70 页。
　　③　同上，第 56 页。

令是邪恶的、可耻的,无论这个上级是神还是人。"①在苏格拉底看来,并没有死去的人回来告诉人们死是怎样的可怕,希望人们不要去死,相反,在苏格拉底看来,死不过是一种长眠,是到另外一个有很多伟大人物灵魂的地方,这是和死去伟人相会的唯一方法,况且死亡的世界没有不公的审判,没有因为不同政见而被判死刑的恐怖。这当然是苏格拉底幽默的说法。关于死亡,苏格拉底和孔子的观念在这方面是基本一致的,那就是对死一无所知并毫不关心。他在《大希庇亚篇》中说,那些古代因为智慧而出名的伟大人物,如泰勒斯学派的代表人物,一直到和他同时代相近的伟大人物,一直到阿那克萨戈拉为止都不习惯于参与政治活动。②

　　色诺芬说:"对于那些渴望听他讲学的人,他自己也没有索取过金钱的报酬。他认为,不取报酬的人是考虑到自己的自由,而称那些为讲学而索取报酬的人是迫使自己做奴隶,因为他们不得不和那些给予他们报酬的人进行讨论。他还感到惊异的是:任何自称为教导德行的人竟会索取金钱为报酬,而不认为获得一个朋友这件事本身就已经是最大的利益,反倒深怕那些由于他们的帮助而成为光荣可敬的人,不会对于他们的最大的恩人怀抱由衷的感激。"③苏格拉底的教育不收费,他认为收费是对教育者的直接约束,因为收费就意味着接受某种条约,承担某种义务,被动地履行某种职责。甚至意味着,不交费就不存在教育者的关心。苏格拉底的教育不收费,

---

　　① 《柏拉图全集》第一卷,第17页。
　　② 《柏拉图全集》第四卷,第26页。
　　③ 色诺芬:《回忆苏格拉底》,第7—8页。

是他追求真理的一个表现，不参与政治也是为了能专心思考真理、正义、善而不被政治所干扰。西方注重对真理的探求。他喜欢以朋友的身份，以平等的态度来与他人共同探讨真理、善和美的问题。他宁愿作为真理的接生婆，而不愿作为真理的发布者来获得报酬。在他的眼里，那些为金钱而出卖智慧的人不过是些诡辩者，是智慧的出卖者。同时，他也始终反思自身对真理和善与美的认识，从而始终以客观谦虚的态度来面对他的对话者，以及所讨论的对象。孔子则不同。孔子虽然讲："有教无类。"（《卫灵公》）但他又讲："自行束脩以上，吾未尝无诲焉。"（《述而》）虽然孔子的学费不是很贵，但这种收费的教育，就产生了逻辑上的问题：不"自行束脩以上"者如何处理呢？这是一个非常现实的逻辑问题，即使今天我们还在面临这个问题：穷人如何受教育？如果这个问题没有解决，那么问题就是：我们虽然有着几千年的文明，可其中能受到教育的人却很少，受到良好教育的人就更少，那我们民族巨大的精神财富又储存在哪里呢？是储存在广大民众的头脑里，还是储存在图书馆里呢？教育的巨大差异，教育资源的巨大不公平，使得话语霸权的问题更加突出。不要说普通的文学作品，就是像《文心雕龙》这样经典的著作又有多少人读过，又有多少人真正钻研呢？这无疑造成了知识分子精英与民间文化的鸿沟，知识分子阶层自身独特的利益，使得中国传统文化的差异呈现出更为复杂的局面。

　　苏格拉底的一生是追求真理与正义，成为西方文明最为光辉的理想形象。

　　苏格拉底始终按照德尔菲神庙的神谕"认识你自己"而不断地反思自己。反思不是回忆而是根据理想的原则来对比自己的行为与思想，并考察它的得失。苏格拉底说："未经省察的人生没有价值。"①他不仅省察别人，同时也省察自己。他首先揭露了那些没有智慧，却自认为有智慧的政治家。接着他揭露了诗人，那些写颂神、咏史诗歌的人，可他发现诗人解释自己的诗歌还不如在场的其他人解释得更好。他们因为自己的诗歌写得好就自认为其他方面也超过别人，其实并非如此。接着他访问了手工艺人，得到的结论是同样的，他们都自

———————

　　①　柏拉图：《游叙弗伦　苏格拉底的申辩　克力同》，第 76 页。

认为样样都通，都超过别人。因此，苏格拉底得出结论，神之所以认为他——苏格拉底是世界上最有智慧的人，就是因为，正如他自己所说的："我是智过此人，我与他同是一无所知，可是他以不知为知，我以不知为不知，我想，就在这细节上，我确实比他聪明：我不以所不知为知。"他最后得出的结论就是："我秉神命出访时，发现名最高的人几乎最缺乏智慧，其他名较低的人却较近于有学识。"①

苏格拉底以实事求是的态度来考察别人，来反思自己，正如孔子所讲的"知之为知之，不知为不知，是知也"(《论语·为政》)。只有始终以追求真理、追求正义为己任的智者才能达到这样的境界，才能成就这样的胸怀吧。也就因此成就了中西文化史中两种知识分子不同的命运：苏格拉底及耶稣的死与孔子及老子的仕与隐。苏格拉底死前的申辩成为西方文化中光辉灿烂的经典文献。苏格拉底的死显示了一个勇于追求真理的哲人的巨大精神力量，他为自己所做的正直、真诚、坦然的申诉表明了他伟大的人格力量，他以勇敢、镇定的态度接受了律法判给他的死刑，最后以坚定的态度拒绝越狱，以坦然的神态来展示对自我的信心，这一切都使我们感受到一个以终身追求真理为己任的智者的境界。

在苏格拉底看来，一个真正的哲学家不应把世俗的利益始终放在心上，而要为永恒的正义、真理、善而思考。他说："让我们来谈谈首要的哲学家，比较差的哲学家可以忽略不谈。他们自幼不知道去市场、法庭、议事厅，或其他公共场所

---

① 柏拉图：《游叙弗伦 苏格拉底的申辩 克力同》，第 56 页。

的路，也从来没有听到过宣读政令，或者读过法律条文。在政治集团的斗争中谋利、集会、宴饮、与吹笛女结婚，这些事对他们来说，甚至连梦中都没有出现过。公民的高贵或低贱，或者他们的劣性是否有父母双方世系的遗传，对此类事，哲学家所知并不比对于大海里有多少水知道得更多。他甚至不知道自己对所有这些一无所知，如果他们离群索居，那么不是为了获得名声，而是因为实际上只有他们的身体居住在城市里，而他们的思想已将世上的这些事物全都视为毫无价值的。他们的思想好像插上了翅膀，如品达所说，'上抵苍穹，下达黄泉'，观察天象，测量大地，到处寻求作为一个整体的事物的真正本质，从来不会屈尊思考身边的俗事。"相传泰勒斯在仰望天空时不慎落入井中而被机智伶俐的色雷斯女仆嘲笑，说他渴望知道天上的事情，但却看不到脚下的东西。苏格拉底说："任何人献身于哲学就得准备接受这样的嘲笑。"①世俗的评价并不能影响一个真正的哲学家思想的价值，因为他的心中只有真理、善和正义。苏格拉底以追求真理为幸福的静观的生活，和孔子周游列国，与政权密切结合的生活是根本不同的。当然孔子周游列国主要是为了宣扬他的哲学思想。但是对哲学的宣扬和对哲学的实践毕竟是两个在本质上根本不同的东西。我们从《论语·为政》中孔子的态度就可以看出。有人问孔子说："子奚不为政?"你为何不参与政治呢？子曰："书云：'孝乎惟孝，友于兄弟，施于有政。'是亦为政，奚其为为政?"孔子便引用了《尚书》中的话说，在家孝顺父母友爱兄弟，把这种

---

① 《柏拉图全集》第二卷，第696—697页。

关系影响到政治上，也就算参与政治了，为何要亲自做官呢？[1] 所以《论语·泰伯》中孔子说："三年学，不至于谷，不易得也。"一个人读了三年书而不存在做官的念头，是很难得的。孔子其实是非常希望自己能有所作为的，所以他又说："天下有道则见，无道则隐。邦有道，贫且贱焉，耻也；邦无道，富且贵焉，耻也。"[2] 可见孔子在追求富贵的同时始终把仁义放在前面。所以《论语·里仁》曰："富与贵是人之所欲也；不以其道得之，不处也。贫与贱是人之所恶也；不以其道得之，不去也。君子去仁，恶乎成名？君子无终食之间违仁，造次必于是，颠沛必于是。"[3]《论语·述而》中他说："不义而富且贵，于我如浮云。"[4]

在孔子看来，人人都喜欢富贵，他自然也喜欢富贵，但他和别人的区别就是他始终把仁义放在前面，没有仁义的富贵于他是如浮云一般的。君子在吃饭的时候，在慌乱的时候，在颠沛流离的时候都不能离开仁义，何况在富贵的时候呢。所以他说，在国家混乱的时候，一个人如果能够获得富贵，这是可耻的。所以《论语·宪问》中他说："邦有道，谷；邦无道，谷，耻也。"[5] 君子应该在国家政治清明的时候做官拿取俸禄，在国家混乱的时候做官拿俸禄就是可耻的。他主张在国家混乱的时候应该隐退，所以《论语·公冶长》中他说："邦有道，不

---

① 杨伯峻：《论语译注》，第 20—21 页。
② 同上，第 82 页。
③ 同上，第 36 页。
④ 同上，第 71 页。
⑤ 同上，第 145 页。

废；邦无道，免于刑戮。""邦有道，则知；邦无道，则愚。"①国家混乱无道的时候就应该隐退装糊涂，也就是郑板桥所说的难得糊涂。其实，孔子在他所处的混乱时代，也从未放弃过努力，所以他曾经历各种各样的冷嘲热讽，但他始终坚定不移。也就是《论语·微子》中所说的："鸟兽不可与同群，吾非斯人之徒与而谁与？天下有道，丘不与易也。"②所以在《论语·阳货》中，当阳货问他："怀其宝而迷其邦，可谓仁乎？"曰："不可。"——"好从事而亟失时，可谓知乎？"曰："不可。"——"日月逝矣，岁不我与。"孔子曰："诺。吾将仕矣。"③阳货责问孔子的话也是孔子的痛处：自己有很大的本领，却无法对国家做些有益的事情，这是和孔子所主张的仁德不一致的；自己喜欢做官，却一再地失去机会，这自然也不能算作聪明。看着时光的不断流逝，自己却无所适从。所以孔子只好回答："好吧，我打算做官了。"所以孔子常常说要隐居乃是自己不得志的自我解嘲。孔子自身的矛盾不是语言与逻辑之间的矛盾，而是他理想的主张与混乱社会之间的矛盾，他主张应该在政治清明的时候出来做官，但混乱的时代又不能为他提供一个实现自己理想的可能，隐居的自我解嘲也就是逻辑的必然了。孔子这种把知识与政权密切结合的理念对中国传统文化产生了深远的影响。

　　韦伯对中国传统文化中知识分子与官僚体制密切结合的特点分析得异常透彻。他认为中国传统文化中对历史的加工

① 　杨伯峻：《论语译注》，第 42，50 页。
② 　同上，第 194 页。
③ 　同上，第 180 页。

与想象、对他者文化的排斥与压制、对权力的全力追逐与对现实的无条件肯定等等成为中国传统知识分子所表现出的基本特点。正如王国维指出的："披我中国之哲学史，凡哲学家无不欲兼为政治家者，斯可异已！"[①]在韦伯看来，官吏是中国传统文化中最有权势的既得利益者。经商之人，虽然有钱，但其社会地位并不能超越于官僚之上，但是钱能通官，资力雄厚的商人用自己的金钱打通官僚阶层，这样就开通了生财之道。他说："特别值得注意的是，根据世袭制原则，求官员办事，应当'酬'谢，可是又没有法定的规定费用的清单。官员的总收入加上这笔额外收入，首先用于支付他的职务的实际杂费和这项职务所负责的行政开支。……在上司就任时以及逢年过节都得送'礼'，上司的欢心影响着他的命运，为了巴结上司，就得尽量送厚礼。同时他还得给上司那些非正式的谋士和下属准备丰厚的小费，只要他们能影响他的命运（如果他想拜见上司，就得一直打点到看门人）。逐级行贿，一直要行贿到宫中宦官，宦官甚至收最高级的官员的贡物。专家们估计，仅土地税一项，官方公布的税收量与实际税收量之间的比例，就达到 1：4。"[②]在韦伯看来，行贿乃是官僚体制的必然结果，因为："中国的官儿，是官儿也是收税人，——事实上当官儿的就是收税人，——他们有积累财富的理想机会，在世袭制国家里总是这样。"[③]对教育资源的垄断、对知识的垄断与对权力的

---

① 王国维著，傅杰编校：《王国维论学集》，中国社会科学出版社，1997年，第 295 页。

② 马克斯·韦伯：《儒教与道教》，第 110—111 页。

③ 同上，第 139 页。

垄断乃是一体化的，靠政治资本来积累财富乃是读书人的普遍梦想，同时政治资本又必须以知识资本为依托，一个人的升官发财不仅给自己，同时也给整个家族甚至整个地区带来巨大利益。因此，经济利益不是通过经济途径获取，而更多的依靠政治投机。这样就形成了一种二者共生的根本关系。所以韦伯说："只有希腊的哲学流派扶植了一种不受任何经典束缚、不受任何俸禄利益制约，仅仅为培养希腊'绅士'（集善、美于一身的有教养的人）服务的纯粹的俗人教育。"[①]

因此，在传统文化环境中中国知识分子的命运，正如孔子一样，要么成为政治的中心，要么明哲保身，隐居于山野，或者是大隐隐于庙堂之上。中国的知识分子大都像孔子那样积极入世，参与社会的变革，缺乏一种以客观的，甚至旁观者的角色来反思这种社会现实与变革的态度。中国知识分子的命运往往和中国社会的变革密切相关，当然任何民族的知识分子的命运都和自身民族的命运息息相关，但他们命运与历史现实的密切相关主要来自自身与现实政治斗争的密切关联，而不是自己思想的客观结果，因此对政治的过分参与、利害关系的过度密切往往迷住自己的眼睛与心灵，使之在关键时刻缺乏应有的眼光与胸怀，从而导致知识分子的身份仅仅成为自身社会阶层利益的代表，而忘记了民族文化代言人与民族进步推动者的身份。中国传统有太多的学霸，太多的官僚学者，而真正的纯粹的知识分子，以对真理的追求而生存的知识分子是异常匮乏的。以天下为己任的口号并没有产生以天下为

---

① 马克斯·韦伯：《儒教与道教》，第 178—179 页。

己任的知识分子,而是产生了大量的"著书都为稻粱谋"的为个人、集团、固定阶层而努力的知识分子。孔子就讲三年读书没有做官的念头不易得,孔子的很多学生,包括孔子自己都直接参与政治,可见这已经是几千年的传统。当然部分优秀知识分子从政、经商并不违反什么某些先验的原则,正如子路曰:"不仕无义。长幼之节,不可废也;君臣之义,如之何其废之?欲洁其身,而乱大伦。君子之仕也,行其义也。道之不行,已知之矣。"(《论语·微子》)君子做官是应尽的职责,不能因为洁身自好而忘记君臣大义,要实现自己的政治主张,就必须做官!知识分子实现自己理想的方法很多。孔子认为,君子不仅可以直接参与政治,还可以用以身作则的方法来影响政治。就是因为这样,孔子才反复强调统治者要自身先正,再正人。季康子问政于孔子,孔子对曰:"政者,正也。子帅以正,孰敢不正?"季康子问政治,孔子就直接告诉他,政就是正,自己端正了,谁还敢不端正呢?季康子又问孔子:"假如杀掉无道之人,亲近有道之人,怎么样?"孔子说:"子为政,焉用杀?子欲善而民善矣。君子之德风,小人之德草。草上之风,必偃。"(《论语·颜渊》)君子从政怎么能用杀的方法呢?你喜欢善,民就向善。君子的德行就像风一样,普通人的德行就像草一样,风吹在草上,草必然随风倒。也就是孔子所说的:"其身正,不令而行;其身不正,虽令不从。"(《论语·子路》)"苟正其身矣,于从政乎何有?不能正其身,如正人何?"(《论语·子路》)端正了自己,治理国家就没有什么困难了,如果连自己都端正不了,那如何去要求别人端正呢?当然,知识分子的目的不仅仅在于自己的端正,也不是只有从政才能使人端正,而是要建立一套客观的规则与机制来保证社会的正常运转。特别是在我们这个有着几千年封建传统的国度里，权力和利益是密切相关的。政治行为的实施与权力的运作有它自身的规则，在某种程度上它甚至与真理、善和美是背道而驰的。当然，追求真理和从事政治在理论上的区分，并不意味着知识分子在个人行为上的真与善的分离与对立，甚至为某些个体行为的言行不一辩解。在某种程度上，追求真理就是对善的追求，这在苏格拉底的理论中表现得最为明显，他甚至认为恶人行恶的根源就在于他的智慧问题，他没有在智慧上分清性善与作恶哪一个给他带来更大的坏处。苏格拉底和孔子在个人行为上都与自身的理论相统一，自身就是自己理论的践行者。与此同时，我们也应该看到，真正的信仰与关于信仰的描述是不同的。克尔恺郭尔说："你懂得如何描述信仰，这只是证明你是一个诗人；如果你描述得精彩，说明你是一个出色的诗人；但这并不证明你是一个信徒。也许你在描述信仰时可能会哭哭啼啼，这只是说明你是一个好演员而已。"①信仰属于道德行为领域，而关于信仰的描述属于知识和智慧领域，表演信仰的外在形式，即使表演很成功，这也只是审美的领域，二者是根本不同的，都无法代替信仰本身，信仰只能通过行为和意志来表现自身。

余英时在《士与中国文化·引言》中说："希腊哲学家所向往的是'静观的人生'而不是行动的人生；柏拉图和亚理士多德都以'静观瞑想'为人生的最高境界。"柏拉图和亚里士多德

---

① 克尔恺郭尔：《哲学寓言集》，杨玉功译，商务印书馆，2000 年，第117 页。

都以最高的理想为人类社会的最终目标，这个目标不因时间和空间的变化为转移，是理念的本身。但这并不是什么静观的人生，真正静观的人生乃是老庄的审美人生，无论自身的哲学还是哲学家自身都是以一种旁观的态度来看待世界万物与人世间的各种变化。柏拉图和亚里士多德则通过静观的态度来认识世界，从而达到改造现实世界的目的，而不是直接来改造现实，他们把自身的使命界定在认识客观世界上，但这种认识的结果完全应该成为人类改造自然与自身的理论根据。所以余英时说，"一部西方近代文化史基本上可以说是一个'俗世化'的过程"，而"中国史上没有出现过一个明显的'俗世化'的运动"。[①] 虽然孔孟和老庄本身就是俗世化的，思考现世利益的哲学，但是这种哲学往往在特殊的情况下成为知识分子阶层的特殊理念，而不能和更为广大的民众相结合，从而为改造现实、促进文明的进步打下坚实的基础。正如韦伯所说："这样一种知识分子伦理对于广大民众的作用只能是有限的。首先，受教育的差异，地域的差异，尤其是社会差异极大。"[②] 所以，我们应该清楚地看到中国传统知识分子阶层有着太多独特的世俗利益，在成为整个民族精神的代表的可能性上还有一定的差距。当然这并不意味着每一个知识分子不应该有自己个体的独特利益。周霄问孟子："古之君子仕乎?"孟子曰："仕。传曰：'孔子三月无君，则皇皇如也，出疆必载质。'"

① 余英时：《士与中国传统文化·引言》，上海人民出版社，2003年，第4—6页。

② 马克斯·韦伯：《儒教与道教》，第282页。

"士之失位，犹诸侯之失国家也。"①孟子通过孔子的言行来说明，当官从政与知识分子的历史使命是密切相关的。但孟子的这种主张在今日具有很大的局限性，在某种程度上混淆了知识分子的现代使命，弱化了真理与自由的思想对于一个现代民族的意义。亚里士多德认为，国家的目的是一般的普遍的幸福，中国文化传统在孔子哲学中的这种观念还是存在的，但随着儒学的发展，直到在整个意识形态领域占据绝对统治地位，这种观念就逐渐淡化了。亚里士多德认为人是充满理性的政治的动物，由于人的理性，人的理想必然与国家理念所体现出的普遍性相一致。亚里士多德充分强调个体对于国家与政治的意义，从政的本质与教育的本质是一致的，那就是使人民达到普遍的幸福。

　　孔子的现实生活与韦伯的论述充分说明了追求真理和从事政治是两件根本不同的事情，而且往往互相矛盾。柏拉图和亚里士多德都同样面临过这个问题。政治与哲学、知识分子与权力的密切结合往往导致知识分子成为现实利益的直接获得者，也就成为现实状况的理论维护者，从而使艺术或其相对于现实的超越性完全消解。孔子哲学与基督教哲学后来的发展与强大都充分说明了这个问题。知识与权力的充分结合往往最终导致对现实合理性的消极默认，而不能进行任何积极意义上的反思。在亚里士多德看来，无论艺术还是哲学思想都应该超越于现实生活之上，描述必然性或可能性的人生，并不在于是否采用韵律的外在形式。他说："即便是医学或自

---

① 杨伯峻：《孟子译注》，第 142 页。

然哲学的论著,如果用'韵文'写成,习惯也称这种论著的作者为'诗人',但是荷马与恩柏多克利除所用格律之外,并无共同之处,称前者为'诗人'是合适的,至于后者,与其称为'诗人',毋宁称为'自然哲学家'。"①亚里士多德说:"诗人的职责不在于描述已发生的事,而在于描述可能发生的事,即按照可然律或必然律可能发生的事。历史家与诗人的差别不在于一用散文,一用'韵文';希罗多德的著作也可以改写为'韵文',但仍是一种历史,有没有韵律都是一样;两者的差别在于一叙述已发生的事,一描述可能发生的事。因此,写诗这种活动比写历史更富于哲学意味,更被严肃的对待;因为诗所描述的事带有普遍性,历史则叙述个别的事。"②"既然悲剧是对于比一般人好的人的摹仿,诗人就应该向优秀的肖像画家学习;他们画出一个人的特殊面貌,求其相似而又比原来的人更美。"③"为了获得诗的效果,一桩不可能发生而可能成为可信的事,比一桩可能发生而不能成为可信的事更为可取。像宙克西斯所画的人物……但是这样画更好,因为画家所画的人物应比原来的人更美。"④文化与哲学更应该如此,更应该为人的可能性生活而思考,为人所应该遵循的普遍原则而思考,艺术与哲学的目的并不是对当前现实的消极默认,而是能够使人变得更美好。

　　所以理论家往往在自己的艺术理念中充分表达自己的艺

---

① 亚理斯多德:《诗学》,第5—6页。
② 同上,第28—29页。
③ 同上,第50页。
④ 同上,第101页。

术理想,虽然这种理想的合理性要不断地受到来自不同历史时代的质疑。例如贺拉斯就根据自己的古典主义审美趣味对当时流行的各种怪诞的艺术风格进行了批评。贺拉斯在《诗艺》中说:"如果画家作了这样一幅画像:上面是个美女的头,长在马颈上,四肢是由各种动物的肢体拼凑起来的,四肢上又覆盖着各色羽毛,下面长着一条又丑又黑的鱼尾巴,朋友们,如果你们有缘看见这幅图画,能不捧腹大笑吗?⋯⋯把野性的和驯服的结合起来,把蟒蛇和飞鸟,羊羔和猛虎,交配在一起⋯⋯在一个题目上乱翻花样,就像在树林里画上海豚,在海浪上画条野猪⋯⋯把人像上的指甲、卷发雕得纤微毕肖,但是作品的总效果却很不成功。"[①]这种在现代、后现代艺术中较为流行的荒诞风格,解构了各种关于人或动物甚至艺术既成的定义,拆散了各种中心概念,使艺术的内容成为各种毫无内在联系的散沙。贺拉斯主张以理性原则来统摄艺术中所有的构成要素,使艺术作为一个整体来共同呈现出一个相关的艺术理念。当然这种古典主义的审美趣味同样有它的局限性,如贺拉斯反对平等,完全反对大众价值观念的审美趣味。贺拉斯说:"观众中夹杂着一些没有教养的人,一些刚刚劳动完毕的肮脏的庄稼汉,和城里人和贵族们夹杂在一起——他们又懂得什么呢?⋯⋯这些虽然引起买烤豆子、烤栗子吃的人的赞许,却使骑士们、长者们、贵人们、富人们反感,他们听了是不会心平气和的,更不会奖赏什么花环。"[②]

①　贺拉斯:《诗艺》,杨周翰译,人民文学出版社,1997 年,第 137—138 页。

②　贺拉斯:《诗艺》,第 148—150 页。

由此看来,欧洲艺术中的平等精神也不是一开始就有的。但贺拉斯追求艺术理想的基本原则,至今仍有它的现实意义。就是从这一点出发,贺拉斯才认为:"不必让美狄亚当着观众屠杀自己的孩子,不必让罪恶的阿特柔斯公开地煮人肉吃,不必把普洛克涅当众变成一只鸟,也不必把卡德摩斯当众变成一条蛇。你若把这些都表演给我看,我也不会相信,反而使我厌恶。"[①]因为艺术的目的不仅在于它刺激的内容,还在于它对读者最终产生的效果即"寓教于乐"。但是这种纯粹以追求刺激为目的的艺术,现在倒大行其道了。贺拉斯对所谓"天才"的讽刺,对我们今日知识分子的精神现状也很有参考价值。他说:"由于德谟克利特相信天才比可怜的艺术家要强得多,把头脑健全的诗人排除在赫利孔之外,因此就有好大一部分诗人竟然连指甲也不愿意剪了,胡须也不愿意剃了,流连于人迹不到之处,回避着公共浴场。假如他不肯把他那三副安提库拉药剂都治不好的脑袋交给理发匠里奇努斯,那肯定他是不会撞上诗人的尊容和名誉的。"[②]"懂道理的人遇上了疯癫的诗人是不敢去沾染的,连忙逃避,就像遇到患疥病的人,或患'富贵病'的人,或患疯癫病或'月神病'的人。只有孩子们才冒冒失失地去逗他,追他。这位癫诗人两眼朝天,口中吐出些不三不四的诗句,东游西荡。他像个捕鸟人两眼盯住了一群八哥儿,不提防跌进了一口井里,或一个陷坑里,尽管他高声喊叫:'公民们,救命啊!'但是谁也不高兴拉他出来……让诗人们去享受自我毁灭的权利吧。勉强救人无异于杀人。

① 贺拉斯:《诗艺》,第147页。
② 同上,第153页。

他自杀已不止一次，你把他救出来，他也不会立即成为正常的人，抛弃死爱名气的念头。"①贺拉斯对所谓天才诗人的讽刺，无异于对今日很多文人的讽刺，他们只是一心一意地出名，全然不顾学术的规则，内心没有任何关于真理、善和美的概念。如《诗经·墓门》中也对诗歌的美刺作用做了形象的说明："夫也不良，歌以讯之。讯予不顾，颠倒思予。"对于坏人，写首歌来讽刺他，但他根本不在乎，心里总是想的和人不一样。关于美刺，《诗经》提到很多处。《葛屦》中"维是褊心，是以为刺"。编首歌讽刺小心眼。《狼跋》中"公孙硕肤，德音不瑕"。大肚子公孙，名声不好啊。《节南山》中"家父作诵，以究王讻"。人们看到了诗歌的美刺作用，但也看到了诗歌美刺作用的有限，认为仅仅美刺是不够的。《民劳》"王欲玉女，是用大谏"。王贪财贪色，因此要深深规劝，希望能改邪归正。《板》"犹之未远，是用大谏"。执政没有远见，仅仅贪图眼前的私欲，只好用诗来讽谏。《抑》一诗中对老臣劝告周王行为的描述可谓淋漓尽致"靡哲不愚"，"哲人之愚，亦维斯戾"。智者虽然看起来像愚者一样，可他那是在装糊涂逃避刑罚。他劝周王讲话要小心谨慎："白圭之玷，尚可磨也；斯言之玷，不可为也。"人讲的话不可能像白玉上的污点一样可以随意磨去。更重要的是做事要不愧于神明，"尚不愧于屋漏"，"无曰不显，莫予云觏"。不要自以为屋里黑暗，神看不见，神的来去不可揣测，神不知何时降临，那你只有自讨惩罚了。至于不仅要通过诗歌，更要"匪面命之，言提其耳"，耳提面命的拳拳之意，可谓达到了极

① 贺拉斯：《诗艺》，第 160—161 页。

致。因此，伟大的艺术家总是要充分表达自己对人生的理想。当艺术家被指责其所描写的不符合实际时，他就可以这样反驳说，这些事物是按照它们应当有的样子描写的。当然，孔子、孟子、老子、庄子等都对"人应当有的样子"提出了自己的答案，但这种答案必须在新的时代，在跨文化交流的当今对自己的合理性做出反思。

权力与知识的结合往往导致文学创作与艺术理论中理想原则的缺失。哲学如果和政权相结合，最后的结果往往是话语霸权的独白。《易经·睽卦三十八》讲，"君子以同而异"，君子要求大同，存小异，既结合又分别。[①] 但更多的观点如孔子所谓"攻乎异端，斯害也已"，[②]攻击不同的、不正确的看法就可以消除祸患，由此可见孔子是反对不同言论的。《礼记·王制第五》讲，"作淫声、异服、奇技、奇器以疑众，杀"，"奸色乱正色不鬻于市"，"禁异服，识异言"。制作荒淫音乐、奇怪服装、诡异技巧、奇邪器物用来迷惑大众的人都要杀头，奇装异彩与正色不合的服装不准在市场出售，要禁止奇装异服，禁止不同的言论。[③] 这样的独白就已背离了真理的方向。特别是传统哲学话语的含混性导致了权力巨大的解释空间与话语霸权的充分运作。老子则重在修身，爱民治国乃是余事，老子崇尚精神的修行，反对物质的贪婪。他说："宠辱若惊，贵大患若身。何谓宠辱若惊？宠为下，得之若惊，失之若惊，是谓宠辱若惊。何谓贵大患若身？吾所以有大患者，为吾有身，及吾无身，吾

---

① 黄寿祺、张善文：《周易译注》，上海古籍出版社，2004 年，第 289 页。
② 杨伯峻：《论语译注》，第 18 页。
③ 杨天宇：《礼记译注》，上海古籍出版社，2004 年，第 161—162 页。

有何患?"(十三章)①老子警告世人不可为名利而轻视生命,就是因为修身,所以老子主张静,自然应该是动静一体,人之所以选择静,修身是一个重要的原因。治理国家养护身心的根本原则就是爱惜精力,治理国家养护身心都是为了"可以长久","长生久视"。老子说:"我有三宝,持而保之。一曰慈,二曰俭,三曰不敢为天下先。不敢为天下先,故能成器长。"(六十七章)所以苏东坡讲"老子之学,重于无为,轻于治天下国家"是很有道理的。其实庄子更是如此,多次提到"尧与许由天下,许由逃之","尧以天下让许由,许由不受","不以事害己"便是证明。② 也是从这个角度,朱熹说老子"只是占便宜",有些不当,但讲他"不肯役精神,须自家占得十分稳便方肯做。一毫不便,便不肯做"是有道理的。老子讲"繟然而善谋"(七十三章)。其实孔子也讲"好谋而成",不喜欢"暴虎冯河"之人。

钱穆在《庄老通辨》中反复强调老子的治世思想,他说,"故《庄子》虽有《应帝王》之篇,然其意固常在退避,不若老子之超然燕处,而有取天下之志","今《老子》书,则多言治天下,少言治国。其言治天下必以民事为要归"。③ 钱穆从另外一个角度谈到了老子哲学对现实的思考,但这并不意味着老子有"取天下之志",而是说明老子所言道的妙用的无限广大。这是因为老子的道是关于自然、人类世界、人类行为的基本原

———————

① 陈鼓应:《老子注译及评介》,第 109 页。
② 陈鼓应:《庄子今注今译》,第 18、724、744、798 页。
③ 钱穆:《庄老通辨》,生活·读书·新知三联书店,2002 年,第 39、63 页。

则，同时也是由老子保身的出发点和归宿来决定的。"将欲歙之，必固张之；将欲弱之，必固强之；将欲废之，必固兴之；将欲取之，必固与之，是谓微明。"(三十六章)老子讲的是一个普遍的道，在人的行为中也同样适用，如果把它看成阴谋却是各自价值判断的不同造成的。在老子看来"要使其削弱，必使其强盛，要使其废除，必先使其兴盛，要从其获取，必先给予"，这是符合道的，而在孔孟之道看来自然带有阴谋的味道，但人的阴谋也必须迎合自然的内在原则来满足自身的需要。这句话虽然含有"盛强必弱，物极必反"的道理，但从语言上看，"欲"就是指人之"欲"，自然哪来的"欲"，自然"翕张，弱强，废兴，取与"都是自然而然，不得已而为之，只有人才能根据自身的需要来迎合自然的"自然而然"。从韩非至钱穆都看到了老子这种"好谋而成"的世故之态。"是以圣人终不为大，故能成其大。夫轻诺必寡信，多易必多难。是以圣人犹难之，故终无难矣。"(六十三章)从此语看来，老子虽不是什么阴谋家，却对人情世故了如指掌，当然这是与老子哲学修身保命的根本目的一致的，不了解人情世故，怎能保身呢？这是老子明哲保身的智慧，但老子并不主张拿这种智慧来干什么不道德的事，因此讲老子是阴谋家，是有些偏颇了。"是以圣人欲上民，必以言下之，欲先民，必以身后之。是以圣人处上，而民不重，处前而民不害。是以天下乐推而不厌。以其不争，故天下莫能与之争。"(六十六章)孔子曰："道之以政，齐之以刑，民免而无耻；道之以德，齐之以礼，有耻且格。"[①]因此，儒家常常把关于神

---

① 杨伯峻：《论语译注》，第 12 页。

的各种理论原则寄托在理想化的个人修养上,寄托在所谓的人的"卡里斯马"特性上。所谓"卡里斯马"依照韦伯的解释就是:"这个词应被理解为一个人的一种非凡的品质(不管是真的、所谓的还是想象的,都是一样)。'卡里斯马权威'则应被理解为对人的一种统治(不管是偏重外部的还是偏重内部的),被统治者凭着对这位特定的个人的这种品质的信任而服从这种统治。"①一个人只有通过不断创造新的奇迹来证实自己卡里斯马的存在,即使皇帝本身也要严格按照卡里斯马原则处理。此理论派生的直接现实结果就是根据人的愿望来治理国家,是习俗与传统决定一切,统治者的意志成为整个共同体的基本原则。

善美是中外圣贤共通的企求,孔子所谓的仁也就是柏拉图所谓的善,是人对待世界、对待自我、对待他者所采取的合理态度与行为的思考,只不过在具体的细节上有所出入,但普遍幸福的理念应该是其共同的出发点。但在孔子的思想中,"个体利益与价值"始终是其考虑问题的出发点,因此,孔子存在"避世""子为父隐,父为子隐"的思想也就可以理解了,这正是目前理论界所忽视的儒家文化的一个根本特点,也是孔子与苏格拉底及耶稣在个体形象上的重要不同之处。孔子的哲学基础乃对人性的深刻把握,甚至是认可,这是他实事求是的一面,也是他理论局限性的原因。他的主张大多是考虑到了人的软弱与可能,所以他在《论语》中反复说"吾未见好德如好色者也"。儒家文化除了仁者爱人外,对亲缘关系的强调也

---

① 马克斯·韦伯:《儒教与道教》,第35页。

是其对人性深刻体察，并对人性消极默认的一个重要方面。当然血缘不仅仅是父子、家庭，它可以扩展为亲情、地域、师生、同事、宗族等。儒家对亲缘的强调，其从亲缘到非亲缘过渡的软弱与无力，都充分显示了其价值伦理在现代社会生活实践上的局限性，和《圣经》中对亲缘的淡化，佛教对亲缘的彻底放弃形成了鲜明的对比。当然笔者并不是反对亲缘，而是在思考，在整个民族文化中如果把亲缘当作最终的手段与目的，那就无法形成凝聚整个民族的规则、制度与力量。可以简单地想象，如果每个人都以亲缘为最终的取舍依据，那正义、法治、平等、爱的秩序便无从建立。孔子自然知道亲情之局限，正如人性之软弱，所以他在《论语·尧曰》中讲"虽有周亲，不如仁人"，但尊亲的观念无论是在《论语》或《孟子》里（在《孟子》中表现更甚），还是在《礼记》中，可谓俯拾皆是。当然现实并不如此，兄弟相残之事无论在历史上还是在艺术里都在反复上演，中西方无不如此，中国著名的有曹丕与曹植、李世民的玄武门之变，西方最出名的则有《圣经》中的亚伯和该隐、《哈姆莱特》中哈姆莱特的父亲与克劳迪斯。所以儒家之"隐"不仅表现在隐居山野之中，同时也表现在隐居在亲情之中。孔子并不主张极力与不合理的现实展开不妥协的抗争，而主张在国家混乱的时候隐退，既隐居在山野之中，也隐居在由亲情建立的强大关系网之中。

二　神的观念

　　任何到过西方旅行的人，或熟悉西方文化经典的人都无法否认《圣经》及其所代表的基督教文明对西方文化的深远影响，其精神实质已深入到政治、经济、文学、绘画、音乐、建筑（教堂）、雕塑、电影的各个方面，和古希腊文明一起组成了西方文明起飞的两只翅膀。当然，《圣经》与基督教、耶稣与基督徒还是两个根本不同的概念，因为历史上任何一次重大的宗教改革都是对《圣经》的回归，特别是马丁·路德对《圣经》的翻译与阐释更是促进了这种观念的发展。其实在他之前，耶稣与保罗对《旧约》的解读已经树立了光辉的榜样。这让任何对《圣经》，直至基督教这样庞大久远的文化现象做出简短的判断都有愚妄疏漏的嫌疑，但对其精神实质与核心理念的探讨确是无法回避的现实问题，厚厚的《圣经》，几千年的基督教发展史到底在围绕着怎样的核心而运转？《圣经》本身也给出了解答。正如《马太福音》二十二章第 34—40 节所说：法利赛人听见耶稣堵住了撒都该人的口，他们就聚集。内中有一个人是律法师，要试探耶稣，就问他说："夫子，律法上的诫命，哪一条是最大的呢？"耶稣对他说："你要尽心、尽性、尽意，爱主你的神。这是诫命中的第一，且是最大的。其次也相仿，就是爱人如己。这两条诫命是律法和先知一切道理的总纲。"耶稣的话在《圣经》的其他章节也有呼应。最明显的就是《约翰一书》第四章第 8 节："没有爱心的，就不认识神，因为神就是爱。"第 16 节："神就是爱，住在爱里面的，就是住在神里面，神也住在他里面。"第 20—21 节："人若说，'我爱神'，却恨他的兄弟，就是说谎话的；不爱他所看见的弟兄，就不能爱没有看见的神。"爱神的，也当爱弟兄，这是我们从神所受的命令。康德理性神学无疑继承了这种精神内核，虽然康德反复陈说：虽然无法证明神的存在，但作为一个合理的预设，乃是理性之人所必不可缺的，这也是他反复强调的，在思考神的本质时，应该把思考的重点放在神的教导上，而不是放在神的存在方式上。这种看似虚无的设定，正如道路上的斑马线一样，确是人类道德秩序必不可少的。这种看似柔弱的精神内核加以外在强大的宗教形式给人类的精神产生了无以复加的影响，也就是从这个角度，我们才能深刻理解威廉·詹姆士所说的："人性所奋飞到的最高级的慈善、虔诚、信赖、忍耐、勇敢，都是为宗教的理想而飞越到的。"[①]歌德在谈到马丁·路德翻译《圣经》的贡献时也说："无论精神文化教养怎样不断向前迈

---

① 威廉·詹姆士：《宗教经验之种种》，唐钺译，商务印书馆，2002 年，第 259 页。

进,自然科学在广度和深度上怎样不断进展,人类心灵怎样尽量扩张,它也不会超越'福音书'中所闪耀的那种基督教的崇高和道德修养。"①歌德准确地阐述了宗教对于人生的意义:它直接给人带来道德上的影响和最终所要努力的目标,科学的进展不能消除人们对宗教的依赖,主要是因为,宗教对人的精神道德的影响是自然科学的发展所无法代替的。

上帝的本体论特性虽然阻止我们从经验的原则得出"拟人化"的上帝概念,但这仍不妨碍基督就是基督徒的榜样这一精神实质,正如马丁·路德所说的:"在样样事上照上帝借着基督曾如何待他,现在仍如何待他的样式去待他的邻居。他应该白白地行,只看着是上帝所喜悦的。""我也要将自己当作基督献给我的邻舍,如同基督献自己给我一样。""各人都仿佛要以自己当作基督待人,叫我们互相做基督,也叫基督在各人身上无分别;那就是叫我们都做真正的基督徒。"②加尔文则在他的《基督徒的生活》中说:"我们只要真诚和单纯地仰望这目标;不奉承自己,或为自己的恶行找借口,而要殷勤地达到这目标:在善行上日胜一日,直到我们达到完全的地步。这是我们一生所竭力寻求的目标。"③然而这种光辉的理想,人性的乌托邦,对于活生生的人来说也多么高高在上啊。即如马丁·路德这样的神学家也是步履维艰,人的天性真是万般

① 爱克曼辑录:《歌德谈话录》,朱光潜译,人民文学出版社,1998 年,第 255 页。

② 马丁·路德:《马丁·路德文选》,马丁·路德著作翻译小组译,中国社会科学出版社,2003 年,第 24—25 页。

③ 约翰·加尔文:《基督徒的生活》,钱曜诚等译,生活·读书·新知三联书店,2011 年,第 92 页。

地难以改造。正如罗伦培登在《马丁·路德传记》中所说的：
"他毕生都与沮丧搏斗，都为信心征战。"①他的急躁、易怒、粗
鲁，甚至是为黑森亲王腓利重婚所做的撒谎，他对重洗派、犹
太人的严厉态度，对教皇尖刻的辱骂，甚至是印发粗俗不堪的
漫画②等都说明作为个体的人，无论他是神学家，还是基督
徒，甚或是一个普通人，离那种理想的人格是何其遥远。至于
加尔文在火刑柱上烧死异端塞尔维特则成为人类文明上的一
个标志性事件，③很显然这已违反了摩西十诫中的第六诫"不
可杀人"，这位伟大的宗教改革家极端的宗教迫害行为就曾受
到马克思、巴尔扎克等人的批评。我们在茨威格的《异端的权
利》中就可读到宗教改革家对异教徒的各种迫害，从爱开始的
宗教最后沦落到走向自己的反面。这些残酷的历史史实告诉
我们，个体的人无论他高举着怎样的大旗，其最终的结果都含
有很大的不确定性。然而，无论怎样，包含有丰富爱的内涵与
平等精神的《圣经》与基督教传统对于我们有着重要的启发意
义。况且，平等的精神，一种超越于亲情、血缘关系之上的现
代文明精神，也可把人与神的关系转化为人与法律、正义、爱
的关系，只有平等的理念才能使一个民族建立起普遍幸福而
不是少数人幸福的理念与制度。

　　由于长期受到无神论的教育，人们常常把宗教与神当成
一种虚无，甚至可笑的东西来对待，从而从根本上忽视了关于

---

① 罗伦培登：《这是我的立场——马丁·路德传记》，陆中石、古乐人译，译林出版社，1993年，第340页。

② 同上，第358页。

③ 吉尔·R.埃文斯：《异端简史》，李瑞萍译，北京大学出版社，2008年，第38页。

神和宗教的思想对我们今天现实的意义。特别是 20 世纪 70
年代以儒家伦理为传统文化的东亚地区,日本,我国台湾、香
港地区,韩国,新加坡等地经济的巨大发展为儒家文化在新时
代的意义提供了论证。以韦伯为代表对儒家文明过分强调现
实,缺乏神的观念的观点也受到了来自强调中国传统文化的
不同学派的质疑与冲击,当然,随后的经济大动荡又为韦伯观
点的现实意义提供了新的活力。当然神与宗教是一种意识领
域的精神现象。如果从客观存在的物质形态的角度来论证神
的存在,那结论自然是可想而知的。但它对精神的影响却不
是仅仅从物质的角度来论证就能解决的,因为,宗教与神的观
念对现实的意义主要表现在神的观念对现实人的行为与心理
的影响与作用上,而不是神是如何产生的,是否存在。当然神
的存在也是它论证自身合法性的一个重要基础,但在考察人
的心理与意识的领域却不能用是否存在这种简单粗暴的态度
来对待。从苏格拉底、柏拉图、亚里士多德、康德、黑格尔,甚
至路德的论述来看,他们都强调神的存在,但他们并不是盲目
地崇拜一个根本不存在的、自己创造的虚无的存在,更重要的
是神的具体含义,也就是神对人的行为与心理的基本要求,耶
稣并不是一个对生命和精神没有任何意义的子虚乌有的东
西。他们的根本目的就是为了解决人的精神领域的问题,为
了人自身生活的意义,为了人类能够更美好地生活下去而创
造的理想。我们总是用宗教史上的荒乱和无知来论证宗教和
神的无意义,而忘记这些荒乱和无知本身就是背离宗教初创
时的本意的。耶稣和基督教、释迦牟尼与佛教、穆罕默德与伊
斯兰教甚至孔子与儒家等,他们最初的目的都是为了人类自

身的生存，但随着宗教自身的发展，它愈来愈背离它产生时的初衷，而成为人类自身存在的巨大负担。这和文化史上很多重大的哲学思想的发展是一致的。

总之，我们只有从爱和完美人格理想的角度才能真正理解神与宗教对整个人类文化发展与存在的巨大意义。所以黑格尔说："于阐明自然的本质或世界的生成时，柏拉图是以如下的方式开始的：'神就是善'（善是柏拉图理念世界的顶点，正如亚里士多德于讨论柏拉图学说时关于理念和关于善所写的那样）。"[①]在柏拉图的理论里，正如《圣经》中的耶稣一样神乃是完美人格的化身，虽然生活中没有一个人能像柏拉图的神那样公正、聪明、完美，也从没有任何一个人能像耶稣那样充满爱，但他们作为理想无疑鼓舞着人去努力，总比以充满缺陷的现实的、个体的人为目标，更能使人看到自身的局限，同时也更加鼓舞人朝着自己的可能性与理想不断努力。正如柏拉图在《理想国》里提出了一个国家制度的理想一样，基督教也为人们提出了一个完善的人格理想，孔子也同样提出了自己的人格理想，这种理想当然不可能在生活、在现实中的众人中找到，它只是为人的努力提供了方向，甚至这种理想，在今日的我们看来也是可望而不可即的，而这正是这些理想的现实意义。在柏拉图看来，理想的国家和理想的个人是一致的，都是为了真实的普遍性而存在，一个国家如果仅仅抱住某些群体的、短暂的甚至目前的利益和制度而死死不放，它一定会在永恒的真理面前，在真实的理念面前无法找到自身的合法

---

①　黑格尔：《哲学史讲演录》第二卷，第 224 页。

性而被迫退出历史舞台。因为考察一个国家和个体的合理性在于它是否体现了真正的理念或理想，而不是它短暂的效用。

虽然社会阶层的变化对宗教的产生、发展与变化都具有深刻，甚至是决定意义的影响，但是，更为重要的是一种宗教一旦产生就会反过来对社会各个阶层的生活与行为方式产生重要影响，因为对宗教理想的不懈追求对于信徒们来说不仅仅是一种冥想的迷幻状态，更重要的是它所具有的现实性质。所以韦伯说："利益（物质的与理念的），而不是理念，直接控制着人的行动。但是，'理念'创造的'世界观'常常以扳道工的身份规定着轨道，在这些轨道上，利益的动力驱动着行动。世界观决定着，人们想——别忘了，还有能够——从哪里解脱出来，又到哪里去；或是从政治与社会的被奴役地位解脱出来，到某个此岸的未来天国去；或者从宗教仪式的不洁造成的污点，或注进身体内的不洁中彻底解脱出来，得到一种灵魂美、肉体美或精神存在的纯洁性；或者从人类永无止境、毫无意义的激情与渴望的角逐解脱出来，达到神圣体验的宁静状态；或者从凶残与罪恶的奴役下解脱出来，得到天父怀中永恒的、无限的爱；或者从占星术士想出来的星宿位置支配下的奴役中解脱出来，获得自由与分享隐藏的神性的尊严；或者从表现为苦难、困顿和死亡的暂时的框架和威胁人的地域惩罚中解脱出来，得到人间或天堂的未来存在中的永恒的幸福；或者从带着逝去时代行为的无情报应的轮回循环中解脱出来，达到永恒的安宁；或者从无聊的烦恼与琐事中解脱出来，达到无梦之眠，还有许多可能性。在这些后面，一直隐藏着一种对现实世界中被认为特别'没意思的'东西的立场，也就是这样一种要求：世界结构在其总体上是一种，或者可以、应该成为一种随便怎样有意义的'宇宙'。"①这种宗教理性主义对广大信徒的形而上要求，虽然其结果及其作用的范围极不相同，但其强烈的现实意义却是让人无法忽视的，也就是说各种宗教的教义为塑造现实信徒的行为与思维方式产生了深远的意义，无论追求宗教幸福的行为在怎样的程度上受到社会阶层利益和与之相适应的思维方式的影响。总之，观念一旦产生，宗教原则与伦理原则的理性化一旦出现，终极价值观念的规定一旦确立，那么人的行为方式，甚至整个群体与社会的生活方式都会受到强烈影响，甚至在某些方面，某种程度上决定意义的影响就必然地发生。当然这种影响往往是在某些宗教领袖、宗教改革家甚至是激进的知识分子的带动下实现的，在某种程度上，也可以说，苏格拉底、释迦牟尼、穆罕默德、耶稣、孔子本身就是提出自己理论原则又在生活行为中加以贯彻的知识分子的形象。

也就是这些伟大实践家的行为导致了宗教从天外的世界向现实世界的转化。如果这些伟大的实践家以一种纯粹自我的、心醉神迷的信仰方式来标榜自我的所谓神圣，以及自我信仰的高不可攀，在自我与广大的信众之间有意地架设一条不可逾越的鸿沟，从而导致了宗教信仰与现实生活的完全脱离，找不到神的思想与现实人间日常行为的桥梁，甚至与现实人的根本要求背道而驰，这种仅仅为所谓信仰大师服务的宗教不过是一种自我欣赏与自我麻醉的邪教罢了。所以，真正的

---

① 马克斯·韦伯：《儒教与道教》，第19—20页。

宗教实践家、改革家的行为虽然看起来常常是反常的,甚至是和现实原则根本对立的,但是无论是他们的出发点,还是最终归宿,他们整个的行为过程,都是活生生的现实的人,为了人能摆脱自身的各种困境而不停地奔波,宣传自己的思想与教义,他们共同的特点就是反对人无条件地沉浸在现实的存在之中,而不愿不断地提升自己,以达到完美的境界。所谓韦伯说:"这种世俗的禁欲虽然是出世的,因为它看不起地位与美色、好酒与美梦、纯世俗的权力与纯世俗的英雄自用,谴责它们都是天国的对头,但是,正因为如此,它才不似冥想那样逃避世界,而是想要按照神的戒条使世界在伦理上理性化。因此,在更深一层的意义上讲,比起古希腊罗马和世俗天主教的百折不挠的人的天真地'接受人世世界'来,这种世俗禁欲更加入世。那些宗教教养很高的人的仁慈与入选资格,正是在凡事中考验出来的。不过不是一般的凡人凡事,而是为神服务的、在方法上理性化了的平凡行动。理性地上升为使命的平凡行动成了救赎的保证,宗教大师们的教派在西方形成了生活方式(包括经济行动)在方法上理性化的酶,而不像亚洲那些冥想的或纵情的或麻木的神魂颠倒的人的团体那样,充当渴望脱离人世间的活动的无理智状态的活塞。"①所以神是以人间的仁人志士为模型塑造的,宗教的爱不仅是一种理论的、抽象的、逻辑的爱,更是一种世俗的、可能的、行为上的、日常生活的伦理化。宗教著作并不是理论家自己挖空心思编出来的书,宗教的追求也并不是仅仅在理论上,或者是逻辑上能

① 马克斯·韦伯:《儒教与道教》,第 30—31 页。

够自圆其说,毫无矛盾地构建自己的体系,而是要始终以改变现实不合理的存在为目的,以达到他们自身的理想境界。宗教产生有自身的逻辑,并不是某些理论家想当然的产物,无论是"愤世"理论,还是"奴隶起义"理论,都无法简单地分析出宗教自身产生与存在的现实意义。

当然,我们在宗教的发展与存在中看到的更多的是宗教的现实与自身基本原则背离。正如歌德所说:"教会规章中有许多是荒谬的。但是教会要想统治,就要有一批目光短浅的群众向他鞠躬,甘心受它统治。拥有巨资的高级僧侣最害怕的莫过于让下层大众受到启蒙,他们长久禁止人民大众亲自阅读《圣经》;能禁止多久,就禁止多久。可怜的教众面对拥有巨资的大主教们会怎样想,如果他们从'福音书'中看到基督那样贫困,他和他的门徒们都是步行,态度极谦卑,而高级僧侣们却乘六匹马的轿车,招摇过市,神气十足。"[1]所以说每次重大的宗教改革都是对《圣经》基本教义的回归。路德在同各种腐败的宗教行为做斗争时说:"要想驳倒我,除非凭《圣经》的证据,或者是完全公正的辩论,否则,我是不会认错的。因为做任何违背良心的事是既不可靠又不谨慎的。我在这里发誓,我绝不认错:愿上帝保佑!"[2]这位把《圣经》译成德文的伟大改革家就是为了打破宗教的垄断,使人们能够直接聆听来自《圣经》,也就是来自耶稣的声音,并按照《圣经》的指引来决定自己的行为。

《圣经》为人类做出的最为伟大的贡献在于它的平等思想

---

① 爱克曼辑录:《歌德谈话录》,第254页。
② 托马斯·卡莱尔:《论英雄、英雄崇拜和历史上的英雄业绩》,第154页。

贯穿于它对人类的思考之中，当然佛教中也有，平等的思想摆脱了民族的界线、财富的多少、性别的差异、宗教的藩篱，甚至道德的高下、血缘的束缚等等，只要是人都是平等的。特别是摆脱了民族、宗教的束缚与局限使《新约》与《旧约》明显地区分开来。《旧约》认为只有犹太人是神耶和华的特选子民，得到神特别的护佑，其他不信耶和华的人与种族都将受到耶和华的惩罚。但《新约》中的耶稣就是因为他宣布所有人都是上帝的儿子，所以使他与犹太教，特别是传统法利赛人区别开来，并最终被杀害。耶稣区分人的唯一原则就是善与恶、爱与恨，由于他鼓励大家要爱仇人，善与恶的区别、爱与恨的分离也是非常模糊的，但这并不意味着耶稣是没有原则的，爱的原则乃是最高的原则，爱的原则超越具体的环境、具体的时代、具体的种族、具体的肤色与性别，爱只有一种，那就是付出。《论语·宪问》讲："有德者必有言，有言者不必有德。仁者必有勇，勇者不必有仁。"有德的人一定有很好的言论，但有很好言论的人却并不一定有德。应该说孔子与耶稣都达到了这个要求。耶稣身处乱世却勇于出言，勇于力行，最终遭到杀害，他的归宿与苏格拉底的死对人类的启发是一致的，对真理的追求与善的追求一样都要遭受那些利益集团的报复与杀害。但孔子就与耶稣不同，他说："邦有道，危言危行；邦无道，危行言逊。"国家政治清明就要言语与行为都要正直，如果国家政治昏暗那就要行为正直，但要言语谦逊。如果按照孔子明哲保身的哲学行事，耶稣的死肯定是不可能的，但是他的教义的推行却也就可想而知了。所以孔子说自己："君子道者三，我无能焉：仁者不忧，知者不惑，勇者不惧。"君子能达到三种要求,我一样都没达到:君子具有仁义不忧愁,君子具有智慧不困惑,君子勇敢不惧怕邪恶。子贡说这是"夫子自道也",是孔子的自我表白。① 但这并不是孔子的谦虚,孔子确实在某种程度上达到了"仁者不忧,知者不惑,勇者不惧"的境界,他周游列国,不畏艰难困苦,不畏俗人的讽刺挖苦,几次都处于生命的极度危险之中。但在追求真理方面他的明哲保身与苏格拉底的勇于赴死相比是有差距的,在追求善的方面他的保持中庸之道与耶稣的勇于就义相比也是有差距的。所以子贡对孔子"夫子自道"的评价应该说并没有真正理解孔子对自己的理想要求。

因此,钱穆说:"孔子在五十前居家授徒,既已声名洋溢,而孔子终于坚贞自守,高蹈不仕。""孔子三十以后之家居授徒,早已是一种积极态度。"② 这种"积极态度"与勇于赴死的精神相比不得不说有很大的差距。因此,说孔子告季孙氏"与虎谋皮"是因为:"季氏纵不能深明孔子所陈之道义,然亦知孔子所言非为谋我,乃为我谋,故终依孔子言堕费。其实孔子亦不仅为季氏谋,乃为鲁国谋。亦不仅为鲁国谋,乃为中国为全人类谋。"③但如果考虑到充斥《论语》整部书的明哲保身、对物质利益与现实的权势的关注,就会感到这种境界与纯粹以真实和善为人生目的的哲学价值观念是有一定差距的,对世俗利益的考虑必然导致明哲保身,当然孔子把自己对现实利益的追求与对仁义的追求是合为一体的。《论语•公冶长》讲

人的乌托邦

---

① 杨伯峻:《论语译注》,第 155 页。
② 钱穆:《孔子传》,生活•读书•新知三联书店,2002 年,第 26 页。
③ 同上,第 31 页。

孔子说南容,"邦有道,不废;邦无道,免于刑戮"。以其兄之子妻之。子曰:"道不行,乘桴浮于海。从我者,其由与?"①孔子把自己的侄女嫁给一个在国家清明能有所作为,在国家混乱能不受刑罚的明哲保身之人。他认为在国家混乱的时候最好的选择就是找个木筏到海里去。他并不喜欢子路的勇敢无畏,认为那并不可取。孔子听说季文子三思而后行,便说:"再,斯可矣。"子曰:"宁武子,邦有道,则知;邦无道,则愚。其知可及也,其愚不可及也。"②孔子虽然认为"三思而行"有些过分,但他认为国家有道就显示自己的才智,国家昏庸就显示自己的无知,才是一个聪明人应该的作为。《论语·述而》讲,孔子对颜渊说:"用之则行,舍之则藏,惟我与尔有是夫!"子路曰:"子行三军,则谁与?"子曰:"暴虎冯河,死而无悔者,吾不与也。必也临事而惧,好谋而成者也。"③孔子认为颜渊和自己一样,得到任用就出来做事,得不到任用就隐藏起来,他最反对那种赤手空拳和老虎搏斗、不用船只过河的鲁莽之人,只有那种谨慎小心、善于谋划的人才能得到他的认可。《论语·卫灵公》中孔子说:"直哉史鱼! 邦有道,如矢;邦无道,如矢。君子哉,蘧伯玉! 邦有道则仕;邦无道,则可卷而怀之。"④无论邦有道还是无道,史鱼都像箭一样直,蘧伯玉则不同,邦有道就出来做官,邦无道就隐藏起来,孔子称他为"好一个君子"! 子曰:"志士仁人,无求生以害仁,有杀身以成仁。"正如

---

① 杨伯峻:《论语译注》,第42—43页。
② 同上,第50页。
③ 同上,第68页。
④ 同上,第163页。

鲁迅说陶渊明有空无的一面也有怒目金刚的一面。孔子有明哲保身的一面也有杀身求仁的一面,虽然仁在孔子的理念中是至高无上的。《论语·微子》讲:微子去之,箕子为之奴,比干谏而死。孔子说:"殷有三仁焉。"①微子因为纣王的混乱残暴而离去,箕子做了奴隶,比干因为劝谏而被杀,他们三人的命运不同,但孔子都把他们称为仁人,孔子并没有因为他们不同的选择而对他们有不同的评价。当然,明哲保身、强调现实幸福的传统与理念并不始于孔子,我们在《诗经》里就可看到这种把喜、福、禄、寿作为人生幸福根本标志的价值观念。所以《诗经》里反复讲,要"祀事孔明,先祖是皇,神保是飨。孝孙有庆,报以介福,万寿无疆!"(《楚茨》)。神明奖赏给主祭人的幸福就是万寿无疆。②"祀事孔明,先祖是皇,报以介福,万寿无疆!"(《信南山》)③祭祀的完备周详,让祖先享受祭品,神明降下福气,使祭祀人能够永远长寿。"黍稷稻粱,农夫之庆。报以介福,万寿无疆!"(《甫田》)④农夫的祭祀在内在的精神要求上也是基本相似。这种对物质与世俗利益的重视和纯粹以真理、善为人生目的的理念是根本不同的。

由此看来,宗教与神的基本精神并不是完全迷信,而是一种理性化的对待世界与人生的根本态度,它重要的是指一种超越于现世生活的根本原则与理想,一种普遍的法则的合法性。这样"神"自然也就很容易转化为一切具有普遍意义的伦

---

① 杨伯峻:《论语译注》,第 192 页。
② 程俊英:《诗经译注》,上海古籍出版社,2004 年,第 357 页。
③ 同上,第 362 页。
④ 同上,第 365 页。

理原则，包括法的精神。理论家们更多的是强调宗教对人的行为的影响。宗教并不是人挖空心思编出来的空中楼阁，也不是逻辑上或仅仅心理上想象出来的艺术品，而是历史的现实。更为重要的是作为理性代表的知识阶层是如何以一种理性化的方式来影响广大民众的行为的，为了民众，如何去推行一种日常生活的伦理理性化、世界观的理性化、宇宙的理性化，去彻底创造一种理性的日常伦理的可能性，正如康德所反复申明的，"宗教不是道德的原因，而是道德的结果"，"宗教与道德没有任何区别"，"上帝就是爱"。① "并非通过赞颂上帝，……而是通过善的生活方式——在这方面，每一个人都知道上帝的意志——来试图让上帝喜悦的人，才将是对上帝做出上帝所要求的真崇敬的人。""我们感兴趣的并不是知道上帝就其自身而言（就其本性而言）是什么，而是知道他对于作为道德存在物的我们而言是什么。""必须把善的生活方式的宗教作为真正目的引进来。"②正如艾伦·伍德所说："据康德说，我们信仰上帝，是因为这种信仰与我们追求至善的道德意向和谐一致，也被后者理性地要求着。""我们的道德需要上帝的理念来增强力量。"虽然这种主观的预设无法找到客观的现实对象与之相对应，但这种主观的必然性仍然具有必然客观的成分。康德在承认可能性证明"不能确立一个本源存在者的客观必然性的"同时，仍然相信它表明了"这一存在者的主观必然性"——它证明上帝存在是一个人类理性的"必然预

① 阿尔森·古留加：《康德传》，第 169、221、222 页。
② 康德：《单纯理性限度内的宗教》，李秋零译，中国人民大学出版社，2003 年，第 100—101、144、184 页。

设"或"必然假设"。① 虽然这种预设由于没有与其相对应的感性内容而被当作如自由意志一样空洞可疑的概念，但是从道德的立场上说它是有用的。亚里士多德在《工具论》中阐述永恒的特性时说："神是不朽的生命。"②苏格拉底、柏拉图与康德设定神的完美的存在，其最终目的也不是解释世界，而是以改造世界为目标。当然这种方法的合理性必须经历历史的检验，至少他们理论的出发点是这样的。马克思在《关于费尔巴哈的提纲》中说："哲学家们只是用不同的方式解释世界，问题在于改变世界。"③我们对宗教的理解也应是这样。

只有从这个角度我们才能真正理解宗教对现实的正面意义。当然，在宗教的发展历史上有无数次在神的名义下进行的屠杀、侵略与迫害，这无疑已经背离了宗教救赎的根本动机。我们把韦伯的宗教观与马克思的宗教观相比就很容易明白这个问题。因为马克思主要从宗教对当时的人的精神的奴役，以及人们对现状的消极忍受出发来反对宗教。这在中外文化发展的历史上无疑成了一个异常普遍的现象：后继者对开拓者的普遍背离，无论是新教或儒教都是这样。特别是儒教的发展经历了更为复杂的过程，儒教的发展与它的开拓者之间的关系，也就是后来儒教在发展过程中与时代统治者利益密切结合的情况下，在多大程度上继承了或者是背离了它

① 艾伦·伍德：《康德的理性神学》，邱文元译，商务印书馆，2014 年，第 15、17、76—77 页。

② 亚里士多德：《工具论》下，余纪元等译，中国人民大学出版社，2003 年，第 439 页。

③ 中共中央马克思恩格斯列宁斯大林著作编译局编：《马克思恩格斯选集》第一卷，第 57 页。

的开创者孔子和孟子的思想，应该成为当前理论家深入思考的根本问题。后继者对开拓者的背离在理论的发展中是一个异常普遍的现象，更重要的是研究者往往用后来者的狭隘来代替那些开拓者的巨大包容性，或者是用开拓者的伟大胸怀来掩盖后来者的狭隘自私的个体或集团的利益，这往往通过理论的空谈，而忽视现实与历史的客观存在来达到。事实上，任何伟大的开拓者都具有广阔无比的胸怀，而这种胸怀正是他的后继者所缺乏的，这也是很多理论一开始异常发达，愈往后愈加衰落的根本原因。理论的兴起在于其在解释现实、改造现实方面的普遍的实际意义，而随着理论的发展，普遍意义的丧失，理论的现实意义自动消解，无法找回它初创时的合法性与活力。理论界往往用儒家的思想来代替孔子的思想，用基督徒的思想来代替耶稣的思想，用佛教徒的思想来代替释迦牟尼的思想，这些理论不仅仅在继承中求得发展，更重要的是在背离中成就自身。我们可以说文化史上每次巨大的发展都经历了复古与创新的争论，其本质就是理想与现实可能性的争论。康德的这种宗教态度在某种程度上还可以促使我们反思今日普遍存在的对宗教的误解与淡漠的宗教观念。现今的观点普遍认为宗教乃是一种迷信的、虚无的、阻碍社会进步，特别是经济科学进步的巨大障碍。其实，我们只要对宗教稍加了解就会消除这种误解，去其消极成分，取其合理内核即为社会所用。宗教的基本教义虽然与社会阶层的划分有着密切的联系，但也并非完全一致，先知虽然与社会下层有着更为密切的联系，但也绝不仅仅代表下层的观念。我们只要看一下"摩西十诫"，就可以知道一个宗教人的基本情怀。除了前

"四诫"主要表达对神的崇拜外，其他"六诫"的内容如下："孝敬父母。不可杀人。不可奸淫。不可偷盗。不可作假证陷害人。不可贪婪人的房屋；也不可贪恋人的妻子、仆婢、牛驴，并他一切所有的。"① 至于耶稣所说的"爱邻人像爱自己"，"爱自己的仇敌"，则是更高的要求了。老子也同样讲过，"报怨以德"，"知其白，守其辱，为天下谷"。"受国之垢，是谓社稷主；受国之不祥，是为天下王。"② 这正是《老子》与《圣经》的相通之处。当然这种主张的消极意义也是不能忽视的。

当然，我们也可以通过比较同时代的马克思与韦伯的宗教观念来深化对宗教现实意义的了解。马克思在《〈黑格尔法哲学批判〉导言》中说，"人创造了宗教，而不是宗教创造人"，"宗教是人民的鸦片"。③ 他在《1844 年经济学哲学手稿》中也说："人奉献给上帝的越多，他留给自身的就越少。"④ 马克思的远见卓识及对宗教的评价与认识主要是根据宗教在现实的发展与阶层对立斗争中所起的作用来评价的，如韦伯对儒家的评价一样，他并不是在解读儒家经典文献中，而是在解读儒家所建立，甚至是在所赖以生存的社会文化环境中来评价儒家的文化意义的。马克思对宗教的评价充分说明了宗教随着自身的发展愈来愈背离了它产生的初衷，最终变成了一种异化力量，基督教原初的观念在它逐步发展的过程中被异化为奴役人的工具，它的目的不再是为广大的民众服务，而是为了

---

① 《圣经·出埃及记》，简化字现代标点和合本，20 章第 12—17 节。
② 陈鼓应：《老子注译及评介》，第 306、178、350 页。
③ 中共中央马克思恩格斯列宁斯大林著作编译局编：《马克思恩格斯选集》第一卷，第 1—2 页。
④ 同上，第 41 页。

少数人愚弄和统治大多数人的行动服务，这种特性渐渐成为它自身的一部分，并慢慢背离它的初衷：没有带来幸福与安慰，反而带来了恐惧与痛苦。基督教平等观念的产生与在现实中不断的演化就是一个明显的例证。恩格斯在《反杜林论》中说："基督教只承认一切人的一种平等，即原罪的平等，这同它曾经作为奴隶和被压迫者的宗教的性质是完全适合的。此外，基督教至多还承认上帝的选民的平等，但是这种平等只是在开始时才被强调过。在新宗教的最初阶段同样可以发现财产共有的痕迹，这与其说是来源于真正的平等观念，不如说是来源于被迫害者的团结。僧人和俗人对立的确立，很快就使这种基督教平等的萌芽也归于消失。——日耳曼人在西欧的横行，逐渐建立了空前复杂的社会的和政治的等级制度，从而在几个世纪内消除了一切平等观念。"[1]恩格斯异常准确地揭示了基督教初始的平等观念随着宗教与社会的发展如何违背了它自己的初衷，成为一种异己的统治人的力量，耶稣宣传众生平等，不分等级、宗族、贵贱、国别、男女，正因为如此，它才受到来自持对立观念的统治者的打击、嘲弄与杀害。

　　但是随着基督教的发展，这种平等的精神却愈来愈丧失了，最后成为一种奴役人的强大的现实力量。正如恩格斯所说的："一切宗教都不过是支配着人们日常生活的外部力量在人们头脑中的幻想的反映，在这种反映中，人间的力量采取了超人间的力量的方式。在历史的初期，首先是自然力量获得了这样的反映，而在进一步的发展中，在不同的民族那里又经

---

① 中共中央马克思恩格斯列宁斯大林著作编译局编：《马克思恩格斯选集》第三卷，第445页。

历了极为不同和极为复杂的人格化。""在更进一步的发展阶段上,许多神的全部自然属性和社会属性都转移到一个万能的神身上,而这个神本身又只是抽象的人的反映。这样就产生了一神教。"①恩格斯分析了人格化的神如何从人的属性或自然的属性获得了抽象的、万能的力量,从而成为人的异化的产物。因此客观地评价基督教教义甚至是《圣经》文本中合理的现实因素,并不意味着忽视宗教在历史中的反面作用,承认宗教的现代意义,并不意味着否认宗教在人类文明历史中所承担过的反面作用,而是充分挖掘宗教为解决现代人精神困惑提供理论资源的作用。正如恩格斯在《自然辩证法》中所说的:"自然研究同开创了近代哲学的意大利伟大人物一道,把自己的殉道者送上了火刑场和宗教裁判所的牢狱。值得注意的是,新教徒在迫害自由的自然研究方面超过了天主教徒。塞尔维特正要发现血液循环过程的时候,加尔文便烧死了他,而且还活活地把他烤了两个钟头;而宗教裁判所能把乔尔丹诺·布鲁诺一下子便烧死,至少已经是心满意足了。"②这充分反映了宗教随着自身的发展,随着占据统治地位,它的性质自然也随之改变,从一个被压迫的、边缘的、毫无权力和经济优势的宗教组织,变为与王权一起统治人的工具,它的巨大的既得利益促使它不惜一切代价地维护现状与既得利益者,从拯救人的工具变成了压迫人的手段,它已经远远地背离了产

①　中共中央马克思恩格斯列宁斯大林著作编译局编:《马克思恩格斯选集》第三卷,第666—667页。
②　中共中央马克思恩格斯列宁斯大林著作编译局编《马克思恩格斯选集》第四卷,第263页。

生时的初衷,甚至是背道而驰了。

　　恩格斯与马克思对基督教的批判主要从基督教在现实和历史中所承担的社会角色和根本作用做出的,而不是来自对基督教经典文献,特别是《圣经》教义的详细解读,因为,无论《圣经》里写着什么,都必然通过它在现实中客观的存在方式来说明自己的本质与对历史发展的意义,当然二者具有内在的必然的联系。同时,马克思与恩格斯还追溯到宗教产生、发展中所不断显现出的新的本质特点,这些特点决定了它随着现实的发展而变成它后来的样子。恩格斯在《路德维希·费尔巴哈和德国古典哲学的终结》中说:"宗教是在最原始的时代从人们关于他们本身和周围的外部自然界的错误的、最原始的观念中产生的。"特别是基督教在尼西亚宗教会议后成为国教。所以恩格斯说:"它在 250 年后已经变成国教这一事实,足以证明它是适应时势的宗教。在中世纪,随着封建制度的发展,基督教成为一种同它适应的、具有相应的封建等级制的宗教。"他在分析了路德与加尔文宗教的阶级本质后,说:"基督教进入了它的最后阶段。此后,它已经不能成为任何进步阶级的意向的意识形态外衣了;它越来越变成统治阶级专有的东西,统治阶级只把它当作使下层阶级就范的统治手段。同时每个不同的阶级都利用它自己认为合适的宗教:占有土地的容克利用天主教的耶稣会派或新教的正统派,自由的和激进的资产者则利用理性主义,至于这些先生们自己相信还是不相信他们各自的宗教,这是完全无关紧要的。"[1]恩格斯

---

　　①　中共中央马克思恩格斯列宁斯大林著作编译局编:《马克思恩格斯选集》第四卷,第 254—257 页。

的分析充分揭示了宗教，特别是基督教发展中，作为意识形态的宗教与经济关系及阶级关系之间的内在的必然联系。基督教的不同发展阶段正是它内在本质符合逻辑的发展，也是它的基本教义与历史的环境之间互相作用的结果。所以恩格斯在《论原始基督教的历史》中论述原始基督教与现代工人运动之间的关联时说："原始基督教的历史与现代工人运动有些值得注意的共同点。基督教和后者一样，在产生时也是被压迫者的运动：它最初是奴隶和被释放奴隶、穷人和无权者、被罗马征服或驱散的人们的宗教。基督教和工人的社会主义都宣传将来会从奴役和贫困中得救；基督教是在死后的彼岸生活中，在天国里寻求这种得救，而社会主义则在现世里，在社会改革中寻求。两者都遭受过迫害和排挤，信从者遭放逐，被待之以非常法：一种人被当作人类的敌人，另一种人被当作国家、宗教、家庭、社会秩序的敌人。虽然有这一切迫害，甚至还直接由于这些迫害，基督教和社会主义都胜利地、势不可挡地为自己开辟前进的道路。基督教在产生 300 年以后成了罗马世界帝国的公认的国教，而社会主义则在 60 来年中争得了一个可以绝对保证它取得胜利的地位。"①当然这并不意味着恩格斯对二者的等同，特别是二者主张的根本差异成为它们在整个人类发展史上起到不同作用的，甚至相反作用的理论根据。恩格斯在分析《启示录》中的各种幻景时说："这里根本没有什么'爱的宗教'，什么'要爱你们的仇敌，为那逼迫你们的人祷告'等等；这里宣讲的是复仇，毫不隐讳的复仇，是应该

① 中共中央马克思恩格斯列宁斯大林著作编译局编：《马克思恩格斯选集》第四卷，第 457 页。

的、正当的对基督徒迫害者的复仇。而且全篇都是如此。危机越是临近,天上降来的灾难和惩罚越是频繁,我们的约翰就越兴奋地宣布说广大众人还是不想忏悔他们的罪恶,说神的鞭子还应该再向他们头上猛抽,说基督应当用铁杖来放牧他们,并要踹全能的神烈怒的酒醡,但又说有罪的人心里仍将顽固不化。这是一种自然的、不夹任何伪善的情感:斗争正在进行,而打仗就应当像个打仗的样子。"①

　　恩格斯通过指出《圣经》中的矛盾来反驳《圣经》自称的神圣性和完美性。当然最根本的还是马克思与恩格斯关注经济对整个意识形态的决定作用,以及宗教在现实经济和社会发展中所起到的负面作用。马克思与恩格斯对宗教在现实斗争中的负面作用的揭示是他们整个革命理论的一部分。恩格斯在《关于共产主义者同盟的历史》中说:"我在曼彻斯特时异常清晰地观察到,迄今为止在历史著作中根本不起作用或者只起极小作用的经济事实,至少在现代世界中是一个决定性的历史力量;这些经济事实形成了产生现代阶级对立的基础;这些阶级对立,在它们因大工业而得到充分发展的国家里,因而特别是在英国,又是政党形成的基础,党派斗争的基础,因而也是全部政治史的基础。马克思不仅得出同样的看法,并且在《德法年鉴》(1844 年)里已经把这些看法概括成如下的意思:决不是国家制约和决定市民社会,而是市民社会制约和决定国家,因而应该从经济关系及其发展中来解释政治及其历史,而不是相反。当我在 1884 年夏天在巴黎拜访马克思

---

　　①　中共中央马克思恩格斯列宁斯大林著作编译局编:《马克思恩格斯选集》第四卷,第 475 页。

时，我们在一切理论领域中都显出意见完全一致，从此就开始了我们共同的工作。"[1]我们在马丁·路德，这个著名的宗教改革家的文选里就可以充分看到宗教的基本观念与马克思、恩格斯基本观念的对立。马丁·路德在《基督教的小问答》中说："在上有权柄的，人人当顺服他，因为没有权柄不是出于上帝的。凡掌权的都是上帝所命的。所以，抗拒掌权的就是抗拒上帝的命：抗拒的必自取惩罚。"虽然他也说："做官的原不是叫行善的惧怕，乃是叫作恶的惧怕。"[2]马丁·路德这种对现实世界的认同与屈服和马克思、恩格斯对现实政权的强烈批判和永不妥协的斗争无疑是不能调和的。我们通过二者对于女性的观点的根本差异也可以看出。马丁·路德说："你们作妻子的，当顺服自己的丈夫，如同顺服主。因为丈夫是妻子的头，如同基督是教会的头；他又是教会全体的救主，教会怎样顺服基督，妻子也要怎样凡事顺服丈夫。(《以弗所书》5：22—24)"[3]这种女性依附男性的封建思想和马克思男女平等的思想同样是根本对立的，甚至与《圣经》中的基本原则也是相悖的。

中国传统文化中关于神的思考、关于神的基本特性在《尚书》中就有大量的论述。首先是占卜。顾炎武在《日知录》卷一中说："占卜之事，古代皆先人后龟。《诗·大雅·绵》：'爰始爰谋，爰契我龟。'《易·系辞》：'人谋鬼谋，百姓与能'。"商

①　中共中央马克思恩格斯列宁斯大林著作编译局编：《马克思恩格斯选集》第四卷，第 196 页。

②　《马丁·路德文选》，第 48 页。

③　同上，第 49 页。

人事事必先占卜，但周后则占卜地位下降。① 占卜本质就在于对超越于人之上，决定人的行为与结果的事物的确认。因此《尚书》中关于上帝、神、命、天、日食、占卜、梦、自然灾害的论述很多，特别是对天与上帝的谈论正反映了当时人对超越于自身之上事物的根本观念。《尚书》虽然历来被当作中国最早的历史书，但在本质上，它更是一部道德教育书，不过用历史的事实，或历史的想象来进行教育罢了。所以书中关于商的灭亡的原因都归结为对上天与上帝的要求的违背。《尚书·汤誓》中说："有夏多罪，天命殛之。""予畏上帝，不敢不正"，"致天之罚"。② 《汤誓》是汤灭夏时的动员令，汤打着替天行道的旗号来声明讨伐夏桀的原因：夏桀犯了很多罪孽，上帝让我来诛杀他，我害怕上帝的命令，不敢不讨伐他。在汤看来，他讨伐夏桀，并非出于自己个人的喜好与怨恨，而是出于对上帝的忠诚，是"致天之罚"。《胤征》中的"奉将天罚"，《泰誓上》的"旅天之罚"，《泰誓下》的"恭行天罚"，都是一个意思，即国君的灭亡是由于他违背了上帝所赋予一个君主应该完成的历史使命。所以《胤征》在谈及夏王征伐酗酒失职的羲和时说："惟时羲和颠覆厥德，沉乱于酒，畔官离次，俶扰天纪，遐弃厥司。乃季秋月朔，辰弗集于房。瞽奏鼓，啬夫驰，庶人走。羲和尸厥官，罔闻知，昏迷于天象，以干先王之诛。"③ 羲氏、和氏之所以遭受夏王的征伐，就是因为他们以酗酒为乐，失职不顾政事，败坏了德性，扰乱了上天的秩序，以至于九月

---

① 李民、王建：《尚书译注》，上海古籍出版社，2004年，第226页。
② 同上，第105页。
③ 同上，第98页。

初一发生了日食以后，他们竟然一无所知，因此该遭死罪。古人认为上帝是万物主宰，如果君王有过失，上帝便通过自然灾害或不祥征兆来警告，强迫他们改正。

在古人看来，君王的作为应该和上天的要求保持一致，否则就会受到来自上天的惩罚，不过这种惩罚必须由更为明智的君王承担完成。所以《益稷》中记载了帝舜的话说："无若丹朱傲，惟慢游是好，傲虐是作。罔昼夜额额，罔水行舟。朋淫于家，用殄厥世，予创若时。"①帝舜告诫人们不要像丹朱那样傲慢，只喜欢放纵自己，不分昼夜，旱地行船，荒淫无耻，聚众淫乱，因此被剥夺继承帝位的权利。可见上帝意志是通过能和其保持一致的臣民来实现的，上帝的意志并不会自己来实现自己。所以《伊训》中说："皇天降灾，假手于我有命。"②商的老臣伊尹用汤的德性来训导刚刚即位的太甲，他忠告太甲他的先祖之所以能灭亡夏桀，乃是由于夏桀德政败坏，自取灭亡，是他们违背了上帝的要求，上帝降下灾难，借助汤的仁义灭亡了夏桀。因此太甲必须以先祖为榜样来完成自己的历史使命，不然他的结果也会像夏桀一样，面临被灭亡的命运，而无法得到上帝的拯救。因此，他劝太甲要继承先王的德政，不然灭亡的命运是必然的。由此看来，《尚书》中关于上帝的观念与基督教关于上帝的观念在本质上是一致的，都是指善，不过基督教的上帝更为彻底罢了。无论《尚书》中的上帝、神、命、天、日食、占卜、梦、自然的灾害等等都表现了当时人们基本的善恶观念，无论是神道观念还是人道观念，无论"帝"是指

---

① 李民、王建：《尚书译注》，第 49 页。
② 同上，第 122 页。

上帝还是指活人阶位之中的皇帝，最后都要达到善的原则，二者被善的原则所共同统治是不变的，行为的结果都取决于自身行为的性质，而不是取决于所谓的上帝保佑。因此《伊训》中说："圣谟洋洋，嘉言孔彰！惟上帝不常，作善，降之百祥；作不善，降之百殃。尔惟德罔小，万邦惟庆；尔惟不德罔大，坠厥宗。"圣人无论在语言上还是在行为上都完美无缺，上帝对人的看法并不是一成不变的，做善事，上天就会降下各种祥瑞；做不善之事，就会遭受各种灾祸；德性再小也会为天下人带来福气，恶性再小也会导致国家的灭亡。自己的兴盛与灭亡取决于自己行为的善恶，而不是取决于上帝的喜好，上帝喜欢行善之人，而讨伐灭亡行恶之人。所以《太甲下》说："惟天无亲，克敬惟亲；民罔常怀，怀于有仁；鬼神无常享，享于克诚。天位艰哉！"[①]伊尹告诫太甲：上天所给的位子之所以难以保全就在于，上天并不是一致亲近某人，而是只亲近那些恭敬服从他的要求的人，人民也不会永远归顺某个君王，而是仅仅归顺那些有仁爱之心的国王，鬼神也不会一直保佑某个人，而是只保佑那些诚心诚意的人。因此在伊尹看来，作为伟大的君王，要想使上帝满意，达到上帝的要求，就必须努力地修养自己的德性，使天下人都从自己的德政中获得益处，否则没有不灭亡的。伊尹在《咸有一德》中讲得更清楚："皇天弗保，监于万方，启迪有命，眷求一德，俾作神主……非天私我有商，惟天佑于一德；非商求于下民，惟民归于一德。德惟一，动罔不吉；德二三，动罔不凶。惟吉凶不僭，在人；惟天降灾祥，在德。"皇天用

---

① 李民、王建：《尚书译注》，第 134 页。

自己无上的智慧来考察天下的人,以寻求具有纯正之德的人来做天下的主人。伊尹和汤王之所以能够取代夏王,拥有天下,符合上帝的要求,就是因为自己有纯正的德性。

上天之所以灭掉夏朝,让商朝来统治天下,并不是出于对商朝的偏爱,而是出于保佑有德性的人。也不是商朝请求天下的民众,而是天下的民众自动归顺于有德性的人。德性纯一就会无往不胜,德性荒淫无耻就会到处失利。吉凶的发生从不会出错,吉凶的原则在于人的善恶。上帝也是根据人的德性来给其降灾或者降祸。所以占卜虽然重要,但问题的本质仍然在于人行为的善恶,如果行为不端正,没有仁德,那占卜的结果也就可想而知了。所以《盘庚上》说:"不能胥匡以生,卜稽曰其如台?"[①]如果人们不能互相帮助,按照善的原则来行事,即使占卜也是没有什么意义的。正如《君陈》中成王所说的:"至治馨香,感于神明;黍稷非馨,明德惟馨。"[②]只有天下大治的馨香才能感动上帝,黍稷是没有这种馨香的,只有美好的德政才有这种能感动上帝的香气。所以《西伯戡黎》中说,西伯攻打了黎国后,祖伊很恐慌,跑过去给商纣王说:"天子,天既讫我殷命。格人元龟,罔敢知吉。非先王不相我后人,惟王淫戏用自绝,故天弃我,不有康食。不虞天性,不迪率典。今我民罔弗欲丧,曰:'天曷不降威!'大命不挚,今王其如台?"纣王说:"呜呼!我生不有命在天。"祖伊反驳说:"呜呼!乃罪多参在上,乃能责命于天。殷之既丧,指乃功,不无戮于

---

① 李民、王建:《尚书译注》,第 148 页。
② 同上,第 367 页。

尔邦。"①祖伊告诉商纣王上帝要灭殷族、殷国国命,占卜的贞人和神龟都无法保证有好的征兆。并不是先王的在天之灵不保佑我们,而是纣王放纵自己,沉湎于酒色,自己不讨先王的欢心。纣王从来不考虑上帝的要求,也不考虑臣民的要求,所以臣民与上帝一起都希望国家灭亡。针对纣王所说的,自己是从上帝那里承接的天命的话,祖伊说:自己的罪孽都被上天看得清清楚楚,只知道埋怨上天,不知道反思自己,国家的灭亡也就自然而然了。所以《论衡·卜筮》:"纣,至恶之君也,当时灾异繁多,七十卜而皆凶。故祖伊曰:'格人元龟,罔敢知吉。'贤者不举,大龟不兆。"《礼记·缁衣》也说:"人而无恒,不可以为卜筮。龟、筮犹不能知也,而况人乎?《诗》曰:'我龟既厌,不我告犹。'"②在孔子看来,人要没有纯一的德性是不可占卜的,如果连占卜都无法测人的吉凶,那人是无可奈何的。由此看来,《尚书》中所谓的天、上帝与民意在某种程度上是一致的。所以《泰誓上》说:"惟天地万物父母,惟人万物之灵。"天地是万物的父母,人是万物中的灵长。像纣王那样用灭族方法来惩罚民众,用世袭方法来选拔官吏,沉溺酒色,荒淫放荡,用炮烙之刑残杀忠良,用剖腹之法残害孕妇的罪孽是无法来保证自己继承的王位的。所以周武王说:"商罪贯盈,天命诛之;予弗顺天,厥罪惟钧。"商朝的罪过恶贯满盈,上天让人来诛杀它,如果自己不顺从天命,那自己的罪过就和商的罪孽是一样的。③ 所以在《泰誓中》中周武王说:"惟天惠民,惟辟

① 李民、王建:《尚书译注》,第 184 页。

② 杨天宇:《礼记译注》,上海古籍出版社,2004 年,第 744 页。

③ 李民、王建:《尚书译注》,第 195 页。

奉天……贼虐谏辅,谓己有天命,谓敬不足行,谓祭无益,谓暴无伤。厥鉴惟不远,在彼夏王。"《泰誓下》曰:"天有显道,厥类惟彰。"上帝有它自己的法则,那法则的实行是无法阻挡的。纣王因为"上帝弗顺",不按照上帝的旨意行事,"祝降时丧"遭受灭亡的灾祸乃是上帝厌恶的必然结果,自己命运的无常,如《康诰》中说的"惟命不于常"都是因为自己的行为违背了上帝与民众的意志。如《酒诰》中所描述的纣王:"嗣王(纣王)酗身,厥命罔显于民……惟荒腆于酒,不惟自息乃逸。厥心疾很,不克畏死。辜在商邑,越殷国灭,无罹。弗惟德馨香祀,登闻于上,诞惟民怨,庶群自酒,腥闻在上,故天降丧于殷。罔爱于殷,惟逸。天非虐,惟民自速辜。"①纣王喝酒,一天到晚沉睡不醒,从来不把民众的死活放在心上,直到灭亡的那一天还没有停止行乐。上天闻到的不是他为民众祈福的香气,听到的不是他为民众祝福的声音,而是放纵淫乱的腥臭充闻于天庭之上,天降下灭亡乃是商自我断绝,并不是上帝暴虐,故意惩罚它。为此,召公告诫臣民不可不以夏、殷为鉴,自己不知道夏、殷承受上天的大命多长时间,只知道它们是由于自己的德政不够而导致灭亡的,应该多想想两朝灭亡的原因,从而避免重蹈二者的覆辙。所以王国维在《殷周制度论》中说《召诰》为"文、武、周公所以治天下之精义大法,胥在于此",是很有道理的。可以这样讲,文、武、周公治理天下的精义大法就在于"敬天保民",尊重民意,顺应民心。所以《多士》中周公代替成王强迫殷商遗民迁居洛邑时说:"肆尔多士,非我小国敢弋殷

---

① 李民、王建:《尚书译注》,第 274 页。

命。惟天不畀允罔固乱,弼我。我其敢求位,惟帝不畀。惟我下民秉为,惟天明畏……乃命尔先祖成汤革夏,俊民甸四方……殷王亦罔敢失帝,罔不配天其泽……惟天不畀不明厥德,凡四方小大邦丧,罔非有辞于罚。"[①]周公告诉殷国的旧臣:并不是小小的周国胆大妄为想夺取殷国的大命,而是殷国自己丧失了从上帝那里获得的大命,如果上帝不同意,那周国是不可能夺取的,周国不过是服从上帝的命令罢了。夏桀荒淫无耻,侮慢了上天的教导,导致夏朝的灭亡,从而导致了殷的先王成汤代替夏国的使命,使有才能的人治理天下。帝乙以前的殷王都是遵守上帝的旨意,尽心尽力地使天下人满意,但帝乙以后的纣王就违背了先王的教导,重蹈了夏桀的覆辙,可见上帝是不会把天下交给那些不施行仁政的人的。

　　我们在《周易》同样能够看到这种"敬天保民"的思想,不过它以一种更为普遍化的、哲学化的方式表现出来,以尚柔的哲学理念表现出来,而"敬天保民"思想正是这种哲学理念的一个重要表现。众所周知,基督教是尚柔的宗教,但这种尚柔,所隐含的坚毅、无畏如同老子所说的水一样,柔并不是弱,而是以坚韧的姿态来承受一切,《老子》三十六章所谓的"柔弱胜刚强"就是这个意思,《老子》第七章说:"天长地久。天地所以能长且久者,以其不自生,故能长生。是以圣人后其身而身先;外其身而身存。非以其无私邪,故能成其私。"也同样隐含了这种"无私爱民"的思想。而《周易》明显地表现了对坤德的宣扬。《周易》认为坤德在于柔顺居后,温和柔顺必然得利,不

----

① 李民、王建:《尚书译注》,第305页。

得抢先，抢先必然偏失正道，最后导致误入迷途。所以《坤卦第二》说："《文言》曰：坤至柔而动也刚，至静而德方。后得主而有常，含万物而化光。坤道其顺乎！承天而时行。"[①]大地极为柔顺，但它的变化却刚强无比，大地极为安静，但它美好的德性却流布四方。大地能够包容万物，使万物生生不息，大地的柔顺是按照自然上天的意志来运行。所以《象》曰："谦，亨。天道下济而光明，地道卑而上行。天道亏盈而益谦，地道变盈而流谦，鬼神害盈而福谦，人道恶盈而好谦。谦尊而光，卑而不可逾，君子之终也。"[②]在乾卦看来，谦虚能致亨通。上天的规律是给天下万物带来光明，地的规律是处于卑下，但最后能不断上升。上天的规律是使满的亏损谦少的增加，地的规律是使充溢的流往低处，鬼神也给盈满的带来损害，而给谦虚的带来福气。谦虚的人处于高位其德性会光芒四射，即使处于卑位，人们也难以超越，谦虚乃是君子要始终保持的。所以《象传》中说："地中有山，谦。君子以裒多益寡，称物平施。"高山隐藏在地中，象征谦虚。君子应该取法此道，把多的给予少的，使事物能够保持平衡。所以说"劳谦君子，有终，吉"，"劳谦君子，万民服也"，君子能够保持勤劳谦虚的德性就能获得吉祥，就能够使广大百姓归服。谦虚乃是贯穿《易经》始终的一个基本原则。《系辞上传》说得更为清楚："劳而不伐，有功而不德，厚之至也。语以其功下人者也。"[③]辛劳而不矜夸自己的善行，有功而不自认为有德，这就是道德的极致，说明

① 黄寿祺、张善文：《周易译注》，上海古籍出版社，2004年，第30页。
② 同上，第127页。
③ 同上，第508页。

人有功德而又能谦虚于人,其结果必然是保持吉祥。正如《礼记·表记》中所说的:"不自尚其事,不自尊其身,俭于位而寡于欲,让于贤,卑己而尊人,小心而畏义。"①孔子认为君子不夸大自己所做的事,不抬高自己的身份,做官能够节俭寡欲,碰到贤人就让出位置,自己谦卑而尊敬别人,小心翼翼而担心违背仁义的准则。

孔子对神的观念代表了儒家的基本观念,那就是《论语·述而》中所说的:"子不语怪,力,乱,神。"②孔子不谈论怪异、力量、混乱和鬼神。当孔子生病的时候,子路请求祷告,孔子就对他说:"有诸?"有这回事吗? 子路回答说:"有之。《诔》曰:'祷尔于上下神祇。'"子路承认有祷告这回事,并指出了诔文中的祈祷文"替你向天地神祇祷告"来为自己做证明,孔子于是说:"丘之祷久矣",孔子自己早就祷告过了。③ 从他们的对话可见孔子对神也是将信将疑。《论语·泰伯》中讲孔子说:"禹,吾无间然矣。菲饮食而致孝乎鬼神,恶衣服而致美乎黻冕,卑宫室而尽力乎沟洫。"孔子对禹的做法很赞赏,因为禹自己吃得很差,却把祭祀办得很丰盛,自己穿的衣服朴素,但祭服却做得很华美,自己住得很差,却把水利沟渠修得很好。禹的做法真是让人无法挑剔。④ 从孔子对禹的赞赏态度,"自己吃得很差,祭祀却很丰盛,自己穿得很差,祭服却很华美",来看孔子对神的态度,对神的态度与"卑宫室而尽力乎沟洫",

----

① 杨天宇:《礼记译注》,第 721 页。
② 杨伯峻:《论语译注》,第 72 页。
③ 同上,第 76 页。
④ 杨伯峻:《论语译注》,第 84 页。

"自己住的宫室破旧，而把力量用于兴修水利上"，在孔子看来二者是统一的，如果仅仅对神很好，对人却很差，孔子恐怕不会赞成。所以当孔子被问及是否有鬼神存在时，孔子回答就很犹豫，因为如果回答有鬼神，就违背了他对鬼神不了解的原则，如果回答没有鬼神就会导致他们对死人的不尊重。总之，孔子对鬼神的考虑如康德对鬼神的考虑一样，都认为对神的存在的思考都是取决于对现实的人的行为思考的需要。所以《论语·先进》中季路问如何侍奉鬼神，孔子回答得更清楚："未能事人，焉能事鬼?"季路又问："敢问死。"孔子回答："未知生，焉知死?"[1]孔子和苏格拉底的观点基本是一致的，也就是了解活生生的生命乃是一个思想者首要的原则，对死的思考必须以对生的思考为前提与归宿。我们在《礼记》中也能常常看到，孔子把活人看得比死人更为重要，甚至，对死人的祭祀就是为了对活人进行教导。所以《论语·先进》中记载：颜渊死，颜路请子之车以为之椁。子曰："才不才，亦各言其子也。鲤也死，有棺而无椁。吾不徒行以为之椁。以吾从大夫之后，不可徒行也。"颜渊死的时候，他的父亲颜路请求孔子卖掉自己的车子来为颜渊置办棺椁。但孔子认为，自己的儿子鲤死的时候也是没有外椁，只有内棺，儿子都是一样的，自己不能卖掉车子来为颜渊置办棺椁。孔子的原话是因为自己做过大夫，不可以步行。其实孔子反对把死人看得高于活人也是他不愿卖掉车子的一个重要的原因。所以，当颜渊死的时候，孔子的学生很想厚葬颜渊，但孔子认为不可以。但孔子的门人

人的乌托邦

88

① 杨伯峻：《论语译注》，第113页。

还是违背了他的意见,厚葬了颜渊,所以孔子就说:"回也视予犹父也,予不得视犹子也。非我也,夫二三子也。"颜回把孔子当作自己的父亲,但孔子却不能把颜渊当作自己的儿子,都是他的门人违背了孔子的意愿。从孔子对颜渊的深厚情谊来看,孔子认为应该厚葬颜渊,但孔子仍然认为应该像鲤死时一样来简单地埋葬。因为孔子认为对待死者的态度应该是伤心,而不是厚葬。所以《论语·八佾》中孔子说:"人而不仁,如礼何? 人而不仁,如乐何?"在孔子看来,礼乐的本质在于仁,如果没有了仁,那还要礼乐干什么呢? 当林放问礼的本质的时候,孔子回答说:"大哉问! 礼,与其奢也,宁俭;丧,与其易也,宁戚。"孔子认为林放问得太好了,礼与其奢华,不如俭朴,丧事与其礼仪周全,不如悲哀伤心。① 所以《礼记·檀弓上》中,子路曰:"吾闻诸夫子,丧礼,与其哀不足而礼有余也,不若礼不足而哀有余也;祭礼,与其敬不足而礼有余也,不若礼不足而敬有余也。"②

在孔子看来,丧礼的本质是悲哀,而不是礼节,与其悲哀不足而礼节有余,不如礼节不足而悲哀有余。同样,祭祀也是一样,与其敬意不足而礼节有余,不如礼节不足而敬意有余,因为丧礼与祭祀的本质在于表达对鬼神及上天的敬意,而不仅仅为了展示礼仪的繁复过程。在《论语·子路》中,孔子虽然讲"君子于其所不知,盖阙如也",③鬼神和死都是未知的,所以他要持保留的态度。但是在《论语·季氏》中孔子同样

---

① 杨伯峻:《论语译注》,第 24 页。
② 杨天宇:《礼记译注》,第 75—76 页。
③ 杨伯峻:《论语译注》,第 133 页。

讲:"君子有三畏:畏天命,畏大人,畏圣人之言。小人不知天命而不畏也,狎大人,侮圣人之言。"①孔子认为,君子害怕天命,害怕大人,害怕有德者的言论。小人不知道有天命,所以不害怕,轻视王公大人,不把圣人的话放在眼里。天命使孔子无可奈何,大人是孔子考虑现实问题的依据,而圣人则是孔子的最终追求。孔子把知天命当作成为圣人的必然条件,正如《论语·尧曰》中所说的:"不知命,无以为君子也。"②孔子认为不懂得自己的命运,也就是自己要干什么、自己能干什么,就不可能成为君子。

孔子看到了自己的历史使命,同时也看到了一种异己的力量,一种自己无法主宰的力量在左右着人与社会,也左右着自己,社会与人并不以自己的意志为转移。但到底什么才是命运呢?君子除了追求仁义之外,还有什么对君子来说是必然的呢?《论语·阳货》中孔子讲:"予欲无言。"子贡曰:"子如不言,则小子何述焉?"子曰:"天何言哉? 四时行焉,百物生焉,天何言哉?"③孔子讲自己没有什么好说的了,但子贡认为,如果孔子保持沉默,那学生还有什么要记述的呢? 但孔子认为,上天也同样没有讲什么,四季照常运行、百物照常生长,它们按照自己的规律运转着,与上天的沉默没有任何关系,天和神都没有言说,是人在言说自己,都是人在为自己思考自己的事情。可见对鬼神的思考乃是孔子对人思考的一部分,他并没有直接思考死、神本身,把鬼、神当成一个独立的存在,而

① 杨伯峻:《论语译注》,第 177 页。
② 同上,第 211 页。
③ 同上,第 187—188 页。

是思考死、神的存在对人的思想与行为的影响。所以韦伯在评论中国儒家哲学的神明观时说:"儒教徒的清醒处世哲理在虔诚的人遭遇不幸时毫无偏见地断言:'神的意志多变。'一切超人的本质虽然都比人强大,但是远比非人格的至高无上的天威要低。"在韦伯看来,儒家的神的观念乃是一种纯粹的实用功利观念,缺乏对神本身特性的思考,仅仅思考神能带来的现实利害关系。也就是韦伯所说的:"人自然在完全交换基础上同这些神打交道:为多少福利奉献多少礼仪。如果某位保护神接受了一切牺牲供奉和美德,仍不足以保护人们,那就只能换掉它。因为只有经受了考验的真正强有力的神灵才配受崇拜。"①这样就把一个超越于人之上的力量,至少是超越于个体之上的力量与个体的现实利益完全结合,甚至是融合在一起了。在人和神之间没有什么距离与张力,最后只能导致这种结论:神就是能带来现实益处的一切,不能带来任何现实益处的事物,就没有信仰的必要,信仰本身没有任何价值,只有信仰之后带来的现实利益才有价值,甚至信仰价值的大小就是信仰带来的现实利害的大小决定的。这和基督徒把信仰作为最重要的目的与归宿相比是根本不同的,所以在基督徒看来,人最大的智慧就是信仰上帝,信仰本身就是目的,就是一切,而不是信仰所带来的拯救与解脱,更不是现实的物质利益与世俗利益。所以韦伯说:"从没有任何形而上的东西和几乎没有一点宗教驻留的残余这个意义上说,儒教已经走到了或许还可以叫作'宗教'伦理的东西的最外部的边界上,儒

① 马克斯·韦伯:《儒教与道教》,第73—74页。

教是如此理性，同时，在没有和抛弃了一切非功利主义标准的意义上是如此清醒，以至于除了边沁的伦理系统以外，还没有一个伦理系统能与之相比。但是，它与边沁的和一切实际理性主义的西方类型完全不同，尽管人们不停地将它与它们做着实的与虚的类比。"[1]当然对韦伯的论断也有不同的看法。

---

[1]　马克斯·韦伯：《儒教与道教》，第 32—33 页。

由此看来，虽然儒家和基督教的神的观念都最终指向善的原则，古代神的特性与善的原则的内在一致性，但并不能保证善的原则在现实中的贯彻。但以善为目的本身与以善为达到现实利益的中介的观念是根本不同的，因为，善如果不是目的而是手段，那善的原则就往往成为达到个体，或者集团利益的手段及工具，从而最终导致善的原则受到质疑。更重要的是，把现实中人的物质利益或者世俗利益和关于神的本性的论述混在一起，就会导致人的最终的原则还是由人自身来决定，而无法达成一种超越于人之上的，甚至超越个体之上的客观原则，从而导致个体的利益就是一切，个体的价值，甚或团体的价值就是最终的决定因素，其整体文化的凝聚力也就可想而知了。所以韦伯批评中国儒家对现实利益的过分强调。他说："中国人没有优秀的清教徒的那种受宗教制约的、中心的、内在的、理性的生活方法论,对于清教徒来说,经济的成功并非终极目标与自我目的,而是考验的手段。……儒家慎独的出发点是保持外表仪态举止的尊严,是顾'面子',其实质是美学的,基本上是消极的,'举止'本身并无特定内容,却被推崇,被追求。……儒家君子只顾表面的'自制',对别人普遍不信任,这种不信任阻碍了一切信贷和商业活动的发展;与此相对的是清教徒对教友的信任,特别是从经济上信任教友的无条件的、不可动摇的正当性,因为它是受宗教制约的。"在韦伯看来,熟悉经典文献的儒家知识分子虽然过分注重自己的现实利益,但是,他们却异常缺乏各种有利于改造现实的知识结构与能力手段,仅仅是一些"活灵活现的书呆子,他们既无军事的与经济的理化活动的活力,又不像希腊人那样看重演讲、擅长演讲",[1]往往把自己的利益与论证现实状况的合法化结合在一起,整个知识分子阶层理想信念丧失,成为现实存在的附庸,他们虔诚地服从世俗权力的固定秩序,优雅与有尊严地履行传统,更准确地说是现实所给予的责任与义务。

儒教徒价值观念中人与神、此岸与彼岸、今生与来世、局限与完美等等对立与张力关系的丧失最终导致他们对现实利益的彻底沉浸。这样,现实利益就成为一切问题的出发点与最终归宿,关于神的问题就是关于现实利益的考虑。正如韦伯所说的:"一个信奉儒教的中国人要尽的义务的内容,无论何时何地,都是对那些通过现存的秩序与之接近的具体的活人或死人的虔敬,从来不是对某位超凡的神的虔敬,因而也不

①　马克斯·韦伯:《儒教与道教》,第 296、298 页。

是对某项神圣的'事业'或'理想'的虔敬。至于'道',既非事业,亦非理想,仅仅是约束人的传统主义礼仪的体现而已,它的戒命不是'行动',而是'空'。客观化的人事关系至上论的限制倾向于把个人始终同宗族同胞及与他有类似宗族关系的同胞绑在一起,同'人'而不是同事务性的任务(活动)绑在一起,作为客观化的理性化的限制,这对于经济思想无疑具有十分重要的意义……在中国,一切信任,一切商业关系的基石明显地建立在亲戚关系或亲戚式的纯粹个人关系上面,这有十分重要的经济意义。伦理宗教,特别是新教的伦理与禁欲教派的伟大业绩就是挣断了宗族纽带,建立了信仰和伦理的生活方式共同体对于血缘共同体的优势,这在很大的程度上是对于家族的优势。从经济角度看,这意味着将商业信任建立在每一个个人的伦理品质的基础上,这种品质已经在客观的职业工作中经受了考验。"[1]当然,对亲情的强调和对亲情的过分渲染也是现实利益考虑的一个重要组成部分,对传统的神化也是出于对现实利益的考虑,因为对传统的神化与对现实与传统必然联系的强调都是有着内在的一致性的。传统并不是一种空空的存在,它是现实存在的基础,是现实合法性的理论根据。当然现实也不是从无中产生,它是传统的必然延续,是传统合法性的必然呈现,是伟大传统的必然结果。这样对传统的神化就与对现实的美化密切结合在一起。所以对现实合法性的过分强调乃是其为现实利益寻求合法性论证的一种理论冲动。

---

[1]　马克斯·韦伯:《儒教与道教》,第288—289页。

在韦伯看来,儒家是受过传统经典教育的世俗理性主义的食俸禄的教育阶层,它的基本伦理原则规定了中国人主要的生活观念与思维方式。韦伯对儒家文化的批评主要是针对儒家在中国传统文化中所起的决定作用来说的。从这个角度讲,与其说《儒教与道教》是对中国宗教的解读,倒不如说是对中国传统深层文化结构和历史现实的解读,韦伯关注的不仅仅是儒家或道家经典文献中的记载或理论主张,更关注其对历史所产生的客观影响。韦伯认为儒家文化是一种世俗的文化,是一种仅仅关注现实利益与现实存在的文化,也就是从这个角度,韦伯说儒教走到了宗教的边缘。在孔子看来,鬼神乃是人死后、人之外的事情,是现实中的人所无法了解,也不应该了解的。所以他说:"务民之义,敬鬼神而远之,可谓知矣。"[1]孔子考虑的是现实中的仁义与现实中人的幸福。既然现实还没搞清楚,那还思考什么人之外的事情呢。我们在苏格拉底的哲学中也同样能看到这种关于人生的基本观念。苏格拉底从未走出城邦,除非外出打仗。在他看来,城外的自然并不能给认识人和反思自己带来任何有益的东西,正如康德的结论一样,对自然的认识与对人的认识是根本不同的。在韦伯看来,同苏格拉底与康德关于神的观点不同,儒家对神的态度是根本排斥的。韦伯认为中国哲学家的神明观一直矛盾百出,他们以一种非同寻常的现实态度来看待神明,并根据自己的需要来随时调整。在儒家看来,不是神而是人更为重要,人的需要决定人对神的根本态度,甚至对其废除与设立。正

---

① 　杨伯峻:《论语译注》,第 61 页。

统的儒教信奉者就更加现实：子孙满堂、福寿双全、升官、发财等更为现实的目的成为祭祀与祈祷的直接原因，至于来世与先人则处于次要地位。当然对现世幸福的追求在各种宗教体验中也是非常普遍的，只有那些真正意义上的信徒与得道的高僧才能达到自由地控制自我、超越现实的境界，大部分信徒也仅仅是在通常意义的拯救层面上获得一种心理安慰。正如韦伯所说的："除了基督教中仅仅在某些场合出现的例外和少数典型的禁欲教派，一切——古朴的与教化的、预言的与不预言的——宗教的福祉，首先都是纯粹此岸的；健康长寿、发财是中国、吠陀、琐罗亚斯德、古犹太、伊斯兰等宗教的预示，同样也是腓尼基、埃及、巴比伦和古日耳曼宗教的预示，也是印度教和佛教给虔诚的俗人的预示。只有宗教造诣很高的人：苦行僧、和尚、苏非派、托钵僧才去追求某种——用那些最纯的此岸财宝来衡量——尘世以外的福祉。从心理学的角度来看，眼前的、此岸的特征恰恰是与寻求解脱的人最有关的彼岸的东西。清教对得救的确信：确实感觉到不会失去神恩，是这种禁欲的信仰对福祉单纯从心理上的把握……所有这些状态，毫无疑问，都是为了它们本身按照感情价值直接供给信徒的东西而被追求的。"[1]

与孔孟根本不同的老庄自然哲学观念则从另一个角度阐明了中国传统文化中对于神道的理解与态度。老子对神的态度如任继愈在《老子的研究》中所说："子产不信龙能对人有伤害，说：'天道远，人道迩。'但是子产还没有从理论上、从哲学

---

[1]　马克斯·韦伯：《儒教与道教》，第16—17页。

世界的高度给宗教、上帝、鬼神以根本性的打击。最多不过是一种存疑主义，对鬼神采取各走各的路、'互不干涉'的态度而已，和孔子的'敬鬼神而远之'差不多。而且对'上帝'，不论《诗经》《左传》《国语》，都还没有人敢否认它的存在，也没有人敢贬低它的至高无上的地位，只是说几句抱怨的话，埋怨上帝不长眼、赏罚不公平而已。既然恨天、骂天，可是遇到有委屈还要向天倾诉衷肠，这算什么无神论、'神灭论'呢？老子的哲学，其光辉、前无古人的地方恰恰在这里，他说天地不过是天空和大地；他说道是万物的祖宗，上帝也不例外。"①《老子》六十章讲："治大国，若烹小鲜。以道莅天下，其鬼不神；非其鬼不神，神不伤人；非其神不伤人，圣人亦不伤人。夫两不相伤，故德交归焉。"②老子认为，用无为的道来治理国家，鬼神是没有什么作用的，不仅鬼神，就是圣人也不起什么作用。庄子也是如此，《齐物论》中所谓"六合之外，圣人存而不论；六合之内，圣人论而不议"。③ 在《老子》的思想中，人的区分不是根据人与神的关系，更不是按照统治阶级和人民的关系来区分，而是按照圣人和众人的价值观念来区分的。如《老子》二十章讲："唯之与阿，相去几何？美之与恶，相去若何？人之所畏，不可不畏。荒兮，其未央哉！众人熙熙，如享太牢，如登春台。我独泊兮，其未兆；沌沌兮，如婴儿之未孩；儡儡兮，若无所归。众人皆有余，而我独若遗。我愚人之心也哉！俗人昭昭，我独

---

① 《哲学研究》编辑部编：《老子哲学讨论集》，中华书局，1959 年，第34 页。

② 陈鼓应：《老子注译及评介》，第 298 页。

③ 陈鼓应：《庄子今译今注》上，第 74 页。

昏昏。俗人察察，我独闷闷。澹兮其若海，飂兮若无止。众人皆有以，而我独顽且鄙。我独异于人，而贵食母。"①《老子》四十一章讲："上士闻道，勤而行之；中士闻道，若存若亡；下士闻道，大笑之。不笑不足以为道。"②上士听到了道就按照道的原则来作为，中士听到了道将信将疑，下士听到了道就大笑不止，不被下士嘲笑，怎能显示道的精深幽微呢？再如《老子》四十九章讲："圣人常无心，以百姓心为心。善者，吾善之；不善者，吾亦善之；德善。信者，吾信之；不信者，吾亦信之；德信。圣人在天下，歙歙焉，为天下浑其心，百姓皆注其耳目，圣人皆孩之。"③圣人没有自己的私心，以百姓的心愿为心愿。善待我的人我善待他，不善待我的人，我同样善待他，这才是真正的善。守信用的人我信任他，不守信用的人我也信任他，这才是真正的守信。只有天下的圣人才能使自我归于浑朴，而众人却扩张自己的心志，圣人要使他们回归孩童般的纯真状态。由此可见，老子把人分成"圣人""百姓""善者""不善者""信者""不信者"，圣人和百姓是不同的，百姓都专注他们的耳目，纷争不断，而圣人却要使他们回归到婴孩般的纯朴状态。当然，人们关于"圣人皆孩之"的理解是不同的，既然要回复童真状态，就一定要有途径和方法，不可能认为圣人只要自己抱朴存真，以自己为榜样，甚至不搅扰百姓就可以使他们自动回归纯朴状态，那意思无疑就是百姓自己可以回归到纯真状态，不需要圣人"皆孩之"的外部强制。甚至可以说百姓自身就是始

① 陈鼓应：《老子注译及评介》，第 140 页。
② 同上，第 227 页。
③ 同上，第 253 页。

终处于"婴孩"的状态,就是因为"非圣人"的搅扰才变得"注其耳目"。老子没有讲清其中的原因,但是圣人的无为能使百姓自然"回到纯朴"的状态,那是值得怀疑的。既然百姓本身就是婴孩,那还需要圣人干什么呢? 自然万物始终处于无欲无为的状态,是不要圣人的,那百姓需要圣人干什么呢,难道圣人存在的价值就是在于他能做到无为吗? 这无疑与老子的性善论有关,人不需要改造自己,只要无为,回到本源状态就可以了,其实回到婴孩状态,本身就说明需要自我的改造。婴孩的完满和经过自我改造的完满是根本不同的。所以《老子》五十三章说:"大道甚夷,而人好径。朝甚除,田甚芜,仓甚虚;服文采,带利剑,厌饮食,财货有余;是谓盗夸。非道也哉。"①大道坦坦荡荡,但人却喜欢走捷径。朝政腐败,农事荒芜,仓库空虚,即使这样还穿着华美的衣服,佩戴锋利的宝剑,吃着精美的食物,囤积无数的财物,这和盗匪有什么区别呢? 和道的要求真是相差太远了。《老子》本段对统治者,也可说对上层人物的抨击是非常明显的,但"道甚夷,而人好径",难道只有"统治者"与"压迫者"才这样吗?"好径"的人难道只指"统治者"吗?

在老子看来,只有得道的人才能按照自然无为的原则来作为,普通大众是不可能的,当然穷奢极欲的统治者更与道的原则相背离。但并不是只有荒淫的统治者才这样,所以陈鼓应把《老子》五十六章"知者不言,言者不知"解释为"智者不向人民施加政令,施加政令的不是智者"是有些不合适了。② 智者与言者并不单单是指统治者,而是指普通的民众,不然的

---

① 陈鼓应:《老子注译及评介》,第268页。
② 同上,第280页。

话，老子的"知者不言，言者不知"就没有任何普遍意义了。《老子》五十七章讲："以正治国，以奇用兵，以无事取天下。吾何以知其然哉？以此：天下多忌讳，而民弥贫；人多利器，国家滋昏；人多伎巧，奇物滋起；法令滋彰，盗贼多有。故圣人云：'我无为，而民自化；我好静，而民自正；我无事，而民自富；我无欲，而民自朴。'"①《老子》这一章最为明显，"无事""无为""好静""无欲"主要是指圣人，所以说圣人云："我无为，而民自化；我好静，而民自正；我无事，而民自富；我无欲，而民自朴。"如果是指统治者，那不就要求统治者成为圣人了吗？文中只是说明圣人的教化作用，统治者不具有这种作用。《老子》五十八章也是如此："是以圣人方而不割，廉而不刿，直而不肆，光而不耀。祸兮，福之所倚；福兮，祸之所伏。孰知其极？其无正也。正复为奇，善复为妖。人之迷，其日固久。"用"人之迷，其日固久"，人们不知道福祸相依的道理由来已久，老子用这个道理来说明圣人的与众不同，只有圣人才能"方而不割，廉而不刿，直而不肆，光而不耀"，方正而不伤人，正直而不放肆，光亮而不炫耀，因而"圣人"和"众人"是不同的，这种与众不同，并不是统治者与下层民众的不同。《老子》七十章讲："吾言甚易知，甚易行。天下莫能知，莫能行。言有宗，事有君。夫唯无知，是以不我知。知我者希，则我者贵。是以圣人被褐而怀玉。"②这一章也同样说明了老子对圣人和常人的区分，在老子看来，只有圣人才能真正明了无为、虚静、柔弱、不争、慈俭的意义，道的原理清楚明了，简单易行，但普通人并

---

① 陈鼓应：《老子注译及评介》，第284页。
② 同上，第326页。

不了解，更不在自己的言行中贯彻。所以真正了解《老子》言论的人是很少的，按照《老子》哲学原则来行事的人就更少了，所以只有得道的圣人才能外着俭朴，胸怀宝玉。可见老子首先是一个清楚的现实主义者，虽然他时刻妄想能超越现实，使世人能够清净无为。关于孔子最出名的评论就是《论语·宪问》中看门人所说的"知其不可而为之"，[①]其实孟子也是这样，在当时七国都只讲富国强兵的时候，孟子却强调"仁义"说："故善战者服上刑，连诸侯者次之，辟草莱、任土地者次之。"不考虑当时的历史形势，所以司马迁说孟子"则见以为迂远而阔于事情"。[②] 从以上的分析来看，不仅是孔子、孟子，即使是老子、庄子，苏格拉底、耶稣、释迦牟尼不都是"知其不可而为之"者吗？

老子哲学中尚柔贵弱的思想反映了老子对爱的根本原则的崇尚。《老子》四十章讲"反者道之动，弱者道之用"，四十一章讲"上德若谷；广德若不足；建德若偷；质真若渝；大白若辱"等都说明了这个问题。我们从耶稣的死，苏格拉底的死，释迦牟尼的放弃荣华，但丁的死，屈原的死，孔子的穷困，老子的隐退，刘勰的出家，王国维的自杀等都可看出死与柔弱对于人生的现实意义。老子哲学中的"不有""不辞""不为主"自然含有某种爱的意义，但由于老子始终坚持"道"的立场，所谓"天地不仁，以万物为刍狗"，由此让人自得自适，同时自生自灭的哲学理念成为老子哲学的根本原则，最终这种以放任，甚至以逃避来代替积极进取的精神超过了他的爱的精神。因此说老子

---

① 杨伯峻：《论语译注》，第 157 页。
② 杨伯峻：《孟子译注·导言》，第 14 页。

始终处在社会阶层的中间，具有两重性是更为合适的。在爱的意义方面，应该说他的意义不如孔孟，虽然孔孟的爱以等级为基础。《老子》三十九章讲："故贵以贱为本，高以下为基。是以侯王自称孤、寡、不谷。此非以贱为本邪？非乎？故至誉无誉。是故不欲琭琭如玉，珞珞如石。"四十二章讲："人之所恶，唯孤、寡、不谷，而王公以为称。"六十七章讲："我有三宝，持而保之。一曰慈，二曰俭，三曰不敢为天下先。慈故能勇；俭故能广；不敢为天下先，故能成器长。今舍慈且勇；舍俭且广；舍后且先；死矣。夫慈，以战则胜，以守则固。天将救之，以慈卫之。"老子对慈爱的论述并不亚于孔子"仁者必有勇"，孟子"仁者无敌"的伟大。耶稣、释迦牟尼和甘地都显示了老子所谓柔弱的爱的力量。《老子》七十一章讲："民不畏威，则大威至。无狎其所居，无厌其所生。夫唯不厌，是以不厌。是以圣人自知不自见；自爱不自贵。故去彼取此。"七十五章讲："民之饥，以其上食税之多，是以饥。民之难治，以其上之有为，是以难治。民之轻死，以其上求生之厚，是以轻死。夫唯无以生为者，是贤于贵生。"老子指出民众的饥荒、反抗、轻死等都是统治者自己造成的，统治者的横征暴敛、强作乱为，正是民众灾难的最终根源。老子对统治者的揭露、忧生忧民之心并不亚于孔孟。所以《老子》七十八章讲："是以圣人云：受国之垢，是谓社稷主；受国不祥，是为天下王。"老子的这种思想甚至孔子也不能达到，因为孔子的为天下是和圣人的个人利益结合在一起的，老子却要圣人承受天下的屈辱，只有耶稣与释迦牟尼的境界才能达到吧。《老子》七十九章虽然讲"天道无亲，常于善人"，五章也讲"天地不仁"，上天没有偏爱，但却常和善人在一起。自然没有感情，但人有感情，八十一章讲："圣人不积，既以为人，己愈有，既以与人，己愈多。天之道，利而不害；人之道，为而不争。"在老子看来，圣人应该像自然万物那样利他而不争，给人愈多而自己愈加拥有，行为天下而不自恃。所以明代赵统在《老子断注》中讲老子和孔子一样有哀世之心、救世之志是很有道理的。但我们也应该看到老子的无为而治只适合于一种理想的状态，所谓"长而不宰"，"治大国，若烹小鲜"，"无为"，"为无为"，"无为而无不为"，都来自他的"道法自然"，"处无为之事，行不言之教"，最终达到"民忘于治，若鱼忘于水"的最终目的。更为重要的是，老子的万物平等和真正意义上的人的平等还不是一回事，只能说万物的平等隐含了人的平等，但并不意味着人的平等，人的平等需要更加合理的说明。老子仅仅一般地讲万物的平等，很少讲人的平等，甚至一到人，他也同样把人分成了很多层面，只是不像孔子那样划分人的等级，老子的差异观念对后来由于所受教育与修行不同所导致的等级关系有一定影响，可见在老子一切平等的观念中关于人的平等的理念是很少的，这样就与基督教关于神与善、普遍的爱与平等的理念形成了对比。也就是说，无论孔子还是老子对神或者自然的思考都没有达到一种平等的普遍幸福的理念。

亚里士多德在《尼各马科伦理学》中说："我们不甚同意死后幸福的说法，并且梭伦也不是这个意思。""死者到底能否感受善和恶的问题尚未澄清。"[①]可见亚里士多德对人死后的状

① 亚里士多德：《尼各马科伦理学》，第17、20页。

况也较少关心。他更为关心现实中活生生的人的状况与善恶问题。所以他说："不应该爱一切人，而只应该爱善良的人。爱坏人是错误的，不应该爱坏人，爱坏人也就是让自己变成坏人。"①孔子也讨论过这个问题。《论语·宪问》中，当孔子被问及"以德报怨，何如"时，孔子回答说："何以报德？且以直抱怨，以德报德。"②在孔子看来以德报怨是不可的，因为如果以德来抱怨，那就不符合以德报德的逻辑了，应该以正直来报答怨恨。可见对神的思考同样是亚里士多德对人的行为与善的原则思考的根源。所以亚里士多德说："在宇宙之中，人并不是最善良的。……还有许多在本性上比人更为神圣的东西，最明显的就是那些构成宇宙的天体。"③正如康德所认为的那样，宗教来自道德，对神的思考、对死的思考有助于对活人的思考，特别是在神面前众生平等的观念更是平等观念的真正来源。中国传统文化虽然强调整体观念，一个人的价值不是取决于他自身，而更多地取决于他在整个系统中的作用与地位，但这并不意味着个体的出发点和最终目标是整体与普遍的幸福，并不能决定个体从整体的利益出发，而是个体从整体的角度来考虑并最终达到自身的目标，个体的最终追求的仍然是个体的幸福。西方文化传统虽然强调个体的自由与价值，但最终仍然追求以普遍的幸福为最终标准，因为平等理念是普遍存在的。孔子虽然以天下的仁义为己任，但他的亲亲观念与等级思想是不可能达到普遍幸福的理念的。至少他没

---

① 亚里士多德：《尼各马科伦理学》，第 191 页。
② 杨伯峻：《论语译注》，第 156 页。
③ 亚里士多德：《尼各马科伦理学》，第 125 页。

有解决如何从"亲亲"到"亲邻"的过渡，也就是没有解释清楚"亲"的普遍性，甚至可以说，"亲"本身就没有普遍性。当然普遍幸福的观念在西方也是近现代资产阶级革命的产物，是平等观念的必然结果，不是普遍幸福的观念产生了平等的观念，而是平等的观念能促进普遍的幸福。

苏格拉底说"我假定绝对的美、绝对的善、绝对的大等等一类事物的存在"①，康德也假设上帝的存在。这种假设从理论上阐明了这个世界上没有一样东西是完美无瑕的，但人有自己的目标与理想，人要有勇气和信心来要弥补现实世界与我们应该达到的世界的巨大差距。正如黑格尔所认为的那样，很多人都认为这种假设苍白无力，随着后现代主义的发展、哲学家对所谓逻各斯中心主义的批判，这种假设的理论价值就更被怀疑，但是怎样能促进人类善的行为却是理论家始终困惑不解的谜团。绝对的善不仅仅是一切事物的出发点，更是一切事物的最终目的。苏格拉底说："善是一切行为的目的，一切事物皆为此目的而行事，而非善以其他一切事物为目的。""快乐也和其他事物一样，它应当以善为目的，而不是善以快乐为目的。"②这与康德把他的《实践理性批判》作为他三大批判的最终出发点与最终归宿，他的"美是道德的善的象征"的观念是一致的。整个苏格拉底哲学的出发点与最终归宿都是为了思考美本身、善本身、正义本身，他在《大希庇亚篇》中反复强调他所讨论、所追问的是"美本身是什么"，而不

---

① 《柏拉图全集》第一卷，第109页。
② 同上，第392页。

是一个具体的美的对象。① 当然这必须通过对美与善的个体的思考才能达到。他说："当原先那种对美少年的爱引导着我们的候选人通过内心的观照到达那种普世之爱时，他就已经接近终极启示了。这是他被引导或接近和进入爱的圣地的唯一道路。从个别的美开始探求一般的美，他一定能找到登天之梯，一步步上升——也就是说，从一个美的形体到两个美的形体，从两个美的形体到所有美的形体，从形体之美到体制之美，从体制之美到知识之美，最后再从知识之美进到仅以美本身为对象的那种学问，最终明白什么是美。"② 他真正追求的是"精纯不杂的美本身"，"神圣的天然一体之美"，"美的真相"，善本身与正义本身。他根本的想法就是："我们当初研究最理想的正义本身的性质时，我们想要一个正义的样板，我们假定存在着完全正义的人，问他具有什么样的性质，以同样的方式我们还涉及不正义和不正义之人。我们把他们当作模型和样板来关注，凡是在他们身上所察觉的幸福与不幸都可以作为标准来判断我们自身的幸福与不幸，与他们越相似，也就越有可能得到像他们那样的幸福与不幸。我们的目的并不在于证明实现这些理想的可能性。"③

当然苏格拉底也知道这种理想的国家非常难实现，但他仍然认为并不是完全不可能实现，只要让把正义看得高于一切的哲学家来统治国家就有可能实现。苏格拉底对绝对善、绝对正义的寻求并不意味着他对现实状况的忽视，甚至是视

---

① 《柏拉图全集》第四卷，第 33—42 页。
② 《柏拉图全集》第二卷，第 254 页。
③ 同上，第 460 页。

而不见：人人争夺名利，好人一生多灾多难，而坏人相反却能享受荣华富贵，祭祀和巫师奔走于豪门之间，使他们相信通过巫术和祭献来消除灾祸，得到神灵的祝福。恰恰相反，他正是看到了这些与他的理念根本对立的现状才高举理性的大旗，使现实能够朝着更为理想的原则前进，才假定神的存在，特别是假定神的完美性的存在，为人设定一种理想。他说："我们要说的是，假定没有诸神，或者诸神是存在的但并不关心人间事务，那么我们也用不着担心做坏事被神察觉。假定诸神确实存在而又关心我们，而我们有关神的知识都来自传说和诗人们描述的神谱，然而这些诗人也同时告诉我们，献祭、符咒、供奉都能够说服和收买诸神。对他们的话，我们要么全信，要么全不信。"①很明显，苏格拉底是一个理性的唯心主义者，他对诸神存在的假设，乃是像康德一样出于对道德的善的需要。也就是从这个角度，他才说神是一切好的事物的因，而不是坏的事物的因。

　　柏拉图在《法篇》中借助雅典人之口说出关于设定神的理念的根本原因，他说："哪怕并非如此，那么一位更加有节制的立法家为了对年轻人产生良好影响而大胆地虚构，他能够发明比这更加有用的虚构吗？或者说他能发明一个能够更好地引导我们自愿而非被迫地去实践一切正义的理论吗？""立法家需要做的事就是把他的发明能力用于发现什么样的信念有益于城邦，然后设计各种方式去确保整个共同体能始终如一地对待这种信念，比如用歌唱、讲故事、讨论等等方式。"②而

---

① 《柏拉图全集》第二卷，第 322 页。
② 《柏拉图全集》第三卷，第 412—413 页。

关于神的完美的审定乃是苏格拉底、柏拉图、康德关于人的行为的最终目标，或者是人的完美人格的设定。正如柏拉图在《法篇》中引用的古希腊的格言"甚至连神也决不能违抗必然性"。[①] 神并不客观地存在于自然界的某个地方，而是一种善的信念。他接着说："当你我提出关于诸神存在的证据，并且确信日月星辰是神或具有神性时，反对这些故事的人就会提出反驳说，无论你们如何雄辩地使用那些空洞的言辞，它们都只不过是土石罢了，不可能关心人事。"关心人事乃是神的根本目的与存在的原因，日月星辰并不关心人事，因此就不是神存在的方式。更重要的是设定神的存在，为神的存在辩护，论证完美神的意义才是哲学家首要的工作。他说："坚持诸神存在，坚持诸神是善良的，尽力说服人们相信和敬重诸神，这是我们头等重要的大事。"[②]这也同样是康德关于神与宗教的基本思想：完美的神不仅是一种信仰，更是一种理性的需要。当然他们也知道自己的设定并不能改变很多人对神的各种各样的念头，更不能改变他们的性格与行为方式，使他们对自己的行为按照神要求的方式来完成，他们不过是表达了一种对世界的美好愿望罢了。但是我们也应该明白宗教特别是基督教中所具有的爱、平等、坚韧等基本信念对个人甚至整个民族精神的形成所具有的深远意义，当然，我们也应当看到其发展过程中所呈现出的负面作用。

---

① 《柏拉图全集》第三卷，第 577 页。
② 同上，第 647 页。

三

郁愤的刘勰

我们可用《文心雕龙·诸子》中的"身与时舛，志共道申"来表述刘勰的一生与文学活动的关系。刘勰求真、求善、求美的人生理念及高远理想与"身与时舛"的残酷现实之间的矛盾直接决定了《文心雕龙》的基本文学观念及刘勰的人生悲剧，也促成了刘勰对中国传统文化的深刻理解与反思。刘勰文学理论中所倡导的求真精神、体现的求真意志则使他超越了中国传统文论往往仅仅求美、求善的观点而独树一帜。刘勰阐明自身人生理念的写作方式，也鲜明体现了中国传统文论"言志抒情"的基本特点，从而与西方文学研究中以文学为客观研究对象的科学意识形成了鲜明的对比。

学界关于刘勰的出身有争议，《梁书·刘勰传》传其为"宋司空秀之弟"，但学界大多仍认为其出身贫寒庶族，我们从整部《文心雕龙》所隐含的基本批判精神来看，其出身的贫寒与怀才不遇的愤懑情感是溢于言表的。《梁书·刘勰传》中所说"勰早孤,笃志好学,家贫不婚娶,依沙门僧佑",应该是其早年人生的基本写照,正是这出身的低微决定了他后来人生的基本格调。至于刘勰在《文心雕龙·序志》中说自己梦见七色祥云"攀而采之",甚至手捧红色祭器跟随孔子南行,乃是其志向高远的表现。微寒的出身、高远的志向正是贯穿其人生与《文心雕龙》写作过程的基本情态,这种情态在《文心雕龙》文本中也有充分的体现。至于《梁书·刘勰传》记述的刘勰在《文心雕龙》完成之后,由于自己师出无门而不得不想法高攀沈约以毛遂自荐的情景,不由得使人倍感凄惨:"约时贵盛,无由自达,乃负其书,候约出,干之于车前,状若货鬻者。"这种惨痛的人生感受在《文心雕龙》之中就已有反映,这应该是刘勰早已预料的。所以戚良德讲"不难想见,刘勰迈出这一步,实在需要很大的勇气,甚至要承受不少痛苦的折磨"。[①] 这真是刘勰的知音啊,很显然,即使在今日这种屈尊来推销自己的做法也不是凡人都愿意去做的。刘勰人生精神历程的坎坷使他对中国传统文化的惨痛体验与认识应该说不亚于苏秦。《战国策》曾描写了苏秦在成功前后的对比:他成功前先后十次游说秦王,奏章都未被采纳,"黑貂之裘弊,黄金百斤尽,资用乏绝,去秦而归。嬴縢履屩,负书担囊,形容枯槁,面目犁黑,状有归色。归至家,妻不下纴,嫂不为炊,父母不与言。"所以苏秦感叹说"妻子不把我当作丈夫,嫂子不把我当作小叔,父母不把我当作儿子"。但当苏秦锥刺股成功之后,"黄金万谥为用,转

---

① 　戚良德:《文心雕龙校注通译·引论》,上海古籍出版社,2008 年,第3 页。

毂连骑",路过家门,一切都发生了天翻地覆的变化,"父母闻之,清宫除道,张乐设饮,郊迎三十里。妻侧目而视,侧耳而听;嫂蛇行匍匐,四拜自跪而谢"。苏秦禁不住问嫂子"何前倨而后卑也",为何从前傲慢而今又这么谦卑呢?嫂子的回答也很实事求是,她说:"以季子之位尊而多金。"还不是因为你势高钱多啊,以至苏秦感慨万端,说道:"嗟乎!贫穷则父母不子,富贵则亲戚畏惧。人生世上,势位富贵盖可忽乎哉!"一个人穷困潦倒的时候,连父母都不相认,一旦富贵了,亲戚亲人都敬畏有加,人生在世还是权力财富重要啊。[1] 刘勰在"高攀"沈约时是否想到了苏秦的遭遇,我们是不得而知的,但《文心雕龙》整部作品所充满的哲理与文化思考足以使我们深刻认识到刘勰决非仅仅是个文论家,也决非以论文叙笔为人生最高追求的人,他对中国传统文化的理解可谓充满真知灼见,是一位伟大的文化学家。如果《文心雕龙》的价值仅仅体现在论文叙笔上,那其在文学史上的价值也就大打折扣了。

　　我们为何对刘勰的出身与怀才不遇的遭遇感兴趣呢,乃是因为刘勰的遭遇在今日日益注重门第的学术界也是屡见不鲜的,在今日,出身、门户、山头已成为日益妨碍学术进步的巨大障碍。刘勰的遭遇应警醒我们在毫无节制地欣赏赞叹魏晋之美,津津乐道于所谓魏晋风度之时,也应该深刻地认识到其整个文化环境的艰难及残酷,所谓药酒、山水、诗艺不过是文化士人逃避现实人生的另一种幻觉,被无数人称赞的《世说新语》的各种奇闻逸事也不过是盛开在残酷现实面前的"恶之

（一）郁愤的刘勰

115

----

　　[1]　刘向著,缪文远等译注:《战国策》上,中华书局,2012年,第67—70页。

花"。刘勰后来从政的经历虽说有不少高升机会,但其表现大都平淡无奇,在出任太末令的时候,《梁书·刘勰传》说是"政有清绩",这是政绩平平的客气话,他任太子萧统的通事舍人时,《梁书·刘勰传》也仅是简略地说"昭明太子好文学,深爱接之",这是传记中常见的褒奖。无论怎样,刘勰还是没能达到他自许的"骋怀任志""肩负栋梁"的人生理想,究其根源,刘勰与这些达官贵人隔膜而又若即若离的身份情感应为其根本原因,所以戚良德说:"刘勰的人生目标决非只是一个文人;其所以跻身仕途,也决非以一个御用文人为满足。正是在这里,萧统与刘勰就有了巨大的差异。以太子之位,天下迟早运于掌上,军国大政反而变成平常小事;对于文学的爱好和重视,既是题中应有之义,更属锦上添花,自然无可非议。而对刘勰来说,如果仅仅以'文学'而受到太子的'爱接',随其游宴雅集,随其制韵赋诗,或者为其《文选》的编撰出谋划策,从而混同东宫众多的文士,那么,离其人生目标可就相去远矣!"[①]身居佛寺十多年的刘勰并未剃度出家,可见刘勰人生的真正价值观还在于以儒家的救世态度来面对现实的人生,所以孔子的人生观及文学观在《文心雕龙》中占有根本的地位,原道、征圣、宗经、正纬、辨骚无不是以儒家的人生观来解决现实及文学问题,也就是《史传篇》中所说的"立义选言,宜依经以树则;劝戒与夺,必附圣以居宗"。

在刘勰看来,道、圣、文是三位一体的,正如《文心雕龙·原道篇》所谓"道沿圣以垂文,圣因文而明道",而这其中,"独

---

① 戚良德:《文心雕龙校注通译·引论》,第5页。

秀前哲"的孔子起着关键性的作用，"情信辞巧"的儒家经典是"恒久至道""不刊鸿教"，因为它们"洞性灵之奥区，极文章之骨髓"，"义既埏乎性情，辞亦匠于文理"，是"衔华佩实""顺美匡恶"的人伦极则，而道家的哲学与文章不过是旨意"清俊""遥深"的"明道""仙心"，那些"嗤笑徇务之志，崇盛忘机之谈"的"随性适分"是"鲜能圆通"的，仅在整个人生及文学过程中起着修身养性的作用。从这个角度，我们就可理解刘勰在《文心雕龙》里无论是讨论诗歌，还是研究历代作家作品，为何都没有提到陶渊明，只要看看刘勰对文学所坚持的儒家救国救民的根本主张就一目了然了，而陶渊明诗文的根本内容不外乎"性本爱丘山"，"若复不快饮，空负头上巾"，虽然也有金刚怒目，但那是很少的，他这种诗酒人生的率真洒脱与刘勰儒家的人生与诗文观念完全是背道而驰的，其抛弃陶渊明的倾向也就可以理解了。刘勰是不会采取这种以酒诗来逃脱人生的态度的，也不会采取《世说新语》中所反复出现的各种无所顾忌的荒诞人生，他的人生目标在纬军国，负栋梁，整日沉浸在药酒山水之中的人生何来承当呢？如果天下的知识分子都如陶渊明那样一天到晚以酒为友、如王子猷那样尽情山水，那国家会怎样也就可想而知了。当然鲁迅也揭示了陶渊明"采菊东篱下，悠然见南山"潇洒自然的人生背后的现实经济基础，正如刘勰所忽视的，孔子的思想中既有入世、救世的成分，也有愤世嫉俗、避世躲闪的成分。其实刘勰又何尝不如此呢？刘勰的入寺、奉佛正如陶渊明的诗酒一样，也是不得已，或由于贫穷，或由于皇帝的干预，走出定林寺在官场闯荡30多年，到52岁才终于迁升步兵校尉兼东宫通事舍人，这一切都表明他不过是孤苦地漂浮在宦海中的浮萍，至于蒙受皇帝之诏重回定林寺编撰经藏，更表明他的奉佛不过是梁武帝隆佛之事的一段简单插曲，与早期的"家贫，依沙门"都是由于外在的力量所致，何来人身内在的自由呢？所谓士人的风度与风骨在无处不在的现实逻辑与强大的皇权面前土崩瓦解，荡然无存。所以在完成编订佛经的任务之后，刘勰便上表主动"启求出家"，这是否是对梁武帝"舍身侍佛"的效仿，我们不得而知，然而，出家后不到一年，刘勰便告别人世，《文心雕龙·程器篇》所提出的人生及文学理想"摛文必在纬军国，负重必在任栋梁"也便就此结束，但他关于人生及文学的完美理想确实令后世如他一样身怀救世救国抱负的文学青年唏嘘不已。刘勰的人生显然没有达到他"达则奉时以骋绩"的高远理想，至于定林寺的日日夜夜是否也满足了他"穷则独善以垂文"的无奈与躲闪，那就不得而知了。刘勰骨子里是一个理想主义者，但低微的出身与艰难的时势使他无法按照设定的理想主义原则"奉时骋绩"，有所作为，而所谓的"独善垂文"虽也是他人生理想的一面，但无论定林寺投靠佛门时期，还是后来的从政，都很少有"独善"的经历，《文心雕龙》贯穿始终的儒道完美结合在他的一生中都可说没有真正实现。但萧统对他的"深爱接之"是否与秦始皇对韩非、汉武帝对司马相如的爱一样，是"日进前而不御，遥闻声而相思"，那就不得而知了。

　　文学中寄托了刘勰的人生理想，但也仅仅是寄托而已。在刘勰看来，文学虽如曹丕所谓"经国之大业，不朽之盛事"，其根本原因不过是文学能为"经国之大业，不朽之盛事"摇旗呐喊罢了。所以他在《文心雕龙·序志》中讲自己为何从事文学研究时说:"自生人以来,未有如夫子者也!敷赞圣旨,莫若注经,而马郑诸儒,弘之已精;就有深解,未足立家。唯文章之用,实经典枝条;五礼资之以成文,六典因之致用,君臣所以炳焕,军国所以昭明,详其本源,莫非经典。而去圣久远,文体解散,辞人爱奇,言贵浮诡,饰羽尚画,文绣鞶帨,离本弥甚,将遂讹滥。盖周书论辞,贵乎体要;尼父陈训,恶乎异端;辞训之异,宜体于要,于是搦笔和墨,乃始论文。"①从刘勰的讲述来看,他人生的根本目标就是为了继承孔子的遗愿,赞美孔子的事业,要阐明孔子伟大的志向没有比研究、注解孔子的经典更为重要的,但这方面马融、郑玄这样的大儒已经做得很难超越,只有研究文学,文学虽然是经典的旁枝,但各种儒家的礼制、法典只有依靠文章才能得以形成与实施,君臣的政绩、军国大事都必须依靠文章才能彰显明了,而刘勰正处在一个文风追讹逐滥的时代,如按照孔子的教训去驳斥异端,遵照《周书》的陈述来要求文义,一样是追寻孔子的脚步,"文果载心,余心有寄",自己对人生的理解与看法也只有寄托在对文学的阐述里了。由此看来,刘勰对文学的研究也有自己的"不得已"之处。从刘勰早期的"家贫,依沙门僧佑",到避开"马郑诸儒,弘之已精;就有深解,未足立家",再到从政期间的"昭明太子爱文学,深爱接之",并受"诏令"重回定林寺编撰佛经,最后终于主动上表,"启求出家",并很快死在佛寺中。一生躲闪不断的刘勰,生活在残酷现实的人生既定规则中,无法超越其上而实现自己的人生理想,其人生的悲苦是可想而知的,这些悲

---

① 周振甫:《文心雕龙今译》,中华书局,1992 年,第 445 页。

苦无不转化为他对文学的理解与批评,我们在阅读《文心雕龙》时都可时刻体会到,这也是中国古代文人士大夫在阐述文学时所呈现出的一个基本特点:文学评论、文学理论不是一个客观的文学研究手段,而是理论家探索人生与文学,阐明自我与他者的一种重要过程,从这个角度讲,他们对文学的论述是文品与人品合一的结晶。刘勰不仅从哲学的角度来思考文学,同时也从哲学的角度来思考中国的文化,从切肤的人生体验来反思他所处的时代与现实。刘勰在谈到晋代的文人与文学时说"晋虽不文,人才实盛":张华、左思、潘岳、夏侯湛、陆机、陆云、傅玄、傅咸、张载、张协、张亢等无不文采动人,但前人认为他们"运涉季世,人未尽才",是时代造成了他们都没能充分发挥自己的才干,实在令人可惜,当刘勰说"诚哉斯谈,可为叹息"时,他应该是否想到了自己和他们一样遭遇了生不逢时的命运,所以他在《才略》篇说:"魏时话言,必以元封为称首;宋来美谈,亦以建安为口实;何也?岂非崇文之盛世,招才之嘉会哉。嗟夫,此古人所以贵乎时也!"[1]在刘勰看来,曹魏时代推崇汉武帝元封年代的文学,宋以来称赞汉末建安时代的文学,都是因为它们是文学盛世,文人发挥成就的好时代,古人看重时代,都是因为时代对人的成长有着至关重要的意义啊。

历代《文心雕龙》研究中往往强调刘勰的求善、求美,求真却较少触及,而求真却是刘勰超越于其他古代文论家的独到之处,也是整个中国古代文化与古希腊求真传统的迥异之处。

---

① 周振甫:《文心雕龙今译》,第 426 页。

在刘勰看来,求真不仅指史实的真,更是指文学创作中的情感之真,唯有真才能使艺术作品做到"元气淋漓,真宰上诉",虚伪扭捏之作怎能以情动人呢? 所以刘勰非常反感那些表里不一,内外相左的文人,他在《文心雕龙·情采篇》中说:"故有志深轩冕,而泛咏皋壤,心缠几务,而虚述人外。真宰弗存,翩其反矣。夫桃李不言而成蹊,有实存也;男子树兰而不芳,无其情也。夫以草木之微,依情待实,况乎文章,述志为本,言与志反,文岂足征?"①刘勰强调文章的情真意切,言行如一,表里相符,也就是《文心雕龙·祝盟篇》中所说的,"然非辞之难,处辞为难。后之君子,宜存殷鉴。忠信可矣,无恃神焉",所以刘勰认为"信不由衷,盟无益也"。② 言说、写文,甚至是盟誓并不难,难的是按照言行如一的原则去行动,如果没有忠信的原则在,那所谓的言语行为不过是一种让人迷幻的虚空形式罢了。求真正是刘勰看到时人为文造情"淫丽烦滥""采滥忽真"的情况而发的感慨,自己热衷于高官厚禄的生活,却在文章口头上不断歌咏田园山林的隐居生活,现实生活中一天到晚沉醉于繁忙的政务俗事,却以兰花香草般的隐逸君子自居,没有美好真诚的感情,都是虚情假意的蝇营狗苟,想想今日的文学界,到处演讲孔孟之道的说客又有几位真正以"仁者爱人"为目的的? 口口声声老庄的,又有几位忘记功名利禄的清净之人? 他们的果实不如桃李,他们的香气不如兰草,言说与情志完全相左,情疏文盛的"繁采寡情"何来"风骨",何来"鸿笔",何来"日新其业"? 其最终的结果必然是"味之必厌"。

---

① 周振甫:《文心雕龙今译》,第 288 页。
② 同上,第 96,97 页。

在刘勰看来，当时的整个文坛正如《文心雕龙·铭箴篇》所说，"矢言之道盖阙"，①既无"矢言之道"，也就缺乏追求真理的气概，既无真理，何谈善美呢？刘勰整部《文心雕龙》都是以求真作为自己的使命的，虽然其前提常常标举儒家之"道"的旗帜，而美也是其评价文学的另一重要维度，正如戚良德所说："笔者以为，《文心雕龙》创作论的'总纲'乃是《情采》篇。刘勰以'剖情析采'概括《文心雕龙》的创作论，正表明他对文章写作基本问题的认识；所谓'万趣会文，不离情辞'（《容裁》），创作理论所要研究的问题固然很多，但不出'情'和'辞'的范畴。""以此而论'圣贤书辞，总称文章'，都是因为具有文采，显然重在表明刘勰自己的观点，那就是所谓'文章'便意味着文采，也就是意味着美。"②可见，真、善、美乃是刘勰思考人生及文学观念的三个根本出发点，可谓三位一体。刘勰对屈原的赞美就是基于这三位一体的评价：既有求真的成分，也有善的成分，更有求美的成分。他同意刘安对《离骚》的高度评价，认为它是一部伟大的作品："《国风》好色而不淫，《小雅》怨诽而不乱，若《离骚》者，可谓兼之。蝉蜕秽浊之中，浮游尘埃之外，皭然涅而不缁，虽与日月争光可也。"乃是从德的层面而言，说《离骚》"文辞丽雅，为词赋之宗，虽非明哲，可谓妙才"，并借用王逸的评价，说是"金相玉质，百世无匹者也"。兼有《国风》与《小雅》之美，则是从美的角度来评价《离骚》，整体上还是坚持了儒家表里相依，文质彬彬的价值观念。他反对班固对《离骚》的贬低，认为屈原的"忿怼沉江"并不是"露才扬

① 周振甫：《文心雕龙今译》，第 105 页。
② 戚良德：《文心雕龙校注通译·引论》，第 28—29 页。

己"，而是"依经立义"，是"忠怨之辞"，是"狷狭之志"，而屈原的态度也是"婉顺"的，也是从德的角度评价屈原。至于当班固认为屈原《离骚》"不合传"时，"羿浇二姚，与左氏不合，昆仑悬圃，非经义所载"，刘勰则认为班固"不合传"的评价违反了"取事也必核以辨"（《文心雕龙·铭箴篇》）的原则，乃是"褒贬任声，抑扬过实"的结果，是"鉴而弗精，玩而未核"的结果，是失实。① 刘勰对屈原及《离骚》的赞美表现了他对屈原人生观念及文学审美的高度认同，当然，他对《离骚》的高度赞扬与屈原的深切同情也与其自身的经历有着密切的联系，二者郁郁不得志的相似人生及对艺术的共同追求使他们成为志同道合的文坛英杰。所以《文心雕龙·知音篇》讲："昔屈平有言：'文质疏内，众不知余之异采。'见异唯知音耳。"② 刘勰对屈原的高度评价正是他们为千古知音的最好见证，同时他们两位也成为历代杰出文人跨时代对话的榜样。

在刘勰看来，当时流行的史传中常常缺乏求真的精神，而"真"正是史传的灵魂。他在《文心雕龙·史传篇》中指出史传中常常继承孔子"尊贤隐讳"的传统，良史直笔也常常"奸慝惩戒"，但史家往往有因"世情利害"而有违事实的史传写作态度，其结果就是"勋荣之家，虽庸夫而尽饰，迍败之士，虽令德而嗤埋，吹霜煦露，寒暑笔端，此又同时之枉，可为叹息者也"。③ 史传的写作者往往因人情世故的利害而对其内容妄加删改，出身寒门的英雄豪杰往往受到无情的嘲笑与埋没，名

（一）郁愤的刘勰

123

---

① 周振甫：《文心雕龙今译》，第 41 页。
② 同上，第 433 页。
③ 同上，第 150 页。

门世家即使是凡夫俗子也给以不可理喻的褒奖,寒风霜雪、阳光雨露无不是由写家与传主的利害关系而定,这些都是刘勰自己的所见所闻啊。既然美玉不因瑕疵而失去自身的价值,那伟人的缺陷与毛病又为何掩盖呢?不按照"实录无隐之旨"的原则来写作,又怎能达到"举得失以表黜陟,征存亡以标劝戒"的效果呢?当然,"褒见一字,贵逾轩冕;贬在片言,诛深斧钺",是史家的职责,不得不为,想想如今充斥学界虚假不实的奉承吹捧,甚至是歪曲偏斜的攻击批评,无不充满了"任情失正"的山头门派之争,哪里还能找到"析理居正"与"良史直笔"的"素心"呢?在评论文学作品时也是如此,评论者也往往囿于亲情而不能做到"平理若衡,照辞如镜",正如《文心雕龙·熔裁篇》中所说:"士衡才优,而缀辞尤繁;士龙思劣,而雅好清省。及云之论机,亟恨其多,而称清新相接,不以为病;盖崇友于耳。"①陆机的文章才思敏捷,文辞繁复,陆云才思迟缓,文辞俭省,但在评论时,陆云虽对陆机的文章抱有看法,但他仍然夸赞自己的兄弟,说他的文章清新自然,这都是因为注重兄弟情谊的结果啊。当然,没有亲情的限制,人也会囿于自己的情感与爱好而很难做出客观正确的判断,所以他在《才略篇》中又指出了另一种情况:曹丕、曹植各有所长,但俗鉴不同,"俗情抑扬,雷同一响,遂令文帝以位尊减才,思王以势窘益价,未为笃论也"。②在刘勰看来,文学史上曹丕才情不如曹植的结论是由于普通人人云亦云,因权势而忽视了曹丕的才华,因窘迫而给曹植过多的同情造成的。其实,这些世俗情感

---

① 周振甫:《文心雕龙今译》,第295页。
② 同上,第421页。

的评价并不恰当。

求真不仅需要见识,还更要勇气,"怊怅于知音"的刘勰内心充满了郁愤,而"耿介于程器"的刘勰则以"求真"为依据总结了历代著名文士、将相的各种优缺点。这些优缺点古今并无什么不同,我们在今日的文人身上也可找到:司马相如的"窃妻受金",扬雄的"嗜酒少算",班固的"谄窦作威",孔融的"傲诞速诛",管仲的"盗窃",吴起的"贪淫",至于孔光的"负衡据鼎,仄媚董贤"更是专制时代的常态,更何况班固、马融、潘岳这样身处贱职下位的人呢? 连王戎这样的开国大臣都买官卖官,随波逐流,更何况司马相如、杜笃、丁仪、路粹这样家徒四壁、一无所有的人呢? 至于孔光仍被人看作大儒,王戎仍被列入竹林七贤,不过是名高位显,为尊者讳罢了。[①] 但是在刘勰看来,历史上的伟人并不都像他们那样是白玉有瑕的,屈原、贾谊、邹阳、枚乘、黄香、徐干都是完美无瑕的君子。 人们常常为历史关键时刻知识分子的软弱与缺陷辩护,但文人并不都是随波逐流的庸人,勇猛精进者有之,以身试法者有之,沉湖自洁者有之,清苦自持者有之,甚至是躲进小楼成一统者有之,人性的软弱并不都彰显在所有人的身上。 当刘勰谈到这些文人将相的缺陷时,他并没有以嘲笑贬低的姿态,而是怀着深深的理解与同情,充满了设身处地的悲天怜人,他深知人生的艰难与生命的软弱,知道"人禀五材,修短殊用,自非上哲,难以求备"的道理,同时他也看到了社会的残酷,"将相以位隆特达,文士以职卑多诮;此江河所以腾涌,涓流所以寸折

---

① 周振甫:《文心雕龙今译》,第 437—438 页。

者也"。他知道自己不是"位隆特达"的将相，也不是"腾涌"奔流的江河，而是"职卑多诮"的文士，是"寸折"蜿蜒的涓流，所以鲁迅在《摩罗诗力说》中讲刘勰这句话"东方恶习，尽此数言"，可谓是刘勰的千古知音。① 刘勰从自己人生的切肤感受出发，揭示了中国传统文化的痼疾——重视血缘、门第，凝固不化的等级制度，致使千年之后的鲁迅发出了赞叹，即使在今日，我们也不能够说，这个问题已经得到了很好的解决。但令人敬佩的是，刘勰始终保持着清醒的态度与坚定的信念，完美的人格与完美的艺术一样只要抱着坚定的信念就一定能够实现，这就是他在屈原、贾谊身上看到的完美的文人形象，他们是超越时空的完美典范，也是文学理论所追求的最终理想的反映："及其品列成文，有同乎旧谈者，非雷同也，势自不可异也；有异乎前论者，非苟异也，理自不可同也。同之与异，不屑古今，擘肌分理，唯务折衷。"②这种无古无今、无中无外、无我无他，不以同异论是非的至高境界只有王国维在《国学丛刊序》中所表达的境界可相媲美："学无新旧也，无中西也，无有用无用也。凡立此名者，均不学之徒，即学焉而未尝知学者也。"③在他们的心中只有天下的真理、德善和美，而没有个人的情感偏好与一己之私的利害，他们都知道"逐物实难，凭性良易"，追求真理自然比沉溺欲望更难，但前者确是一个真正文人知识分子应该具有的担当与责任。

当然，在"求真"的原则与"求善"的原则发生冲突时，刘勰

① 《鲁迅全集》第一卷，人民文学出版社，2005 年，第 78 页。
② 周振甫：《文心雕龙今译》，第 449 页。
③ 傅杰编：《王国维论学集》，云南人民出版社，2008 年，第 488 页。

会选择"善"的原则作为最终的依据,即使这种依据并不具有持久的合理性,如刘勰根据"牝鸡无晨"这个道法自然的原则与"武王首誓"的征圣原则得出的"妇无与国",乃是其在"真"的原则与"善"的原则相矛盾时,自然地选择了他认为"善"的原则而忽视了基本的历史史实,所以他说:"及孝惠委机,吕后摄政,班史立纪,违经失实。何则? 庖牺以来,未闻女帝者也。汉运所值,难为后法。牝鸡无晨,武王首誓;妇无与国,齐桓著盟;宣后乱秦,吕氏危汉;岂唯政事难假,亦名号宜慎矣。张衡司史,而惑同迁固,元平二后,欲为立纪,谬亦甚矣。寻子弘虽伪,要当孝惠之嗣;孺子诚微,实继平帝之体;二子可纪,何有于二后哉?"[①]当刘勰认为《史记》与《汉书》立了《吕后本纪》是"违经失实"时,他更看重的应该是"违经",是"名号宜慎",而是否"失实"那要看《史记》与《汉书》对吕后摄政的具体记载了,但以刘勰的价值判断来看,把吕后执政记入历史本身就已经违背了儒家的原则,况且司马迁在《吕后本纪》最后还说:"太史公曰:孝惠皇帝、高后之时,黎民得离战国之苦,君臣俱欲休息乎无为,故惠帝垂拱,高后女主称制,政不出房户,天下晏然。刑罚罕用,罪人是希。民务稼穑,衣食滋殖。"其美化女主、不欲干政历史的态度也是明显的,但与此评价明显不同,《史记·吕后本纪》记载了大量吕后从政时所做的各种残暴之事:制造人彘、毒酒杀人、代行皇权、擅自废立皇帝、杀害大臣,以至最后全家覆没,她的罪恶只有莎士比亚悲剧中的理查三世可以相提并论。从此看来,司马迁并没有采取"尊贤隐

---

① 周振甫:《文心雕龙今译》,第144页。

讳"的策略,而更多的是"奸慝惩戒"的警示,是完全按照《文心雕龙·史传》中提出的"实录无隐之旨"的原则"按实而书"的,但最后的"太史公曰"又让读者深感他内心的矛盾,"为尊者讳"的伦理又一次占据了上风。刘勰自然知道司马迁在《史记·吕后本纪》中对吕后的各种记述及其批评的态度,不过,在刘勰看来,立传本身就是对吕后历史价值的认可,至于刘勰讲"孺子诚微,实继平帝之体;二子可纪,何有于二后哉",内容是符合史实了,但这种简单的流水账似的符合史实又有何真正的意义呢。由此看来,刘勰更为看重的还是效果,而不仅是事实本身,在他看来,史传的首要目的是"传者,转也,转受经旨,以授于后",吕后的行为显然是不能共后世"转受"的,是"难为后法"的,从历史、现实的效果来看,她的人与作为最好能悄无声息地消失在历史的长河里,而不是彰显在如《史记》这样的历史巨著里供后世效法,这就是刘勰在道德与真理发生矛盾时所采取的基本策略。其实,中国大多数的历史著作也都采取了这种策略,这也是中国历史往往愈远愈繁,愈近愈简的根本原因。鲁迅生前一直想把攻击他的文章汇编出版而未成愿的根本原因也是由此,大多数与鲁迅有过各种纠葛的人仍然在世的时候这是很难实现的,只有等到他们过世后才有可能,现实的利害往往决定着对历史的取舍与解读。① 与此相关,当文章所表现的道德情感与文章的语言之美相矛盾时,刘勰同样选择道德与善,他甚至认为美不能太突出以至于影响文章内在的质与德的表现,所以《文心雕龙·情采篇》说:

---

① 孙郁:《被亵渎的鲁迅·序》,群言出版社,1995年,第1页。

"'衣锦褧衣',恶文太章;'贲'象穷白,贵乎反本","繁采寡情,味之必厌"。① 在刘勰看来,写文章与穿衣服一样,都要遵守内容比形式更为重要的原则,不要外在光鲜而内在贫乏,文辞华丽内容浅薄的"瘠义肥辞"就是无力之征,风骨不飞,那就令读者讨厌了。

刘勰对真善美的追求与他对人性的深刻理解是密切联系在一起的,对人性的思索乃是刘勰论文的一大根本关键。刘勰在《物色篇》中详细探讨了自然万物对诗人内心世界的影响,所谓"物色之动,心亦摇焉","情以物迁,辞以情发。一叶且或迎意,虫声有足引心。况清风与明月同夜,白日与春林共朝哉!"春花、秋月、夏草、冬雪,清风、明月、落叶、虫鸣,自然万物无不让人感慨生情,更况那些激动人心、利害万物的战争风云与政治斗争呢?刘勰在《文心雕龙·时序篇》中谈到东汉末年的文风时说:"观其时文,雅好慷慨,良由世积乱离,风衰俗怨,并志深而笔长,故梗概而多气也。"②汉末慷慨悲凉的文风是由汉末社会动荡、人心充满怨恨造成的,情志深刻,慷慨激昂的特点正是动乱时代人的基本精神面貌的反映。文学的通变追究起来也是由于人的性情使然。刘勰在《文心雕龙·通变篇》说:"文律运周,日新其业。变则可久,通则不乏。趋时必果,乘机无怯。望今制奇,参古定法。"③文人创作之所以要不断地求新,适应时代的审美需要,追根求源起来,还是因为人心所向,只有抓住时机,适应新的审美需求才能创作出适应

---

① 周振甫:《文心雕龙今译》,第 288,289 页。
② 同上,第 399 页。
③ 同上,第 274 页。

新时代的文学作品,所以《文心雕龙·练字篇》说:"固知爱奇之心,古今一也。"①至于他在《养气篇》中教人要"率志委和,则理融而情畅,钻砺过分,则神疲而气衰:此性情之数也"。②写文章要心情和顺舒畅,精神疲惫不堪是无法写出好文章的,这是情之常理,算不上什么高深的理论。

历史的求真、政治的求善、文学的求美归根结底还是人的内在需要,是人对自身的完美设定,然而现实的人性并非完美,所谓真、善、美正如数学中的直线、圆形一样乃是理论的设定,并非现实的存在,现实的人性是不完美的,是有很多缺陷的,正如刘勰在《知音篇》中批评的文人的缺陷一样,它们大都是世俗人性的常态:文人相轻、轻言负诮、贵古贱今、崇己抑人、学不逮文而信伪迷真,可谓不一而足,以至于"知多偏好,人莫圆该。慷慨者逆声而击节,酝藉者见密而高蹈;浮慧者观绮而跃心,爱奇者闻诡而惊听。会己则嗟讽,异我则沮弃,各执一隅之解,欲拟万端之变,所谓东向而望,不见西墙也"。人人都根据自己的爱好与价值来判断,各执一隅之见,正如今日之学界常常用东方的观点来看西方,或用西方的观点来看东方,以今观古,或以古视今,以己推人,以偏概全,很少思考过什么是公正合理,更没考虑过自身的局限,又有多少人"操千曲而晓声""观千剑而识器"呢?"无私轻重""不偏憎爱""平理若衡""照辞如镜"的"圆照之象"不要说在刘勰时代,即使在今日又有多少呢?③ 在那个为名利绞尽脑汁而过度焦虑的时

---

① 周振甫:《文心雕龙今译》,第 348 页。
② 同上,第 367 页。
③ 同上,第 431—432 页。

代,不少人挖空心思标新立异,"销铄精胆,蹙迫和气",殚精竭虑地炫光耀彩,不知疲倦地奔忙于各种名利场之中,已无任何的"从容率情,优柔适会"的心情,"秉牍驱龄,洒翰伐性"的事无处不在,各种心思手段无所不用其极,所谓"圣贤素心,会文直理"早已荡然无存,学术的命脉已可想而知。正是《文心雕龙·诸子篇》所说的"飞辩以驰术,餍禄而馀荣",《养气篇》所说的"辞务日新,争光鬻采,虑亦竭矣"。[①]《文心雕龙·时序篇》中所说的:"文变染乎世情,兴废系乎时序,原始以要终,虽百世可知也。"[②]文学的变化与时代人的内心感受密切联系在一起,时代的兴衰与人心的悲欢也是密不可分,古今中外无不如此。

中国文学有抒情言志的传统,中国的文学批评理论也是如此,这是中国传统文论的一个基本特点:司空图的《二十四诗品》,严羽的《沧浪诗话》,杜甫的《戏为六绝》,元好问的《论诗三十首》,王国维的《红楼梦评论》,鲁迅的文学批评等,无不如此,这与从古希腊柏拉图、亚里士多德开始的把文学当作客观对象的研究方式根本不同,我们在《诗学》中看不到亚里士多德的人生。在中国传统文论看来,文学不是一个客观的对象,研究文学也不是研究自然科学,文学研究乃是研究者与被研究对象之间互相交流与互相对话的过程,是两个生命跨越时空的"情往似赠,兴来如答",是另一种形式的文学创作。刘勰在自己的文学评论里就鲜明地体现了这种民族特色,他把文学研究当作他实践人生、介入社会的一种方式,他对文学、

---

① 周振甫:《文心雕龙今译》,第 156,368 页。
② 同上,第 404 页。

作家、作品的看法贯穿着他对人生、社会、自然、自我、他者的基本观点,既阐明了自己的理想,同时也融入了自己对文学与人生、社会现实及文化传统的深切感受,所以我们在《文心雕龙》中既能阅读到他对文学的精深见解,同时也能看到刘勰的人生及他对时代社会的深切感悟及思考。刘勰在《文心雕龙·诸子篇》中说:"身与时舛,志共道申。标心于万古之上,而送怀于千载之下,金石靡矣,声其销乎?"①这虽然说的是诸子,但难道不就是刘勰自身生命历程的真实写照吗?"知其不可而为之"的人生现实又一次体现在了刘勰的身上,其实历史上哪一个伟大的人物不是如此呢?就是刘勰反复标榜的孔子不也如此吗?《论语》中就说他是"知其不可而为之者",②《庄子·盗跖篇》说孔子更为彻底:"子自谓才士圣人邪?则再逐于鲁,削迹于卫,穷于齐,围于陈蔡,不容身于天下。子之道岂足贵邪?"③究其原因,正如王国维在《人间词话》中所说的,历史上的伟人无不是"虽写实家,亦理想家也",④以理想家的姿态来解决现实问题正是他们人生悲剧的根本原因,然而人类进步与发展的链条正由这些伟大的悲剧构成,那些心怀真善美,坚定为信念而奋斗的人都必须时刻准备接受这种命运,正如《明哲言行录》中所说的,泰勒斯要接受被嘲笑的命运一样。⑤刘勰始终以孔子为榜样,他人生的经历与结局也必然

① 周振甫:《文心雕龙今译》,第161页。

② 杨伯峻:《论语译注》,第157页。

③ 陈鼓应:《庄子今注今译》,第778页。

④ 王国维:《人间词话》,上海古籍出版社,2000年,第2页。

⑤ 第欧根尼·拉尔修:《明哲言行录》,广西师范大学出版社,2010年,第15页。

与孔子相似,这是天下理想主义者的共同命运。事实上,令人欣慰的是,刘勰自己远大的志向虽然不能在他那个混乱的时代里得以实现,但美好的言论即使在千年之后的今日也令世人瞩目。

　　我们在《文心雕龙·程器篇》中能够深刻地体察到刘勰对文品与人品、文学与人生之间复杂纠葛的理解。人品、文品之争乃是中西文论史上的老问题，从朗加纳斯的《论崇高》开始，到《文心雕龙·程器篇》，再到钱锺书的《文如其人》等都深入地讨论了这个问题，在中外文学发展的历史中这个问题时刻都存在着，只是在不同的文化背景下、不同的历史时期呈现出不同的方面与特征。时至今日，面对日益纷繁复杂的中国学术界，重新思考这个历久弥新的老问题，不仅具有重要的学术意义，同时更具有深刻的现实意义。

　　克尔恺郭尔通过他的两则寓言也阐明了这个问题。其一是《宫殿旁的狗窝》，它讨论的问题是："思想者建立的体系与他的现实处境之间的关系应作何比喻？"其寓言为："一位思想者建立了一座庞大的建筑，一个体系，一个包容万有及世界历程等等一切的体系,然而,假如我们考察他的个人生活,会发现一个可怕而荒唐的事实:思想家并不居住在这座恢宏、高大的宫殿之中,而是住在旁边的马厩里,或者在一个狗窝里,或至多住在一个脚夫的草屋里。假如有人提醒他注意这个事实,他就会发怒。因为他并不惧怕生活在幻想之中,只要他能够完成这一体系——这也同样借助于幻想。"①此则寓言讨论了哲学家,自然也包括文学家及各式各样的艺术家,他们为世人,也为自己筹建了各式各样美好的理想,许下了各式各样令人神往的承诺,然而这些理想不过是幻想,而令人神往的承诺也不过是无法兑现的空头支票,更为重要的是连他们自己都不相信,正如在盗跖看来,孔子为世人许下的各式各样的美丽谎言一样,又有哪一样兑现了呢? 无论是大同世界,还是小康世界,无论是仁义道德,还是礼义廉耻,都无法兑现这些哲人此前曾许下的诺言,虽然他们自己也许相信。如果此则寓言讨论的是"言说"和"信"的问题的话,也就是哲学家艺术家是否相信自己的言说,第二则寓言《复活的路德》则是讨论"言"和"行"的问题,哲学家所说的和他所行的是否一致,克尔恺郭尔把这个问题命名为"没有不惜身命的奋斗,真正的信仰能否存在"。他在寓言中说:"设想路德从坟墓中复活。一连数年他都在我们中间,尽管无人察觉。他一直在观察我们的生活,一直在留意所有的人,也包括我。我想有朝一日他会向我打招呼,对我说:'你是不是信徒? 你是否有信仰?'作为一个作家,所有熟悉我的人都会承认,就此类考试而言,我毕竟可能

---

① 克尔恺郭尔:《哲学寓言集》,第 37 页。

是那个成绩最好的人,因为我常常说:'我没有信仰。'就像一只小鸟在即将来临的暴风雨面前急切地逃遁,我也表达了对那种狂乱之困惑的不祥的预感,'我没有信仰'。我可能会这样回答路德。我可能说:'不,我亲爱的路德,我至少已经向您表示了敬意,就是说我宣布我没有信仰。'然而我不愿意强调这一点。所有其他人都自称为基督徒或信徒,我同样也会说:'是的,我是信徒。'否则我就无法明了我想要明白的事体。于是我回答道:'是的,我是信徒。''那怎么会呢?'路德道,'我没有发现你有任何信仰的迹象,而我已经观察了你的一生。而且你知道,信仰是一件烦恼的事。你说有信仰,信仰又是如何使你烦恼的呢?你何时曾为真理作证?你何时曾揭穿谬误?你曾作出何种牺牲?你曾为基督教遭受何种迫害?在你的家庭生活中,你又曾显示出何种自我牺牲与克制?'我回答道:'我庄严宣告我有信仰。''宣告,宣告,那是什么话?如果有信仰,就不需要任何宣告;如果没有信仰,任何宣告也无济于事。''是的,但我只要你愿意相信我,我可以尽可能庄严地宣告……''呸,别再说这些废话!你宣告又有什么用?''是的,可你要是读过我的一些书,你会知道我是如何描述信仰的,所以我知道我一定有信仰。''我觉得这家伙是疯子!确实,你懂得如何描述信仰,这只是证明你是一个诗人;如果你描述得精彩,说明你是一个出色的诗人;但是这并不证明你是信徒。也许你在描述信仰时可能会哭哭啼啼,这只是说明你是一个好演员而已。'"①克尔恺郭尔异常精彩地说明了哲学家与真正

---

① 克尔恺郭尔:《哲学寓言集》,第116—117页。

有信仰的人之间的根本差别，也就是"言"和"行"的差别，正如孔子所谓："有德者必有言，有言者不必有德。仁者必有勇，勇者不必有仁。"①有道德的一定有美好的言论，有美好言论的不一定有美好的道德。仁义的人一定勇敢，不勇敢哪能施行自己的仁义呢，不能施行又与空谈有何区别呢？勇敢的人有为己为人之别，为己者不过是一己之勇，是自私的勇敢，像动物争夺食物一样，而为人者则是真正的勇敢，他不为己，向苏格拉底的勇于赴死、释迦牟尼的离家出走，耶稣的被钉十字架，孔子的颠沛流离又有哪一个是为自己的呢？

孔子讲"我道一以贯之"，②他的"一以贯之"不仅仅是指把一个根本原则贯彻到整个理论之中，使自己的理论能够自圆其说，而是把自己的根本原则同时贯穿到理论与生活之中，并贯之以一生。《论语·里仁》讲："富与贵，是人之所欲也；不以其道得之，不处也。贫与贱，是人之所恶也；不以其道得之，不去也。君子去仁，恶乎成名？君子无终食之间违仁，造次必于是，颠沛必于是。"③可见，孔子是将他的理论贯穿于他的一生的，不管是人生畅达，处于富裕和显贵的时候，还是人生穷困，处于贫弱和低贱的时候，都把自己的原则当作生命的根本，君子依靠的是自己的仁德，离开了仁德，哪还称得上君子呢？君子一刻之间都不要离开仁德，即使在匆匆忙忙的时候，即使在颠沛流离的时候，何谈背离自己的原则呢？但一般的人都是在需要仁义的时候拿着仁义当作骗人的幌子来使用一

---

① 杨伯峻：《论语译注》，第146页。
② 同上，第39页。
③ 同上，第36页。

下，等达到自己的目的后就随意地丢弃了，正如作家在创作时，客观的需要使他选择了一个高尚的主题，但在他的内心又何尝相信呢？等他离开了自己的创作，离开了大众的视野，当他一个人面对自己的时候，当他名利双收感到安全的时候，他便展露出真正的自我，那自我正如弗洛伊德所说的正是被压抑的本能。但圣人没有本能吗？圣人不过是能根据理想的原则来控制自我罢了。可以想象如果庄子是一个工于心计的好色贪财之徒，释迦牟尼是一个贪恋世俗权力与名利的俗不可耐的庸人，孔子是一个蝇营狗苟、斤斤计较的势利小人，如果他们自己不以身作则，不以身证法，他们又怎能说服无数的追随者，从而使他们前赴后继赴汤蹈火呢？克尔恺郭尔看到了并不是任何哲学家与艺术家都言行如一地生活着，常常存在着事实上的言行不一，虽然这种言行不一是经常存在的，特别是在普通人身上，但普通人的言行不一不如哲学家与艺术家的言行不一更具有哲学意味，因为哲学家与文学家呈现在世人眼中的更多的是言，而不是行，况且哲学家也懂得如何以人品文品之争的另一方面来为自己辩解：世人能否因人废言，或因言废人呢？孔子在《论语·卫灵公》中不是讲过"君子不以言举人，不以人废言"吗？[①] 君子不因为人家话说得好就提拔他，也不因为否认他的为人就不信他的话。可见孔子还是承认除了以道德的层面来判断哲学家和文学家之外，还要以智慧，甚至是审美的层面来判断哲学家与文学家，而这正是他们在世上得以存在的理由，哲学家与文学家在某种程度上比

---

① 杨伯峻：《论语译注》，第 166 页。

世人具有更多的智慧，更多的为自我辩解的能力。所以李泽厚在《论语今读》中说："今日中国则常反其道而行之，损失不小。唯近世以还，操守缺而学问显，人品残而声名著者，盖已多有，岂亦'不以人废言'之谓乎？固历史与伦理二律背反之又呈现也。然秦桧、严嵩字，阮大铖、汪精卫诗卒不流传。伦理命令至高无上，可不惧哉。学者盍三思焉。"①可见，李泽厚把人品文品的问题上升到"历史与伦理二律背反"的问题，虽然很多人能够凭借一时之巧飞黄腾达，但最终还是要接受伦理最高命令的惩罚而遭到历史的唾弃，这也是康德所说的求真与求善的根本不同。

《文心雕龙·程器篇》分两部分讨论了作家及政治家的人品问题，如果政治家的政治作为也算作他们的作品的话。第一部分首先讨论了文学家的人品。《程器篇》一开始就根据《尚书·周书·梓材》提出了自己的标准，他说："周书论士，方之梓材，盖贵器用而兼文采也。是以朴斫成而丹雘施，垣墉立而雕杇附。"②《梓材》中周王说："若作梓材，既勤朴斫，惟其涂丹雘。"③周王说教化民众就像优良的木材制作器具，不仅要辛勤地削皮加工，还要涂上红色的颜料加以装饰，以达到既要实用，又要有文采的效果。也就是《论语》中孔子所说的："质胜文则野，文胜质则史。文质彬彬，然后君子。"④一如李泽厚解释的，"'质胜文'近似动物，但有生命；'文胜质'如同机器，

① 李泽厚：《论语今读》，中华书局，2005年，第433页。
② 范文澜：《文心雕龙注》下，第718页。
③ 李民、王建：《尚书译注》，第282页。
④ 杨伯峻：《论语译注》，第61页。

更为可怖。孔子以'礼''仁'作为中心范畴,其功至伟者,亦在此也:使人不作动物又非机器"。① 可见刘勰的论士"贵器用而兼文采"与孔子的"文质彬彬"是一致的。然而在刘勰的时代却并非此,而是"近代词人,务华弃实",再加上魏文帝"古今文人大都不顾小节"的观点,以至于韦诞对很多作家都一一做了批评,后人也随声附和,视听混淆,不一而足了。这就是刘勰的写作目的:为了纠正当时文坛流行的关于作家人品的不正确的观点。所以接着刘勰就列举了历代文人们的各种瑕疵:"相如窃妻而受金,扬雄嗜酒而少算;敬通之不循廉隅,杜笃之请求无厌;班固谄窦以作威,马融党梁而黩货;文举傲诞以速诛,正平狂憨以致戮;仲宣轻脆以躁竞,孔璋偬恫以粗疏;丁仪贪婪以乞货,路粹铺啜而无耻;潘岳诡诗于愍怀,陆机倾仄于贾郭;傅玄刚隘而詈台,孙楚狠愎而讼府;诸有此类,并文士之瑕累。"②司马相如勾引卓文君私奔而又受贿,扬雄因嗜酒而生活混乱,冯衍、杜笃都不守规矩贪得无厌,班固谄媚窦宪,马融投靠梁冀,都作威作福贪污受贿,孔融、祢衡都以自己的傲慢狂放而招致杀戮,王粲、陈琳都是草率轻疏之人,丁仪、路粹都是乞货贪吃的小人,潘岳陷害愍怀太子,陆机攀附贾谧郭彰,都是阴险狡诈之人,而傅玄和孙楚都刚愎自用反叛上级,如此等等都是文人的毛病。由此看来,刘勰主要是以儒家的道德观点来判断作家的人品及行为的。关于这个问题,周振甫在《文心雕龙今译》中说:"本篇讲作家的品德,既是从'负重必在任栋梁'着眼,不是从品德同创作的关系着眼,那末从

---

① 李泽厚:《论语今读》,第 175 页。
② 范文澜:《文心雕龙注》下,第 719 页。

创作的角度来考虑，对这些问题，本可存而不论。只是刘勰既经提出来了，也可以说一点，即他所指责的，有的不是品德问题。象扬雄嗜酒而少算，孔融的反对曹操，祢衡的傲视权贵，王粲的轻脆躁竞，陈琳的草率粗疏，傅玄的攻击台臣，孙楚的跟石苞互相控诉，相如跟卓文君同归，都不属于品德问题。此外，还可指出一点。他说：'彼扬马之徒，有文无质，所以终乎下位也。'认为他们的品德不好，所以不能任栋梁。……那末古代的将相的品德也不好。他指责古代将相的品德，实际上是为文人抱不平，也是感叹自己的不得志。"[①] 既然刘勰是按照儒家的价值观来判断作家的品格，他甚至在《序志》里把自己写作《文心雕龙》的缘起归结为梦到孔子，把写作《文心雕龙》的根本目的看成是对孔子的志向的继承，所谓"尼父陈训，恶乎异端：辞训之异，宜体于要。于是搦笔和墨，乃始论文"。[②] 所以像"扬雄嗜酒而少算，孔融的反对曹操，祢衡的傲视权贵，王粲的轻脆躁竞，陈琳的草率粗疏，傅玄的攻击台臣，孙楚的跟石苞互相控诉，相如跟卓文君同归"之类，无论是在孔子，还是在刘勰看来都是有很大问题的，也是一个儒家君子所不可取的。"嗜酒""傲慢""狂妄""轻浮""草率"都不符合刘勰的"负重必在任栋梁"的基本观点，因为这不符合从政所需要的基本品格，我们从孔子反对子路的刚烈性格也可看出这一点，他说子路："由也好勇过我，无所取材。""暴虎冯河，死而无悔者，吾不与也。必也临事而惧，好谋而成者也。"他甚至预测了子路的不得好死："若由也，不得其死然。"他也不认为子

---

① 周振甫：《文心雕龙今译》，第 435 页。
② 范文澜：《文心雕龙注》下，第 726 页。

路是他最好的学生："由也升堂矣，未入于室也。"所以他在给子路讲话时都是与别人不同的："求也退，故进之；由也兼人，故退之。"甚至有时候还笑话子路，当别人问他为何笑话子路时（"夫子何哂由也？"），他回答说："为国以礼，其言不让，是故哂之。"所以当季康子问孔子"求也可使从政也与？"，子路是否适合于从政时，孔子便自然回答："由也艺，于从政乎何有？"他不适合从政，子路的死也印证了孔子的话。① 甚至朱熹也继承了孔子的这个观点，他在《孟子序说》中引用了程子的话来评价孟子与孔子的不同，他说："孟子有些英气。才有英气，便有圭角，英气甚害事。如颜子便浑厚不同，颜子去圣人只毫发间。孟子大贤，亚圣之次也。或曰：英气见于甚处？曰：但以孔子之言比之，便可见。且如冰与水精非不光。比之玉，自是有温润含蓄气象，无许多光耀也。"②可见，这种内涵的中庸之道是儒家"一以贯之"的。

　　刘勰对文人的批评我们在孔子对子路的批评中都可看到，虽然刘勰自己也遭受不公，没有"负重任栋梁"的机会，才能得不到充分的发挥，但他认为这并不是由于自己的品质，或是自己的才能，而是由于自己的出身，所以他才说："然将相以位隆特达，文士以职卑多诮，此江河所以腾涌，涓流所以寸折者也。"③鲁迅《摩罗诗力说》中也说刘勰的这句话"东方恶习，尽此数言"。④ 刘勰甚至在《史传篇》中也对中国传统传记文

　　① 杨伯峻：《论语译注》，第 44、68、113、114、117、119、58 页。
　　② 朱熹：《四书章句集注》，中华书局，2005 年，第 199 页。
　　③ 范文澜：《文心雕龙注》下，第 719 页。
　　④ 《鲁迅全集》第一卷，第 78 页。

学中的虚伪所表现出来的对权势的阿谀逢迎做出了尖锐的批评:"至于记编同时,时同多诡,虽定哀微辞,而世情利害。勋荣之家,虽庸夫而尽饰;迍败之士,虽令德而常嗤;理欲吹霜煦露,寒暑笔端:此又同时之枉,可为叹息者也。故述远则诬矫如彼,记近则回邪如此,析理居正,唯素臣乎!"①文人写传记愈近当代愈是虚假,即使如孔子这样的圣人在记述鲁定公与哀公的事时都不能免俗,这也是他历来就主张为尊者讳,刘勰所谓"尊贤隐讳,固尼父之圣旨"的理论主张所决定的,其实这也关联着现实的利害。在刘勰看来,文人对那些有钱有势的人即使是庸俗不堪的小人也要尽力地加以拍马逢迎,而对那些暂时失势的君子,则打击嘲笑,无所不用其极。文人的一支笔既像春风春雨一样,又像北风寒霜一样,时代遥远的模糊不清,时代太近的又不敢讲真话,有谁能靠内心的真诚来判断事理呢?像刘勰这样出身微寒的士人虽然在理论上有"穷则独善以垂久,达则奉时以聘绩"的设想,然现实也只有"穷则独善以垂久"等着他。我们只要看一下《梁书·刘勰传》的记载就明白了刘勰为何在《文心雕龙》里反复发出这样的感慨。刘勰的出身是"早孤,笃志好学。家贫,不婚娶,依沙门僧佑,与之居处,积十余年"。这样贫穷的人在刘勰所描述的"文士以职卑多诮","迍败之士,虽令德而常嗤",门第等级森严的世界里,又哪有什么"达则奉时以聘绩"的可能呢?所以当他写完《文心雕龙》后,果然如他在《文心雕龙》里讲的一样,"既成,未为时流所称"。刘勰虽"自重其文",然无可奈何,便只好按照

---

① 范文澜:《文心雕龙注》上,第 287 页。

流行的方式去做:"欲取定于沈约。约时贵盛,无由自达,乃负其书,候约出,干之于车前,状若货鬻者。约便命取读,大重之,谓为深得文理,常陈诸几案。"①经过了这番经历后,刘勰写出"孔光负衡据鼎,而仄媚董贤;况班马之贱职,潘岳之下位哉? 王戎开国上秩,而鬻官嚣俗;况马杜之磬悬,丁路之贫薄哉"②这样以己度人的话就在情理之中了。所以陆侃如、牟世金在《刘勰和文心雕龙》中说:"对于班固、陆机等人的丑行,刘勰的批判是对的。同时,他还提出了这样的看法:身居将相,担负国家重任的人尚且品行不端,何况那些官卑职小的人和穷困的书生呢! 将相虽然品行不端,仍然算是儒林名士;一般文人却遭到过多的讽刺。这不过是因为'然将相以位隆特达,文士以职卑多诮'罢了。这是极不公允的。刘勰这样的揭露,在门阀森严的六朝时期,是有一定意义的。"③

　　紧接着刘勰又论述了武士的缺点,所谓"文既有之,武亦宜然":"古之将相,疵咎实多:至如管仲之盗窃,吴起之贪淫,陈平之污点,绛灌之谗嫉,沿兹以下,不可胜数。"古代的将相很多人都有毛病:管仲偷盗,吴起财色俱贪,陈平行为不检点,绛灌则逢迎拍马、嫉贤妒能,有这种毛病的人多得数也数不清,可见将相与文人只不过在职业上有别,在人品上则相类似,可谓斑瑕互现。但刘勰又为普通文士的缺点与不得已做出了说明:"孔光负衡据鼎,而仄媚董贤;况班马之贱职,潘岳

---

　　① 周振甫:《文心雕龙今译》,第4页。
　　② 范文澜:《文心雕龙注》下,第719页。
　　③ 陆侃如、牟世金:《刘勰和文心雕龙》,上海古籍出版社,2011年,第36页。

之下位哉？王戎开国上秩,而鬻官嚣俗;况马杜之磬悬,丁路之贫薄哉？然子夏无亏于名儒,浚冲不尘乎竹林者,名崇而讥减也。"孔光位居相位还逢迎董贤,何况班固、马融、潘岳这样的小人物？王戎为开国元勋竟也买官卖官,随波逐流,何况司马相如、杜笃、丁仪、路粹这样一无所有的人？至于孔光依然被尊为名儒,王戎被列入竹林七贤,都不过是因为名声太大,无人讽刺打击他们罢了。古今的历史哪个时候不是"将相以位隆特达,文士以职卑多诮,江河腾涌,涓流寸折"呢？但是刘勰并没有到此为止,他最后又提出了更富有挑战的问题:人们都常用"盖人禀五材,修短殊用,自非上哲,难以求备"这样的话来为他人辩解,同时也自我安慰,但是不是所有的文人都像刚刚列举的那些人一样以"为时势所迫,不得已而为之"来解释自己的难言之隐呢？刘勰并不认为如此,他说:"若夫屈贾之忠贞,邹枚之机觉,黄香之淳孝,徐干之沉默,岂曰文士,必其玷欤!"①看看屈原、贾谊的忠贞,邹阳、枚乘的聪慧,黄香的孝顺,徐干的淡泊,并不是只要是文人就必然有缺点的,并不是所有的文人都随波逐流,被别人的权势与自己的所谓苦衷所驯服的。所以历史动荡时期很多知识分子都做出了令人匪夷所思的事情,但依然有少数人能坚持自我、坚持真理并为此付出惨痛的代价,至于那些反复为自己辩解的人,在刘勰的观点来看,有些是可以理解的,但那并不能成为为低俗开脱的借口,因为依然有人能达到文人的最高理想。所以刘勰又重新回到了儒家对于文人的理想要求上:不管名声的高低与职

---

① 陆侃如、牟世金:《刘勰和文心雕龙》,第 719 页。

位的大小都应该"士之登庸，以成务为用"，所谓"以成务为用"就是要"治国""达于政事"，而不能像扬雄、司马相如这些人，只有文人的才能，而没有从政所需的道德品质，所以一辈子碌碌无为，得不到任何显要的职位，而应该像庾亮一样不仅文章为时所称，而且能身居要职，虽然官职的显赫盖住了文章的才华，如果他不从政，同样也会以文章名世的。如果能像郤縠、孙武那样文武兼备，左右开弓，那就更能达到文人"蓄素弸中，散采彪外，楩楠其质，豫章其干"的最高理想了。写文章的目的在于为国为政，而从政就要勇于成为栋梁之材，时势来时就要建功立业，时势去时就独善其身。这样又重新回到了孔子所谓"道不行，乘桴浮于海"，"用之则行，舍之则藏"。[①] 孟子所谓"得志，泽加于民；不得志，修身见于世。穷则独善其身，达则兼善天下"[②]的观点上了。

　　当然刘勰在这里仅仅是讨论了文人的个人品质，与此相关的《辩骚》《明诗》《才略》《体性》《风骨》等诸篇中关于作家作品的评论，则分别讨论了作家的才能、创作的风格、文体等具体的文学问题，从中可以看出刘勰是怎样看待文人人品与文品基本关系的。首先，刘勰在评论作家作品与评论作家人品时采用相同的标准吗？当然文品主要是指作品艺术形式的特点，而人品主要是作者现实中的行为表现，然而二者有着内在的必然的一致吗？《周易•系辞下》说："将叛者其辞惭。中心疑者其辞枝。吉人之辞寡，躁人之辞多，诬善之人其辞游。失

①　杨伯峻：《论语译注》，第 43、68 页。
②　杨伯峻：《孟子译注》下，第 304 页。

人的乌托邦

其守者其辞屈。"①在《周易》看来，可以从语言上来判断一个人是不是有叛乱之心的人，是不是一个内心疑惑的人，或是一个诋毁善人的人，一个人的性格也是可以从语言上看出来的，是善人，还是焦躁之人，都一目了然。然而，《周易》也仅是从理论上阐明二者的关系，既然言辞"其称名也小，其取类也大，其旨远，其辞文，其言曲而中，其事肆而隐"，②也就是"称名"与"取类"及"旨"之间有"小""大""远"的矛盾，"言"与"事"也有"曲中"与"肆隐"的矛盾，那二者的统一，无论在表在里的统一就很难了，不仅言谈者很难达到表里统一，就听者而言就更难了。所以《周易》不仅指出了言意一致的问题，更强调了言意不一的问题，《周易·系辞上》又明确指出："子曰：书不尽言，言不尽意。"③这种矛盾性与张力关系正是中国传统文论"言意之辨"几千年来争论不休的根本原因，而《易经》作为中国文化初创时期的经典著作深刻地认识到言意关系不可分割的两个方面。老庄对此问题讨论得更多，已成为中国文论史上的常识。孟子也继承了这个观点，他在《孟子·公孙丑上》中说："诐辞知其所蔽，淫辞知其所陷，邪辞知其所离，遁辞知其所穷。"④其内容基本同于《易经·系辞下》中孔子的话。至于扬雄《法言·问神》中所说的更是众所周知："君子之言，幽必有验乎明，远必有验乎近，大必有验乎小，微必有验乎著。无验而言之谓妄，君子妄乎？不妄。言不能达其心，书不能达

---

① 陈鼓应、赵建伟：《周易今注今译》，第 694 页。

② 同上，第 671 页。

③ 同上，第 639 页。

④ 杨伯峻：《孟子译注》，第 62 页。

其言,难矣哉!……言,心声也;书,心画也;声画形,君子小人见矣。声画者,君子小人之所以动情乎!"

　　刘勰在《文心雕龙·体性》中则根据言意一致的关系讨论了作家与他们的创作风格之间的关系。《体性》讲:"情动而言形,理发而文见,盖沿隐以至显,因内而符外者也。"[①]在刘勰看来,每位作家的风格是不同的,所谓"各师成心,其异如面",他把不同作家的风格区分为八类:"若总其归途,则数穷八体:一曰典雅,二曰远奥,三曰精约,四曰显附,五曰繁缛,六曰壮丽,七曰新奇,八曰轻靡。"并对每一种风格的具体含义做了分析,并最终指出:"故雅与奇反,奥与显殊,繁与约舛,壮与轻乖,文辞根叶,苑囿其中矣。"我们从刘勰对八种风格的描述中就能发现他对这八种风格的取舍是很鲜明的,例如他说"典雅者"是"熔式经诰,方轨儒门者也",儒门是刘勰的根本宗旨,他在《文心雕龙》一开始就讲,要"原道""征圣""宗经",所谓"道""圣""经"都是儒家之"道""圣""经",所以他把"典雅者"归结为"熔式经诰,方轨儒门者也"是对"典雅"的一种褒扬与认可。至于他把"新奇者"定义为"摈古竞今,危侧趣诡者也",把"轻靡者"定义为"缥缈附俗者也",都显示他对"新奇者"与"轻靡者"的否定。所以他对八类进行对举以显示其对立的根本特性,就为了彰显自己的立场与价值判断。我们在刘勰对具体作家的评论中也可看出这一点。他说"贾生俊发,故文洁而体清",贾谊英才超群,所以文章高洁而风格清新。我们从《才略篇》中他对贾谊的评价"若夫屈贾之忠贞……岂曰文士,必其

---

① 　范文澜:《文心雕龙注》下,第505页。

玷欤"就可看出他对贾谊毫无疑问的赞扬了。至于他说"长卿傲诞，故理侈而辞溢"，司马相如狂放不羁，文理都很浮夸，这也是他对司马相如的基本评价。[①] 当然，刘勰考虑到作家自身个性与创作的复杂性，并没有绝对地对一个作家进行黑白分明的区分，所谓"志隐而味深""趣昭而事博""兴高而采烈"等都不是明确的价值判断，但这绝不意味着刘勰进行价值判断的标准是两可的，他的价值标准是很明确的，并不像《文心雕龙今译》中所说的："陈望道先生讲四组八体彼此相反，没有贬低其中的任何一体，这是对的。刘勰讲四组八体彼此相反，贬低其中的两体，这是不恰当的。因正与奇反，有正即有奇，两者都需要，不应该贬低奇。刘勰把奇说成'危侧趣诡'就不好了。"[②]当然，文苑中风格的多样性是必需的，也是必然的，但文苑不可能没有主调，至少在刘勰看来是如此。刘勰为何对这八种风格进行价值判断呢？因为刘勰最终考虑的不仅仅是一种纯粹的美学价值，或者是阅读时的快感，而是作品最终对读者所产生的心理影响与行为的影响。所以，他对风格的描述基本上与对作家品格的描述是一致的，贾谊的"俊发"与"文洁而体清"和司马相如的"傲诞"与"理侈而辞溢"都是文品与人品统一的，这与他在《体性》一开始所提出的"因内而符外"在逻辑上也是一致的。

然而，作家所创造的艺术世界毕竟和现实世界是两个根本不同的世界，二者也存在着本质的差别，作品的世界不仅是作家所处现实世界的反映，更是作家想象与艺术叙述的结果，

---

① 范文澜：《文心雕龙注》下，第 506 页。
② 周振甫：《文心雕龙今译》，第 253 页。

即使是作家所处现实的反映，也不一定是作家真正行为与真正内心世界的反映。所以王国维在《红楼梦评论》中就反对那种把小说中所描写的世界与作者世界混为一谈的做法，他说："诗人与小说家之用语，其偶合者固不少；苟执此例以求《红楼梦》之主人公，吾恐其可以傅合者，断不止容若一人而已。"况且"所谓亲见亲闻者，亦可自旁观者之口言之，未必躬为剧中之人物。如谓书中种种境界、种种人物，非局中人不能道，则是《水浒传》之作者必为大盗，《三国演义》之作者必为兵家，此又大不然之说也"。① 加缪更举出了叔本华的哲学理念与生活逻辑相反的例证，他在《西西弗的神话》中说："没有一个人把否定生活意义的逻辑推理发展到否定这个生活本身。为了嘲笑这种推理，人们常常举叔本华为例。叔本华在华丽的桌子前歌颂着自杀。其实，这并没有什么可笑的。这种并不看重悲剧的方法并不是那么严重，但用它可以最终判断使用它的人。"② 至于海德格尔在 1933 抛弃黑森林的世袭财产，充当新纳粹政权的臭名昭著的宣传者，又何来诗意地栖居在大地上呢？③ 由此来看，作家生活的现实世界与他在小说与诗歌中创作的艺术世界，或体现的人生与艺术理念是根本不同的两个世界，只有在理论上正确地区分此两种世界的差别，才能真正区分艺术世界中的作家与现实生活中的作家。钱锺书在《文如其人》中就作家的个人主张和作品之间的矛盾关系讨论

---

① 王国维：《红楼梦评论》，上海古籍出版社，2005 年，第 25 页。

② 阿尔贝·加缪：《西西弗的神话——加缪荒谬与反抗论集》，杜小真译，天津人民出版社，2007 年，第 7 页。

③ 尼格尔·罗杰斯、迈尔·汤普森：《行为糟糕的哲学家·绪论》，新星出版社，2010 年，第 3 页。

了作家的人品与文品相分离的问题。① 钱文针对元好问的
《论诗三十首》之六"心画心声总失真,文章宁复见为人。高情
千古闲居赋,争信安仁拜路尘"②而发,而元诗又是针对扬雄
《法言·问神》"言,心声也;书,心画也。声画形,君子小人见
矣"而发,郭绍虞认为元好问的这首诗是"主张真诚,反对伪
饰",他说:"元氏除从诗歌艺术的角度,分析其正伪清浊以外,
特别重视作诗的根本关键。他感慨地指出'心画心声总失真,
文章宁复见为人'的伪饰。而对陶诗的肯定,却正是因为它的
'真淳'。正面主张'心声只要传心'了,出于真诚的才是好诗。
元氏在《杨叔能小亨集引》中说:'何谓本? 诚是也……故由心
而诚,由诚而言,由言而诗也。三者相为一……夫惟不诚,故
言无所主,心口别为二物。'正是这诗的最好注脚。"③

　　由此看来,元诗并不反对诗歌真实反映诗人的内心情感,
而是认为很多诗歌并没有真实地反映诗人的真实内心世界,
读者应该看到这个问题,不应该被作家虚情假意的伪饰所迷
惑,而应该结合作家的作品及他的人格,也就是他现实生活中
的行为来判断作家的真实人格。既然潘岳为谄媚贾谧竟望其
车尘而拜,这样的人还写出了《闲居赋》,明阮大铖为魏忠贤奸
党,却在自己的《咏怀堂诗集》里模仿陶渊明的《园居诗》自比
清高之人,奸相严嵩在《钤山堂集》中却自称晚节冰霜,所以

---

　　①　钱锺书:《谈艺录》,中华书局,1998 年,第 161—165 页。

　　②　郭绍虞笺释:《元好问论诗三十首小笺》,人民文学出版社,1978 年,
第 62 页。

　　③　郭绍虞主编:《中国历代文论选》第二册,上海古籍出版社,1979 年,
第 462 页。

《庄子·列御寇》载孔子曰："凡人心险于山川，难于知天。天犹有春秋冬夏旦暮之期，人者厚貌深情。故有貌愿而益，有长若不肖，有顺懁而达，有坚而缦，有缓而钎。故其就义若渴者，其去义若热。故君子远使之而观其忠，近使之而观其敬，烦使之而观其能，卒然问焉而观其知，急与之期而观其信，委之以财而观其仁，告之以危而观其节，醉之以酒而观其则，杂之以处而观其色。九征至，不肖人得矣。"①人心比山川还要凶险，他的期望比天还高，而且往往厚貌深情，无法测量，更重要的是人还往往表里不一，外貌愨厚内心奸诈，外貌柔顺内心刚直，外貌美善内心残忍，外貌清高内心贪婪，等等不一而足，因此，读者仅仅靠简单的"言为心声"来判断人，判断作家的人品及人格是远远不够的，应该像孔子这样综合地深入分析作家的人品与文品的关系。所以钱锺书说："'心声心画'，本为成事之说，实逊先见之明。所言之物，可以饰伪：巨奸为忧国语，热中人作冰雪文，是也。"？也就是钱文所引魏叔子《日录》卷二谓所谓文章"古人能事已备，有格可肖，有法可学，忠孝仁义有其文，智能勇功有其文。日夕揣摩，大奸能为大忠之文，至拙能袭至巧之语。虽孟子知言，亦不能以文章观人"。？由此看来，写文章不仅仅是一种内心世界的直接抒发，还有写作方法与技术，这就是历代八股文屡禁不绝的根本原因，写文章是有很多地方可以学习模仿的，不仅是思想内容，语言风格都是如此，所谓"日夕揣摩"，正如演员的演出一样，它们仅仅是一种外在形式的相似，而内在却有着根本的差别，所以钱锺书

① 陈鼓应：《庄子今注今译》，第 843—844 页。

又说:"其言之格调,则往往流露本相:狷急人之作风,不能尽变为澄澹,豪迈人之笔性,不能尽变为谨严。文如其人,在此不在彼也。譬如子云欲为圣人之言,而节省助词,代换熟字,口吻矫揉,全失孔子'浑浑若川'之度。柳子厚《答韦珩书》谓子云措词,颇病'局滞'……阮圆海欲作山水清音,而其诗格矜涩纤仄,望可知为深心密虑,非真闲适人,寄意于诗者。"

虽然作品不能完全反映一个作品的真实品格,但要完全掩盖也是不可能的,其揭示的程度也是作家极力掩盖与读者尽力探究互相博弈的结果。但有时候文中所表达的作者与真实的作者不同,并不仅仅是作者欲掩盖真实的自己,而是要表达自己的愿望,也就是自己想,甚至是梦想成为的样子,一个是作者的真实人格,一个是作者羡慕想成为的理想人格,这是两个根本不同的问题,作家的真实人格始终和他自己创作的艺术世界所体现的人格游离着。所以钱锺书对这种所谓的言行不符现象说:"文如其人,老生常谈,而亦谈何容易哉!虽然,观文章固未能灼见作者平生为人行事之真,却颇足征其可为愿为何如人,与夫其自负为及欲人视己为何如人。""人之言行不符,未必即为'心声失真'。常有言出于至诚,而行牵于流俗。蓬随风转,沙与泥黑;执笔尚有夜气,临时遂失初心。不由衷者,岂惟言哉,行亦有之。安知此必真而彼必伪乎。见于文者,往往为与我周旋之我;见于行事者,往往为随众俯仰之我。皆真我也。身心言动,可为平行各面,如明珠舍利,随转异色,无所谓此真彼伪;亦可为表里两层,如胡桃泥笋,去壳乃能得肉……亦见知人则哲之难矣。故遗山、冰叔之论,只道着一半。"这就是指人的内在矛盾性、人格的多重性。钱锺书评嵇康说："以文观人，自古所难；嵇叔夜之《家戒》，何尝不挫锐和光，直与《绝交》二书，如出两手。"嵇康的《家戒》和《与山巨源绝交书》都是嵇康性格的真实表现，是嵇康的不同侧面，没有所谓真假之别。所以鲁迅在《魏晋风度及文章与药及酒之关系》中就嵇康的这种双重性格说："我看他做给他的儿子看的《家诫》——当嵇康被杀时，其子方十岁，算来当他作这篇文章的时候，他的儿子是未满十岁的——就觉得宛然是两个人。他在《家诫》中教他的儿子做人要小心，还有一条一条的教训。有一条是说长官处不可常去，亦不可住宿；长官送人们出来时，你不要在后面，因为恐怕将来官长惩办坏人时，你有暗中密告的嫌疑。又有一条是说宴饮时候有人争论，你可立刻走开，免得在旁批评，因为两者之间必有对与不对，不批评则不像样，一批评就总要是甲非乙，不免受一方见怪。还有人要你饮酒，即使不愿饮也不要坚决地推辞，必须和和气气的拿着杯子。我们就此看来，实在觉得很希奇：嵇康是那样高傲的人，而他教子就要他这样庸碌。因此我们知道，嵇康自己对于他自己的举动也是不满足的。所以批评一个人的言行实在难，社会上对于儿子不象父亲，称为'不肖'，以为是坏事，殊不知世上正有不愿意他的儿子象他自己的父亲哩。试看阮籍嵇康，就是如此。这是，因为他们生于乱世，不得已，才有这样的行为，并非他们的本态。但又于此可见魏晋的破坏礼教者，实在是相信礼教到固执之极的。"①无论怎样，作品总是能从不同的角度给读者提供作者真实而丰富的人生及个性，这种性

人的乌托邦

154

---

① 《鲁迅全集》第三卷，人民文学出版社，2005 年，第 536—537 页。

格及人格的复杂性直接来自生活与现实的复杂性，这种复杂性与通常所谓的"言不由衷""口是心非""言行不一"的自我夸耀和靠修辞革命来自我炒作的手段根本不同。

中国传统文化复杂的现实直接造成了中国传统知识分子复杂的心态。徐复观关于中国传统知识分子复杂的个性与心态说："在上述的现实面与理想面的历史条件中，一般知识分子，多是在二者之间摇摆不定。即是有的为了现实而抛弃理想；亦有的因理想而牺牲现实，或者想改变现实。不过自隋唐科举制度出现后，知识分子集团的由现实中下坠，直下坠到只有个人的功名利禄，不复知有人格，不复知有学问，不复知有社会国家的'人欲的深渊'里去了……科举遗毒，深中于中国知识分子的心髓；其最显著的形态是：一不择手段以争取个人升官发财的私利，而毫不顾惜公是公非。口头上可以讲各种学说，但在私人利害上绝不相信任何学说。"为此，他举出了一个例子："在两个月前，我收到汉米敦（G. H. Hamilton）老博士为大英百科全书一九六八年版写的熊先生小传时，引起我许多复杂地感想。熊先生在学术界，一直受到胡适派的压力，始终处于冷落寂寞的地位。谁能想到大英百科全书的编辑部，请年届八十五岁高龄的汉米敦博士，为熊先生写此小传，承认熊先生的哲学是'佛学、儒家与西方三方面要义之独创性的综合'，是中国最杰出的哲学家。由此可以了解西方人的学术良心，实远非中国西化派所能模拟于万一。"所以他又说："圣君贤相，乃中国历史中最理想之政治格局，固不知此种格局之背后，实际藏有无限之悲剧也。中山先生年少上书李鸿章，其内容姑不论，要其此时之精神尚未脱离传统之政治羁绊，则彰彰甚明……中国知识分子，必先有此一精神解放，乃足以进而正视中国之问题，担负国家之使命。"[1]徐复观一针见血地指出了中国封建传统文化的专制体制直接造成了中国传统知识分子人格的畸形化，顺势者飞黄腾达，逆势者则处江湖之远，还有如屈原、司马迁、刘勰等等甚或自杀、甚或出家、甚或忍辱负重以待来世。即使如勇斗智斗者鲁迅，也逃不过此种命运，所以他三次被通缉，晚年还被国民党特务列入严厉制裁的黑名单。至于他的译、著作品被反复禁、删更是常事。[2]鲁迅生前发生过无数次的文坛之争，以至于他在《三闲集·序言》中说："现在我将那时所做的文字的错的和至今还有可取之处的，都收纳在这一本里。至于对手的文字呢，《鲁迅论》和《中国文艺论战》中虽然也有一些，但那都是峨冠博带的礼堂上的阳面的大文，并不足以窥见全体，我想另外收集也是'杂感'一流的作品，编成一本，谓之《围剿集》。如果和我的这一本对比起来，不但可以增加读者的趣味，也更能明白别一面的，即阴面的战法的五花八门。"[3]然而一直到鲁迅去世半个多世纪这样的书都没有成功问世。[4] 特别是郭沫若以笔名"杜荃"等发表的攻击鲁迅的文章更是中国现代文坛的一大景观，正如孙郁所说的："在攻击鲁迅的文章里，郭沫若是最锋芒毕露的。他在这一年《创造月刊》二卷一期上，以杜荃的笔名，发表了《文艺战线上的封建余孽》。这篇文风极不友好、笔触

---

① 徐复观：《中国知识分子精神》，第 7、45、55 页。
② 倪墨炎：《现代文坛灾祸录》，上海书店出版社，1996 年，第 79—107 页。
③ 《鲁迅全集》第四卷，第 4—5 页。
④ 孙郁：《被亵渎的鲁迅·序》，第 1 页。

相当刻薄的文章,对鲁迅的思想进行了全面的批判,并且试图以此宣判鲁迅在中国文坛上的'死刑'……郭沫若以诗人的浪漫情绪代替了政治意识,他对鲁迅的著作所看甚少,仅凭一点印象,就信口开河,这完全是一种非科学的武断的批评态度。在政治生活中,支撑郭沫若的有时是某些非理性的情绪和直觉,他的缺少理性的直率之作,客观地说,对后来中国文学批评的发展,起到了很不好的作用。"①

　　鲁迅是由于现实的斗争教育了他对中国文化的历史及现实,特别是知识分子品格的深刻认识,所以他应《京报副刊》的征求讨论"青年必读书"时直接说:"我以为要少——或者竟不——看中国书,多看外国书。"②鲁迅认为儒家,至少是当时很多主张儒家学说的人有很多是虚假的主张,所以便劝人不读中国书,但难道儒家书中就没有可取之处了吗?这是鲁迅极而言之,是气话,但这种气话在现实的生活中也许比仅仅从纯粹的理论角度出发得出的结论更有合理性,这是一个生活在现实之中的思想者得出的结论。正如罗宗强指出的:"我国自汉代以来,儒家思想是历代治国的思想主流。我国古代士人出仕入仕,与政局有千丝万缕之联系,一部分士人既是文学作品的作者,又是负有重要责任的官员,定儒学于一尊之后,宗经致用的思想为他们之所共同遵从,工具论的文学观为他们所接受,并且成为公开场合论文时之主流话语,这是很自然的事。"传统知识分子极力追求权力就在于他们欲把自己的知识与权力密切结合以彻底控制社会,知识分子在文章中所极

---

　　① 孙郁:《被亵渎的鲁迅·序》,第11,12页。
　　② 《鲁迅全集》第三卷,第12页。

力美化的人品与文品合一的观念就直接来自中国传统的知识与权力密切结合的传统。正如罗宗强所说："大多数文体的产生，皆出于功利之目的。刘勰论及 81 种文体之产生，多归结为实用。文之工具性质，在汉代定儒术于一尊之后得到进一步的加强。这与圣人崇拜、内圣外王的观念的建立有关。与此一种观念之联结，促使文与政教形成更为紧密的关系。黄侃就曾说过：'夫六艺所载，政教学艺耳。文章之用，隆之至于能载政教学艺而止。'文的政教之用是儒家思想的产物，它与内圣外王的观念是不可分的。"①当然内圣外王的思想也并不是一开始就统治中国政坛与文坛的，自从孟子之后，圣人就被儒家所占有。罗宗强说："圣人专指儒家，从孟子始。孟子才提出从尧、舜、禹、汤、文、武、周公到孔子的圣人统系，这是特指一个行仁政、施仁义的圣人统系。他甚至把伯夷、伊尹、柳下惠也列入圣者的系列，因为他们的道德品格、他们的行为属于'仁'。到了荀子，就把圣与王联系在一起了：'圣人也者，道之管也。天下之道管是矣，百王之道一是矣。'到了董仲舒的《春秋繁露》和班固的《白虎通德论》，圣人与经书、与治道便成了三位一体。崇圣宗经、内圣外王，成了后来文的工具角色的思想观念的源头。"②而这也是《文心雕龙》的根本宗旨。

在我国文化早期百家争鸣的时期，儒家还必须经过艰苦的辩论与斗争来争夺话语权，为自身绝对的合法性寻找论据，

---

① 罗宗强：《读文心雕龙手记》，生活·读书·新知三联书店，2007 年，第 217—218 页。

② 罗宗强：《读文心雕龙手记》，第 208、209 页。

那时关于人的道德理想的圣人还不仅仅为儒家所专有,老子、庄子的圣人就不可能是儒家,因为他们的争论从未断绝过,看看《庄子·盗跖篇》对孔子的讽刺与打击就可明白了,虽然很多理论家把老子当作一个表里不一的人、一个阴谋家,因为老子《道德经》三十六章中讲:"将欲歙之,必固张之;将欲弱之,必固强之;将欲废之,必固兴之;将欲取之,必固与之。是谓微明。"其大意是:要收敛的必先扩张,要衰弱的必先强盛,要废弃的必先兴旺,要夺回的必先给出。不仅是按照道家的哲理,即使是按照常理也是这样:不先扩张又怎么收敛呢?不先强盛又怎么衰弱呢?不先兴旺又怎么废弃呢?不先给予又怎么夺回?看似高深不测的哲理又怎么会遭到古人及今人反复的误读呢?正如陈鼓应说:"本章第一段乃是老子对于事态发展的一个分析,亦即老子'物极必反','势强必弱'观念的一种说明。不幸这段文字普遍被误解为含有阴谋的思想,而韩非是造成曲解的第一个大罪人,后来的注释家也很少能把这段话解释得清楚。然前人如董思靖、范应元、释德清等对于这段文义都曾有精确的解说,下面引录董思靖与释德清的解说以供参看。董思靖说:'夫张极必歙。与甚必夺,理之必然。所谓'必固'云者,犹言物之将歙,必是本来已张,然后歙者随之。此消息盈虚相因之理也。其机虽甚微隐而理实明者。'(道德真经集解)释德清说:'此言物势之自然,而人不能察,天下之物,势极则反。譬夫日之将昃,必盛赫;月之将缺,必极盈;灯之将灭,必炽明。斯皆物势之自然也。故固张者,歙之象也;固强者,弱之萌也;固兴者,废之机也;固与者,夺之兆也。天时人事,物理自然。第人所遇而不测识,故曰微明。'(老子道德经解)"①他们二者都直接从老庄的思想来解释老庄,然而问题的关键是他们并没有解释清楚"欲"是什么意义?"欲"是谁的"欲",是道的"欲",是自然界的"欲",是作者老子的"欲",还是人的"欲"?而人的"欲"在读者解读时可以随时解读为自己的"欲"。无论"欲"是解释为"欲望""爱好""想要""应该",还是"将要"都无法回避"欲"的主体是谁的问题:如果主体是人,那"阴谋"的意味是可以理解的;如果是"自然"与"道",那万事万物自我兴衰的过程就呈现出来了。当然,自然虽然没有阴谋诡计,但人可以利用自然规律来达到自己的目的,所谓人法地,地法天,天法道,道法自然,人最终还是要法自然,自然的兴衰,人不仅可以自己利用,也可用来征服对手,何况人类的竞争历来就如同自然界的竞争一样无法摆脱,就《老子》被接受与发挥的效用来看,被阴谋家所偏爱也是它自身的特点造成的。所以刘笑敢在《老子古今:五种对勘与析评引论》中说:"朱熹也说:'老氏之学最忍,它闲时似个虚无卑弱底人,莫教紧要处发出来,更教你支吾不住,如张子房是也。子房皆老氏之学。如峣关之战,与秦将连和了,忽乘其懈击之;鸿沟之约,与项羽讲和了,忽回军杀之,这个便是他柔弱之发处。可畏,可畏。'(朱熹1986,2987)这都是以历史上的政治和军事谋略来解释老子的以反求正的思想,这种解释自然有它一定的合理性,但却很容易把人误导到阴谋诡计的歧路上去。对老子思想的这种解释一方面忽略了老子讲以反求正的历史环境,另一方面也把以反求正的一般性方法局限到了政治军

① 陈鼓应:《老子注译及评介》,第205、207页。

事争斗之中,把丰富生动的老子哲学引入了狭窄的政治、军事阴谋之途。以反求正的辩证方法与阴谋诡计有没有关系呢?我们说,以反求正的方法有可能成为阴谋诡计的工具或被理解运用成狡诈的阴谋,但老子的以反求正的思想本身决不是阴谋诡计,而只是根据客观事物的辩证运动总结出来的一般性方法。这种方法好像是为弱者设计的,实际上可能对强者更有意义,这就是'知其雄,守其雌'的道理。老子哲学有可能被利用成阴谋诡计,老子要不要对此负责呢? 一般说来,我们是不应该为此而责备老子的。正如科学家可以发明原子能并用来发电,战争狂人却可以用原子能来制造大规模毁灭的杀人武器;发明刀子可以用来做饭做手术,歹徒则可以用刀子做谋杀的凶器,我们怎能因此而责备发明家呢?"①

可见,刘笑敢把老子表达的哲理当作一种中性的知识,对正反双方都可使用,正如智慧可被坏人与好人同样使用一样。但如果它们没有内在的一致性,又如何被使用呢? 阴谋家与军事家是否可以用苏格拉底、释迦牟尼、耶稣的理论来谋一己之私呢? 正像孔孟之道也被经常当作工具来使一样。哪个人,特别是阴谋家,不宣称自己的动机是高尚的呢? 所以韩非对老子的解读虽然与众不同,遭到了道家学派的不满,但司马迁在《史记》中还是把老子与韩非放在一起,称为《韩非老子列传》,并指出韩非:"喜刑名法术之学,而其本归于黄老。"可见司马迁是看到了韩非与老子的内在一致性的,虽然老子在司马迁看来也是"隐君子也",可见老子也有他内在的不一致性。

---

① 刘笑敢:《老子古今——五种对勘与析评引论》上,中国社会科学出版社,2006 年,第 379—380 页。

所以鲁迅在《汉文学史纲要》中区分老庄之别时说："故自史迁以来，均谓周之要本，归于老子之言。然老子尚欲言有无，别修短，知白黑，而措意于天下；周则欲并有无修短白黑而一之，以大归于'混沌'，其'不谴是非'、'外死生'、'无终始'，胥此意也。中国出世之说，至此乃始圆备。"[1]鲁迅也同样看到了老子内在的矛盾性，也就是老子在贯穿自己的道的哲学时，存在自然的道与人间的道之间所无法统一的矛盾性。总之，老子的哲学也常常为那些追求外圣内王的人提供理论根据，但庄子却是坚决反对所谓内圣外王的，我们在《庄子·列御寇》中对权势的挖苦与痛斥就可看出。庄子讲宋人曹商为王出使秦国，开始只有几辆车，后来得到秦王的喜欢便获得了百辆车。因此便到庄子那里来炫耀自己的成功。他说："夫处穷闾陋巷，困窘织屦，槁项黄馘者，商之所短也；一悟万乘之主而从车百乘者，商之所长也。"处在穷街陋巷靠织鞋为生，面黄肌瘦，忍饥挨饿，苦不堪言，自己不如庄子，但能得到君王的欢喜，有百辆之重的随从车马，这也是庄子所不及的，其对庄子清高自居，坚忍不屈的高洁的蔑视是可想而知的，然而庄子却并不以为然。他说："秦王有病召医，破痈溃痤者得车一乘，舐痔者得车五乘，所治愈下，得车愈多。子岂治其痔邪，何得车之多也？"亲王有病请医生，破除脓疮的得车一乘，舐治痔疮的得车五乘，谁治的病低下，谁得的车就多，你大概是添治痔疮的吧，不然怎么会得到这么多的车呢？[2] 古今中外对权势批评无有比此更为激烈的。由此可见，庄子之圣人根本就不是什么内

① 《鲁迅全集》第九卷，第 377 页。
② 陈鼓应：《庄子今注今译》，第 839 页。

圣外王之人。

康德在《实践理性批判》的《结论》中说："有两样东西，我们愈经常愈持久地加以思索，它们就愈使心灵充满日新月异、有加无已的景仰和敬畏：在我之上的星空和居我心中的道德法则。"①然而康德并没指出艺术家所苦心经营的艺术世界如何产生这样一种崇高的美感。无论艺术家创造了怎样的艺术世界，他都无法回避一个问题，艺术不仅仅能带来直接的审美快感，它最后还必然导向人的行为世界。正如康德在《判断力批判》中指出的："真正的崇高必须只在判断者的内心中，而不是在自然客体中去寻求，对后者的评判是引起判断者的这种情调的。谁会愿意把这些不成形的、乱七八糟堆在一起的山峦和它们那些冰峰，或是那阴森汹涌的大海等等称之为崇高的呢？但人心感到在他自己的评判中被提高了。"崇高的真正根源还是在观赏者自身的道德感之中，无数的人在看到高山大海时并没有什么崇高之感。所以康德又强调："崇高不在任何自然物中，而只是包含在我们内心里，如果我们能够意识到我们对我们心中的自然、并因此也对我们之外的自然（只要它影响到我们）处于优势的话。这样一来，一切在我们心中激起这种情感——为此就需要那召唤着我们种种能力的自然强力——的东西，都称之为（尽管不是本来意义上的）崇高。"②根本意义上的崇高乃是自然与人类伟大的道德行为。正如卡莱尔在《论英雄、英雄崇拜和历史上的英雄业绩》中所说的：

①　康德：《实践理性批判》，第177页。
②　康德：《判断力批判》，邓晓芒译，人民出版社，2002年，第95、103页。

"在我看来,真诚是伟人和他的一切言行的根基。如果不以真诚作为首要条件,不是我所说的真诚的人,就不会有米拉波、拿破仑、彭斯和克伦威尔,就没有能够有所成就的人。应该说,真诚,即一种深沉的、崇高而纯粹的真诚,是各种不同英雄人物的首要特征……我希望大家把这作为我关于伟人的首要定义。"①这与《易经》中孔子所说"君子进德修业。忠信所以进德也,修辞立其诚,所以居业也"②是一致的。释迦牟尼,苏格拉底,耶稣,孔子,庄子哪一个不是进德修业言行如一的人呢? 只不过区别在进谁的德,修谁的业,忠信于谁罢了,那些仅仅依靠所谓智慧为一己之私尽力打造的虚假艺术与虚幻人生又能在世人持久的注目与反复审视中坚持多久呢。

①　托马斯·卡莱尔:《论英雄、英雄崇拜和历史上的英雄业绩》,第50—51 页。

②　陈鼓应、赵建伟:《周易今注今译》,第 13 页。

四

文图中的竹林七贤

竹林七贤历来都是中国文人墨客喜爱传颂的对象，他们早已成为中国历代文人知识分子逃避政治，隐逸山水的标志性形象。竹林七贤故事中最著名的记述就是刘义庆《世说新语·任诞》中所说："陈留阮籍、谯国嵇康、河内山涛三人年皆相比，康年少亚之。预此契者，沛国刘伶、陈留阮咸、河内向秀、琅邪王戎。七人常集于竹林之下，肆意酣畅，故世谓'竹林七贤'。"①虽然七人是否常聚竹林史上时有争论，但他们确有着很多共同的人生理念，虽然深究起来，他们之间的差异和共性简直是一样大，但文人雅士仍然坚持把他们放在一个共同的文学或图画主题里，中国历代从未断绝过关于竹林七贤的文学与绘画作品。无论是《世说新语》还是《历代名画记》都记

---

① 余嘉锡：《世说新语笺疏》，中华书局，2011 年，第 628 页。

载了顾恺之对嵇康的向往，特别是他非常喜欢嵇康的《赠秀才入军》诗，将其画成一幅画，并说："画'手挥五弦'易，画'目送秋鸿'难。"张彦远非常称赞顾恺之的《竹林七贤图》，并说："唯嵇康一像，欲佳，其余虽不妙合，以比前诸竹林之画，莫能及者。"①由此看来，顾恺之的竹林七贤像在当时同类画像中是非常突出的。此外，史道硕、戴逵、陆探微、宗炳、毛惠远、谢稚等都曾以竹林七贤为题材作画，其中以实物流传至今最为著名的作品就是南京西善桥大型壁画砖《竹林七贤与荣启期》图。《竹林七贤与荣启期》大型砖印壁画目前有三处：一为1960年南京西善桥南朝砖墓出土，②另两处为1968年丹阳胡桥吴家村及建山金家村的两座南齐墓。③据考证，丹阳墓为南齐帝王陵寝，④南京西善桥墓为东晋至南朝初皇室亲王墓葬。⑤丹阳墓葬残缺较多，南京西善桥的《竹林七贤与荣启期》却保存极为完整，图像作浮雕形式，具有很强的立体感，且整个画面融图画、雕刻、设色于一体，给人以强烈的立体感与视觉冲击，极为珍贵，现藏南京博物院。《竹林七贤与荣启期》砖画是现今已发现的最早的魏晋人物画实物，也是现存最早的竹林七贤人物组图。画砖图共有两幅，各长 2.44 米，高0.88 米，由砖石 300 多块砌成，分别嵌于墓室南北两壁中部，

①　张彦远：《历代名画记》，人民美术出版社，1963 年，第 113、117 页。

②　中国美术全集编辑委员会编：《原始社会至南北朝绘画》（《中国美术全集·绘画编 1》），人民美术出版社，1986 年，第 144—147 页。

③　南京博物院：《江苏丹阳胡桥南朝大墓及砖刻壁画》，《文物》1974 年第 2 期。

④　罗宗真：《江苏丹阳胡桥六朝大墓及砖刻壁画》，《文物》1974 年第 2期；尤振尧：《江苏丹阳胡桥、建山两座南朝墓葬》，《文物》1980 年第 2 期。

⑤　罗宗真：《南京西善桥南朝墓及其砖刻壁画》，《文物》1960 年第 8、9 期。

墓室南壁砖画对称排列，自外而内依次是嵇康、阮籍、山涛、王戎四人，北壁自外而内依次是向秀、刘伶、阮咸、荣启期四人，每画人物上面有榜题名字对应，字体处于楷隶之间。间以银杏、垂柳、阔叶竹、长松、槐树为背景，给人以贤人坐树下沉思的意境，树形婀娜多姿，既富有装饰意味，又烘托了一种安然悠闲的氛围，同时又把整体的砖画分割成不同的组成部分，对构图起到了重要作用。整幅砖画潇洒飘逸的线条与坚硬的砖墙壁形成对比，正如竹林七贤的柔韧与残酷的时代所形成的对比一样给人以强烈的震撼，他们的形象如坚硬的岩石上傲然生长的茅草与绿树，既给人以无限的惊叹，又给人以莫名的惆怅之感，这种柔顺的倔强在荒蛮的时代里凸显着自身的生硬与安详，在无奈的沉默中坦然接受着世界的荒诞与冷酷。谢赫《画论》中把绘画的"气韵生动"作为绘画"六法"之首，张彦远《历代名画记》中也认为"气韵生动"是"形似"与"骨气"兼备的结果，无论怎样，《竹林七贤与荣启期》都已达到了形神兼备，气韵生动的艺术效果。

　　至于《竹林七贤与荣启期》的作者，金维诺认为是戴逵，[①]林树中、武翔认为是陆探微，[②]罗宗真、谢稚柳等认为是顾恺之，宿白也指出以竹林七贤为题材的绘画作品与顾恺之的密切关系，[③]尤振尧等认为直接出自工匠之手，[④]杨泓则认为"把

---

　　① 金维诺：《我国古代杰出的雕塑家戴逵和戴颙》，《人民日报》1961年5月24日。

　　② 林树中：《江苏丹阳南齐陵墓砖印壁画探讨》，《文物》1977年1期；武翔：《江苏六朝画像砖研究》，《东南文化》1997年第1期。

　　③ 宿白：《张彦远和〈历代名画记〉》，文物出版社，2008年，第43页。

　　④ 尤振尧：《江苏丹阳胡桥、建山两座南朝墓葬》，《文物》1980年第2期。

这几幅砖画及各墓中出土的其余砖画,视为了解这一历史阶段,即以顾恺之为代表的东晋南朝绘画新风格的典型标本,看来比硬去确认它一定是哪一名家的手笔更接近客观事物的原貌"。① 无论砖画作者是谁,其卓越的艺术成就都是令世人震惊的,特别是它为我们理解当时的绘画风格及审美风尚提供了实物的印证。砖画上八位高士均席地而坐,姿态、神情与服饰各不相同,均根据不同的性格特征与传说典故刻画出来,人物神态大都心气沉郁,只有嵇康抬头远望,给人以不屈不挠,志在高远的感觉。图中嵇康头梳双髻,双手弹琴,赤足坐于垫上,右为一株银杏树,呈双枝树形,是《晋书·嵇康传》"弹琴咏诗自足于怀"的再现。嵇康是七贤中最超绝、最坚决与世俗政权对抗的人物,宁愿赴死也不改独立志向,也就是他自己《释私论》中所说的"越名教而任自然"②。《五言赠秀才》诗显示出他自然知道"云网塞四区","世路多崄巇",深明"谋极身必危"的道理,自己也很想"自谓绝尘埃","慷慨高山陂",但孤傲的个性终使他在这个人人自危、险恶无比的政治环境中无法"逍遥游太清",所以《世说新语·栖逸》中记载当他游于汲郡山中遇见道士孙登的时候,孙登就说他"君才则高矣,保身之道不足"。③ 抗拒时势乃是嵇康刚强性格所致,陈寅恪指出他"为曹孟德曾孙女婿"姻亲关系仅是其一面,并不是他拒绝投降的根本理由,阮籍就是靠着醉酒摆脱了与司马联姻的困局的。

---

① 文物出版社编辑部:《文物与考古论集》,文物出版社,1986 年,第225 页。

② 嵇康著,戴明扬校注:《嵇康集》,人民文学出版社,1962 年,第234 页。

③ 余嘉锡:《世说新语笺疏》,第 628 页。

很显然，嵇康不愿意采取像阮籍那样屈身自保的策略，而这正是《竹林七贤与荣启期》画像中嵇康目光高远的根本原因，他始终以自己的好恶与原则为依据，决不会低眉含胸地屈辱自己以保身心。《世说新语·文学》也曾描写钟会对嵇康既畏惧又希望得到认可的心理："钟会撰《四本论》始毕，甚欲使嵇公一见，置怀中，既定，畏其难，怀不敢出，于户外遥掷，便回急走。"陈寅恪曾就钟会与嵇康的关系说："今考嵇、钟两人，虽为政治上之死敌，而表面上仍相往还，终因毌丘俭举兵，士季

《竹林七贤与荣启期》砖画中的嵇康像

竟劝司马氏杀害叔夜。"①但嵇康对钟会如何呢？《世说新语·简傲》说："钟士季精有才理，先不识嵇康，钟要于时贤俊者之士，俱往寻康。康方大树下锻，向子期为佐鼓排。康扬槌不辍，旁若无人，移时不交一言。钟起去，康曰：'何所闻而来？何所见而去？'钟曰：'闻所闻而来，见所见而去。'"嵇康的挑战姿态无疑直接导致了钟会的憎恨与诬告，最后使自己被杀于东市。他与山涛的绝交也是一样，山涛将要从政做官，临行前推举嵇康，但遭到了嵇康毅然的拒绝，并写出了著名的《绝交书》，不惜展示自己"龌龊"的一面，以显示与其不屑为伍的决心。砖画中八人的神情只有嵇康的脸稍微昂天朝上，表明他宁死不屈的决心，所以《世说新语·雅量》关于他临死前弹奏《广陵散》的描述正是他心高气傲的准确表现："嵇中散临刑东市，神气不变，索琴弹之，奏《广陵散》。曲终，曰：'袁孝尼尝请学此散，吾靳固不与，《广陵散》于今绝矣!'"所以画中描写了他仪态舒展、坚信自我的坐像，由画像可见其神情高远，志坚洒脱，不会为外物所动的豪迈情怀。嵇康《送秀才入军》中说："息徒兰圃，秣马华山。流磻平皋，垂纶长川。目送归鸿，手挥五弦。俯仰自得，游心太玄。嘉彼钓叟，得鱼忘筌。郢人逝矣，谁与尽言。"游荡在长满兰草的田野之上，在鲜花遍野的山坡上放马，弋鸟钓鱼，目送归鸿，手挥五弦无不是隐士们所向往的志在山水，心游万仞，人道合一的境界，嵇康用形象的语言表达自己崇高的人生理想与信念，但这种飘然世外，悠然自得的神情仅能在想象之中心契神合，在现实之中，在绘画之中

---

① 陈寅恪：《金明馆丛稿初编》，生活·读书·新知三联书店，2001年，第54页。

表达出来就很难了，所以顾恺之说"手挥五弦易，目送归鸿难"。而此画作正是表现嵇康手挥五弦，目送归鸿，心游物外，与造化归一的精神境界，可以说嵇康性格之孤傲，神态之飘逸，气定神闲尽在其悠然举目远望之间，也是他自己所向往的"目送归鸿"的情景。当年梅兰芳在日本人占领上海时画竹于墙上，题诗"傲骨迎风舞、虚怀抱竹坚"，并蓄须以明志向，应该是想到了嵇康凛然于东市及其"《广陵散》于今绝矣"的名言吧。

砖画中嵇康挥手拨弄膝盖上的古琴，古琴的选择不仅体现了嵇康作为一个音乐家的身份，更通过古琴的形象加强了整幅画作的隐逸情调。古琴在中国传统中是一件具有无比人文韵味的文化道具，是古代文人高士的标配，钟子期与伯牙知"音"的故事更加深了这种高洁与神秘之感，这也是我们在古代隐逸画中常常能看到文人携琴或侍童抱琴在山中游玩的根本原因。悠然抚琴的神态使我们对嵇康产生了无限的遐想：孤傲的性情，诗、书、画、乐兼善的天才，打铁饮酒的潇洒，英年被害的惨痛，从容就义的豪迈都融入了这看似简单的图像之中，因为它抓住了嵇康遗世独立的超拔神情，我们似乎从图画中聆听到了嵇康那"此时无声胜有声"的《广陵散》，看似虚无缥缈的主题却精准地表达了嵇康的向往与个性。嵇康与陶渊明对音乐的相似态度更能使我们明白音乐对当时文人的重要意义，此砖画八人中竟有嵇康、阮咸、荣启期三人以音乐为主题。

陶渊明的诗句中有很多地方提到了音乐与琴，如《归去来兮辞》中"悦亲戚之情话，乐琴书以消忧"，《闲情赋》中"泛清瑟以自欣"，《和郭主簿》中"息交游闲业，卧起弄书琴"，《自祭文》

中"欣以素牍,和以七弦"等,但陶渊明何尝是一个如嵇康一样能写出《声无哀乐论》的音乐家呢？他甚至是一个对音乐并不内行的人,正如沈约《陶潜传》所说:"潜不解音声,而畜素琴一张,无弦,每有酒适,辄抚弄以寄其意。"昭明太子撰《陶渊明传》中说:"渊明不解音律,而畜无弦琴一张,每酒适辄抚弄以寄其意。"[①]《南史·隐逸列传》也有相同记载。正如《庄子·齐物论》所说:"有成与亏,故昭氏之鼓琴也,无成与亏,故昭氏之不鼓琴也。"有现实的鼓琴,也有心中想象体验到的鼓琴,但识琴中趣,何劳弦上声？陶渊明的音乐只有他自己才能体会到吧。很显然,陶渊明注重的并不是人造的声律,而是庄子所谓天籁,抚弄琴弦发出的乃是琴的天籁,天籁的寄托哪是人为的乐曲所能表达的呢？这是竹林七贤和那些隐逸山水的文人的一个终极理想,追求《老子》所谓"听之不足闻""大音希声"的最高境界,在整个音乐行为过程中对现实物理声音的听被对高远的道的体验所代替。所以《庄子·让王》中讲到颜回"家贫居卑",不愿仕,且"鼓琴足以自娱",不仅仅是因为颜回有足够的"丝田",更是因为颜回"所学夫子之道足以自乐"。这种自娱自乐如果没有"道"的支撑是不可能的,正如"手挥五弦"如果没有"心游万仞"的支撑一样,不能体现"道"的音乐与艺术对那些求"道"的隐士来说是毫无意义的,这也是孔子"穷于陈蔡之间,七日不火食"而犹能"弦歌于室内"的根本原因。孔子与颜回的"弦歌"并不是《庄子·盗跖篇》中盗跖所说的众人之情"耳欲听声",而是求"道"的一种方式与途径。可以想

---

① 　袁行霈:《陶渊明集笺注》,中华书局,2003 年,第 609、612 页。

象，此时孔子与颜回的音乐，正如嵇康与陶潜的音乐一样，并不是那种急手繁弦的发泄与抗争，而更是阮籍所谓的"五声无味"的恬淡之乐，这种恬淡之乐又怎能满足众人声色犬马的要求呢？所以《庄子·天运》中批评了那种不能欣赏这种终极"无言而心悦"的"天乐"的人："故有焱氏为之颂曰：'听之不闻其声，视之不见其形，充满天地，苞裹六极。'汝欲听之而无接焉，而故惑也。"①正如郭庆藩所说："至乐寂寥，超于视听，故幽冥昏暗而无声响矣。"②但这种"无乐之乐"的"乐之至"即终极的音乐又有谁能真正体会到呢？正如又有谁能从《竹林七贤与荣启期》中体认到嵇康"手挥五弦""目送归鸿"的精神境界呢？所以《老子》十二章说"五音令人耳聋"，《庄子·天地》也说"五声乱耳"，一般的庸人是不能在"听乎无声"之中"独闻和焉"的，所谓心静声淡、琴手俱忘的境界也只有那些心志高远，心如枯井、形如槁木的高士才能达到吧，博得众彩的烦手淫声何时与那些曲高和寡的阳春白雪和谐相处过呢。嵇康的书法也表现了他超凡脱俗的个性，唐张怀瓘甚至说他的书法"意不在乎笔墨，若高逸之士，虽在布衣，有傲然之色"。③嵇康正直、高傲、刚毅、反叛，不肯随俗，这正是鲁迅在魏晋士人中最推崇嵇康的原因，所以费时二十余年不断修订《嵇康集》。但鲁迅也看到了嵇康的另一面，嵇康临死前的《诫子书》中告诫儿子的各种琐碎的话，和秉性高傲的嵇康判若两人，而这也

---

① 陈鼓应：《庄子今注今译》，第 66、761、367 页。
② 郭庆藩：《庄子集释》，中华书局，2004 年，第 509 页。
③ 华东师范大学古籍整理研究室选编：《历代书法论文选》，上海书画出版社，2004 年，第 185 页。

是嵇康另一面真实的写照，反映了他对隐士孙登告诫的话的反思，及对现实人生的深察与无奈，这与阮籍反对儿子加入竹林之游的告诫形成了呼应。

竹林七贤的第二号人物也是砖画南壁自外而内的二号人物阮籍，他身后为一棵槐树，与嵇康相对，由一棵双枝松树相隔。图中阮籍头戴帻巾，身着长袍，赤足坐垫上，左手支垫，右手置膝上，侧身吹指做啸状，或做饮酒状，身前有酒器置于盘中。他的重要特征可以说是隐忍，《晋书》列传第十九《阮

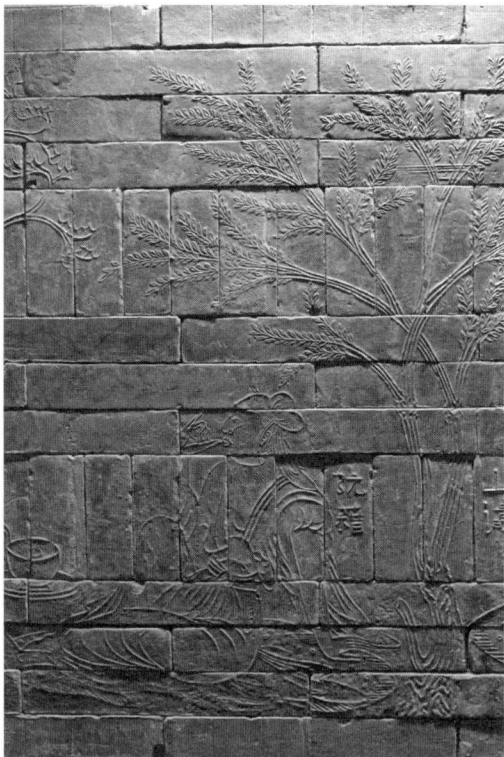

《竹林七贤与荣启期》砖画中的阮籍像

籍传》说他"能为青白眼，见礼俗之士，以白眼对之……由是礼法之士疾之若仇"。[①] 这应该是他的早期，但随着时势险恶的加剧，自己愈来愈深地卷入政治的漩涡之中，内心的斗争也愈来愈尖锐，《咏怀》诗其五与六十三便发出了"一身不自保，何况恋妻子"，"终身履薄冰，谁知我心焦"的叹息。[②] 胸中所怀的"汤火"已经不能以青白眼来解决了，只能如《世说新语·德行》所说的"至慎，每与之言，言皆玄远，未尝臧否人物"，以玄远的诗歌来寄托自我，最后竟到了连醉六十日，晋文帝无法提亲的地步，这种"终日不开一言"的做法竟使老谋深算的钟会也无可奈何，《大人先生传》中把"惟法是修，惟礼是克"的君子当作裤裆中"逃乎深缝，匿乎坏絮，自以为吉宅也"的群虱的豪情也渐渐飘散了，只剩下了钟嵘《诗品》所说的"言在耳目之内，情寄八荒之表"，"厥旨渊放，归趣难求"。[③] 刘勰在《文心雕龙》中也说他"阮旨遥深"，"响逸而调远"。[④] 其实阮籍的基本风格也是如此，虽然王戎也说跟随嵇康20年，未尝"见其喜愠之色"，从他与钟会的关系来看，嵇康的激愤与阮籍的"精神自损消"是根本不同的，因为阮籍所担心的"但恐须臾间，魂气随风飘"，嵇康并不担心，所以唐李善《文选注》说他"文多隐蔽，百代之下，难以情猜"。[⑤] 阮籍就是靠自己的隐忍来自全的，虽然多次辞官，"遗落世事"，但仍然"恒游府内，朝宴必与焉"，虽然"礼法之士

① 房玄龄：《晋书》，中华书局，1974年，第2860页。

② 阮籍著，李志均等点校：《阮籍集》，上海古籍出版社，1978年，第85、122页。

③ 周振甫：《诗品译注》，江苏教育出版社，2006年，第44页。

④ 范文澜：《文心雕龙注》，第67、506页，

⑤ 萧统著，李善注：《文选》中，中华书局，1977年，第322页。

疾之若仇"，而"帝每保护之"，他的隐忍被司马昭也叹为"至慎"。所以鲁迅在《魏晋风度及文章与药及酒之关系》中比较阮籍与嵇康时说："嵇阮二人的脾气都很大；阮籍老年时改得很好，嵇康就始终都是极坏的……后来阮籍竟做到'口不臧否人物'的地步，嵇康却全不改变。结果阮得终其天年，而嵇竟丧于司马氏之手，与孔融、何晏等一样，遭了不幸的杀害。这大概是因为吃药和吃酒之分的缘故：吃药可以成仙，仙是可以骄视俗人的；饮酒不会成仙，所以敷衍了事。"①然阮籍外表的中和冲淡里压抑着不可遏止的痛心与焦虑，"贤者处蒿莱"并不是很情愿的，所谓"泪下沾衣裳""忧伤以终老"乃是面对惊惧险恶环境的必然代价。画砖上我们看到的阮籍是隐忍之后的阮籍，他的主要特征就是饮酒，以酒来抵抗一切，酒壶、酒杯，神情淡然，身体弯曲，正是他压制自我身心以适应周遭环境的象征。在所有画像中，阮籍是最沉浸自我的一个，他右手举着酒壶，两眼专注于酒的神情，特别是左手伏地，好似饮酒正酣，已不胜酒力，如《世说新语·容止》中所谓"其醉也，傀俄若玉山之将崩"，而身后的松树及飘然富有动感的衣袂无疑也是对"肃肃如松下风，高而徐引"，"岩岩若孤松之独立"的描写的刻画。

当然阮籍的酒也是竹林隐士们共同的话题与爱好，如酒是陶渊明诗歌的基本主题一样，后来的李白、苏东坡无不如此。《世说新语·任诞》大都是关于酒的故事：竹林七贤大都"肆意酣畅"，阮籍也是如此，"胸中垒块，须酒浇之"。阮籍之醉酒与其说是解脱倒不如说是麻醉，即使是在母亲去世的时

---

① 《鲁迅全集》第三卷，第 532 页。

候仍然"进酒肉"，他要求担任步兵校尉一职就是因为那里"厨中有贮酒数百斛"，虽然还没达到刘伶酒醉"脱衣裸形在屋中"的地步。阮籍与山涛背坐，中有一槐树相隔。图中山涛头裹巾，赤足屈膝坐于垫上，挽袖露手，左手执杯，前置酒器，是《晋书·山涛传》"涛饮酒至八斗方醉，极本量而止"的呈现。山涛的形象虽也以酒为主题，不过他的形象与阮籍的形象形成了鲜明的对比与对称：阮籍右手举杯，山涛左手举杯，阮籍左手触地，山涛右手放在半空之中，似乎在言说什么。阮籍的神态清癯，双目沉浸在杯酒之中，神情淡然，目无旁视，心无杂念，微微倾斜之身体正是已不胜酒力的说明。但山涛身材魁梧挺立，神志清醒，从容优雅，充满了入世的情怀，目光注视着对酒之人，似乎在言谈着"正事"，显示了山涛"别调"的基本性格，整幅画面充满了一种世俗的情怀，这与嵇康《与山巨源绝交书》中所描写的"足下傍通，多可而少怪；吾直性狭中，多所不堪"的基本性情是一致的，①然而正是这种世俗性情使嵇康临终把自己的幼孤托付与他，依垂的杨柳正与他笔挺的身材形成了对比，也与前两者身旁的树木形成对比：嵇康面对的松树挺拔玉立，正如他宁弯不屈的性格，阮籍身后的松树郁郁沉沉，正如他口不臧否人物的隐忍，山涛的性格则是随波逐流，如杨柳之随风飘洒，树木之神情与人之神情相对应，树木之弯曲度也与人物性格之弯曲度相适应，嵇康之挺拔身躯也与山涛之挺拔身躯相对应，但二者之政治取向却形成了另一个层面的对比，这一切都是他们内心世界价值观念的真实反映，也

---

① 嵇康著，戴明扬校注：《嵇康集》，第 113 页。

是砖画艺术家对二者精神与外貌多角度关联的深刻体察。从画中人的手中之物也可看出被画者的基本特点,嵇康的是琴,阮籍的是酒杯,山涛手中虽然也是酒杯,但其神情更像是在交谈,酒并不是图画的焦点,王戎手中的则是如意,这个既象征舒适,又充满世俗情趣的装饰之物正反映了他的入世之深,其神情也是表里如一了。阮籍沉浸酒力之中,没有像嵇康那样引颈就戮,而是"寿终",但阮籍的"寿终"之路显得如此漫长而又时刻充满着悲苦,他在为司马昭写出接受封爵的《劝进表》后不久便在悲愤、失望、自责中离开了人世,年仅 54 岁,为"终生履薄冰"画上了句号。这个年龄虽说"寿终",但无论是和高升仕途的山涛、王戎相比,还是与最终归隐的刘伶相比都不过是短命而已。在文学史上对阮籍批评最有代表性的就是宋人叶梦得的《避暑录话》,他说阮籍为"诡谲"之士,是"佯欲远昭而阴实附之",因为"礼法之士疾籍如仇,昭则每为保护",他的"保全"其实也不过是他自己所说的处在裤裆之中"偶不遭火焚"的群虱之一罢了。余嘉锡笺疏《世说新语》也采取了这个说法,他说:"观阮籍《咏怀诗》,则籍之附昭,或非其本心。然既已惧死而畏势,自昵于昭,为昭所亲爱……恐一旦司马氏事败,以逆党见诛,故沉湎于酒,阳狂放诞,外示疏远,以避祸耳。后人谓籍之自放礼法之外,端为免司马昭之猜忌及钟会辈之馋毁,非也。"又云:"嗣宗阳狂玩世,志求苟免,知括囊之无咎,故纵酒以自全。然不免草劝进之文词,为马昭之狎客,智虽足多,行固无取。"[①]与嵇康相比,阮籍的行为谈不上与翠竹、古

---

① 余嘉锡:《世说新语笺疏》,第 629—630 页。

琴一般的高雅，他内心的苦闷与争斗也谈不上老庄的宁静自然，他的无奈不过是千古文人雅士躲避政治灾祸的常态而已。

山涛对面为王戎，中有一柳树相隔。图中王戎头露髻，仰首、屈膝、赤足坐于垫上，左手靠几，右手弄一如意，前置酒具，后为一株银杏，正是《晋书》列传第十三《王戎传》"为人短小任率，不修威仪，善发谈端"及庾信《对酒歌》"王戎如意舞"的表现。王戎位于南壁砖画最后一位，也是竹林七贤中年龄最小的一位，画中的王戎像也稍显年少，其出身富贵，家有万贯，但喜欢清谈。竹林七贤中他比较崇尚山涛，所以画像中他和山涛相对而坐，他和山涛一样最后位列三公，也是七贤中的"别调"，只不过比山涛走得更远，如果说山涛以孔孟为旨归的话，那王戎的世俗之气已成为他文学及绘画形象的基本特点：他为人吝啬，最后与权贵彻底妥协，以致彻底丧失了早期的竹林之气。画中的王戎，身靠钱柜，面对元宝，手舞如意，都是他彰显自己身位富贵的表现。当然，酒也是他的必不可少之物，所以也有酒壶相伴。王戎翘脚屈身，神情慵懒，充分显示其悠然自得、无所事事而又畅谈不已的样子，甚至给人似在享受辩论中取胜的快意的感觉，至于他手中的如意正来自庾信《对酒歌》中的"王戎舞如意"。如意虽是文人雅士清谈之工具，但依照梁简文帝萧纲诗中的描绘，"腕动苕花玉，衫随如意风"，如意清谈已和嵇康之政治决绝不可同日而语了。画中的王戎有聪明伶俐、身材短小的特点，很容易使人想起他"树在道边而多子，必苦李也"的少年智慧。《世说新语·伤逝》曾记载王戎说："王浚冲为尚书令，著公服，乘轺车，经黄公酒垆下过。顾谓后车客：'吾昔与嵇叔夜、阮嗣宗共酣饮于此垆。竹林之游，亦预其末。自嵇生夭、阮公亡以来，便为时所羁绁。今日视此虽近，邈若山河。"晚唐诗人陆龟蒙《和袭美春夕酒醒》一诗中说"几年无事傍江湖，醉倒黄公旧酒垆"也是指此事。这番看似简单的话语正准确道出了王戎复杂矛盾的内心世界：身处庙堂之上，心在江湖之间，身着官服，坐在轻便的马车上却以过去的竹林轶事为荣。他回忆自己当初的潇洒自由，情不自禁地说出这样令人扼腕的话：自嵇康早逝，阮籍亡故以来，自己为时势所累，路过旧游之地，恍然有隔世之感，但这种看似自我辩解又有自我解嘲意味的叹息实是双栖两好的心态，此乃是大多数中国传统文人知识分子一直追求的"内圣外王"效果。《晋书·王戎传》曾记载王戎"观猛兽而神色自若"，识"道边多子苦李"的少年老成，显示了他在应变世态时的超人智慧，这与他"醉倒黄公旧酒垆"作高远襟怀名士姿态的自我欣赏，甚至是爱财如命、士无特操、无事傍江湖的基本倾向都是一致的，《王戎传》中说他"每自执牙筹，昼夜算计，恒若不足"，[①]在政治失准的残酷时代，他既没有像嵇康那样英勇赴死，也没有像阮籍那样以醉酒自保，而是主动投靠了司马氏，这在当时士人之中应该是很具有代表性的。戴逵《竹林七贤论》中说王戎"晦默于危乱之际，获免忧祸，既明且哲，于是在矣"，是很有道理的，这是动乱之际部分软弱文人切肤之体会。至于余嘉锡认为戴逵的评价乃是出于"名士相为护惜"，"阿私所好，非公论也"，则是从另一个角度指出了二者同病相怜，同时也与希望"九一八"事变之后的中国知识分子能挺身救国，

---

① 房玄龄：《晋书》，第 2576 页。

但文人知识分子又有多少能如嵇康那样挺身而出的呢，即便如反复批评山涛、王戎行为的文人自己，正如庄子所说"论则贱之，行则下之"，也是残酷政治环境中知识分子的另一常态。至于王戎对过去的留恋与惋惜更多的不是一种忧愤，而是一种自我的欣赏，所以图画中描写他以酒、钱、如意为伴，神态悠闲，弯腰屈膝，多有自我欣赏的意味，似在卖弄自己少年智慧的姿态，是非常准确地反映了他的内心世界与价值理念的。砖画八人中，王戎特有的身体造型也是令人值得思考的问题之一。

　　南面四人画像，一高一低，错落有致，嵇康身体直立，但悠然自得，阮籍身体稍屈，是由于沉于酒力，山涛身体挺拔是由于他自我形象的控制，至于王戎身材既小，又弯曲不直，并不像《世说新语》所说的他为母亲去世因"死孝"而形成的所谓"哀毁骨立"，而是更多卑躬屈膝而又自我欣赏的意味，真是画者对他政治态度与人生准则所做的生动形象的刻画。王戎家资万贯，富甲京城，却对女儿女婿吝啬无比，犹如莎士比亚《威尼斯商人》中的夏洛克。《世说新语》对王戎贪婪吝啬的特点有精彩的描述，其"俭啬"一篇共九条，有四条都是记载王戎的，可见其吝啬之有名。在血腥残忍的八王之乱中与时沉浮，随势卷舒，随波逐流，最终安然无恙的机巧也是七贤中较为少见的。所以颜延之《五君咏》为嵇康、阮籍、刘伶、阮咸、向秀五人各为一诗，但并没有山涛、王戎二人，就因为二者世俗之心均盛，图中山涛身躯的笔挺来自他对自身能适应世俗的信心，而王戎身躯的柔曲则来自他身材的短小与自己"不欲为异"隐忍保全的策略，其在政治形态上的表现都是一致的。萧统因为颜延之《五君咏》没有山涛、王戎又作了《咏山涛王戎诗二首并序》，说："山公弘识量，早厕竹林欢。事来值英主，身游廊庙端。位隆五教职，才周五品官。为君翻已易，居臣良不难。""谙充如萧散，薄莫至中台。徵神归鉴景，晦行属聚财。嵇生袭玄夜，阮籍变青灰。留连追宴绪，垆下独徘徊。"①萧统说山涛也是以他从政为主，所谓"为君翻已易"，"位隆五教职"，"为人臣"不难的是山涛，但对于嵇康、阮籍却比登天还难，至于王戎主要提到他"晦行属聚财"和在嵇康、阮籍去世后的"垆下独徘徊"，说他身居庙堂之上，仍然怀念着早期的山林之游与酒肆的欢乐，"性简要，不治仪望，自遇甚薄"的标榜与"产业过丰"的对比都充分说明了他内心的真正抉择，所以说砖画更直接鲜明地刻画了他的内心世界和现实价值取向。由此看来，山涛与王戎作为竹林七贤中最有争议的人物，其争议并不仅仅是儒道人生观的争议，而是山涛、王戎自身矛盾性的争议，王戎的世俗性早已是竹林之中众所周知的事实，正如《世说新语》所说，当嵇康、阮籍、山涛、刘伶在竹林酣饮的时候，面对王戎的到来，阮籍说："俗物已复来败人意！"这个俗人又来败坏我们的雅兴了，王戎便笑着回答："卿辈意，亦复可败邪？"你们的雅兴也是可以败坏的吗？一般人在引用该文的时候往往仅仅强调阮籍对王戎"俗物"的评价，《世说新语》也把此段归入《排调》一章，以说明阮籍对王戎的嘲笑戏弄最让人感兴趣，然而，王戎的回答不正揭示了阮籍的矛盾之处吗？想极力借助酒力超然脱俗的人又何尝脱俗了呢？王戎也许正如他自己在

---

① 逯钦立辑校：《先秦汉魏晋南北朝诗》中，中华书局，1982 年，第1795 页。

为自己儿子早逝时所说的"情之所钟，正在我辈"，他既不能达到"圣人忘情"的地步，这个地步可以用嵇康来表示，也没有达到"最下不及情"的地步，他仅仅是一个平常的人，他对儿子的情感与对母亲的情感和对世俗权势的情感都是一样的，他不过是残酷政治斗争中知识分子常态之一种代表而已。

倚树面对观者沉思的向秀是第二组图的第一位，这是唯一一位直面观者的画像。画中的向秀头戴垂带帻，一肩袒露，赤足盘膝坐于垫上，斜倚银杏树，闭目沉思，神情萧索，是八人中唯一有愁苦神情的人，似在向众人无声地表达他对人生与世界荒诞的无奈。庶族出身的向秀既没有嵇康显赫的背景，也没有他"身长七尺八寸""孤松独立""龙章凤姿"的风貌，没有阮籍值得整天沉醉在酒中的大祸大福，也没有王戎屈伸自如的处世技巧，更没有山涛的飞黄腾达，他只是一介喜好老庄、也能解读老庄，曲尽其妙的文儒而已。山涛之所以愿与他为友，就是因为他解读老庄使山涛体会到了高妙玄远的境界，有一种"出尘埃而窥绝冥"的感觉。向秀注《庄子》实是郭象注《庄子》的先驱，无论是郭象"述而广之"还是"窃以为己注"都说明了向秀对老庄研究的独特贡献，虽然此前嵇康曾劝他放弃注《庄子》的想法，但最后还是他说服了嵇康，甚至使好友吕安发出了"庄周不死"的感叹。《晋书》也说："庄周著内外数十篇，历世才士虽有观者，莫适论其旨统也，秀乃为之隐解，发明奇趣，振起玄风，读之者超然心悟，莫不自足一时也。"[1]向秀注《庄子》中的儒道互补、以儒为进、以道为退的基本态度正是

① 房玄龄：《晋书》，第 2889 页。

他人生理念的曲折表达。其实,《论语》中孔子不也说过"天下有道则见,无道则隐","邦有道,不废;邦无道,免于刑戮"吗？由此可见,孔子并不是在任何时候都主张入世的,在无道的乱世,他的主张也是像阮籍那样逃避,只不过他主张的是隐居山水之中,而不是隐居在酒罐之间。"宁武子,邦有道,则知;邦无道,则愚。其知可及也,其愚不可及也。"(《论语·公冶长》)"邦有道,危言危行;邦无道,危行言逊。"(《论语·宪问》)"邦有道,贫且贱焉,耻也;邦无道,富且贵焉,耻也。"(《论语·泰伯》)"饭疏食饮水,曲肱而枕之,乐亦在其中矣。不义而富且贵,于我如浮云。"(《论语·述而》)所谓国家清明的时候就表现正直,积极从政,得到重用,混乱的时候就难得糊涂,言行谦和,逃避刑罚,出世与入世两种看似对立的态度一直都是和谐地统一在孔子的人生理想里。然而现实与历史的逻辑告诉我们:处在动乱之中的时势难道不是更需要拯救吗？虽然这种拯救并不是老庄那样的自我解脱,更不是山涛、王戎那样的随顺潮流,嵇康的愤然抗争却正是孔子都有些无法企及的济世救人、悲天悯人的情怀。所以向秀在心理上崇尚嵇康,甚至是有些心理上的依赖,正是他同嵇康一样有着救世救人、悲天悯人情怀的表现。当嵇康打铁时,他拉着风箱,畅谈不已,旁若无人,同好友吕安于山阳灌园自给之时也是形影相随,乐不思蜀,当钟会被嵇康奚落时,他无疑是站在嵇康一边的。这不仅是由于二者所共同具有的避世心理,更是二者所共同具有的抗争心理所决定的。虽然这种抗争随着嵇康与吕安的被杀而渐渐失去了依托,往日意气风发的情怀也随风而散。他脸上的愁苦在其他人物身上是没有的,因为各人都在权势的狂风暴雨中按照自己预设的人生价值准则坚定地找到了依托，要么决然抗拒，要么以沉默逃避，要么欣然前往，要么逍遥自适，只有他还沉浸在过去，时刻徘徊在两者之间，在飞黄腾达的山涛与英雄赴义的嵇康之间始终无法找到自己的归宿。精神与情感的依靠，自己的朋友与榜样都已随风散去，只有自己孤独留在自己的世界里，而又无法适应残酷与世俗的现实，也看不清渺不可期的未来，既无嵇康、阮咸、荣启期寄托神思的音乐，也无阮籍、山涛、刘伶、王戎放纵身心的酒量，八人之中只有他形影相吊，孤独无依，他的郁郁早逝也是情理之中了。所以画面上向秀的沉思，甚至可以说是愁苦正是其他人所无法体验的，似乎他正在向人诉说他对昔日友谊的怀念与人生的无奈。在残酷的现实面前，孤苦无依的向秀最后还是选择了妥协，应诏去了洛阳。

　　《世说新语·言语》中记载，当司马昭故作惊讶地问他"闻有箕山之志，何以至此"时，他只好回答"巢、许狷介之士，未达尧心，岂足多慕"，他内心的屈辱与悲苦是可想而知的，陈寅恪曾说他"改节自图"了，但他又何尝从"改节"中获得过快乐与尊严呢？他不过是"在朝不任职，容迹而已"，他的主要精力都用来注释《庄子》了，也许两位学术先贤郑玄的归隐与王弼的被害更加深了他对政治的厌恶与恐惧，所以他在《思旧赋》中描写自己从洛阳归来路过嵇康故居闻笛生情的情景，让无数人扼腕叹息。在竹林七贤中向秀与嵇康的感情是最为深厚的，《世说新语》中记述二人打铁，配合默契，乐在其中，共同对敌，羞辱钟会的情景已成为文坛佳话。但如今好友已逝，自己却违背了当初的志向，迫于压力，走到了当初曾被自己嘲笑的钟会的路上去了，这迫不得已的从政，与山涛、王戎的逍遥于庙堂之上有根本不同，但阴阳两隔的友谊、水火不容的两种人生之路，又怎能是一句"迫不得已"就心安理得了呢？政治夹缝中的进退维谷与大户望族之争中的残兵剩卒都使他深感人生的悲哀，夕阳西下颓墙残垣中传出的凄凉笛声不禁令人想起嵇康临刑时回顾日影索琴弹奏《广陵散》的情景，越发勾起了他对往昔一同游乐的怀恋，其压抑愁苦的神情欲言又止的恍惚使鲁迅在《为了忘却的记念》中说："年青时读向子期《思旧赋》，很怪他为什么只有寥寥几行，刚开头却又煞了尾。然而，现在我懂得了。"[1]这种欲言又止的踟蹰缘自当时险恶的政治环境和自己无言的痛苦与愤懑，砖画中向秀低垂的眉毛、额上的皱纹、无望的神情正表明了他的愁苦。这与向秀对自身的认识也是密切相关的，他不像山涛、王戎那样在上流社会中伸缩自如，他有孔孟的济世思想，他的愁苦不仅来自自身的遭遇，也来自他人生的理想，那就是儒道合一的理念。《世说新语·文学》中说向秀所注《庄子》"妙析奇致，大畅玄风"，既为郭象所窃，自然也彰显在郭象注《庄子》里，二者共同推崇孔子为圣人，和庄子的绝圣弃智，非尧舜，薄汤武根本不同。[2]特别是他的《难嵇叔夜养生论》鲜明地表达了儒家人生的基本理念："且夫嗜欲、好荣恶辱，好逸恶劳，皆生于自然"，而且引用了孔子的"富与贵，是人之所欲也"来为自己辩解，既然"富贵，天地之情"，"人舍五行而生"，那"口思五味，目思五色，感而思室，饥而求食，自然之理"也是正常的了，只不过人的欲望

① 《鲁迅全集》第四卷，第 502 页。
② 汤用彤：《魏晋玄学论稿》，上海古籍出版社，2001 年，第 95 页。

要受到礼的控制，也就是"但当节之以礼耳"，那种"背情失性"的言论是"不本天理"的。[①] 这样他和孔子的观点也就没有什么本质的差别了。由此可见，向秀的《难嵇叔夜养生论》既体现了他儒道互释、自然名教合一、经世致用的基本思想，同时也反映了他冷静、清晰、思辨的个性。从砖画像中可以看出其与他人形象之差异：嵇康、阮籍、刘伶、阮咸四人始终以老庄为依归，越名教而任自然，其画中神情也是自然舒展，无所牵挂的样子，山涛、王戎虽好老庄，然沉浸仕途，或以昂扬之态以示功成名就，或以悠闲自得以显尊贵优裕，只有向秀时刻处于二者之间，既不能以老庄来解脱自我，也不能以孔孟齐家济身，孤苦无依，愤懑的世俗情怀溢于言表。

图中刘伶与向秀有柳树相隔，其露髻，曲右膝，赤足坐于垫上，左手持耳杯，右手作蘸酒状，双目凝视酒杯，似在品尝杯中之物。刘伶是竹林七贤中社会地位最低的一个，他出身贫寒，相貌丑陋，《晋书·刘伶传》说他"身长六尺，容貌甚陋"，《世说新语·容止》说他"身长六尺，貌甚丑悴，而悠悠忽忽，土木形骸"。他几乎没有任何魏晋士人所引以为豪的长处，既无嵇康的豪族贵戚背景，也无山涛的魁伟相貌，既无阮籍的文学天赋，也无王戎的随机应变，他的人生、文学，甚至是关于他的砖画主题只有一个，那就是"酒"。刘伶在中国文学史与艺术史上以"酒鬼"著称，其坐车携酒，仆人荷锄相随，"死便埋我"的口头禅，已成为豪饮者乐此不疲谈及的经典话语。《世说新语·任诞》说他"病酒"，"纵酒放达，或脱衣裸形在屋中"，他向

---

① 鲁迅编：《嵇康集》，第52页。

妻子求酒,"以天地为栋宇,屋室为裈衣"的名言,也成为魏晋文人潇洒超脱的典型。至于刘伶的《酒德颂》中所说的"唯酒是务,焉知其余",饮酒之后"静听不闻雷霆之声,熟视不睹泰山之形,不觉寒暑之切肌,利欲之感情",也是他言行如一的另一明证。他对酒的颂歌被称作文学史上第一次对酒的诗意化。所以画中的刘伶都是酒神的化身,往往是酒不离身,唐孙位《高逸图》中的刘伶也是双手举杯,还回首目视酒坛,似乎贪得无厌,欲一举数得。20世纪80年代流行的连环画《杜康醉刘伶》也是以酒为主题。此砖画也是如此,刘伶左手举杯、右手似在蘸酒品尝,神情专注,又似沉浸在酒的美味之中,其瘦削枯萎的形体,不仅与他史上所传丑陋的形貌相一致,且是以酒为唯一至尊的必然结果。他值得一提的优势就是乱世中能得以"寿终"。

酒是竹林七贤的基本主题,也是《竹林七贤与荣启期》的基本主题,此砖画中阮籍、山涛、刘伶正在饮酒,王戎则以酒杯相伴,七贤中占据四贤。至于他们的文学形象更是与酒密不可分:阮籍的以酒避祸,嵇康的清心寡欲,刘伶的痛饮豪饮,阮咸的与猪沉沦,山涛王戎的节制有度,向秀的中和两全等都从酒的角度反映他们对人生、自然与自我的理解与态度。竹林七贤中最为好酒者三人,一是阮籍,以酒避世;二是刘伶,既是避世,也是确有酒瘾。至于阮咸,在竹林七贤中文学成就最少的一位,他之所以被历代文人反复提及,首先在于他的豪饮,其以瓮盛酒与猪共饮的大名早已闻名于世,这使人不禁想起第欧根尼与狗抢食的逸事,同时阮咸还以音乐家著称于世,酒与音乐就是阮咸生命中的两大精神支柱。竹林七贤中嵇康的《琴赋》《声无哀乐论》及他与《广陵散》的关系已是涉及竹林七贤必谈的话题。阮咸的音乐成就不下于嵇康,他虽然没有嵇康的文采,但作为一位杰出的音乐家,特别是作为乐器阮的发明者,南京砖画中就描述了阮咸在弹奏阮时的情景。砖画中的阮咸戴帻,垂带飘拂,赤足盘膝坐于垫上,正挽袖持拨弹阮,表现了《晋书·阮咸传》"妙解音律,善弹琵琶"的特点。他面目沉静,似在专心演奏音乐,又似在沉思,沉浸在短暂的音乐间歇之中。阮优雅的外形,恬静、柔和、富有诗意的琴声往往使人产生无限的遐想,那就是隐士们所极力追求的清静自然,明月入怀,"万物不能移也"的精神境界,也就是王维"深林人不知,明月来相照"中所体现出的空旷而高远的人生襟怀,白居易《和令狐仆射小饮听阮咸》、钱选《五君咏阮咸》、《水浒传》八十一回描写李师师弹阮燕青配箫"玉佩齐鸣,黄莺对啭"的情景,都表现了阮在音乐与文化上的独特意蕴。此砖画七贤中以音乐为主题者两人,一是嵇康,一是阮咸,二者皆以音乐闻名,二人在音乐上的独特贡献都充分展示了魏晋士人多才多艺、潇洒自由的本真情怀。特别是阮咸追求姑母的鲜卑婢女并与其成亲生子的故事,显示了他不为种族所限,不为阶层所困的价值理念,也显示了他在审美上能充分吸收来自不同地域文化的艺术成就,打破宗族文化藩篱,成就新艺术、新形式的巨大勇气,而这正是艺术进步的根本动力。阮咸的儿子阮瞻也继承了父亲的天赋,善弹琵琶,且随性而至,不问长幼贵贱,来人即为其演奏,从不厌烦。

　　位于北壁最后位置,也是此砖画结尾处的是荣启期。砖画之所以要在竹林七贤之外再加上荣启期,应该是由砖画的基本结构决定的,砖画欲两面装饰墓室,但七贤人数为单,难以在两壁形成完美和谐的对称,而和谐正是中国传统审美观念的一个基本原则,再加上荣启期的人生理念也与七贤是一致的,嵇康《琴赋》描写求仙时,就说:"于是遁世之士,荣期、绮季之俦,乃相与登飞梁,越幽壑,援琼枝,陟峻嶓,以游乎其下。"①嵇康《高士传》也列有其名,荣启期与商山四皓都是嵇康崇拜的高士,也是魏晋流行的绘画题材,选择荣启期来共同组成一组绘画,在逻辑上应该是合理的。荣启期被放在最后的位置也说明此画作以竹林七贤为主的创作初衷。图中的荣启期端坐在银杏树之下,腰系绳索,长须披发,正盘膝坐于垫上,面对阔叶竹鼓琴高歌,正是陶渊明《饮酒》诗之二所赞颂的形象:"九十行带索,饥寒况当年。不赖固穷节,百世当谁传?"《咏贫士》之三也说他:"荣叟老带索,欣然方弹琴。"②荣启期的典故出于《列子·天瑞篇》中孔子游泰山见荣启期的情景:"孔子游于太山,见荣启期行乎郕之野,鹿裘带索,鼓琴而歌。孔子问曰:'先生所以乐,何也?'对曰:'吾乐甚多:天生万物,唯人为贵,而吾得为人,是一乐也。男女之别,男尊女卑,故以男为贵;吾既得为男矣,是二乐也。人生有不见日月、不免襁褓者,吾既已行年九十矣,是三乐也。贫者士之常也,死者人之终也,处常得终,当何忧哉?'孔子曰:'善乎!能自宽者也。'"③荣启期能在身穿粗皮衣,腰缠粗麻绳的时候依然弹琴唱歌,乐在其中,并且为自己的快乐找到了生而为人、为男、长

---

① 嵇康著,戴明扬校注:《嵇康集》,第 88 页。

② 袁行霈:《陶渊明集笺注》,第 242、368 页。

③ 严北溟:《列子译注》,上海古籍出版社,1996 年,第 10 页。

寿、不畏生死贫穷等等快乐的理由，所以孔子认为他是一个"善于自我宽慰的人"。现藏美国波士顿美术馆的传宋人佚名《孔子见荣启期》纨扇就表现了这个故事。[①]

砖画中的七贤除山涛、向秀外大都坐姿悠闲，甚至是有些散漫，多赤脚露腿，只有荣启期盘腿端坐，双手抚琴，神态似有所思，又无所牵挂，形象较为庄重，和以酒为友的七贤比起来，荣启期似更加接近儒家的形质彬彬。竹林七贤无论是抗拒时势，还是顺应潮流，都和环境有着不可分割的联系，只有荣启期能生活在自身之中，和动荡的外界无牵无挂，他和竹林七贤都有超脱时代追求悠然人生的共同追求，但也只有荣启期才真正达到了以生为乐的目标，把荣启期放在最末，也是砖画荣启期与竹林七贤故事的完美结束。虽然孔子"自我安慰"的评价也隐含了他的少许不满，荣启期的人生并不是内圣外王的完美人生，没有从根本上解决现实问题，不过是仅仅通过改变内心来达到心灵的自我满足。然而，当荣启期、陶渊明、竹林七贤等仁人高士们面对残酷的历史与无法实现的理想时，怎能不会看到：古往今来，心高气傲的读书人如过江之鲫，顺心称意、飞黄腾达者能有几人？这些飞黄腾达者又有多少没有以丧节失魂为代价呢？即如孔子之受阳货嘲笑，司马迁关于"仁者寿"之悲愤，王国维于《〈红楼梦〉评论》中对释迦、耶稣之诘问，无不彰显了现实与理想之绝对对立之结局。所以君子固穷乃是乱世仁人高士无可逃避之必然结局，自古而然，那些不愿意随波逐流的洁身自好者就更应该安于贫困了，所以陶

---

① 林树中：《再谈南朝墓〈七贤与荣启期〉砖印壁画》，《艺术探索》2005年第 2 期。

渊明用荣启期的固守贫困来表达自己坚持《论语》"君子固穷"的人生理念：如果没有坚守贫困以保气节的传统，那百世之后谁还会有兴趣重新讨论起荣启期与陶渊明贫而乐的故事呢，南京西善桥的这幅《竹林七贤与荣启期》画砖的意义也就显得索然无味了。

在中国绘画史上，竹林七贤是一个备受艺术家青睐的题材。《历代名画记》记载了大量与竹林七贤有关的图像，如卷五就记载顾恺之曾作阮修像、阮咸像、古贤、荣启期、七贤等，史道硕曾作古贤图、七贤图、酒德颂图、琴赋图、嵇中散诗画，戴逵曾作孙绰高士像、嵇阮像、嵇阮十九首诗图。《历代名画记》卷五引顾恺之《论画》评戴逵《七贤》画说："唯嵇生一像欲佳。"论《嵇轻车诗》画说："作啸人似啸人，然容悴不似中散。处置意事既佳，又林木雍容调畅，亦有天趣。自《七贤》以来，并戴手也。"戴逵应是画"七贤"最早的名画家，此前也有人画过，但戴逵的成就远超过他们。《历代名画记》卷六载陆探微作竹林像、荣启期，宗炳作《嵇中散》白画；《历代名画记》卷七载毛惠远作中朝名士图、七贤藤纸图，宗测画阮籍遇孙登于行障上。其他如《晋书·顾恺之传》记载："恺之每重嵇康四言诗，因为之图。"《世说新语·巧艺》中也记载顾恺之论画嵇康《赠秀才入军诗》云:"手挥五弦易,目送飞鸿难。"从现存文物来看,除前文论述的南京西善桥《竹林七贤与荣启期》砖画外,还有不少与竹林七贤有关的图像,如山东济南两座墓葬装饰有竹林七贤图,分别为东八里洼北朝壁画墓,[①]临朐冶源镇北齐崔芬壁画墓,[②]南京与丹阳为砖画,山东为屏风画,此屏风画人物均衣衫宽博,袒胸露腹,席地而坐树下,为竹林七贤画像。但人物旁出现鞍马这种北朝墓室壁画中常见的题材,说明绘画者已根据当时社会流行的绘画形式或墓主的个人爱好进行了加工,这一切都说明当时七贤作为绘画题材已较为流行,七贤早已成为中国诗画领域共同的母题。这些砖画也来自当时的墓葬传统,据《历代名画记》卷四记载,后汉赵岐在为自己预先营造墓地时就把春秋时代的名臣吴国的季札、郑国的子产、齐国的晏婴、晋国的叔向等四人画在客席上,把自己的画像放在主座上,并在各画像上书写了赞与颂,以表达自己的人生志向,这与南京西善桥七贤图的构思基本一致。[③] 甚至《南史·齐本纪下第五》记载齐东昏侯萧宝卷在修建玉寿殿时"窗间尽画神仙,又作七贤皆以美女侍侧",[④]表现了姚最《续画品》中所说的"九楼之上,备表仙灵;四门之墉,广图贤圣"的社会风气,《水经注》卷九《清水》也曾记载有人曾在山阳竹林七贤结

---

① 山东省文物考古研究所:《山东济南东八里洼北朝壁画墓》,《文物》1989 年第 4 期。

② 中国墓室壁画全集编辑委员会编:《中国美术分类全集·中国墓室壁画全集1汉魏晋南北朝》,河北教育出版,2011 年,第 148—150 页。

③ 张彦远:《历代名画记》,第 101 页。

④ 李延寿:《南史》第一册,中华书局,1975 年,第 153 页。

游之处修建七贤祠以资纪念的事："径七贤祠东,左右筼筜列植,冬夏不变贞萋,魏步兵校尉陈留阮籍……结自得之游,时人号之为竹林七贤也。向子期所谓山阳旧居也,后人立庙于其处。"①既然建立祠庙,想必也应该有塑像或壁画之类置于其中,以志纪念。虽然这些艺术作品早已湮没不存,但仍可反映出竹林七贤的故事在当时就已成为图像艺术的流行题材,也可说从另一个角度彰显了竹林七贤的广泛影响。

这些竹林七贤图无论从艺术成就还是从保存完整程度上,均以南京宝善桥的最为突出。丹阳墓壁画初看在画面大小、人物形象、浅雕画风及树木装饰等方面与西善桥墓画极为相似,但通过仔细对比,发现人物年龄与表情、树木画法的繁简、器物形状有所不同,有专家经过研究认为:"这三幅'七贤'画,并非同一时代,也不是出于同一画师之手,更不是同一印模烧制而成的墓砖。"②在谈到南京宝善桥与丹阳《七贤与荣启期》之关系时,林树中说:"经比较,丹阳壁画《七贤与荣启期》的构图,人物形象、风格,都与南京出土的基本相同,但某些细部却有不少差异。如王戎眼角多鱼尾纹,显得年老。阮咸满脸皱纹,胡子满腮,也完全是个老头。而南京的壁画,这两人则作年青的形象,比较符合竹林之游时二人的年纪。刘伶像,南京壁画左手持耳杯,丹阳的左手放下,不持杯。南京壁画榜题都直书其名,丹阳壁画有的称'山司徒','阮步兵',加以官号。丹阳壁画的人名在砌砖时很多都弄错了。可以看

---

① 王国维:《水经注校》,上海人民出版社,1980 年,第 301 页。
② 南京博物院:《试谈"竹林七贤及荣启期"砖印壁画问题》,《文物》1980 年第 2 期。

出，这些壁画和制作都有共同的母本，这种母本六朝与唐人称'样'，即后来所称的'粉本'。在复制或再创作时，作者可随己意在原稿的基础上加以改动，但基本布局与造型不失母本的风貌。"[1]丹阳胡桥吴家村墓绘画《七贤图》把阮籍与王戎身份颠倒置放，把"左腕倚箱，右手舞如意"当作了阮籍，按照庾信《乐府·对酒歌》中"王戎如意舞"的描述，其人物形象应是王戎。另一面也把荣启期与向秀、阮咸与刘伶等身份搞错。至于建山金家村墓《竹林七贤与荣启期》画所绘人物及树木风格与胡桥吴家村墓略同，仅局部有简繁之别，也存在人物姓名与人物画像不符的错乱现象。[2] 由此看来，人物身份的确定往往依据文学文献对其身份及性格特征的记载，虽然制作图像的画家所依据的并非文学文本，而是更为直接的图像样本或"粉本"，当然这些样本和粉本的根据最终也来自文学的记载与描述。总之，这些壁画虽然基本布局及其画风大致相同，但每座墓的壁画应该是专门绘制、刻模、拼砌的，墓葬年代不同，也不可能是统一制作的。山东北齐崔芬墓与东八里洼墓中屏风画的树下人物均褒衣博带，姿态悠闲，席地坐树于前，构图与人物形貌特征明显仿效南朝《竹林七贤与荣启期》砖画，区别只是崔芬墓壁树下人像侧面还有女侍，这也是南齐东昏侯萧宝卷时开始流行的画法，由此可见，山东七贤画无论在内容，还是在艺术风格上都源自南方七贤画，同时也说明山东地区在南北文化交流中所起到的重要作用。其他地区出土的魏

---

① 林树中：《江苏丹阳南齐陵墓砖印壁画探讨》，《文物》1977 年第 1 期。

② 南京博物院：《江苏丹阳胡桥、建山两座南朝墓葬》，《文物》1980 年第 2 期。

晋高士形象也与竹林七贤有着密不可分的关系，河南邓县学庄南朝墓四皓模印砖画中也刻画了秦末汉初商山四皓拒绝汉高祖礼聘，在深山密林中席地而坐，悠然自得，弹琴、吹笙、饮酒的情景，不禁使沈从文联想到陶渊明"采菊东篱下，悠然见南山"的诗句。[①] 此画像砖左有榜题"商山四皓"，此画人物形象生动逼真，细致传神，原有艳丽色彩，可惜现已不存。1997年南昌火车站出土的商山四皓东晋漆盘，四皓为：东园公、用里先生、夏黄公、绮里季，盘内底中央描绘了这四位皓首长髯老人休闲娱乐的情景，四人或弹琴，或静坐，或手中持物，均表现出安然自得的神情。宁夏固原唐梁元珍墓砖室壁画五人均为带方形冠站在树下的老人，有人认为是魏晋高士形象。

　　唐宋以来有很多画家都画有竹林七贤图，如唐代的韦鉴、常粲、孙位，五代的支仲元，宋代的李公麟、石恪、萧照，元代的钱选、赵孟頫、刘贯道，明代仇英、杜堇，清代华嵒，甚至日本江户时代狩野雪信的《竹林七贤图》等都已成为中外艺术史中的杰作。《洛阳存古阁石刻竹林七贤图》也是一幅著名的文图结合的艺术品，石刻上文下图，上部刻"晋河内竹林七贤图并史传"一行，其后依次镌刻山涛、向秀、阮籍、阮咸四人史传，下部刻四人图像做围坐状，分别为山涛、向秀、阮籍、阮咸，其他三贤缺失。罗振玉在《洛阳存古阁藏石目》中断定其为金代石刻，承名世则认为可能更早。[②] 其他著名的竹林图还有：北宋

---

　　① 沈从文：《花花朵朵坛坛罐罐——沈从文文物与艺术研究文集》，外文出版社，1994年，第88—89页。
　　② 承名世：《论孙位〈高逸图〉的故实及与顾恺之画风的关系》，《文物》1965年第8期。

赵佶《听琴图》，从画中人物凭虚启琴，听者或昂首凝虑，或低首深思的神情来看，似乎表达了魏晋之士人风度，唯衣着华茂，正襟危坐，有儒家正统之君子神态，似孙位《高逸图》。①南宋无款《竹林拨阮图》中溪边竹林下，三位文士，一人持酒瓶斟酒，一人抱阮接杯，一人凝神等待，一童子站立服侍，一童子在戏水，茂林修竹，寂静清幽，正表达了竹林名士的人生境界。②元盛懋《秋舸清啸图》描写一篷舟前头左一隐士半昂首对天长啸，前有酒具，似正酣醉，身后有阮，船后有童子在摇橹。岸上巨树飘摇，对岸高山舒缓，河岸开阔，描写了竹林七贤的阮籍，嗜酒能啸。但身后的阮似乎又暗示主人公应是阮咸。③明仇英《停琴听阮图轴》描写了两位隐士一位弹琴，一位弹阮，高山流水，茂林修竹，使人联想到七贤。④清颜峄《秋林舒啸图》中一高士静坐于苍松翠柏之下、巨石之上，一高士长啸于岩石之下，有侍从相随，使人联想到善于长啸的阮籍。清王树榖《人物图册》之三为一高士树下执杖回望，侍从手持古琴跟随，题诗："一身萧散寸心闲，势利奔趋总不关，白眼看人成一笑，水边林下对青山。"诗既描写了阮籍白眼看人，又表白了自己清高自傲的情怀。清吕焕成《春山听阮图》很容易使人联想到阮咸。至于清黄鼎《醉儒图》虽为临宋画家龙爽《醉

---

① 中国美术全集编辑委员会编：《中国美术全集 绘画编 3 两宋绘画上》，文物出版社，1988 年，第 44 页。

② 中国美术全集编辑委员会编：《中国美术全集 绘画编 4 两宋绘画下》，文物出版社，1988 年，第 178 页。

③ 中国美术全集编辑委员会编：《中国美术全集 绘画编 5 元代绘画》，文物出版社，1989 年，第 120 页。

④ 中国美术全集编辑委员会编：《中国美术全集 绘画编 7 明代绘画中》，上海人民美术出版社，1989 年，第 69 页。

人的乌托邦

200

儒图》，描写一隐士在巨松下酒醉袒胸凸肚卧倒在酒坛边，下有兽皮做垫，身后还有两酒坛，一条瀑布从上而降，几乎和标准竹林七贤形象无异。[①]

　　历代还出现了大量具有七贤风格的高逸图，如麦积山石窟北魏雕塑《第一二七号窟正壁龛主佛头光伎乐天之三》中伎乐天手持乐器应为阮。北周泥塑《第四号窟第三龛前廊正壁薄肉塑弹阮飞天》采用浮雕式手法，融镶嵌绘塑一体，造型精准飞动，有迎面飞来之感，有竹林七贤之神采。[②] 李唐、赵孟頫、仇英等画过高逸图，但这种高逸图已与"竹林七贤"关系不大，仅仅继承了其游历山水、寄情世外的精神追求。如文徵明《松壑高逸图》，山峰重叠，巨树林立，瀑泉溪流穿插其间，中有亭台楼阁，有人漫步林间，有人坐石观瀑，有人观望山色，整幅画给人以茂密繁复之感。董其昌《高逸图》则与此相反，此画是与友泛舟荆溪时的即兴之作，画中近景虬树林立，中间江面开阔，远处山峦层叠，山溪树林中茅舍数间，透出清寂萧索的意境。现代画家中以竹林七贤为题材的也很多，其中著名的有傅抱石、钱松嵒、范曾等绘制的《竹林七贤图》。其他艺术形式取材自七贤的作品也是不胜枚举，如明清时期就开始流行的各种瓷器、雕刻、天津杨柳青年画等艺术作品就常出现竹林七贤的图像。元代著名工匠朱碧山曾制作一件银质槎形酒杯"银槎"，槎身为老树枝桠，一道人倚槎而坐，右手执卷专心读

---

　　① 中国美术全集编辑委员会编：《中国美术全集 绘画编10 清代绘画中》，上海人民美术出版社，1989年，第63、65、77、85页。

　　② 中国美术全集编辑委员会编：《中国美术全集 雕塑编8 麦积山石窟雕塑》，人民美术出版社，1987年，第92、134页。

书。槎尾刻"龙槎"二字,杯口刻杜本题句,槎腹下刻"百杯狂李白,一醉老刘伶,知得酒中趣,方留世上名"楷书 20 字,把刘伶与竹林七贤相提并论。[1] 作者朱碧山以制作精妙银器闻名,银槎杯代表了元代银器工艺高超的水平。《中国美术全集工艺美术编 10 金银玻璃珐琅器》也选编了此器物。[2] 民间艺术中更是把酒仙刘伶与诗仙李白相提并论,如清初浙江余杭民间年画《酒中仙圣》也是把刘伶与李白相提并论,图中酒仙敞怀袒胸,把爵畅饮,下有刘伶、李白醉倒卧席。[3] 明代万历《竹林七贤图长方形剔红盘》中朱漆上雕刻魏晋竹林七贤的故事。红色竹林中七贤或交谈,或饮酒,或饮茶,或弹琴。四周为折枝花卉纹,有梅花,牡丹,芙蓉,桃花等。[4] 清尚勋竹林七贤八骏图笔筒,笔筒扁圆,两边分刻竹林七贤与八骏图。[5] 图中翠竹挺立,山林泉水之间有七贤与童子聚乐于此,七贤中题壁一人,对弈两人,观棋倦欠身者一人,扶肩同行者两人,祖腹举杯者一人,五六童子分别捧砚,汲泉,烹茶,斟酒等。至于与竹林线图风格密切相关的艺术创作更是数不胜数了。此外,竹林七贤的诗文也常常成为书法家不断书写的题材,王僧

---

① 中国美术全集编辑委员会编:《中国美术全集 雕塑编 6 元明清雕塑》,人民美术出版社,1988 年,第 62 页。

② 中国美术全集编辑委员会编:《中国美术全集 工艺美术编 10 金银玻璃珐琅器》,文物出版社,1987 年,第 80 页。

③ 中国美术全集编辑委员会编:《中国美术全集 绘画编 21 民间年画》,人民美术出版社,1985 年,第 184 页。

④ 中国美术全集编辑委员会编:《中国美术全集 工艺美术编 8 漆器》,文物出版社,1989 年,第 138 页。

⑤ 中国美术全集编辑委员会编:《中国美术全集 工艺美术编 11 竹木牙雕角器》,文物出版社,1987 年,第 32 页。

虔《论书》中说:"谢安亦入能书录,亦自重,为子敬书嵇康诗。"
由此可见,谢安与王献之都景仰嵇康的名气,并以书法形式书
写嵇康的诗。后来书法也是如此。如赵构书《真草书养生论
卷》,赵孟頫书《与山巨源绝交书》、《琴赋》与《酒德颂》,文徵明
书《琴赋》,董其昌书《酒德颂》,陈继儒书《酒赋》,祝允明草书
《嵇康酒会诗》与《琴赋》,八大山人书《酒德颂》等,可谓不胜枚
举,特别是《琴赋》与《酒德颂》因其短小精美成为历代书法家
不断书写的作品,与琴和酒与书法家的人生主题也是一致的。
清钱沣《七贤祠记》则以颜书的形貌表达了对竹林名士的真切
情感,虽然颜体宏阔沉稳的书风与竹林七贤潇洒自然的风格
有异。[1] 当然竹林七贤对书法家的影响不仅表现在具体的书
风的影响上,更重要的是表现在对人生及审美观念的影响
上,如清书法家梅植之平生爱好操琴,得嵇叔夜琴一张,因号
嵇庵,曾书《散文一篇》被《中国美术全集》收录。[2] 篆刻方面
也是如此。明文彭篆刻《琴罢倚松玩鹤》款文为:"先生别业
有古松一株畜二鹤,于内公余之暇每与余啸傲其间抚琴玩鹤
洵可乐也。"有竹林七贤之风,特别是"啸""琴""松"等意象的
出现更点明了其与竹林之风的关系。其他明清很多篆刻都
表明了这种密切的关系,如明何震篆刻《放情诗酒》、明苏宣
《深得酒仙三昧》、明胡正言《栖神静乐》、明程邃《少壮三好音
律书酒》、清吴先声《多情怀酒伴余事作诗人》、清林皋《案有
黄庭尊有酒》、清徐坚《左图且书右琴与壶》、清杨瀚《天与湖

（二）文图交融

203

① 中国美术全集编辑委员会编:《中国美术全集 书法篆刻编 6 清代
书法》,上海人民美术出版社,1989 年,第 121 页。
② 同上,第 160 页。

山供坐啸》、清张熊《晋梓竹堂》、清严坤《酒气拂拂从十指出》。[1] 由此可见竹林七贤不仅成为历代画家取材的对象，其文学创作也同样全面而深刻地影响着艺术家的艺术创作。

从南朝至明清产生的很多著名的"七贤"画中流传下来且最为著名的就是唐末孙位的《高逸图》，[2]它是由承名世考证为"七贤"图的。[3] 唐末著名画家孙位也是一位性情疏野、襟抱超然，好饮酒，喜与僧道交游甚于显贵的画家，黄休复《益州名画录》中将孙位定为"逸格"。孙位《高逸图》在构图、画风、人物、树木、布局等各个方面都与《竹林七贤与荣启期》砖画有着密切的关系，此图仍以人物形象为主，与古朴的《竹林七贤与荣启期》相比，色彩明丽，人物华贵，令人耳目一新的同时，也让人深感竹林七贤的悲苦早已化为令人羡慕的荣华富贵。孙位《高逸图》现藏上海博物馆，绢本设色，纵 45.2 厘米，横 168.7 厘米，卷首有宋徽宗赵佶瘦金体题"孙位高逸图"。《高逸图》现存四人，分别为：山涛、王戎、刘伶、阮籍，其他三人嵇康、向秀、阮咸已缺失。这四位高士形态各异，都戴小冠，宽衣博带，长髯飘拂，分别有自己的侍从陪伴坐在华丽的地毯上，每段之间隔以树木、芭蕉、菊花、太湖石，画面优雅静谧，与

---

① 中国美术全集编辑委员会编：《中国美术全集 书法篆刻编7 玺印篆刻》，上海人民美术出版社，1989 年，第 79、81、86、99、103、115、119、129、161、171、177 页。

② 中国美术全集编辑委员会编：《中国美术全集 绘画编2 隋唐五代》，人民美术出版社，1988 年，第 83 页。

③ 承名世：《论孙位〈高逸图〉的故实及其与顾恺之画风的关系》，《文物》1965 年第 8 期。

《高逸图》中的山涛像

色彩艳丽图案繁复的花毯形成对比。右边第一位为山涛，后有嶙峋怪石，山涛身材魁伟丰腴，有贵族气质，赤膊袒胸，披衣抱右膝坐于花毯之上，地毯艳丽华贵，神态深沉凝重，露出孤傲的神色，旁有酒器，大有王羲之袒腹东床之意。旁有童子捧着古琴。第二人为王戎，后有太湖石与芭蕉，旁有一香炉，一双髻侍童正捧着一大卷书侍立身后，王戎形貌与嵇康相比较清瘦，裸足趺坐，右手持长柄如意，左手放在右手上，前有展开的书卷，宽衣博带坐于华丽的花毯上，似是高谈阔论后的凝神静思。第三位为刘伶，刘伶其貌不扬，后有一太湖石与一大丛盛开的菊花。因为刘伶写过《酒德颂》，并盛传其饮酒的奇闻逸事，所以画像也是描写他嗜酒如命之态。画中一童子正跪着递上一唾壶，刘伶抱着喝光的酒杯，回首看着童子递上的唾壶，双眼迷离，似已沉浸在酒醉的胜景之中。第四人为阮籍，他手持作为名士标志的麈尾，面带微笑，盘腿侧身倚坐在花毯之上，洒脱傲然，似有得意之情，与众所周知的至慎、沉酒自保、穷途而哭的性格不同，前有两高足盘放着桃子，旁有童子捧着盘中酒杯躬身侍立。关于阮籍的微笑，董逌《广川画跋》中题《竹林七贤图》跋说："晋阮籍嵇康刘伶，一世异人，不可羁绊。山涛王戎从之竹林下，其志趣岂易量邪？阮籍之笑与其哭于途，何意趣之不同也，览者得之。"由此可见，《高逸图》不仅保存着与前七贤图在构图上的相似，同时能把文献记载与传说中的竹林形象一览无余地展示在图像之中，自然也展示了画家自己对七贤性格的理解，但绢帛质地的《高逸图》与砖质的七贤像呈现出完全不同的艺术效果，特别是《竹林七贤与荣启期》画像砖所使用的砖胚及其特殊的加工工艺，使砖画产生了一种特殊的审美效果，其艺术形式虽承继了东汉砖制墓室壁画，但这种木模印制的壁画与普通画像砖并不完全相同，它不仅仅表现在线条的粗细大小与阴阳之别，甚至是有无边饰等方面，而且表现在它有其独特的加工方式与其所产生的独特的审美魅力及艺术价值上，南京西善桥的砖印壁画不是用刀在砖坯上雕刻出来，而是先雕刻出深浅合适的阴线，用木模印制到砖坯上，变成凸出的阳线，然后经过烧制、拼贴而成，以刀代笔，把毛笔绘出的柔软线条表现为突兀刚硬的线条，经过焙烧的方法使线条更显刚劲圆美，其刚强流畅之美更加凸显，对于表现有魏晋风骨的文人士大夫有着特有的魅力。因此，此砖画与画像砖、画像石及不易保存在墓下的壁画展示了

《高逸图》中的阮籍像

迥然有异的艺术效果，特别是与浑沉雄大的汉画像砖不同，它是以流动如春蚕吐丝一般的线条为造型手段，追求人物神韵，展示了一种简约玄淡、空灵挺拔、超然绝俗的艺术风格。

当然《竹林七贤与荣启期》砖画也是一个大批无名工匠介入艺术创作的过程，工匠在雕刻、制模、焙烧、拼接等过程中，也会因其知识、技艺、审美观等不同进而对砖画的最后形成产生重要影响，以至于使最后的砖画与粉本相距甚大，离文学文本的七贤自然也愈来愈远，南京与丹阳砖画水平的高低不同就是证明。郑珉中则根据《竹林七贤与荣启期》图像中嵇康与荣启期弹琴手势"画得拙劣",甚至出现了"琴徽画反""把琴放颠倒""把弹琴的人画成左手弹弦而右手按弦"的"悖谬状态",推断出"此画应出自当时的工匠之手","认为它不应该是出自《历代名画记》中张彦远列举的六朝几个著名文人画家之手,而应当是当时工匠画家的创作。这个论点的证据就在画像中的嵇康、荣启期这两个弹琴人的身上"。因为"嵇康弹琴的两只手,竟画成是反折的,左手更是扭曲的。荣启期的手也是反折的,从袖中伸出的左手也是弯曲的"。[①]

从以上"竹林七贤图"的分析来看,此类图的构成往往都是由山、水、细竹为林的自然环境再加七贤图所特有的形象元素构成,如宽衣博带、赤膊袒胸、席地而坐的文人,饮酒、交谈、仰天长啸、沉吟远望神情,再加酒、古琴、阮、书画等道具,其中酒、琴、凝神远望,这些来自文学传记的元素往往作为七贤图的典型标志而被反复刻画。如南京西善桥的《竹林七贤与荣启期》画像砖就典型地表现了这种图像的基本构成,画中人物多宽衣博带,赤足端坐,袒胸抚膝,凝神静思,表现了傲世自足的神态,"引琴而弹"的嵇康悠然远望,"嗜酒能啸"的阮籍微笑着吹指长啸,"饮酒至八斗方醉"的山涛的豪饮,"手挥如意"的王戎的遐想,"雅好老庄之学"的向秀的凝神沉思,"止则操卮执瓠,动则挈榼提壶"的刘伶的醉酒,"妙解音律,善弹琵琶"的阮咸的弹阮,"鹿裘带索,鼓琴而歌"的荣启期的鼓琴而歌,无不如此,这些人物形象的基本构成完全符合《晋书》中《嵇康

①　郑珉中:《对南京西善桥六朝墓画像的看法》,《故宫博物院院刊》1986 年第 3 期。

传》《阮籍传》《山涛传》《向秀传》《刘伶传》《阮咸传》，其至《高士传》中关于荣启期的描述。至于后期的"竹林七贤图"也往往是细竹为林，人物皆鹿皮花毯席地而坐，吟咏唱和，或对语，或抚琴，或对弈，或凝望远山，身旁摆着笔砚、书卷、酒器，皆名士风范，再加童子几人等就构成了历代"竹林七贤图"的基本构图要素，唐孙位《高逸图》就是典型代表。早期的竹林画像到了明代虽还继承了细竹为林的构图传统，但随着文人雅集的盛行，人物形象则往往与兰亭集的构图类似，被表现为三三两两在山林中饮酒对弈、弹琴赏画的文人雅集了，七贤也与孙位《高逸图》中一样侍者相伴左右，随时侍奉，表现了文人士大夫优裕而闲适的隐逸生活，所谓的魏晋风骨已荡然无存，如南京博物院藏明人佚名卷轴《七贤图》与南朝"七贤"画像旨趣已是迥然不同了，这充分表明历代画家在取材"七贤"表达"七贤"个性的同时也愈来愈融入时代的特点和艺术家自身的审美趣味及个性追求。至于南朝人物画所特有的体态清瘦修长、气质秀丽俊美的秀骨清像曾在当时流行的羽人、飞仙、佛教石刻造像上多有表现，但这种从何晏开始男性追求女性阴柔之美的名士风貌乃是魏晋时期贵族世族特殊的审美要求，不仅是名士崇尚清谈玄学及老庄审美观念的具体表现，也是饮酒服药的直接结果，但这种图像特点对后世对后代"竹林七贤图"并不具有恒久的价值。在所有贤人高士构图中，酒的主题作为魏晋名士风度的一个重要组成部分，往往被反复夸张地刻画，正如《世说新语·任诞》中王恭所谓"名士不必须奇才，但使常得无事，痛饮酒，熟读《离骚》，便可称名士"。魏晋风度中一种重要物质就是酒，酒既能壮胆以增强勇气，如嵇康之慷慨激昂，同时更能沉浸其中以消极躲避，正如阮籍之躲避司马氏。儒家注重德行节义，讲求修身养性，很少颂酒，从《尚书·酒诰》中我们就可看出。从曹操"何以解忧，唯有杜康"开始就看到世人，特别是文人知识分子在乱世从酒中求得解脱的无奈之举，在竹林七贤与陶渊明身上更为明显，至于阮籍连醉六十余天以避晋文帝提亲之事，并躲避钟会借谈论时事之机以罗织罪名，酒所具有的明哲保身的功效在阮籍身上发挥到了极致，也就是《世说新语·任诞》中王光禄所说"酒正使人人自远"，王荟也说"酒正自引人著胜地"。当然陶渊明也有酒的主题，萧统在《陶渊明集序》中说："有疑陶渊明诗篇篇有酒，吾观其意不在酒，亦寄酒为迹者焉。"[1]李白《戏赠郑溧阳》中也说"陶令日日醉，不知五柳春。素琴本无弦，漉酒用葛巾。清风北窗下，自谓羲皇人。何时到栗里，一见平生亲"。"日日醉"可谓对陶渊明形象进行了典型性的刻画，其隐逸的基本元素大都具备了：酒、柳、琴、葛巾，内容包括衣着、行为、爱好、用具、精神状态与生活状况等，其实这是图像与文学中陶渊明及竹林七贤所共同具有的特征。

在竹林七贤图像的构成中，竹子也往往成为标志性的元素之一，然而令人困惑的是，《竹林七贤与荣启期》砖画为何没有以竹林为背景呢？砖画上出现了很多种植物树种，如银杏、槐树、松树、柳树等，其中，杏树五棵、垂柳两棵、槐树一棵、青松一棵，唯荣启期和阮咸之间有一棵阔叶竹，更没有大片的竹林为背景，这是为何呢？这是否会成为否认竹林七贤存在的

---

① 袁行霈：《陶渊明集笺注》，第 613 页。

根据呢？竹子以节为义的寓意，其虚心、高雅、洁净、身影婆娑、经冬不凋的潇洒神气都给中国文人以无限的想象。《诗经·卫风·淇奥》就以竹子起兴赞美了才德并茂的君子："青青""猗猗"的绿竹犹如文采风流的美君子，精心雕琢的象牙美玉，所谓"如切如磋，如琢如磨"，"如金如锡，如圭如璧"，其"宽兮绰兮""善戏谑兮""不为虐兮"的个性，及水中傲然独立的风采与魏晋士人在艰苦生活环境里追求人格独立的志向是多么神似。[①] 所以《世说新语·任诞》讲王徽之即使在临时居住的别人的房子前也要栽种竹子，并说出了千古传颂的话"不可一日无此君"。当然"日暮倚修竹"的悲怨凄苦也是君子守节自持的象征，王徽之对竹子的喜好无疑推动了后来士人对竹林的向往。苏东坡《於潜僧绿筠轩》中著名的"宁可食无肉，不可居无竹"也应该是从这里来的吧。屈原《九歌·山鬼》"余处幽篁兮终不见天"与王维《山居秋暝》"明月松间照"的清寂孤冷的独居，古诗《冉冉孤竹生》"君亮执高节"与王羲之《兰亭集序》中"茂林修竹"的高雅，陶渊明《桃花源诗》中"桑竹垂余荫"与郑板桥的"老夫只栽竹"的独立，都正说明了竹子首要的意义就在于它与金石同在的"节"，而这正是魏晋风骨的根本所在。梅兰芳在日本入侵中国时画竹于墙，拒绝演唱；蒋兆和的盲人拿竹子画及配诗"莫笑吾无目，但凭这只竹，人间黑暗地，有目岂吾如"都说明了竹子如同"玉"一样在中国文化中所特有的比德意义，也就是晋戴凯之《竹谱》中所说的"其可比于全德君子矣"。但这种比德主要是针对活着的隐士而言的，而为

---

① 程俊英：《诗经译注》，上海古籍出版社，2004年，第84页。

来世祈福的墓室壁画往往以可能的荣华富贵为主旨,是来世的富贵与平安,而不是什么清贫的气节主宰着艺术家及墓室主人的基本价值取向。竹林七贤虽然是仁人高士,但作为墓室壁画的主题却还是要因时就俗,避祸就福,根据约定俗成的植物所具有的文化含义来最终做出取舍,并不因墓主人或者艺术家个人的爱好而改变,正如北魏的高士墓室壁画已加上鞍马为伴一样,这也许是《竹林七贤与荣启期》中没有出现竹画主题的根本原因。当然正如刘勰《文心雕龙》中为何没有提到陶渊明一样,当初墓室主人及壁画创作者的初衷已很难揣度了,也许是墓室的主人虽然对竹林七贤的人格及才气崇拜至极,但对竹林本身,或者对以竹林作为一种墓室艺术装饰并不具有很大的兴趣,也是可能的。当然,如果八个独立的人物之间都点缀以竹子,显然不如目前各人物间杂以多种树木的艺术效果更好。

竹林七贤虽然史籍多有记载，如《三国志·魏书·王卫二刘傅传》中裴松之注引东晋孙盛《魏氏春秋》提到"游于竹林，号为七贤"，戴逵著有《竹林七贤论》，《水经注》卷九清水条记载"袁彦伯《竹林七贤传》"，刘义庆《世说新语》中更多提到了竹林七贤的故事等，但仍有人反对竹林七贤的存在，如陈寅恪说："'七贤'所取为《论语》'作者七人'的事数，意义与东汉末年'三君''八俊'等名称相同，即为标榜之义，西晋末年僧徒比附内典、外书的'格义'风气盛行，东晋之初，乃取天竺'竹林'之名，加于'七贤'之上，成为'竹林七贤'。""'竹林'则非为地名，亦非真有什么'竹林'。"①其否认竹林七贤的存在某种程度上也就否认了竹林七贤的价值与意义。对竹林七贤及其代

---

① 万绳楠整理：《陈寅恪魏晋南北朝史讲演录》，黄山书社，1987 年，第49—50 页。

表的价值观的反对在中国历史上从未断绝。干宝《晋纪·总论》也批评了这种以老庄为宗而黜六经的做法，甚至有人把这些祖述阮籍蔑视礼法之人比作禽兽，像刘伶"脱衣裸形在屋中"自然难容于信仰儒家礼法之人。邓粲《晋纪》称阮籍母死，"与人围棋如故，对者求止，籍不肯，留决胜赌。既而饮酒三斗"。《世说新语·任诞》中说他母丧"散发坐床，箕踞不哭"，"当葬母，蒸一肥豚，饮酒二斗，然后临诀"，虽然最后都"一号"，"吐血"，"废顿"良久，即使在今日也很难得到认同。颜之推《颜氏家训·勉学篇》云："山巨源以蓄积取讥，背多藏厚亡之文也……嵇叔夜排俗取祸，岂和光同尘之流也……阮嗣宗沉酒荒迷，乖畏途相诫之譬也……彼诸人者，并其领袖，玄宗所归。"[1]在颜之推看来，山涛因为贪客而遭到世人的讥讽，所以颜延之没有给他作诗赞颂，嵇康因为与流俗抗争而被杀，并不是和光同尘之人，阮籍纵酒自沉，也是违背了险途应该小心的古训。这些精研老庄的玄学名士并不能完全做到心身合一，而注重修身治世的颜之推并不推崇这种对身心与社会无利的道家之学。葛洪《抱朴子》也批评了时人对七贤的不当追风："世人闻戴叔鸾、阮嗣宗傲俗自放，见谓大度。而不量其材力，非傲生之匹，而慕学之：或乱项科头，或裸袒蹲夷，或濯脚于稠众，或溲便于人前，或停客而独食，或行酒而止所亲。此盖左衽之所为，非诸夏之快事也。夫以戴、阮之才学，犹以跌踬自病，得失财不相补，向使二生敬蹈检括，恂恂以接物，竞竞以御用，其至到何适但尔哉！况不及之远者，而遵修其业，其

人的乌托邦

---

① 颜之推著，檀作文译注：《颜氏家训》，中华书局，2011年，第116页。

速祸危身，将不移阴，何徒不以清德见待而已乎！"①这些"先着之妖怪"在葛洪看来自然是国家败亡的原因。所以顾炎武《日知录》卷十三说："有亡国，有亡天下，亡国与亡天下奚辨？曰：易姓改号，谓之亡国。仁义充塞，而至于率兽食人，人将相食，谓之亡天下。魏晋之清谈，何以亡天下，是孟子所谓杨、墨之言使天下无父无君而入于禽兽者也。"②就是画有《竹林七贤》的戴逵也不同意这种完全放任自由的人生态度，《晋书》卷九十四《戴逵传》说他"常以礼度自处，深以放达为非道"，并认为"放者似达，所以乱道。然竹林之为放，有疾而为颦者也"。③

蔡元培在他的《中国伦理学史》中更说："魏晋玄谈家之思想，非截然舍儒而合于道佛也。彼盖灭裂而杂糅之。彼以道家之无为主义为本，而于佛家则仅取其厌世思想，于儒家则留其阶级思想及有命论。有阶级思想，而道佛两家之人类平等观，儒佛两家之利他主义，皆以不相容而去之。有厌世思想，则儒家之克己，道家之清净，以至佛教之苦行，皆以为徒自拘苦而去之。有命论及无为主义，则儒家之积善，佛家之济度，又以为不相容而去之。于是其所余之观念，自等也，厌世也，有命而无可为也，遂集合而为苟生之惟我论矣。"④刘大杰在他的《魏晋思想论》中说蔡元培"他对当日人生观的构成的分

---

① 杨明照：《抱朴子外篇校笺》下，中华书局，2010年，第29—32页。

② 顾炎武：《顾炎武全集》（第十八册），上海古籍出版社，2012年，第527页。

③ 房玄龄：《晋书》，第5223页。

④ 蔡元培：《中国伦理学史》，上海古籍出版社，2005年，第81页。

析,其见解是相当精确的"。"这种生活,影响社会的秩序,损害青年的心灵,那力量是极大的。朝廷是如此,家庭是如此,君臣、父子、朋友之间都是如此,那政治怎会不腐败,民族的精神,怎么不衰颓呢? 后人批评两晋之亡,亡于清谈,这虽是稍稍过头,然而清谈家若想完完全全卸脱这种责任,这却是不可能的。"[①]

　　我们也可把竹林七贤与陶渊明在中国艺术史中的地位互相比较一下来说明其对中国文化的意义。陶渊明与竹林七贤都追求"志在守朴,养素全真"的人生境界,有着相似的人生主张,甚至是艺术风格,但七贤多在官府任职,并处于当时的主流文化之中,陶渊明则彻底摆脱了官场的羁绊,这也是他以后受到重视的一大原因,也是注重经世治国"负重必在任栋梁"的刘勰忽视他的重要原因。《文心雕龙》为何没提陶渊明,其一就是陶渊明并不具有刘勰所主张的儒家的价值观念,虽然陶诗有老庄清新自然的一面,但老庄也有波澜壮阔、汪洋捭阖的一面,而这在陶渊明诗中很少,陶氏虽有不为五斗米折腰的气概,但却做着类似乞讨之事,这在自强不息的刘勰看来也是不合适的,从刘勰把《文心雕龙》送给沈约来得到认可就可看出,他与陶渊明并不是一类人,陶渊明的潇洒应是衣食无忧人的潇洒,一个衣食无着的人还离不开酒,并常常以此自誉,追求潇洒自然"一人之乐"的陶氏与后来遁入空门追求"众人之乐"的刘勰很难融合在一起,陶氏的"一人之乐"在草根出身的刘勰看来不过是文人的自我安慰罢了。中国文学史上推崇陶

　　① 刘大杰:《魏晋思想论》,上海古籍出版社,1998年,第107、204页。

渊明者多指向其避世的一面,如杜甫崇拜陶渊明,很想模仿陶渊明的生活方式及其性情"浊酒寻陶令,丹砂访葛洪。江湖漂短褐,霜雪满飞蓬",但"牢落乾坤大,周流道术空。谬惭知蓟子,真怯笑扬雄",很难模仿,杜甫追求的毕竟是"致君尧舜上,再使风俗淳","安得广厦千万间,大庇天下寒士俱欢颜","会当凌绝顶,一览众山小",而陶渊明追求的是"但得琴中趣,何劳弦上音","田园将芜,胡不归",二者的区别还是巨大的。归去田园远离残酷的现实自然是消停无忧,淡泊名利,淡泊的应该是一己之名利,但天下大众之名利如也要淡漠,每个人都回归自然,那还要知识分子干什么呢? 杜甫《可惜》道:"宽心应是酒,谴兴莫过诗。此意陶潜解,吾生后汝期。"杜甫的无奈正是他寻找陶氏的根本原因,但二者的目标恐怕是不同的,正如孔子所说"天下有道,丘不与易焉",陶渊明的回归与杜甫的入世也是无法调和的矛盾。

与杜甫类似,白居易《效陶潜体诗十六首》中讲:"先生去我久,纸墨有遗文。篇篇劝我饮,此外无所云。我从老大来,窃慕其为人。其他不可及,且效醉昏昏。"与陶渊明隐于南山竹篱之下不同,他是隐于庙堂之上,所以《中隐》中说,"大隐住朝市,小隐入丘樊","唯此中隐士,致身吉且安"。白居易在效法陶渊明的同时,也并非毫无批判的全盘接受,而是带着无奈、带着抱怨、带着不情愿去步其后尘。这与欧阳修对陶渊明的态度相似,他说"吾爱陶渊明,爱酒又爱闲",欧阳修对陶渊明也是各取所需。元人赵孟頫也是如此,他在《题归去来图》称赏陶渊明:"弃官亦易耳,忍穷北窗下。抚琴三叹息,世久无此贤。"从赵孟頫的一生来看,他也仅仅是在诗歌里赞叹一下,真实的生活是不愿模仿的。令人困惑的倒是对田园诗情有独钟的王维却对陶渊明持非常激烈的批评态度，他在《与魏居士书》说："近有陶潜，不肯把板屈腰见督邮……安食公田数顷……忘大守小……苟身心相离，理事俱如，则何往而不适？"王维尖锐地指出了陶渊明内心的复杂性，当然这并不意味着王维已经解决了这个问题。对陶渊明推崇较为极端的就是苏轼。他说"渊明吾所师，夫子乃其后"，苏轼把陶渊明放在李杜之上，又说陶渊明："欲仕则仕，不以求之为嫌；欲隐则隐，不以去之为高。饥则扣门而乞食，饱则鸡黍以迎客。古今贤之，贵其真也。"晚年苏轼《与苏辙书》中说："深愧渊明，欲以晚节师范其万一。"但从他一生的从政经历来看，也多是口头上的模仿，老来都没有归隐，那什么时候归隐呢？林语堂《苏东坡传》中就可看出其官场之中的艰难苦困，由此可见，苏轼有他内心的苦衷，这种苦衷恐怕不是模仿陶渊明所能解决的。正如《晋书》列传第四十九载喜好谈玄的谢安出游常以妓女相随一样，口头的谈玄与现实的享乐并行不悖。明沈周《临戴进谢太傅游东山图》，描写了东晋太傅谢安隐居会稽东山不仕，携众乐伎出游的情景。青峰入云，岩壁耸立，苍松翠柏，云气缭绕，宫殿深藏，流水潺潺，谢安曳杖悠然漫步，有鹿相随，一乐伎前引，众乐伎手持乐器，悠然跟随，神态各异，描绘了一幅深山享乐图。① 以刘伶、李白自居的郑板桥也是如此。这些极力推崇陶渊明的诗人往往忽视了陶渊明身上儒家文化的成分，而这与竹林七贤的崇尚老庄不同，虽然陶渊明也有热爱自然、饮

---

① 中国美术全集编辑委员会编：《中国美术全集 绘画编7 明代绘画中》，第1页。

酒为诗的一面,但在最终的人生理念上还是以儒家为代表,所以在历代"虎溪三笑"的绘画题材中,陶渊明是以儒家文化代表身份出现的,陶渊明在画中的形象也多儒雅中庸,既无对世人不屑一顾的形貌,也无对抗政体的激情,整体上乃是一种"悠然见南山"的情调,然竹林七贤就不同了,特别是嵇康的抗争与刘伶的醉酒乃是儒家所极力反对而不为的"素隐行怪"。

竹林七贤内部巨大的差异也是今日的我们应该加以反思的,后人对竹林七贤每人的评价也根本不同。他们都是当时的士大夫阶层,嵇康为魏中散大夫,阮籍为魏步兵校尉,山涛、王戎为西晋司徒,向秀为西晋黄门侍郎,阮咸是西晋始平太守,刘伶为西晋建威参军,其中王戎、山涛在西晋官做得最大,《晋书·王戎传》《世说新语·俭啬》中都有关于王戎吝啬的记载。王戎做官能"苟媚取容","与时舒卷",是长袖善舞、八面玲珑之人。山涛虽不能与王戎相比,但其能在官场左右逢源、得以善终,能力也是不相上下的,所以,《昭明文选》中颜延之《五君咏》除山涛、王戎外五人,都作诗赞颂。竹林七贤中嵇康与阮籍的差异是七贤人生态度及人生结局差异的标志。鲁迅在《魏晋风度及文章与药及酒之关系》中也对阮籍与嵇康进行了对比,他说:"阮籍作文章和诗都很好,他的诗文虽然也激昂慷慨,但许多意思都是隐而不显的。……嵇康的论文,比阮籍更好,思想新颖,往往与古时旧说反对。"[①]嵇康在《与山巨源绝交书》中"非汤武而薄周孔",和标榜"以孝治天下"的司马氏相对立,他的《巢由图》画的也是与尧舜不合作的大隐士,嵇康

---

① 《鲁迅全集》第三卷,第533页。

的被杀完全是由他的不妥协造成的，阮籍虽也倡导"越名教而任自然"，说"礼岂为吾辈设耶"，他抨击推崇儒家礼教的圣人，甚至把他们比作裤裆的虱子，但他更加采取了明哲保身的态度，以"至慎"和"酒"作为防身的武器来躲避政治的强权，最终保住了性命。竹林七贤的内部矛盾性也体现在陶渊明身上，世人多强调陶渊明的离世与静穆，但鲁迅在《〈题未定〉草（七）》中说："陶潜正因为并非'浑身是静穆'，所以他伟大。"特别是他在《魏晋风度及文章与药及酒之关系》中论述了陶潜的平和，同时指出他并没有忘情于世，他说："到东晋，风气变了。社会思想平静得多，各处都夹入了佛教的思想。再至晋末，乱也看惯了，篡也看惯了，文章便更和平。代表平和的文章的人有陶潜。他的态度是随便饮酒，乞食，高兴的时候就谈论和作文章，无尤无怨。所以现在有人称他为'田园诗人'，是个非常和平的田园诗人……但《陶集》里有《述酒》一篇，是说当时政治的。这样看来，可见他于世事也并没有遗忘和冷淡，不过他的态度比嵇康阮籍自然得多，不至于招人注意罢了……据我的意思，即使是从前的人，那诗文完全超于政治的所谓'田园诗人'，'山林诗人'，是没有的。完全超出于人间世的，也是没有的。既然是超出于世，则当然连诗文也没有。"①

魏晋为中国历史上罕有的乱世，残酷的现实使文人们不得不立意玄远，在形而上的思辨中逃避现实的苦难，同时在铁与血的网罟面前又不得不深思难全其身的困惑，对精神自由的追求与残酷现实中的委曲求全形成了鲜明的对照。自东汉

---

① 《鲁迅全集》第三卷，第537—538页。

的党祸以后，曹氏与司马氏的斗争愈演愈烈，名士或参与其中，或难以躲避，少有全者，士大夫为远离祸患、保全性命，不臧否人物，亦不议论时事，学术自然也从现实转向纯粹的理论问题，而变得虚无缥缈了。竹林七贤与文学绘画中的"魏晋风度及魏晋风骨"是历代中国文化发生深刻变化及中国政权更迭时都会出现的理论及现实问题，对竹林七贤图的研究，令我们以新的视角重新审视了这个中国知识分子魂牵梦绕的老话题，关于其价值取向的争论也是我们不能回避的问题。竹林七贤对中国传统诗画的影响主要表现在其崇尚自然、超逸淡雅的生活情趣，竹琴之雅韵，诗酒之超拔等都成为中国传统文人诗画不可或缺的共同主题，它们均集中体现在关于七贤的各种诗画之中。但这仅仅是中国古代知识分子向往的理想精神境界，其真实的生活却如竹林七贤的现实一样充满了矛盾与纠结，正如向秀原和嵇康相好，但在嵇康被杀后，被迫屈服于司马氏的淫威，竟到司马氏那里称赞司马昭为尧舜，以此躲过一劫。竹林七贤的内部差异是非常巨大的，虽然他们和占据主导地位的官方文化都保持着距离，但以嵇康为代表的主要是一种抗争的态度，其最终的结局就是毁灭。另一种在竹林七贤中占据主导地位的，就是以阮籍为首的隐忍的态度，他和陶渊明一样以酒为主题，酒虽有抵抗不合作的一面，但更多的是回避与躲闪，而这才是魏晋风度的主要所指，其主要态度基本上是被动消极地忍受，而不是积极主动地改造、进取，历代文人画家也多采取这种态度，这在鲁迅的文章中分析得最为深刻贴切，他对陶渊明及竹林七贤所谓潇洒自由精神的解剖可谓是对魏晋风度最为精深独到的剖析，对我们如何理解魏晋风度、魏晋风骨，如何理解它在中国传统文化中的地位及意义有着重要的理论意义。"慷慨以任气，磊落以使才"才能有真正的"魏晋风骨"，无忧无虑，潇洒自然，又何来风骨呢？与嵇康的慷慨悲歌相比，阮籍沉浸酒中过分的隐忍也就是保存了性命而已，何来潇洒自由，陶渊明之隐居桃花源又怎能建立桃花源？魏晋时期文化内部的巨大差异甚至对立，是我们准确把握魏晋文化基本特点的重要依据。由此可见，王羲之的《兰亭集序》并不与魏晋时代所呈现的动荡的社会特征相一致，而是与当时文人知识分子所极力追求的价值倾向与主流的风格相一致，它仅仅与魏晋士人所尽力追求的内心平静相统一。文人对时代的躲避并没产生崇高，崇高乃是对时代的抗争，而不是把时代的矛盾消解在内心的平静之中。

　　魏晋风度、魏晋风骨问题乃是中国文学艺术史上的老问题，宋朝被元朝取代时很多艺术家，如赵孟頫等都面临着竹林七贤的现实问题，作为宋朝遗民的钱选采取了和赵孟頫根本不同的人生态度，与新朝的不合作、隐居、醉酒是其与竹林七贤相同的人生写照。他在《题竹林七贤图》诗说："昔人好沉酣，人事不复理。但进杯中物，应世聊尔尔。悠悠天地间，愉乐本无愧。诸贤各有心，流俗毋轻议。"[①]竹林七贤乃是边缘与中心不断更迭，不断斗争，此消彼长的老问题，因此在中国文学艺术史上有着普遍的意义，它是艺术家与文学家在社会动荡及更迭时所共同面对的问题。牟宗三在谈到魏晋时代的名士时说："在君主专制之下，知识分子不是被杀就是被辱，而

---

　　① 袁行霈：《陶渊明影像——文学史与绘画史之交叉研究》，中华书局，2009年，第34页。

表现为气节之士。气节之士当然很可赞佩，但不是应当有的而且是很可悲的。这并不表示一个人不应重视气节，重视道德；而是气节之士是在君主专制的特殊形态下出现的人物，好像'家贫出孝子''国乱出忠臣'，并不是孝子、忠臣不好，但谁愿意家贫、国乱呢？因此当家贫、国乱时才出现的孝子、忠臣，就多少有些不祥。就在这层意义上，我们说那具有特殊性格的气节之士不是应当有的。魏晋时代的名士也很少能得善终。因此知识分子在君主专制之下要想保全自己，在出处进退之间是很困难的。"①魏晋时代各名士的悲剧是时代的悲剧，也是文化的悲剧。西方也是一样，正如印象派与占据主导地位的浪漫派及古典主义的争论一样。

　　无论怎样，西善桥的这幅著名的《竹林七贤与荣启期》最终使我们能够穿越千年的时空，得以目睹同时代人对于他们精神的理解与形象的刻画，得以感受魏晋士人所谓风骨、风度的真正所指。魏晋的自由是残酷的自由，《世说新语》中刻画的魏晋士人的笑是含泪的自我解嘲，是黑色幽默的苦笑，是严酷环境中知识分子的自我解嘲，既不是苏格拉底为求真而死，也不是耶稣与释迦牟尼为善而舍身，同样也不是孔子为仁义而颠沛流离，更不是老庄的真解脱，即如陶渊明的解脱也是一己之解脱，而非众生与世人之解脱，也可说是逃脱，更谈不上真正的精神自由与解放。

----

①　牟宗三：《中国哲学十九讲》，上海古籍出版社，2005年，第151页。

五 神圣的〈宁静

前年夏天我有幸去参观阿姆斯特丹国立博物馆（Rijksmuseum，Amsterdam），令人惊奇的是，博物馆宣传册页的封面既不是众所周知的伦勃朗的《夜巡》与《犹太新娘》，也不是亨德里克·阿维坎普的《隆冬溜冰者》与哈尔斯的《艾萨克与比阿特丽克斯夫妇肖像》，甚至也不是赫尔斯特的《明斯特条约庆祝宴会》与埃文丁根的《戴大帽子的少女》，而是弗美尔的《倒牛奶的女佣》，这幅无论在过去还是在今日都可视为象征着荷兰物质富足、气定神闲的画作。

弗美尔是荷兰黄金时代最著名的画家之一，其艺术成就现已获得与伦勃朗、凡·高齐名的国际声誉，然其在中国艺术界及知识界的影响与伦勃朗及凡·高相比还有待提高，特别是其画作所隐含的特有的宁静气质是其他艺术家所无法比拟的，反观充斥当今艺术界的慌乱与污浊，他的画作无疑具有补偏救弊的作用。阿姆斯特丹国立博物馆还收藏了弗美尔其他三件重要的作品：《读信的蓝衣女子》《小巷》《情书》，画前总是不断地站着很多游人在沉思欣赏，使我很想在这几幅心仪已久的画作前留影的想法也作罢了，而我是很少产生这种想法的。但这种感受至少印证了我对弗美尔画作的热爱并不仅仅是我个人情趣的反映，乃是弗美尔画作魅力与影响深广的证明。由此也可看出弗美尔在现在的荷兰，乃至欧美艺术界的重要地位，他是与伦勃朗、凡·高齐名的荷兰艺术大师。然而遗憾的是在中国，正如他开始时沉默在西方艺术史中长达200年之久一样，现在还基本沉默在中国的艺术界，其影响远不及伦勃朗，更不要说凡·高了，很少能见到关于弗美尔的高质量的画册、论文、论著，甚至是译著。特别是国内仅见的几本与弗美尔有关的图书大都不够精美，可能是出版社为了降低印刷成本的缘故，但精美细致的构图与光彩照人的色彩正是弗美尔画作的基本特点。

约翰内斯·弗美尔（Johannes Vermeer 或 Jan Vermeer，1632—1675 年）是荷兰 17 世纪伟大的风俗画大师，他的一生都工作生活在荷兰的代尔夫特（Delft），因此也被称为代尔夫特的弗美尔，有时也被称为约翰内斯·范·德梅尔（Johannes Van der Meer）。弗美尔作为荷兰黄金时代最伟大的画家之一，却被人遗忘了长达两个世纪之久，但在今日西方艺术界已享有与凡·高、伦勃朗一样的声誉，成为举世闻名的世界级艺术大师。特别是弗美尔由于他自己独特的真实而亲切的艺术风格、谨严的构图、明亮的色彩、温馨的意境、宁静的韵致、对光与色的巧妙运用，对后来很多艺术大师，如凡·高、马奈、达利等产生了极为深远的影响。凡·高画中所经常出现的黄蓝两色，正是弗美尔画作的基本色调，而这两种色调在弗美尔的时代却是少见的。在 2008 年东京大都会美术馆举办的"动静之间：液晶绘画展"中，日本著名的"戏仿"艺术家森村泰昌就表演了一段名为《回首》的视频，此视频就模仿了弗美尔的名作《戴珍珠耳环的少女》，以此向弗美尔致敬，与靳尚谊通过模仿弗美尔的三幅杰作向弗美尔致敬一样。波兰著名诗人亚当·扎加耶夫斯基曾在他的诗歌《弗美尔的小女孩》中说：

> 弗美尔的小女孩，如今很出名，
> 她望着我。一颗珍珠望着我。
> 弗美尔的小女孩的双唇
> 是红的、湿的、亮的。
>
> 啊弗美尔的小女孩，啊珍珠，
> 蓝头巾：你全都是光
> 而我是阴影做的。
> 光瞧不起影，
> 带着容忍，也许是怜悯。[①]

亚当·扎加耶夫斯基之所以钟情于弗美尔的绘画，正在于其与弗美尔一样善于在日常生活中发现美，把日常生活陌生化，并赋予其神圣之光。正如美国文学评论家苏珊·桑塔格在

[①] 亚当·扎加耶夫斯基：《弗美尔的小女孩》，黄灿然译，《外国文学》2007 年第 5 期。

《重点所在》一书里对扎加耶夫斯基作品的评价:"这里虽然有痛苦,但平静总能不断地降临。这里有鄙视,但博爱的钟声迟早总会敲响。这里也有绝望,但慰藉的到来同样势不可挡。"①这个评价也适用于弗美尔的画作。

丹纳在《艺术哲学》中谈到弗美尔生活的时代时说:"今日全世界没有一个地方享有像荷兰那么多的自由,人与人间的和睦竟能使平民不受大人物责骂,穷人不受富人责骂……没有人为了宗教而受审问……人与人绝对平等……至于文化和教育,正如组织和管理的技术一样。他们比欧洲别的国家先进两百年……民族艺术就是在这样的形势中产生的。所有别具一格的大画家都生在十七世纪最初的三十年内。"当然荷兰艺术的发展更直接与当时普遍的对艺术的尊重与爱好有关,而这种尊重与爱好自然也与自由的大环境密不可分:"即使最清寒的布尔乔亚,也没有不想好好地收藏一些画的。一个面包店的老板花六百佛罗伦买梵·特·弗美尔画的一幅人像。除了室内的清洁和雅致以外,图画就是他们的奢侈品。"②丹纳所描述的当时荷兰文化的特点,我们在弗美尔的绘画中都能看到,因为弗美尔画中主人公的墙上大都装饰着各种各样的画,如《天文学家》《音乐课》《拿天平的女人》《拿葡萄酒杯的女孩》《玻璃酒杯》《坐在小键琴边的女士》《站在小键琴边的女士》《写信的女子和女佣》《信仰的象征》《音乐会》《弹吉他的女

① 苏珊·桑塔格:《重点所在》,陶洁,黄灿然等译,上海译文出版社,2004年,第79页。
② 丹纳:《艺术哲学》,傅雷译,安徽文艺出版社,1991年,第297—300页。

人》《情书》《中断音乐课的女子》等，其他如《拿水杯的女子》《读信的蓝衣女子》《弹鲁特琴的女子》《地理学家》《绘画的寓言》《士兵和微笑的女子》中墙上悬挂的则是地图，至于《打盹的女人》《写信的女子》中墙上也挂着类似画作的画框，由于艺术的处理画中的图像则被模糊简化了。如果再考虑到图画中充斥的各种来自东方的瓷器、壁毯等，应该说对艺术的热爱已成为当时流行的时尚与潮流。弗美尔笔下普通市民的日常生活与日常劳作也都显示了令人感动的优雅与和谐，画中没有纷争，没有危机，没有狂热的情感，甚至没有戏剧性，人物都是平静地沉浸在自己的日常事务之中，与其说是他们爱好自己的工作，倒不如说是毫无怨言地承受，平静地、日积月累地、不厌其烦地重复着自己的劳作，如《倒牛奶的女人》《织蕾丝花边的少女》《天文学家》《地理学家》等。他们的日常生活也是如此，读信、写信、绘画、弹琴、恋爱、交谈、科学研究、倒奶、饮酒等，无不如此。弗美尔的绘画中充满了一种自然质朴、精确完美、神秘静谧的诗意。特别是弗美尔画中的房间里常常充满了阳光，这些柔和而优雅的阳光往往使画中寻常的人物充满了一种超出日常生活的神性，而这种神性并不是表现一个普通人物的个性，而是艺术家所追求的普遍的理想，这种朴素的场景通过光的渲染散发出一种令人感动的神圣之光，特别是这种光往往从左边的窗口射进来，就更加使我们能深刻地感受到它。弗美尔画中的主人公多是女性，给我们以深刻的印象。这自然与他的生活环境，特别是家庭环境中以女性为主有关，特别是《戴珍珠耳环的少女》中宁静纯真的回眸一瞥所散发出的自然而神秘的美，更是令人难以忘怀，说其可以与

《蒙娜丽莎》相提并论并不为过,只不过《蒙娜丽莎》的美更成熟,更优雅,而《戴珍珠耳环的少女》的美则更清澈无瑕。这是弗美尔最著名的代表作之一,这幅尺幅很小的油画($44.5 \times 39 \text{ cm}^2$),曾被荷兰艺术评论家戈施耶德称为"北方的蒙娜丽莎",但她确实具有一种与《蒙娜丽莎》不同的美:回眸惊鸿一瞥的少女侧身向着画家,也向着我们这些观画者凝望,她身着朴素的黄色外衣,黄色的外衣正与她头上自然下垂的柠檬色头巾相呼应,白色的衣领、蓝色的头巾又鲜明而和谐地统一在一起,粉红色的脸庞,殷红的嘴唇,显得健康而又宁静,耳朵下的泪形珍珠垂挂在头巾下的阴影之中熠熠生辉,与同样大小的两只眼睛遥相呼应,更引人注目,同时也与整幅画全黑的背景形成鲜明对比,好似她从不知名的远方走来。最令人难忘的就是少女的神情,正如蒙娜丽莎的微笑让人着迷一样,少女的神情也同样让站在画前的我们感到神秘莫测,久久不忍离去,是什么如此吸引我们? 她的眼睛、她的珍珠如黑暗中的三盏明灯,让我们驻足,她微启的嘴唇似乎在回答我们的询问,更似乎在从自己的世界与沉思中惊醒,无意中看到了我们,清澈的眼神显露出她纯洁无瑕的内心世界,我们都在这无瑕的一瞥中杂念顿消。

　　在弗美尔的画作中能与《戴珍珠耳环的少女》相提并论的也只有创作于 1666 年左右的《绘画的寓言》了,它是弗美尔尺幅最大的画作($120 \times 100 \text{ cm}^2$),现藏于维也纳艺术史博物馆,其初创的原因大致起于让购画者能够观赏到作者高超的绘画艺术,所以弗美尔一直都把它放在自己的画室里,没有出售。希特勒也曾一度拥有,但后来被维也纳艺术史馆购得。绘画的内容是一位画家背对着观者在全身心地描绘一个头戴花环的女子的肖像,女子左手执长号,右手怀抱着一本大书,背对着墙上的荷兰地图,似乎在沉思,又似乎面含羞涩,掩藏着心中的秘密,难以回答画家的揶揄,只是等待着他把自己的肖像描绘成画中的女神。也就是这种充满胜利喜庆的氛围吸引了好大喜功的希特勒的购买欲望。但画中精美的帷幕、细致的吊灯、黑白相间的地砖、窗外透来的阳光、条形花纹的上衣,彰显了艺术家出神入化的艺术技巧。整幅画面温馨、华美,也表达了艺术家名传后世的自我期许。这幅画也往往被认为是弗美尔最优秀的代表作之一,英国 BBC 在制作《旷世杰作的秘密》系列节目中就选择了弗美尔的这幅画来作为自己的主题。[①] 西班牙超现实主义画家达利就非常崇拜弗美尔,也很崇拜弗美尔的这幅《绘画的寓言》。对于这位极富有革命意识的画家来说,很难想象他会始终如一地崇拜某个画家,而令人惊奇的是,在世界上无数伟大的画家中,达利最崇拜三位伟大的画家,他们就是拉斐尔、弗美尔和委拉斯凯兹。在一般人看来,这三位画家的画风甚至和达利的画风有着根本的不同。达利早年就依靠对弗美尔的研究使自己古典风格的绘画水平达到了惊人的水平,如他 1945 年创作的《面包篮》和后来的复制品都得益于弗美尔的艺术风格。特别是有一段时间达利对弗美尔《制带人》的研究达到了偏执狂的程度,并绘制了《维米尔的〈制带人〉的偏执狂批评研究》。[②] 关于《戴珍珠耳环的少

---

① BBC:《动感夸张戏剧化:华丽巴洛克》(《旷世杰作的秘密》),辽宁文化艺术音像出版社,2009 年。

② 萨尔瓦多·达利等:《达利谈话录》,杨志麟等译,中国人民大学出版社,2003 年,第 158—159 页。这里的"维米尔"即弗美尔。

女》,达利说:"我发现在《戴珍珠项链的少妇》一画中就像在所有伟大的绘画作品中一样,神圣会聚集在艺术家没有明显地画出的东西上,但已充分地表达了自我。"①达利在《我的秘密生活》中曾明确声明自己"反对伦勃朗,拥护维米尔",②甚至当阿兰问及,当人类在一小时之内全部消失,他有权利抢救一幅画,但这幅画不是他自己的画,他选择哪一幅时,他回答道:"维米尔的《艺术家的画室》,这幅画在维也纳。"③达利有多幅名画都直接来自弗美尔的作品,当然达利在引用弗美尔的作品时比靳尚谊更多地加入了自己卓越的想象,以此来表达自己对绘画的思想。如《可以作为椅子使用的弗美尔幽灵》就来自弗美尔的《艺术家的画室》,《消失的影像》来自弗美尔的《窗前读信的少妇》等。

　　弗美尔的绘画常常被一种宁静所笼罩,画中的人物神情庄重,即使在他的画作《士兵和微笑的女子》中,女孩"笑"得也有些矜持,面带羞涩。至于在《老鸨》中举杯的男人,这个男人有时也被认为是弗美尔的自画像,他的笑容也不是那种激烈的大笑,而是一种不自然的,好似摆着笑的姿势等待着画像的样子。弗美尔的绘画是那么宁静,那么含蓄,真给人如《论语》所说的"素以为绚兮"的感觉。沃尔夫林在论述意大利文艺复兴著名画家安德烈·德尔·萨尔托的绘画时说:"他是人世间的宠儿,甚至他画的圣母也有一种尘世的优雅。他对生机勃

----

① 达利等:《达利谈话录》,第50页。

② 毕加索等:《现代艺术大师论艺术》,常宁生等译,中国人民大学出版社,2003年,第233页。

③ 达利等:《达利谈话录》,第63页。

勃的动作或强烈的感情没有兴趣，而且除了平静的伫立或漫步的姿态以外，他不越雷池半步。但在这范围内他创造了一种令人陶醉的美感。"①沃尔夫林对萨尔托绘画的评价也非常适合弗美尔的绘画。弗美尔的宁静风格与伦勃朗及凡·高对人物内心复杂世界的刻画形成鲜明对比。当然，在一些理论家看来，萨尔托与弗美尔宁静的画风和米开朗琪罗、达·芬奇、伦勃朗等画家的画风相比而言，往往由于缺乏强烈的感情与戏剧性而被看作没有骨气、胆怯、缺乏冒险精神的表现，但他们的作品所呈现出的另一种与众不同的朴实而安详的美，却更容易和一种理想的终极道德观念相联，也许《论语》"仁者静"正是萨尔托、弗美尔画中宁静世界所隐含的价值取向的最好说明。当然，这种外在的和谐与内心的宁静并不是艺术家周围世界的特点，它是艺术家心灵与想象的产物，同样，伦勃朗及凡·高艺术戏剧化的风格与他们戏剧性的性格与人生密切相关，正如弗美尔平静的绘画与他平静的心情与人生有关一样。弗美尔生活在自己的日常世界中，而他的题材也取自这些日常的事件，因此观看弗美尔的绘画正如走进他的，也是当时荷兰大多数中产阶级的日常生活中一样。弗美尔不仅仅是一个摄影师，一个机械的图像采集师，他更是一个画家，一个深刻思考日常生活存在的哲学家，《代尔夫特的风景》中太阳把光线投射在新教堂的尖顶上，这束完美而安详的阳光与其说来自画外的太阳，倒不如说来自弗美尔的内心世界，因为弗美尔的每一幅绘画都充满了阳光，是弗美尔为自己的绘画

---

　　①　海因里希·沃尔夫林：《古典艺术——意大利文艺复兴艺术导论》，潘耀昌等译，中国人民大学出版社，2004年，第185页。

增添了光影,他的绘画世界比当时荷兰中产阶级的现实生活,甚至是自己的现实生活更美,更令我们神往,也更令我们怀念与感动。

在丹纳看来,弗美尔对荷兰日常生活的描绘,正反映了当时荷兰的兴旺发达及市民日常生活的情感世界。弗美尔是荷兰当时众多描绘日常生活的画家,他们的绘画由于来自共同日常生活中真实的人与事而呈现出共同的特色:"这些作品中透露出一片宁静安乐的和谐,令人心旷神怡;艺术家像他的人物一样精神平衡;你觉得他的画图中的生活非常舒服,自在。画家的幻象显然不超越现实,似乎跟画上的人物一样心满意足,觉得现实很圆满,他想添加的不过是一种布局,在一个色调旁边加上一个色调,加上一种光线的效果,选择一下姿态。"①《倒牛奶的女人》中简朴的生活、丰满的身体与宁静的表情不禁使我们想到老子所说的:"是以圣人之治,虚其心,实其腹,弱其志,强其骨。常使民无知无欲,使夫智者不敢为也。"②这种简朴生活的神圣化,并不仅仅是一种艺术的美化,更是一种人生的理想,特别是那从窗外投射来的阳光,它一样地投射到富人、穷人身上,并无任何偏爱,更让我们感受到那来自自然万物的关爱和简朴生活本身的意义。生活是充满了艰辛,正如生活简朴的弗美尔依然要抚养十几个儿女,但正如加缪笔下的西西弗斯,陀思妥耶夫斯基笔下的穷人一样,他们的尊严、幸福与美正来自他对现实无言的承受,用温柔的心情享受着来自自然万物的爱抚。也正是弗美尔这种对日常生活

① 丹纳:《艺术哲学》,第 304 页。
② 陈鼓应:《老子注译及评介》,第 71 页。

的爱与赞美导致了他与伦勃朗的根本不同。丹纳在《艺术哲学》中谈及伦勃朗，在荷兰的画家中"只有两个人越过民族的界限与时代的界限，表现出为一切日耳曼种族所共有，而且是引导到近代意识的本能；一个是拉斯达尔，靠他极其细腻的心灵和高深的教育；一个是伦勃朗，靠他与众不同的眼光和泼辣豪放的天赋。伦勃朗是收藏家，性情孤僻，畸形的才具发展的结果，使他和我们的巴尔扎克一样成为魔术家和充满幻觉的人，在一个自己创造而别人无从问津的天地中过生活"。丹纳把伦勃朗的艺术风格与古希腊罗马的艺术风格进行了对比，他说："希腊人和意大利人只看到人和人生的最高最挺拔的枝条，在阳光中开放的健全的花朵；伦勃朗看到底下的根株，一切在阴暗中蔓延与发霉的东西，不是畸形就是病弱或流产的东西；穷苦的细民，阿姆斯特丹的犹太区，在大城市和恶劣的空气中堕落受苦的下层阶级，瘸腿的乞丐，脸孔虚肿的痴呆的老婆子，筋疲力尽的秃顶的匠人，脸色苍白的病人，一切为了邪恶的情欲与可怕的穷困骚动不安的人；而这些情欲与穷困就象腐烂的树上的蛀虫，在我们的文明社会中大量繁殖。他因为走上了这条路，才懂得痛苦的宗教，真正的基督教，他对圣经的理解同服侍病人的托钵派修士没有分别；他重新找到了基督，永久在世界上的基督……在一般贵族阶级的画家旁边，他是一个平民，至少在所有的画家中最慈悲。"①丹纳认为，在刻画人物精神世界的深度与广度上只有莎士比亚能与伦勃朗相比，但在如何像希腊人与意大利人那样"看到人和人

----

① 丹纳：《艺术哲学》，第305—306页。

生的最高最挺拔的枝条,在阳光中开放的健全的花朵",弗美尔就具有了与伦勃朗根本不同的能力与价值取向。

在 17 世纪荷兰黄金时代的画家中,伦勃朗是一个众所周知的人物,而弗美尔则显得更像一个谜,虽然他今日的声誉已与伦勃朗齐名,但关于他的生平与艺术历程除了很少的文献资料外,大多淹没在艺术史家的各种推断之中。就弗美尔一生流传下来的仅有的 30 多幅作品来看,几乎件件都令人称奇,这些伟大的艺术作品使他在美术史上的地位不仅与他同时代的伦勃朗,也与后来的凡·高相提并论。弗美尔与伦勃朗根本不同,弗美尔是那样单纯,不像伦勃朗那样如包容一切的大海与天空,招引着无数人的眼光与好奇,弗美尔就像一泓碧潭、一条小溪清澈见底,唯有情有独钟的人才会久久不忍离去。他们之间有着很多惊人的对比:伦勃朗生前就已获得了他应有的声誉,但弗美尔却没有那么幸运,他在去世后 200 多年才获得了认可;伦勃朗辉煌时衣食无忧,并有富有的妻子为后盾,但弗美尔一生都平凡清贫,长期居住在岳母家里,和妻子卡塔琳娜一起为要养活 11 个孩子而挣扎,生活上主要依靠父亲留下的旅馆和当艺术经纪人的收入来维持庞大的家庭开支,同时还受岳母的周济。根据档案记录,弗美尔花费了大约三年时间才全部支付了加入圣路加行会所需的区区六盾,特别是弗美尔晚年的经济由于 1672 年法国入侵尼德兰导致艺术品市场的瓦解而突然陷入窘境,只好以借贷度日,最后生计无所依靠的弗美尔于 1675 年 12 月 15 日在困顿中突然去世,时年 43 岁,妻子在回忆他的早逝时说:"由于(经济损失)的缘故,还有养家糊口的巨大负担,个人也没有多少家产,他精神恍惚，从此一蹶不振。"①他妻子卡塔琳娜在求助于代尔夫特市政当局时也说，弗美尔的死是因为"自己的作品一张都卖不掉，而且，叫他损失惨重的是，他只能枯坐，看着自己买进却卖不出去的大师画作，因为这个问题，因为孩子的沉重负担，身无分文的他陷入衰弱、颓废，为此郁结在心，然后，仿佛发狂一样，原本健健康康的他，只不过一天半的光景，就撒手而去。"②弗美尔死后债台高筑，甚至还欠面包店很多钱。于是，他的财产被清理，画作被出售或拍卖，现今这些画作大都被收藏在从他的家乡荷兰到美国、法国、德国、奥地利等世界各地的展览馆里，其中三幅，包括他的代表作《戴珍珠耳环的女孩》《代尔夫特的风景》收藏在离代尔夫特最近的海牙皇家摩里斯宫。弗美尔生活在 11 个孩子之中的忙乱与环境的吵闹是可想而知的，但这一切在他的画作中竟然没有一点显现，他的画作充满了安静与优雅。普通人的日常生活成了弗美尔绘画灵感的源泉，他对女性细微深刻的刻画、日常生活场景的描绘、绘画中精美的细节、对日常家具的深厚感情、对阳光与宁静的赞美都来自他对自己繁忙而充实的日常生活的感叹，同时我们在他的画中也能感受到他对飞速发展的时代的赞美，甚至他自己的绘画还采用了一些科学的方法来取景构图。弗美尔的时代是一个科学产生巨大进步的时代，那时，路易十四建立了天文台，牛顿发明了反射望远镜，惠更斯发现了土卫六，航

---

① Brad Finger, *Jan Vermeer*, Prestel Verlag, Munich, Berlin, London, New York, 2008, pp69-70.

② 卜正民：《维梅尔的帽子——从一幅画看全球化贸易的兴起》，刘彬译，文汇出版社，2010 年，第 219 页。

海中开始用木星的卫星来定位等等，这一切对于一个对航海有着特殊感情的国家——荷兰来说无疑具有特别重要的意义，与列文虎克的亲密友谊更是加深了他对科学的关注与赞美。弗美尔与显微镜的发明者列文虎克都生于 1632 年，并生活在同一座城市——代尔夫特，列文虎克最后甚至成了弗美尔财产的托管人。弗美尔两幅著名的关于科学家的画作《天文学家》《地理学家》显然都是以同一个模特为模型画出的，地理学家身后的地球仪、桌子上的地图、手中的量规、沉思而又志存高远的目光、天文学家的星象仪、打开的书本、二者专注深思的表情都表达了作者对于一个完美科学家的形象的理解，也表达了他对崇高的科学及勇于献身的科学精神的无限赞美，这一切都使人联想到无数科学家、冒险家、商人们为经济、文化的交流所付出的巨大代价，及其所蕴含的浪漫想象。明亮的窗口所带来的阳光正如来自另外一个世界的恩典，把荷兰的每一个房间都照射得令人倍感温暖。科学家的绘画主题既不是爱情，也不是道德的寓言，而是更为现实的对一个广大而生机勃勃的外在世界的向往与探讨，这是旅行者、商人及探险家的世界，那里充满各种令人惊奇的新事物、新信息，它也强迫那些接触到这新世界的人必须以一种新的视角与价值观来重新看待世界与自我。

在对日常生活事物的处理上，弗美尔与伦勃朗也根本不同，弗美尔对日常生活用品的精美刻画与伦勃朗大都把无用的细节淹没在黑暗之中的做法形成了鲜明对比。如他的《倒牛奶的女人》中女人深浅不一的上衣、微微倒出的牛奶、粗糙的面包表面、条纹清晰的挂篮，都令我们印象深刻。特别是女人头顶墙上无用的钉子及其投下的淡淡阴影，还有其他几颗拔过钉子留下的洞痕，真是令我们对艺术家的苦心孤诣不得不发出赞叹：这个钉子显然以前是曾悬挂过东西的，正如它旁边依然悬挂着提篮和水壶一样，这样的钉子在我们小时候的墙上也能常常看到，它之所以没有被取下来，是因为还需要它下次悬挂东西，这即将悬挂的东西也正是生活的希望，人们就是被这些看似简单的日常生活牵挂着，这看似无用的钉子及其周边依然散落的钉眼，借助弗美尔的光线，借助他对日常生活温柔而亲切的描绘使其具有了无法言喻的温情，看似毫无意义的日常生活便就此获得了某种永恒的意义，在近 500 年后的今天，依然是那样生动、亲切而感人，让人充满怀念与遐想。在伦勃朗的绘画题材中，宗教题材占据了很大的比重，但题材与画作所体现的并不是宗教所最终追求的神圣的宁静，而是一种伦勃朗式的宗教激情，即使是《沉思的哲学家》中的宗教学家也是表现深思的宗教激情或以宗教的激情来深思。其他取材自宗教的画作，如《耶稣在以马忤斯》《一百盾》《被拿住的奸妇》《浪子回头》《木匠家庭》《三个十字架》《扮成使徒保罗的自画像》《耶利米哀悼耶路撒冷的毁损》等都取材自富有寓意的《圣经》故事，其他如《夜巡》《杜普教授的解剖课》《伯萨撒之宴会》则充满了宏大而复杂的场景，人物的内心也充满了紧张的矛盾。伦勃朗一生反复刻画的戏剧化的自我画像也是他与弗美尔根本不同的重要表现。当然动荡而复杂的画面必须要有大尺幅的构图来与之相配，并借助整幅绘画周围阴暗部分所展示的神秘气氛以引起观画人情感的动荡与沉思，伦勃朗也时常希望能通过画巨幅油画来使自己声誉大振。①

　　伦勃朗这些戏剧化的特点总能吸引时代的眼球,也因此更容易成为时代的焦点与中心。而弗美尔正好与此相反:他仅仅注重日常的题材,没有大场面,只有一些简单的日常场景,如读信、写信、交谈、织布、倒奶、一个人的自弹自乐,没有内心的争斗与欲望,仅有人物平静的外表与简单的动作,甚至他的人物很少出现微笑(只有《士兵和微笑的女子》中的少女出现了少有的微笑),而且大都是简单的小尺幅的构图②,只靠整幅绘画所呈现出的精美与宁静来打动观者,而这些平淡温馨的场景是很难打动那些追求宏大场面与激烈动荡感受的观众的内心的。他们两位简直就是艺术的两极,二人的个人生活也呈现出极大的不同。伦勃朗的生活充满了动荡与起伏,他的艺术生涯与个人情感生活也无不如此,而弗美尔的生

　　① 亨德里克·威廉·房龙:《伦勃朗的人生苦旅》,朱子仪等译,北京出版社,2002年,第130页。

　　② 创作于1685年现藏于荷兰阿姆斯特丹国立美术馆的《倒牛奶的女人》尺幅是45×41 cm²,创作于1666—1667年现藏于美国华盛顿国家美术馆的《戴红帽的女孩》尺幅是23×18 cm²,著名的《代尔夫特的风景》创作于1660—1661年,现藏于荷兰海牙莫瑞修斯博物馆,尺幅是96.5×115.7 cm²,创作于1665年现藏于荷兰海牙莫瑞修斯博物馆的《戴珍珠耳环的少女》尺幅是44.5×39 cm²,创作于1666—1667年现藏于维也纳艺术史博物馆的《绘画的寓言》最大,是120×100 cm²,创作年代不详,现藏于巴黎罗浮宫的《织蕾丝花边的少女》尺幅是24×21 cm²。创作于1669—1670年的《情书》尺幅是44×38.5 cm²,现藏于阿姆斯特丹国立美术馆。由此来看,弗美尔作品的尺幅大都很小,所以当收藏家巴尔塔萨·德·芒特尼斯在代尔夫特拜访弗美尔,要买他的画时,就认为他的画太小,而且往往只有一两个人物,且又要价太高。因为在17世纪,一幅画的价值往往取决于作品的大小、复杂性和精美细部的数量,而弗美尔很少创作大尺幅的作品,并往往用一两个人物来紧扣主题,这也许是他不合时代画风、不受时代青睐的一个重要原因。

活则充满了宁静，甚至他艰难的日常生活也是一种普通人所常常经历的困苦，所以他的绘画既是他日常生活的反映，也是他内心精神世界的写照。弗美尔画中的人物感情细腻，如《音乐课》中，教师并没有在聆听音乐，也没有在看钢琴或乐谱，而是在注视着弹钢琴女孩的脸，他内心隐约的情感与欲望显露无遗，这细微的处理让人感受到画家对人物内心世界的精微体察。弗美尔画中的人物不是没有欲望，而是压抑了欲望，内心的情感被宁静的神情和安详的氛围所笼罩，化为平静的深水，如《倒牛奶的女人》中丰满的形体，怎会没有欲望呢？其他如《织蕾丝花边的少女》《读信的少妇》《写信的女子与女佣》《情书》《坐在小键琴边的少女》等无不如此，然而这种欲望并不是被一种充满饥饿的邪气所控制，而是如牛马在丰沛的草原上游荡一样，没有争夺，没有吵闹，没有紧张，大家都固守着一种"强身弱志"的原则，相安无事。即使如《老鸨》这样的题材也仅仅是充满一种世俗的欢乐而已。她们的形象充分显示了经济的兴旺、营养的丰富、家庭的幸福，这些世俗的绘画及追求与当时主流意识的宗教画形成了鲜明的对比。这种充满宁静的古典主义风格与"高贵单纯，静穆伟大"的古希腊风格有相通之处，正如梅因斯通所指出的："这些特点让我们想起：'古典'这个词还有另一层含义，也就是用来形容伟大的荷兰画家扬·弗美尔的《德尔夫特景色》的那层含义。""比较一下弗美尔的《读信的少妇》，也可看出'古典'这个词用来指和谐、宁静和平衡时，可适用于与古罗马毫无联系的艺术品。"[①]无

① 梅因斯通：《剑桥艺术史——17世纪艺术》，钱乘旦译，译林出版社，2009年，第71—72页。

论怎样，伦勃朗因为描述了复杂的人生及人性让我们肃然起敬，但弗美尔描述了富足温馨的人生，而这正是今日中国人所普遍向往的，从这个角度讲，在今日的中国，弗美尔比伦勃朗更具有启发意义。

当然，弗美尔画作所呈现的古典主义审美趣味是一种融合巴洛克风格的古典主义，苏珊·伍德福德在《剑桥艺术史·绘画观赏》一书中通过对比贝里尼的文艺复兴作品《首席长官洛雷达诺》与弗美尔的《织蕾丝花边的少女》来说明弗美尔的巴洛克风格。她说："试看贝里尼作品底部的坚硬的横栏、抬得笔直的头（包括平视的眼睛、水平的嘴巴和竖着的鼻子），和在一个与画面平行的平面上绘制的半身塑像。把这些特征与《绣花边的人》进行比较：她坐在一个边角上，后面的肩膀退入深景，头微斜，这样她的目光就偏向左下方；光线从右面进来，照亮身体右边而把左边投入阴影，这样就使绘画表现出统一性。"[1]当然伍德福德的分析，也是为了印证沃尔夫林的古典主义理论。沃尔夫林在《艺术风格学：美术史的基本概念》中就通过分析弗美尔画中的纵深感来揭示其与同时代画家的基本区别及其所隐含的巴洛克风格，在沃尔夫林看来，《代尔夫特的风景》中，虽然街道、河面和附近的堤岸几乎全是用纯粹的狭长带形来展示的，但其通过色彩，特别是天空中云彩所具有的逐步的由暗到明所形成的纵深感，使观者的眼光不断地从近处的岸边到河边、街道，直至远方被房屋遮挡而无法看到的天际。即使《音乐课》这样的室内画也同样表现了这种强

———————

[1]　苏珊·伍德福德：《剑桥艺术史——绘画观赏》，钱乘旦译，译林出版社，2009 年，第 92 页。

烈的纵深感,虽然初看起来,这部作品在房间构图及内容上与丢勒的《圣杰罗姆》没有太大的区别,但作品所展现的纵深感正是它风格新异的基本标志,也是沃尔夫林所谓的巴洛克风格的象征:"如果这幅复制品在光和色上较真切的话,我们的这位画家风格上的新要素当然会显露出来;不过即使在这里,也可以看到某些因素,这些因素毫无疑问地使人想到巴洛克风格。首先,这是一系列的透视的大小,是与背景相比有显著尺寸的前景。这种急转直下的缩减是由接近的观测点产生的,它总是要加强纵深的运动。在地面图案上的外观也有同样的效果。展开的空间被展示为一条有最显著的纵深运动的走廊,这是一个重要的母题,这个母题在同一意义上起作用。"[①]沃尔夫林与伍德福德的分析揭示了弗美尔的巴洛克风格,其实,这种巴洛克风格既是艺术家个体艺术风格及情趣的展现,也是画家根据被刻画人物根本不同的个性、职业特点、社会身份特点等所做出的必然选择,首席长官洛雷达诺表情严肃,身体笔直,摆出正襟危坐的样子乃是为了充分显示其职业性质与其人物性格的庄严神圣,绣花边的女工则完全不同,她在工作时必须屈身低首,目光注视着自己手中的织物。弗美尔乃是采用一种当时流行的现实主义风格,为了展示一个工作中的女性形象,低垂的头,弯曲的肩膀,摆满加工衣料以至于必须坐在桌子角边的局促都是工作的需要,整个画面不过是显示这是一个普通的劳动者的形象,和那些追求浮华、充满幻想的巴洛克风格在取材、趣味、表现手段等方面都有着根

---

① 海因里希·沃尔夫林:《艺术风格学：美术史的基本概念》,潘耀昌译,中国人民大学出版社,2003 年,第 103 页。

本的不同。

　　以今日的审美习惯来看，取自世俗题材的弗美尔画作自然更为亲切自然，和当时占据主导地位的伦勃朗式的绘画风格比较起来截然不同，甚至有些离经叛道倾向。从伦勃朗大量的《圣经》题材来看，他也可说是另一种形式的古典主义，直接取自现实生活题材的弗美尔仅仅是在艺术风格及其表达手段上，也就是仅仅在形式上体现了一种古典主义的审美趣味，正如丹纳指出的，弗美尔的绘画正是当时新兴的荷兰市民中产阶级审美趣味的反映，日常简朴的生活、现实环境的风景画、静物画、肖像画等，正反映了他们的日常生活内容及其精神价值追求，虽然少数画作仍然具有传统宗教画的寓意，如《称天平的女人》《绘画的寓言》《信仰的象征》，还有极少直接取材于《圣经》的作品，如《基督在马大和玛利亚家》等，但整体上弗美尔的绘画大多是以现实为源泉，无论在内容上，还是在形式上都突破了意大利佛罗伦萨画派多取材《圣经》、威尼斯画派多取材希腊神话的局限，这在弗美尔的《代尔夫特的风景》中就可看出：层层倒影的河面、岸边停栖的小船、熟悉的建筑、三五成群交谈的人、蓝天中漂浮的大片白云、远远耸立的教堂尖塔等等，无不是活生生的自然与生活。画中河港两岸码头上停歇的船只，或在港口停留的小货船都表明了荷兰当时商业与航海业的发达，特别是画中反复出现的读信、写信主题更是呈现了海上贸易发达的荷兰人被卷入全球人口流动浪潮的情景，这位一生很少远行的"居家画家"也深刻地感受到了这种社会的动荡与巨变，不得不在画中反复出现这个日常的话题。至于《小巷》则更是对真切的街头巷尾的描绘了，坐在门前缝衣的女人、跪在地上擦洗地板的女仆、正在洗刷抹布的女人等真是一幕真切感人、令人怀念不已的温馨生活场景。正如布列逊《视觉与绘画：注视的逻辑》所指出的"维米尔以前所未有的精确记录其知觉"。[①] 是的，弗美尔摄影般的自然与精准是任何观看过弗美尔绘画的人所一致得出的结论，当然这种精确也是与一种同样松散的自由的风格并列地呈现在画布上的，如《绘画的寓言》中整齐的花格地板、精美的服饰、别致的吊灯与粗犷的窗帘编织图案、墙上地图的大致轮廓及富于变化的光线的明暗等和谐地交融在绘画之中，而这一切都隐含在画面中的画家刚刚开始创作的图画之中，这幅画，我们才刚刚看到它开始的一部分，这也是弗美尔在画中呈现绘画过程使现实的绘画与未完成的画作虚实结合的完美构思。

看似平凡的弗美尔绘画又往往蕴含着一定的宗教道德寓意，这又在某种程度上显示了弗美尔与殖民地时期荷兰传统绘画的必然联系，如直接取材自希腊神话题材的绘画《狄安娜和她的女伴》中洗脚的形象自然使人联想到耶稣基督在最后为门徒洗脚的故事。《基督在马大和玛利亚家》则来自耶稣把聆听讲道的玛利亚置于忙于世俗服务的马大之上的故事，其隐含了《圣经》的教导是更高的存在的寓意。《信仰的象征》也直接来自基督教题材，特别是画中墙上悬挂的巨幅耶稣受难图更是直接宣示了基督教的教义，女主角抚胸昂视的造型也是基督教题材中常见的信道者为耶稣及世人苦难哀悼的形

---

① 诺曼·布列逊：《视觉与绘画：注视的逻辑》，郭杨等译，浙江摄影出版社，2004 年，第 122 页。

象。除此之外,他的《称天平的女人》中的宗教寓意则较为含蓄,有研究者认为这是以怀孕时期的妻子卡塔琳娜为模特画制的,画作描述了下腹微微隆起的卡塔琳娜正站在几乎被完全遮蔽的窗前称量黄金重量的情景,这在当时的荷兰非常普遍,由于经济的迅速发展,各种黄金的流通物由于反复的使用而常常遭受磨损,重量也常常发生变化,因此为黄金称重不仅很重要,也是很常见的工作,由于其重要性,自然也是很隐蔽的工作。画中的卡塔琳娜平静而专注的眼睛全神贯注在她的工作之中,同时也似乎在体味着身为母亲的喜悦,她是如此地沉浸在自己的工作之中,似乎外面的世界已完全不存在,甚至珠宝盒上熠熠闪烁的珍珠链、桌上随意取出等待称重的金项链与金银币都很难引起她的注意,她的目光紧紧注视着那只权衡一切的天平,据用放大镜观看过的理论家说,那上面并无一物。当然,天平上面的东西是可有可无的,更为重要的是要保持它应有的平衡,卡塔琳娜身后的那幅以典型的弗兰德斯风格绘制而成的画则暗示了她的工作的真正意义,不是为自己谋求财富,而是要为神的意志寻求公正。这幅画中画的题材同样来自《圣经》,内容是上帝在进行最后的审判,最后的审判自然也应该包括卡塔琳娜每次给黄金称重的行为。上帝用他的道德标准来为每一个世人的行为与内心称重,他并不关注世人的物质财富,他关注的是每一个人真正的道德水平。因此画中的卡塔琳娜并没有把自己的目光聚集在珍珠与黄金项链上,她关心的是天平的两边是否平衡,商品是否物有所值,人是否各得其所,因此吸引我们视线的整个画面的焦点并不是珍珠、黄金与白银,而是卡塔琳娜宁静地审视一切而又甘愿接受最后审判的神情，这样，墙上众人等待审判的动荡与卡塔琳娜脸上的宁静就形成了鲜明的对比。当然，这种动荡与宁静在本质上都是一而二二而一的，因为称量珍珠与黄金本身就是明辨是非、权衡善恶。

贡布里希把弗美尔看作与伦勃朗一样伟大的画家。在贡布里希看来，正如很多伟大的音乐没有歌词一样，一幅取材于日常题材的绘画也同样能伟大不朽，题材并不是决定一个艺术家是否成功的标志。弗美尔喜爱表现普通人日常生活中宁静的瞬间，并从中发现令人难以忘怀的诗意的能力，是同时代的其他画家所难以达到的，他一反依靠宏大的宗教题材来获得威严的做法，让普通人和平常的生活绽放出感人的光彩，使他的风格与法国著名画家夏尔丹的画风极为相似，他们的画作都没有花哨的戏剧效果，也没有故作惊人的暗示，但朴实而感人的氛围却是其他画家所无法比拟的。所以贡布里希在《理想与偶像》中以弗美尔的《代尔夫特的风景》为例来思考"艺术是否有一种改善的作用"这个历来就困惑艺术家及哲学家的老问题，他说："我想以弗美尔（Vermeer）的《代尔夫特的景象》（*View of Delft*）作为范式，因为在几星期前我有过这种奇妙的感受。这是一种有改善作用的感受吗？这完全得取决于你用'受益'一词指的是什么。我不安地发现，有一种本意良好、结果却不好的宣传说：艺术是对你有益的，会使你成为一个更好的人或公民，但可悲的是，这一点已被多次证明是错误的，事实是有一些暴君和恶棍也有敏锐的审美眼光。这并不是说欣赏艺术不能留下永久的印象，也不是说欣赏艺术不是一种有丰富作用的感受。我们珍惜这类观看所留下的记忆,我们只希望我们能够随意地完全唤起以往欣赏艺术所获得的体验。"①贡布里希体会到了艺术,特别是弗美尔《代尔夫特的风景》这样伟大的艺术给人的美好影响,但他同时也看到了这种影响的有限性,因为历史上无数的阴谋家、战争狂都是艺术的狂热爱好者,正如希特勒、戈林都非常喜欢弗美尔的艺术。事实上,艺术正如炎炎盛夏的清风,虽然它无法改变盛夏的大局,但如果没有凉风的吹拂,人生只能遭受更多的磨难。

也许由于家庭生活的直接原因,我们可以看到在弗美尔的画中女性占据着绝对主导的地位,无论是工作中的女性,如《倒牛奶的女人》《织蕾丝花边的少女》《称天平的女人》《打盹的女人》等,还是从事简单的日常生活,甚至是纯粹休闲中的女性:《坐在小键琴边的少女》《音乐会》《弹吉他的女人》《音乐课》《弹鲁特琴的女子》《中断音乐课的女子》《坐在维基拿琴边的女子》等,她们在享受着生活,即使那些纯粹的肖像画,如《戴红帽的女孩》《年轻女子肖像》《戴珍珠耳环的少女》《拿笛子的女子》等都充分展示了女性自身的富足、沉静与价值,至于几幅少有的以《圣经》和神话为主题的关于女性的画作,如《耶稣在马大和玛利亚家》《狄安娜和她的女伴》《信仰的力量》,也同样使女性的主导地位得以展示。这其中,有几幅特别令人感兴趣的是以男女对话为主题的画作,如《音乐会》《音乐课》《中断音乐课的女子》《拿水杯的女子》《玻璃酒杯》《士兵和微笑的女子》等,更是通过男性注视甚至有些恳求的目光及女性大多处于画中心的位置来展示女性地位的显著变化,而

① E. H. 贡布里希:《理想与偶像》,范景中等译,上海人民美术出版社,1989 年,322—323 页。

这在同时代的其他画家中，如伦勃朗的画中是绝少看到的。男性对女性注视恳求的目光已经充分说明了女性地位的新变化，随着贸易的发展，金钱自然在人们生活中占据着主导地位，创造金钱、占有金钱的男性在社会中自然占据更多的主动地位，正如《士兵和微笑的女子》中的士兵一样，我们也许能隐约感受到他的霸气与不可一世。这种霸气在《拿水杯的女子》中两位争风吃醋的男性身上也可看出，一位因为得到女性的青睐而洋洋得意，另一位则因为丧失了女子的垂青而不顾尊严地垂头丧气。但同时，我们也能看到，在金钱主导的经济浪潮下，随之而来的另一股浪潮也在暗流涌动，那就是随着人口流动的增加与人际交往的频繁，浪漫与幻想也同样慢慢地改变着人们的情感世界。这几幅描写男女交谈场面的绘画，也许是他们正在谈婚论嫁，男性的讨价还价与不断恳求，女性的微笑、沉着、自信、对局面的控制与在画中的中心主导地位，至少反映了在一个经济飞速发展的时代，美与浪漫的情感正在悄然取代财富的地位成为衡量爱情价值的软货币，而体察入微的弗美尔用他精准的笔触揭示了这种悄然涌动的新变化。画中女性的穿戴也同样是展示女性地位的一种象征，最为典型的就是对珍珠、项链、华美的服饰、繁复挂毯的描绘，同时也展示了弗美尔精湛的艺术技巧。弗美尔有很多画作都刻画了女性耳畔上的珍珠，如《写信的女子》中两耳上悬挂的珍珠，《绘画的寓言》中女子耳畔的一串珍珠，《音乐会》中两个女子耳畔都垂挂着珍珠，其他如《戴红帽的女孩》《主仆》《年轻女子肖像》《弹鲁特琴的女子》《写信的女子与女佣》《情书》《戴珍珠耳环的少女》《拿笛子的女子》等作品中，女主人耳畔均垂挂着大珍珠，当然还有最为著名的《戴珍珠耳环的少女》中的大珍珠。弗美尔描绘的这些珍珠形体大都很大，且光彩熠熠，给人以富丽堂皇的感觉，上面隐约出现的形状与轮廓又往往使人联想起戴它的女子所处的房间的情景，无论这些珍珠是否让人怀疑它们的真假，但珍珠所呈现的富足与祥和确实和弗美尔绘画的充实而宁静的风格保持着和谐。

此外读信的女子也是弗美尔痴迷异常的题材：《窗前读信的女人》《写信的女子》《写信的女子与女佣》《读信的蓝衣女子》《主仆》《情书》等，反映了信在以航海为生活重要组成部分的荷兰人的日常生活中所起的重要作用。当然，情书也是一个重要的主题，是当时荷兰人精神自由的一个象征，特别是年轻女子的信件。信是人与人交流的一种特殊方式，它使观画人很容易产生无限的遐想。在弗美尔众多以信为主题的绘画中，《读信的少妇》给笔者的印象最深。这幅画的女主人是一位已有身孕的女子，她身穿宽大的蓝衣，修长的裙子，朴素的装扮透露着雅致高贵的气息。她站在充满阳光的窗前，似乎迫不及待地要放下手中的工作，来不及坐下就急切地打开从远方寄来，或者是从别人手中转来的书信，她脸上隐约的急切说明这是她期盼已久的信，现在终于到了。这使我们不禁想到凡隆恩在《伦勃朗传》中描述的大诗人翁德尔在港口边常常等待远在东印度群岛的儿子的消息的情景，[①]椅子上的坐垫也似乎暗示着窗外的寒冷与她内心不露声色的急切的思念的张力。她神情端庄，完全沉浸在信中，周围的一些仿佛都已静

---

① 约翰尼斯·凡隆恩：《伦勃朗传》，周国珍译，上海美术出版社，1997年，第5页。

止,不复存在,空着的两张椅子,微微露出的桌子的一角,给人以惆怅之感,这本应该是写信人的位置。虽然我们不知道这封信从哪儿来,又是谁的信件,但墙上简略的地图与她专注的神情大致可以让我们揣测,这封非常重要的信应该是从一个遥远的地方寄来,也许读信的女主人常常张望着这张地图期盼着这封渴望已久的信,这封信应该与她微微隆起的腹部有关,那是一个延续着过去的传奇故事,而这正是信的真正主题。另一幅同样著名的《窗前读信的女子》则与《读信的少妇》有所不同:与《读信的少妇》以蓝调为主给人以清冷的感觉不同,《窗前读信的女子》则以暖色为主调,它更多给人以温馨之感,画的主人可能是一位少女,在阅读情人或未婚夫寄来的信件,我们同样能从她完全沉浸在信中的专注神情中感受到,这是一封期盼已久的信,她的专注使我们不难想象到她内心的渴望与激动,也许她在重温,或是猜到了她一直萦绕在心头的故事? 旁边桌上精美瓷盘中散落的水果正是她内心慌乱的象征,她对信的专注,对外界的一无知觉,心潮的起伏都在波浪一般的土耳其地毯与如乱石一般散落的水果上显现出来。在这几幅以信为主题的画中,女性无论是在写信还是在读信,那另一个写信或读信的男子都没有出现,他仅仅出现在画中女子与读者的想象之中,然而正是这种毫无边际的想象使画面充满了一种若有若无的怀念与感伤,也许那远在天边近在咫尺的写信人或收信人并不像我们的画中人那样痴情与专注,衷肠无限、风情万种的信不仅仅是一种内心的展示,它也同样也是一种内心的掩藏——愈是随着空间距离的增大而愈是无法知道写信人的真相。

弗美尔常常以全神贯注地做某件事的女性作为画的主角，画作也往往有两种基本色调组成：黄色与蓝色。以黄色为主的画作自然以《戴珍珠耳环的少女》《倒牛奶的女人》《织蕾丝花边的少女》为代表。其他如《窗前读信的女人》《拿水杯的女子》《玻璃酒杯》《写信的女子》《主仆》《写信的女子与女佣》《士兵与微笑的女子》《弹吉他的女人》《情书》《老鸨》《弹鲁特琴的女子》《坐在维吉那琴边的少女》等，充满整幅画的黄色给人以强烈的印象，使整幅画既显得温馨亲切，又给人以高贵富足的感觉，充分显示了弗美尔试图丰富画面、丰富生活的美好愿望。普鲁斯特在《追忆似水年华》中就描写了作家贝戈特虽然有病在身，仍然坚持去参观弗美尔《代尔夫特的风景》，并在参观时突然去世的情景，作家临死前的各种意识与弗美尔的用点画出的景色融为一体，特别是普鲁斯特重点强调了弗美尔经常采用的黄色，小说中写道："但是一位批评家在文章里谈到过的弗美尔的《德尔夫特小景》（从海牙美术馆借来举办一次荷兰画展的画）中一小块黄色的墙面（贝戈特不记得了），画得如此美妙，单独把它抽出来看，就好像是一件珍贵的中国艺术作品，具有一种自身的美，贝戈特十分欣赏并且自以为非常熟悉这幅画，因此他吃了几只土豆，离开家门去参观画展……最后，他来到弗美尔的画前，他记得这幅画比他熟悉的其他画更有光彩更不一般，然而，由于批评家的文章，他第一次注意到一些穿蓝衣服的小人物，沙子是玫瑰红的，最后是那一小块黄色墙面的珍贵材料。他头晕得更加厉害；他目不转睛地紧盯住这一小块珍贵的黄色墙面，犹如小孩盯住他想捉住的一只黄蝴蝶看。'我也该这样写，'他说，'我最后几本书太枯燥了,应该涂上几层色彩,好让我的句子本身变得珍贵,就像这一小块黄色的墙面。'这时,严重的晕眩并没有过去。在天国的磅秤上一端的秤盘盛着他自己的一生,另一端则装着被如此优美地画成黄色的一小块墙面。他感到自己不小心把前一个天平托盘误认为后一个了。他心想:'我可不愿让晚报把我当成这次画展的杂闻来谈。'"①这一段正是普鲁斯特再现了他自己在 1921 年 5 月在巴黎网球场博物馆参观荷兰画展时观看弗美尔作品突感不适的情景。② 身体虚弱不宜出门的普鲁斯特坚持要去观看弗美尔的作品,并被其画作中所特有的安宁、坚实、丰富、平易所折服。我们从这段文字中也能深刻感受到普鲁斯特对弗美尔的情有独钟。《追忆似水年华》第一部《在斯万家那边》的主人公斯万就是一个弗美尔的热爱者,书中多次提到他要重新开始对弗美尔中断的研究。③普鲁斯特在这里如弗美尔点彩画一般精确地再现了贝戈特去世前对弗美尔绘画的感受及绘画对自己创作的启发,特别是对墙壁如蝴蝶一般金黄颜色的描写,及其如中国艺术品的评价更是令人印象深刻,这与他对奥黛特卧室中的中国装饰,如中国瓷器、丝绸、兰花、菊花、小摆设等的描绘形成了对照。④

　　弗美尔的蓝调绘画则彰显了他的艺术的开拓性,大量使用的蓝色给他画中的女主人增添了高雅与神秘之感。《戴珍

　　① 普鲁斯特:《追忆似水年华》下,周克希等译,译林出版社,2008 年,第 1633 页。
　　② 同上,第 35 页。
　　③ 同上,第 144、174 页。
　　④ 普鲁斯特:《追忆逝水年华》上,第 161 页。

珠耳环的少女》中鲜艳的蓝头巾,《倒牛奶的女人》中的蓝围裙,《地理学家》中的蓝袍,《绘画的寓言》中的蓝衣女子,《拿笛子的女子》中的蓝衣,《弹鲁特琴的女子》中的蓝窗帘,《信仰的力量》中的蓝裙等。特别是《坐在小键琴边的少女》《站在小键琴边的女士》《拿水杯的女子》《读信的少妇》等基本上以蓝色为基调。在 1888 年,凡·高曾就《读信的少妇》中复杂的着色、精致的色彩搭配发表过评论,他说:"这位不同寻常的艺术家在调色时,使用了蓝色、柠檬黄、珍珠灰、黑和白。的确,在他的画中没有几幅我们可以发现全部色调。但是,柠檬黄、暗灰色和浅灰色调和在一起就是他画作的特征,正如委拉斯开兹把黑色、白色和粉红色调和在一起一样。"[1]弗美尔非常喜欢钻石蓝,这种钻石蓝成了弗美尔画作一个最为典型的标志,这种色彩对后来的印象派及其他现代画家,如凡·高、马奈、莫奈、蓝色时期的毕加索等都产生了重要的影响,如毕加索 1900 至 1904 年蓝色时期的《母与子》《蓝色自画像》及 1905 年创作的《拿烟斗的男孩》《扇子女人》等都显示了毕加索与弗美尔蓝色画风的基本特征,只不过弗美尔的蓝色更多的是一种优美,而不是一种沉郁。凡·高之所以是 19 世纪众多崇拜弗美尔的画家之一,与他崇拜弗美尔对色彩的大胆而精妙的运用有很大关系。弗美尔惯常使用的蓝色颜料主要产自以阿富汗为中心的中东地区,伊斯兰绘画与建筑中也经常大量运用,因此这种色彩的运用能产生一种绚丽、精致而神秘的东方情调,这也是各种现代主义画作对蓝色情有独钟的原因之一。

---

[1]　Brad Finger, *Jan Vermeer*, p. 111.

同时,马奈、莫奈的人物画中的色彩、人物、构图、整体风格等很多方面都出现和弗美尔绘画相似的风格,如弗美尔的《绘画的寓意》中画家的条格上衣的样式在莫奈的《绿衣女人》,马奈的《铁路》《坐船的人》,塞尚的《坐在红扶手椅里的塞尚夫人》等人物画中反复出现多次。特别是弗美尔反复运用的蓝色、黄色、白色等更是让这些印象派画家情有独钟。当然弗美尔画中其他因素的存在也加强了其画作的神秘异国情调,如《窗前读信的女人》中的瓷盘、《中断音乐课的女子》中乐谱旁边的中国瓷壶、《打盹的女人》面前的瓷盘与瓷壶、《戴珍珠耳环的少女》中的瓷罐与瓷碗、《音乐课》中的瓷壶、《拿水杯的女子》中的瓷器果盘、《老鸨》中人物手边的青花瓷杯,这些瓷器与《倒牛奶的女人》中的普通奶罐、《玻璃酒杯》中的瓷酒壶迥然不同,这些图案精美、熠熠闪光的中国瓷器也许正来自当时外贸异常发达的东印度公司,它们都是富足的商人用以炫耀的奢侈品。在弗美尔作品中反复出现的方格地砖也是如此,如《音乐课》《站在小键琴边的女士》《绘画的寓言》《写信的女子与女佣》《信仰的力量》《音乐会》《情书》《弹鲁特琴的女子》中黑白相间具有大理石般质感的地砖,《拿水杯的女子》《玻璃酒杯》中黄黑相间的地砖等,这些地砖排列精美,严格按照物理学的视觉效果画出,不仅体现了弗美尔精确的科学精神,同时也呈现出来一种典型的异国风调,地砖上浅浅的图案素描具有中国瓷器的风格,与弗美尔画中墙上窗前常常悬挂的色彩丰富的土耳其壁毯形成了鲜明的对照,同时也更使弗美尔的绘画呈现出一种精致的神秘感,这些价值连城的挂毯和瓷器既展示了当时荷兰贸易的高度发展及普通人生活的富足,也反映了弗美尔对异国情调的热爱及对普通人美好生活的祝福。

这种异国情调是荷兰的黄金时代所普遍存在的一种审美趣味,关注时代的弗美尔就在他的绘画中表现了这种审美倾向:普通的市民阶层由于经济的富裕而对绘画艺术产生了欣赏与购买的需要,市民把自己的目光从历史及神话世界转向了生动亲切的现实,他们在强大的自我之中发现了人生的价值,这样日常生活题材便在绘画中取得了主导地位,也促使艺术家更多地从现实生活取材,关注市民阶层对自身生活题材的欣赏及纯熟艺术技巧的追求,这种艺术技巧的追求也是为了能更生动准确地表达现实而存在的,它充满活力、亲切与诗意的效果,而不是像后期的巴洛克艺术所追求的那样夸张、宏丽、矫饰、繁复,使艺术脱离了丰富而坚实的现实生活基础,这是黄金时代荷兰文化的基本价值倾向。赫伊津哈在《17世纪的荷兰文明》中这样评价弗美尔,他说:"弗美尔和他的许多朋友一样表现的是日常生活。为何他很少在肖像画中去表现生活呢?显然不是因为他难以洞悉题材的深度。他会展示一位男人、最好是一位妇人,这个人做简单的事情,处在简朴的环境里,表现出关爱的细心,或看信,或倒牛奶,或候船。所有的人物似乎都从平凡的生存状态中移植到了澄明和谐的背景中;在那里词语无声,思想无形。人物的行为笼罩在神秘的氛围里,宛如梦境中的人物。'写实主义'一词似乎是完全格格不入的。一切都具有诗意的烈度。如果我们仔细看,我们就会发现,弗美尔的画中人物与其说是16世纪荷兰的妇人,不如说是来自挽歌世界的人物,和平、宁静。她们的服装也不是特定时代的服装,其穿戴犹如幻境,亦如蓝色、白色与黄色的和谐结合。闪光、生动的红色不太贴近弗美尔的心——即使那光辉的大作《画室》(*The Painter in his Studio*)也不响亮、不闪光。容我斗胆断言,宗教题材正是他失手的题材,比如《基督在厄玛邬》就不成功。正是因为他关心的首先不是福音故事,而是用色彩体现题材的极好机会。虽然他个性突出,但他是名副其实的荷兰画家,他不提出神秘创作原理;从严格意义上说,他缺乏一种固定的风格,至少从这一点说,他是地地道道的荷兰画家。"①因此,弗美尔并不是以一种简单机械的自然主义态度来刻画他所处的生活环境,即使如艺术史家所指出的,弗美尔已经采用了暗箱技术来达到对环境更加真实地,甚至于如照相机一般真实地描写荷兰平民生活世界,如《绘画的寓言》中墙上的地图竟然和真实的地图完全一致。这一切都反映了他对生活其中的荷兰民众的一种美好的情感与深切的爱。即使如弗美尔的《代尔夫特的风景》《小巷》《绘画的艺术》那样逼真,也同样反映了画家对现实与艺术的基本理解:他绘画自然风景与室内风景并不是走出室外,而是按照自己的意愿设定风景,这也就是为何弗美尔的绘画总是充满阳光、人物的表情总是那么平静,画面总是充满了温馨与和谐的情调,这至少是与他自己充满嘈杂与艰辛的生活环境相背离的。

绘画中所包含的隐喻更是说明了艺术家对艺术与人生的理解与愿望。正如韦斯特曼在解释《绘画的艺术》时所说的:"艺术的任务不完全是模仿自然,这是人所尽知的。对艺术家

---

① 约翰·赫伊津哈:《17 世纪的荷兰文明》,何道宽译,花城出版社,2010 年,第 67 页。

在工作中面对绘画艺术可能出现的几种状态，有些画家进行了详细地描述。维梅尔的工作画室，表面上看来是个很生动的情境，已经被他的遗孀叫作《绘画的艺术》。维梅尔将画中的旁观者定位为一个正站在挂毯后面偷看画家和他的模特的角色。这表明了欣赏者的世界和一个更加冷色调、更加和谐的图画世界的界限。《绘画的艺术》并不是一幅肖像画：欣赏被画像者的背影，这恐怕是很难让人接受的——即使是对最具创新精神的肖像画法来说也是如此。而且，当代的人也应该看出了画家身上奇异的服装是不符合历史场景的，而是属于过去。偷看者发现画家正在画一个女人，她头戴花冠，手上拿着一个喇叭和一本书。恺撒·尼拔为克莱奥（Clio）配置了这些装饰物，掌管历史的希腊女神缪斯（Muse）：花冠代表着她带来的荣誉，喇叭代表着她授予的名声。荣誉和名声是绘画创作的最好动力和奖赏，尤其是因为它的欺骗性而获得的，桌子上的石膏像暗示了这一点。当然，'历史'画是对艺术的最高挑战，但是维梅尔对这种传统所做的文字阐释，表现了一种历史的典型——在他所专长的风俗画里，似乎具有讽刺效果。这里的历史，也意谓尼德兰的历史，主要指政治上的，正如荷兰脱离之前的十七省联合时期的那幅重要的地图所暗示的。但在尼德兰悠久的传统中精心创作的这幅画本身，也包含了一部尼德兰的艺术史。"①弗美尔艺术作品中这种理想化的表达使他的作品经常充满阳光，同时也使他的作品时刻和真实的现实生活保持着距离，由此柯耐尔说他的作品比伦勃

① 马里特·威斯特曼：《荷兰共和国艺术（1585～1718）》，张永俊等译，中国建筑工业出版社，2008 年，第 169 页。

朗及哈尔斯的作品更使我们充满与历史及现实的距离感。是的,正如凡·高在 1888 年 8 月致他弟弟提奥的信中所说的:"我并不力求精确地再现眼前的一切,我自如而随意地使用色彩是为了有力地表现我自己。"①弗美尔的画作既表现了他眼中的世界,也表现了他内心的向往。如《倒牛奶的女人》中简单的构图、简朴的厨房、怀旧的氛围、健壮的叠起裙角的妇女、悬挂的篮子与马灯、日常的面包和牛奶、透出光线的烟熏的窗口,整幅画的主题都在女主人随遇而安、自我满足的神情中得到了最高的体现,这是弗美尔绘画的基本情调,没有激动人心的场面,也没有令人感慨万千的思绪,有的只是心如止水的平静,明暗交错的构图、纯熟的技巧、鲜艳的色彩、丰满的体格、宁静的氛围,和谐完美地统一在一起,既令人充满无限的遐想,又让人安详平静。正如王国维在《人间词话》中所说的艺术中"有造景,有写境,此理想与写实二派之所由分。然二者颇难分别。因大诗人所造之境,必合乎自然,所写之境,亦必邻于理想故也"②。伟大的诗人与画家无不如此,所有伟大的艺术家都是浪漫主义与现实主义的完美结合。

鲍曼在《个体化社会》中谈到弗美尔时说:"人们会认为,像马蒂斯(Matisse)或毕加索、佛梅尔(Vermeer)或鲁本斯(Rubens)这样历时已久并且德高望重的大师们已经坚实地扎根于永恒之中。但是,他们也要通过公开展示和大肆宣传才能强行进入现代的视阈;大众因事件的片段性和短暂性而趋

---

① 赫谢尔·B. 奇普编:《艺术家通信——塞尚、凡·高、高更通信录》,吕澎译,中国人民大学出版社,2003 年,第 47 页。

② 王国维:《人间词话》,第 1 页。

之若鹜,一旦兴奋过去,便把注意力转向其他同样是片段性的事件。"[1]是的,在这个没有持久,只有此时此刻的片段的后信息化时代,传统追求永恒、以建筑哥特式大教堂、以绘制巴洛克壁画为荣的审美时代已渐行渐远,但是否这就意味着人类对终极真理的思考已毫无意义,对美的探索与追求仅仅就是人类虚无缥缈的幻想呢? 其实这种以沉浸在短暂的快乐之中为终极目标的时代在人类历史上也反复出现过,所谓阳光之下无新事,那些对人类的精神世界做出过巨大贡献的人即使被短暂的忘记,但他的价值也将被重新记起,正如沉默了几百年后仍被人发现的弗美尔一样。世人对弗美尔的生平所知甚少,所以法国作家埃蒂安-约瑟夫·泰奥菲尔·托雷就称弗美尔为"代尔夫特的斯芬克斯",就是他推动了 19 世纪中叶对弗美尔的"重新发现",他同时还发现了另一位荷兰绘画大师哈尔斯。[2] 如同很多伟大的艺术家如凡·高、塞尚等被发现的过程一样,弗美尔被发现的过程既充满了必然性也充满了戏剧性。其中,荷兰画家汉·米格伦伪造大量弗美尔画作的事已成为世界艺术史上的奇谈,特别是,他以弗美尔的名义伪造了绘画《基督和他的情人》,并以大约 150 万荷兰银币的高价卖给了德国法西斯头子赫尔曼·戈林,这场闹剧既抬高了米格伦自己的身价,也加深了人们对弗美尔的敬仰。

在 20 世纪弗美尔的接受史中,另一位最崇拜弗美尔的伟大艺术家就是西班牙超现实主义画家萨尔瓦多·达利,他以

---

[1] 齐格蒙特·鲍曼:《个体化社会》,范祥涛译,上海三联书店,2002年,第 329 页。

[2] Brad Finger, *Jan Vermeer*, p.110.

自己独有的方式对弗美尔表达了他终生的崇敬,甚至认为《织蕾丝花边的少女》足以与西斯廷教堂壁画相媲美,他的多幅画就直接来自弗美尔的画作,1934 年创作的《可以用作一张桌子的代尔夫特的弗美尔的鬼魂》以怪诞狂放的方式对弗美尔的画作《绘画的艺术》进行了戏仿,1955 年他从弗美尔的《织蕾丝花边的少女》获得灵感,创作了自己版本的"织蕾丝花边的少女"。[①] 英国著名畅销书作家特蕾西·雪佛兰根据弗美尔的生平与画作创作的小说《戴珍珠耳环的少女》被著名导演皮特·韦伯 2002 年搬上银幕,虽然电影与小说有很多臆想的成分,[②]但无疑确使弗美尔再次吸引了全世界的目光,也使他的画作更为广泛地为世人景仰。中国当代著名的画家靳尚谊也以自己独特的方式向弗美尔表达了敬意,他于 2011 年 6 月 11 日在中央美术学院美术馆向世人展览了他创作的《向维米尔致意》的画作,其中包括《惊恐的戴珍珠耳环的少女》《新戴尔夫特风景》《戴尔夫特老街》三幅。作者虽然有一些改变,融入了自己对弗美尔及其故乡代尔夫特的复杂感受,如睁大了《戴珍珠耳环的少女》中少女的眼睛,甚至在其胸前增加了一只半露的手,以突显少女对飞速发展的现代文明,也可说是画者本人对飞速发展的现代文明惊诧的神情,《新戴尔夫特风景》增加了一些新建筑,如房子和桥,《戴尔夫特老街》则增加了现代的橱窗,骑摩托车的人等。

伦勃朗一生的大起大落,弗美尔一生的默默无闻,最后二

---

① Tbid. , p. 112.

② 特蕾西·雪佛兰:《戴珍珠耳环的少女》,李佳珊译,南海出版公司,2009 年。

者都在悲惨中离开人世,弗美尔的一生从未享受到成功的欢乐,在当时的人看来,他不过是一位依靠绘画并经营绘画借以生活的手艺工匠而已,虽然他是小镇圣卢克工匠行会的头领,据说和他一样具有此种头衔的有 80 人之多。[①] 但正是在这种平凡的生活中孕育了真正伟大的艺术,他从小生活在父亲开张的小旅店里,后来又与孩子们一起居住在岳母位于老长堤的房子里,他的画作也大多是在这里完成的,弗美尔一生很少离开过家乡,现在的代尔夫特没有留下任何他的遗迹,这也是大多数生前默默无闻的艺术家的共同遭遇吧。他的生活既不像凡·高那样充满动荡,他的画作也不如伦勃朗那样让时人充满好奇,一生平淡无奇且画风宁静朴实的弗美尔只是到了后来才让人真正体会到他的伟大与卓越。创作于 1658 年左右的《小巷》,我很荣幸地在阿姆斯特丹国家美术馆里看到,与此同时还看到了伦勃朗的那幅众口皆碑的《夜巡》。但我却对弗美尔的作品情有独钟,我站在弗美尔的画作前久久不忍离去,土黄的房子上隐隐闪现着灰白的砖缝,坐在门前缝补衣物的主妇、在水池前冲洗的女佣、在门前玩耍的儿童,简朴而宁静的景色中洋溢着恬静怡然的感觉,纯朴温馨,恰似又回到儿时的村庄。当时唯一的想法就是要在弗美尔的画作前留个影,这是我很少有的想法(另一次是在纽约杜莎夫人蜡像馆的甘地像前),虽然我去过欧美很多著名的大博物馆,但在弗美尔的画作前却很难抵挡住这种情有独钟的诱惑,当时很想找人为自己和弗美尔的画作留一张合影,但遗憾的是,弗美尔也

---

① 卜正民:《维梅尔的帽子——从一幅画看全球化贸易的兴起》,第 3 页。

有很多其他的崇拜者，他们也如我一样站在弗美尔画作前，久久不忍离去，或沉思，或浅浅低语，我也只好悻悻地从人缝中拍了几张弗美尔画作的照片悄悄地离开了。想想《追忆似水年华》中普鲁斯特关于其黄色斑点的亲切描写，真是让人神伤，这朴素的街道，温馨的回忆，让人一旦想起，便充满爱意。弗美尔的绘画是如此朴素，以至于他经历了长久的被人遗忘的沉默，而今日他之所以能深深打动我们，也许就在于当时的他、他画中的人物同今日的我们一样都是纷繁的日常生活中再普通不过的小人物吧。这不禁又使我想起在罗浮宫参观弗美尔《织蕾丝花边的少女》的情景。记得当时已经是参观一整天即将离开罗浮宫了，但还没有看到弗美尔的作品，便匆忙之中询问服务人员它的位置，服务人员说在另外一层，看我是否有运气在闭馆之前看到，我便慌慌张张地小跑起来，但这又被服务人员制止，因为在博物馆不能奔跑，最后幸运的是竟然看到了这幅渴望已久的作品。但这幅作品是如此之小（$24 \times 21 \, \mathrm{cm}^2$），以至于如果没有弗美尔的大名就很容易被错过，然而仍然有不少观众在琳琅满目的画作中唯独驻足在这幅精美的小画前仔细品味，这不禁使我们思考，这幅把日常的劳作画得如此富有诗意的画作是出自怎样的画家之手呢？这位编织着蕾丝的少女的神情是那样专注平和，她对工作的喜爱与对劳作的沉浸正如倒牛奶的女佣一样让人不禁对生活充满感激与赞美，而这种赞美，我们在女孩沐浴在如神一般的光芒中也能感受到，这种光芒在当时的绘画中大都是献给那些永传千古的《圣经》或神话中的人物的，女孩的黄色服装、金色的头发更加深了整幅画作温馨与神圣的气氛，两缕散出的红白丝线如两条小溪一样从箱子中流出，让人不禁发出惊叹与赞美，这真是一幅让瞬间的日常生活转化为永恒的艺术之美的传神之作！

弗美尔终生生活在自己的家乡代尔夫特，这个令人感觉甜美的"小桥流水人家"的乡镇正是荷兰这个低地国家城市的普遍特征，而他去世后也是被埋葬在这座城市的老教堂的地下。这看似狭窄的生活圈子竟然产生出这样伟大的艺术家，不禁使我想起伟大的苏格拉底与康德，他们都有弗美尔这样的经历，很少离开家乡，但他们都达到了人类精神文明的顶峰，这真使我们不禁感叹，那些走遍欧美却无任何现代文明意识的游走者，也许他们游览世界更多的是借助飞机、火车、汽车，而弗美尔、苏格拉底、康德则是徒步来探索脚下的大地与人类的精神世界，所以他们在某种程度上走得更远，站得更高，看得更广，想得更深。简明扼要应该是欣赏艺术的根本原则，一切都在眼中与心里，内心的感动是最为根本、最为重要的，言说太多就会无意间过分展现自己，还是让这位伟大而又沉默的画家和画作自己开口说话，去感动每一个走到画前的人吧！

（二）　读印象派

印象派的诞生是西方文化史上一次伟大的革命，也是人类艺术史上最为辉煌的成就之一。对印象派的研究不仅可以加深我们对西方文化传统及艺术传统的认识，同样也可以为我们反思当前中国艺术的发展提供有益的借鉴。关于印象派研究虽然目前国内有一定数量的著作问世，然无论从深度上还是从广度上都无法和国外相比。有很多重要的理论问题都没有很好地深入地加以探讨，如印象派与古典主义的关系、印象派与当时政治的文化关联、印象派内部争议研究、印象派的静物画及风景画与当时文化哲学理念的根本关联、印象派与文学的关系研究、印象派风景画的审美观念与中国传统山水画审美观念的比较研究等，特别是印象派与西方文化传统之间的内在关联仍需要做深入的探讨，印象派绘画所呈现的宁静、和谐、明晰、艳丽、亲切等正是其继承了从古希腊就已开始的古典主义传统的明证。

关于印象派与传统的关系，我们首先看到的是印象派画家对传统的反叛，这是理论界公认的，其实也是任何伟大的艺术，包括任何伟大的精神文明的进步所必需的过程。从这个角度讲，印象派的历史就是人类艺术，甚至是人类精神文明进程的一个小小的缩影。它充分展示了人类文明进程中真善美、权利与利益、艺术与政治、民族精神的特殊性与人类精神文明的共性，甚至是家庭与友谊等全方位的展示，研究印象派可以理解人类精神文明进程中很多根本的富有普遍意义的重大理论问题，关于他们的反叛也是如此。从 1874 年莫奈、毕沙罗、西斯莱、雷诺阿、德加、塞尚、摩里索在巴黎举行自己的第一个画展始，到 1886 年印象派画家们共举行了八次联合画展，在此后的 20 余年间，也就是从 1886 到 1906 年塞尚去世为止，理论家如约翰·雷华德就把这段时间划为后印象派时期，印象派画家可谓经历了艺术家所能忍受的最悲惨的遭遇，其中包括家庭的分裂、经济生活上的衣食无着、政治上的残酷污蔑、艺术上的恶毒嘲笑与攻击，其根本原因就是他们向长期统治画坛的官方沙龙挑战的坚强姿态。所以左拉在《拥护马奈》一文中一开始就说："我向一位画家伸出同情之手，因为他被他的同行们排斥在沙龙门外。如果说我想毫无保留地表达我对他的才华的高度景仰的话，那么，我同时也看到了人们对他的排斥，说他为不受欢迎的可笑的画家。"[①]迈耶斯在《印象派四重奏》中也说："如今，马奈被认为德拉克罗瓦之后、毕加

---

① 左拉：《拥护马奈》，谢强等译，山东画报出版社，2005 年，第 17 页。

索之前最伟大的画家。他在世时,尝试进入沙龙参展,却像一名士兵不断试图爬出战壕那样一再被击倒。"①甚至如福柯对马奈的高度评价:"我认为,在西方艺术史中,至少是文艺复兴以来,或者至少是十五世纪意大利文艺复兴以来,马奈是在自己的作品中,在作品表现的内容中首次使用或发挥油画空间物质特性的画家。"②马奈的革命性与他的传统性是密切统一在他的画风及作品中的,这位被反复打击的战士与反叛者同时又是传统的真正继承人。正如雷诺兹在《剑桥艺术史——19世纪艺术》中所说的:"马奈的艺术生涯由两种互相冲突的倾向组成,一方面他忠实于学院派传统,另一方面他又忠实于他自己独有的新现实主义,他想取得同行的认可和金钱的成功,这些只有在沙龙美展接纳他之后才能做到,而要使美展评委会接纳他,就只有与'官方'风格相一致。"③他的著名的《西班牙歌手》(亦名《吉他演奏者》)之所以能获得1861年美展奖,就在于他能把自己新的艺术追求与深厚的学院派技巧密切结合起来。印象派画家这种打破百年习惯的革命性举动不仅给艺术界同样给当时巴黎普通的民众带来了巨大的冲击,自然也遭受了来自社会的全面否定,他们的艺术才能,甚至他们从事艺术革命的真正动机也受到了怀疑,他们被认为既不懂传统的人物素描,也没有对色彩的天然感受,仅仅是一些幻

---

① 杰弗里·迈耶斯:《印象派四重奏》,蒋虹译,广西师范大学出版社,2008年,第26页。

② 米歇尔·福柯:《马奈的绘画》,谢强等译,湖南教育出版社,2009年,第14页。

③ 唐纳德·雷诺兹:《剑桥艺术史——19世纪艺术》,钱乘旦译,译林出版社,2008年,第71页。

想以最小的努力就获得最大成功的机会主义的投机者。他们给大众的这种印象自然就预示了他们的悲惨命运,"印象派"的称呼本身就是他们的论敌强加给他们头上的讽刺性的帽子,以至于有几位印象派画家一直就反对或逃避这个令他们讨厌的标签。印象派画家为了战胜官方评论家与普通民众的轻视与嘲笑经历了无数漫长而艰苦的挫折,其中很多人在生前都无法享受到应得的荣耀,甚至是简单的普通人的物质生活,最终悲惨地在无人理解的情况下消失在大众的视野里,只有等到多年之后,他们的作品才为他们争得他们早已无法享受到,甚至是无法预料的声誉。这其中最为典型的除了凡·高之外就是塞尚,凡·高的悲剧是众所周知的,而塞尚之所以被现在的很多理论家看作各种后现代艺术的急先锋的根本原因可能就与他所遭受的各种打击有关,虽然他也时刻想挤进官方的沙龙。塞尚的作品是如此超前,以致无法让人理解,但是他的孤独与隐居使他的作品里有一种宁静而崇高的因素,而长期的反抗与坚韧又使他的作品深含一种有力的富有冲击性的强硬的悲剧因素,他的静物画中宁静而感人的悲剧性因素正是所有印象派画家人生的最好反映。

我们从另一个角度也可理解印象派画家离当时的文化主流的巨大距离。在轰动一时的巴黎世博会期间,法国官方为展示法国文化的巨大成就为很多画家提供了展示自己作品的机会,安格尔与德拉克罗瓦都展出了几十幅自己的作品,安格尔较多一些,同时最后得奖的大都是与安格尔风格一致的画家。著名的风景画家柯罗则展出几幅作品,他的画对印象派绘画产生了深刻的影响,凡·高崇拜的画家米勒则展出了一幅。而库尔贝出于对官方拒绝自己重要作品的愤怒,在展览会现场附近自己出资举行了"写实主义"画展,可想而知,结果是失败的,因为几乎没人观看展览。柯罗、德拉克罗瓦、米勒、库尔贝都是对后来的印象派产生深刻影响的画家,他们和当时主流文化相距并不是很远,他们的遭遇尚且如此,更不要说这些初出茅庐而锋芒更显的印象派画家了。雷华德在《印象派绘画史》中对当时法国官方的绘画体制有着精彩的描述,他说:"就是这个作为法兰西学院一个部门的美术院专制地统治着法国艺坛。巴黎美术学校的教授及法兰西学院驻罗马专员都是从它的成员中选出来的,那就是说他们是被委托教育下一代艺术家的。同时美术学院又控制着两年一度的沙龙的入选评审委员会和奖赏评审委员会,这样就使他们有权力把一些不符合他们要求的艺术家排斥于展览会之外。美术院也参与决定给美术馆或给国王私人珍藏收购哪些绘画,同样也参与决定壁上装饰的订货。在执行所有这些决定时,美术院自然会偏爱那些最驯服的学生的,这样,这些学生也就凭借其获得的奖章与奖品——它们是一个艺术家的才能的证据——为一般人所喜欢了。"①然而还有更为具体的美术教育体制,那就是大卫所创办的,由安格尔发挥到极致的美术教育体制与原则。雷华德说:"指导美术院的方针的艺术思想是在半个世纪以前由大卫在教学中所提出的,后来经他的著名的门生安格尔改变过,但没有放松一些。在 1855 年毕沙罗来到巴黎的时候,安格尔已经做了 30 年美术院的院士,这个怪癖而傲慢

---

① 约翰·雷华德:《印象派绘画史》,平野等译,广西师范大学出版社,2002 年,第 23—25 页。

的人,在他的事业的开始已经吃过他老师的死硬的原则的苦头,而现在自己也是采取同样令人难以忍受的态度。安格尔不愿意考虑一下发展的自然律,除了他所喜欢的画家以外,他也不愿意瞧一下历史上任何别的东西,他起初瞧不起鲁本斯,而现在则瞧不起德拉克罗瓦,他始终墨守着他的古典派思想,对选择了别的道路的人的努力没有任何尊重,也不感兴趣。他从来不问自己的思想是否还同时代相符合。夏塞里奥在同他以前的老师安格尔最后一次谈话中,惊奇地发现安格尔'对我们今日艺术中发生的思想与变化毫不理解。他对于现代所有的诗人一无所知'。安格尔虽然由于自己对艺术的见解有这样坚强的信心,他得到了专制头子的权力,但是他本人是一个很不称职的老师。他的天才只能在排斥任何答辩,即在肯定之中表现出来,而他不耐烦的性格和狭窄的心胸使他死也不愿同人商讨问题。因此他的学生只有急于模仿他而不是去理解他。甚至他的追随者也承认他在教学上的缺点。那些没有被钦佩心所蒙蔽的人,也公开地指摘他的完全失败。波德莱尔写道:'我们可以说,他的教学方法是专横的,他给法国绘画留下了不幸的影响。他是一个顽强的人,天赋非常特殊的有才能的人,但是他自己所没有的才能都要遭到他断然的否定,他依恋于正在熄灭的太阳的特殊的光辉。'"雷华德在描述安格尔时说:"安格尔用自以为是拉斐尔的传统来培养学生,他劝告他们死板地画模特⋯⋯并且认为柯罗的风景画和德拉克罗瓦的作品都是'描得不好',因为他们画的每一个物像都不是用精确的轮廓线来仔细画出来的。对安格尔的学生来说,正确的素描最后成为本身就是一个目的,而一个'高贵的轮廓'足够抵消灵魂的匮乏。"当然安格尔自己也认识到了当时绘画教育体制的深刻矛盾性。雷华德说："安格尔自己对这种情况也感到遗憾,并坦白地承认'沙龙窒息和腐化了对伟大和美丽的东西的感受;艺术家之所以去参加展览会是为了利,为了希望不惜任何代价来引人注目,为了画些奇怪的题材去碰运气,这种题材能够产生效果,并且导致一笔好买卖。这样,沙龙等于一个画店,一个充斥着货物的商品陈列室,在那儿,商业的规则代替了艺术'。为了抗议这种情况,安格尔不仅不参加沙龙,而且拒绝担任评审委员的职务。可是他不知道,正是他自己的思想的偏狭,和对于任何个人倾向的冷酷的压抑,使新一代的画家具备了这样一致的想法和做法——单凭通过他们的题材,他们就能够有希望找到个人的特点。由于沙龙里的所有的画都是依着同样的教条来构思和创作的,事实上只有题材才把互相临近的画区别开来,因此美术家就特别注意作品的题材了。所以库尔贝的朋友商弗勒里就说:'我们的展览会的平凡的艺术,是由一双可能的手从同一模型里翻出来的 2 000 幅画。'"①当然我们不能把当时占据统治地位的审美情趣归为安格尔个人的责任,很显然安格尔自己也无法抗拒整个时代的审美潮流,我们仅仅只能把安格尔当作整个古典主义情趣的代表,通过他我们可以深刻地感受到印象派画家所面对的强大的反对力量。

我们从毕沙罗开始绘画所经历的一些事情亦可看出印象

---

① 约翰·雷华德:《印象派绘画史》,第 25—31 页。

派、传统画家与官方主流的复杂关系。雷华德在《印象派绘画史》中记述，当毕沙罗在 1855 年巴黎世博会上被柯罗迷人而富有诗意的风景画所感动时，便拜访了柯罗，柯罗便把自己关于绘画的根本想法教导了毕沙罗："头两件要研究的东西就是形体和明暗度。对我来说，这两样东西是艺术的不可缺少的基础。色彩和运笔只是使作品迷人而已。"这对毕沙罗后来的艺术道路无疑产生了深远的影响。一位著名的作家关于枫丹白露的书中形象地说明了印象派画家与当时流行的所谓古典主义画风在审美趣味上的根本差别："我们喜欢那些牧神在其中走着的神圣的小树丛，而不喜欢伐木者在其中工作的森林；喜欢山林水泽的女神们在其中沐浴的希腊泉水，而不喜欢鹅群在其中游泳的佛兰德斯水塘；喜欢手握维吉尔式牧棒的半裸的牧童，沿着普桑画过的乔治式小径赶着一群山羊；而不喜欢口里衔烟管的农夫，攀登鲁伊斯达尔画过的山道。"所以雷华德认为："这样的解释会帮助毕沙罗去了解为什么这次博览会中米勒只有一幅作品，因为在库尔贝的作品的对比之下，米勒的作品（虽然其题材似乎有点浪漫主义情调）就显示出一种乡村生活的情趣，这对于所谓具有高雅趣味的那些人是忍受不了的。帝国美术总监纽维开克伯爵声明：'这是民主主义者的画，是要把自己放在世人头上的市井之徒的画，这种艺术使我生气和厌恶。'"[①] 从这个角度看，无论从画家的身份（虽然有些出身富有阶层，但由于他们所从事的职业与其家庭的矛盾使他们已经脱离了其阶层），还是从画家的题材，

① 约翰·雷华德:《印象派绘画史》,第 20—22 页。

人的乌托邦

画家的审美情趣及审美价值取向都决定了印象主义所具有的深厚的民间文化的气息,虽然这种倾向乃是与传统的古典主义审美价值取向相比较而言。因此,毕沙罗对米勒和风景画家柯罗的作品无比亲切,与官方审美趣味形成了强烈的对照。

新古典主义根本的话题就是古希腊的和谐与古罗马的庄严,它的兴起直接指向巴洛克和洛可可艺术那种软弱无力的艺术观念,试图以古希腊、古罗马的艺术为指导,重新回复传统的艺术理念,刻意从各个角度对古希腊艺术与古罗马艺术进行模仿与学习,继承其基本的艺术观念,包括在画风上的刚劲有力,内容上的清新完美。因此,他们为了适应新的时代与审美趣味而选择具有强烈艺术效果的重大题材,如古代伟大的历史事件或具有强烈震撼效果的发生在现实中的重大的文化事件,仅仅这些选题就产生剧烈的艺术震撼,在艺术形式上,这些艺术家则强调理性的现实意义,反对纤弱繁琐的过分伤感的表现形式,从而使艺术呈现出一种理性与和谐的完美形态。艺术家通过素描和雕塑般的人物形象来展现构图上的完整性,这是艺术家关注现实、关注人生的一种体现,新古典主义在艺术上对古希腊与罗马的追求都有其根本的动机,正如斯蒂芬·琼斯在论述温克尔曼时所说的:"温克尔曼看起来好像故意回避去希腊,也许因为他害怕让梦境回到现实。对他来说,希腊及其艺术直到最后都只是一种观念,是一种理想,而不是一种现实。温克尔曼的古典主义中没有客观性,他对古典解剖学的热情更谈不上客观性。他对阿波罗这类雕像的崇拜源出于他对古典希腊文化的怀恋,这不仅是指其中的艺术,他还希望它能为一种不可能的爱提供园地。"[①]从温克尔曼的初衷我们就可预料到古典主义发展的极端必然是对现实与人生的逃避,也就是后来浪漫主义、现实主义、印象派所极力抗拒的古典主义的基本价值取向,虽然他们在理论上极力追求把艺术与美作为根本目标,特别是古典希腊和罗马所具备的那种普遍的理性的美,在古典主义者看来,它超越于眼睛,甚至是心灵之上,仅仅在信念中或者在梦幻中才能真正把握住。

　　随着古典主义的发展它的局限也就愈来愈显露出来,我们将大卫与安格尔做一个简单的比较就可看出。作为新古典主义代表的雅克-路易·大卫通过他的著名画作《荷拉斯兄弟之誓》展示了他对古罗马道德尊严的歌颂与追随,而这也是他一生的基本价值倾向,大革命时期他作为议员投票赞成处死路易十六,解散美术院,虽然自己在 1782 年就已经当选为美术院院士,他因此被认为是大革命的画师,并创作了著名的《马拉之死》。他在认识拿破仑之后又成为拿破仑坚定的追随者,创作了著名的《拿破仑过阿尔比斯山》。从大卫的一生及其艺术创作实践来看,他的创作真正体现了古典主义开创时期的真精神,以完美的古代理想来指导艺术与人生的根本原则。然而他的最著名的学生、另一位古典主义大师安格尔就非常不同了,他可说是大卫从"艺术到人生"这个基本原则的逆转,是活生生的人生古典派向形式化的艺术古典派的转化,走向了纯粹的形式主义与唯美主义。表面上安格尔不关心政

---

　　① 斯蒂芬·琼斯:《剑桥艺术史——18 世纪艺术》,钱乘旦译,译林出版社,2008 年,第 49 页。

治,其实他的保守主义倾向是根深蒂固的,这种人生上的保守主义与他在艺术上的保守主义又是完全一体化的。究其原因,安格尔所追求的古典主义仅仅是古典中理想化的平静肃穆的美,并通过精准的造型来极端地展现出来,这种缺乏现实生活依据的纯粹形式自然显示了艺术家的卓越天赋与才能,但也同样显示了艺术的僵化与穷途末路。大卫与安格尔都取法于古典主义理想,而侧重点各有不同,这种不同与差异在精神气质与价值取向上甚至超出了古典主义与浪漫主义的差异。

　　印象派画家的反叛是毋庸置疑的历史事实,但是由于印象派画家内在的复杂性与审美情趣的多样性及师承风格的强烈个性,都使我们要从另一个角度来理解印象派绘画与传统的复杂关系。传统观念认为印象派是对传统的激烈反叛,问题是印象派是在哪个角度在何种程度上的反叛,印象派画家大都具有深厚的传统文化基础,而这也是印象派画家成为西方经典文化一部分的根本原因,所以雷华德在评论印象派画家时说:"当印象派画家们组织第一届联合画展时,他们不再是些笨拙的初学者,他们都是年龄在 30 岁以上的人,并且已经热情地画了 15 年以至更多岁月的画。他们曾经在巴黎美术学校学习过,向老前辈们请教过,研讨和吸收他们时代的各种艺术流派:古典主义、浪漫主义、写实主义。但是他们拒绝跟着当时很红的大师以及假艺术家瞎跑。相反地,他们从过去的和当代的课程中吸取了新的观念,发展了一种完全是他们自己的艺术。虽然他们的努力激起他们的同时代人的愤怒,但是他们实际是他们的前辈的创作和理论的继承者。因此 1874 年的印象派画展所打开的历史新阶段,并不是像突然迸发的革命洪流那样来临；它是一种缓慢的、不断地发展的顶点。"印象派并不是没有任何依托的凭印象派画家自身个人的情趣与爱好凭空产生的艺术流派，印象派画家不过是与强大僵死的传统发生了偏差，在理解传统遗产时提出了自己的看法。"因此，印象派运动并不是在 1874 年开始的。过去时代所有艺术大师对印象主义原理的发展都出过力，这个运动的直接根源，可以很清楚地从 1874 年有历史意义的展览会之前 20 年内发展出来。那是成长的年代，在那些年代中，印象派画家提出并推进他们的观点和才能，向视觉世界跨进了新的一步。如果想追踪印象派运动的历史，应该由他们根本思想的雏形时期来开始，那就是在他们找到一套完整的表现方法之前的时期。而那个时期是由老一代的大师安格尔、德拉克罗瓦、柯罗、库尔贝，以及由官方学派专制地提供的、歪曲了的传统统治着的时期，它就是年轻一代推进新观念的背景。这就说明了那些早期岁月的重要性，在这些年中，马奈、莫奈、雷诺阿和毕沙罗拒绝追随他们的老师，而是找寻一条他们自己的路，这条路就导向印象主义。"[1]就像高更这样以反对传统著称的画家，加香在评价他的画时说："《永不，啊，塔希提》中的塔希提模特儿，可与高更十分欣赏的古典大型裸像画比美，包括安格尔的《奥达里斯克》和马奈的《奥林匹亚》。"[2]高更在自传《此前此后》中也说："我的陋室里有一些稀奇古怪的东西，因为不是人们惯常拜访的东西：日本铜版画、绘画作品的

人的乌托邦

278

---

① 　约翰·雷华德：《印象派绘画史》，第 2—3 页。

② 　弗朗索瓦丝·加香：《高更：我心中的野性》，廖素珊译，上海译文出版社，2004 年，第 115 页。

照片,如马奈、维普·德·沙瓦纳、德加、伦勃朗、拉斐尔、米开朗琪罗、霍尔拜因。"①看到这儿我们就会明白为何高更的绘画中始终充满着和谐、匀称、静穆的古典之美了,虽然这种美与他所处的野蛮地带的自然环境有关,但也与他心中的绘画理想密不可分。因此,印象派是法国绘画艺术发展到一个历史时段,甚至说是走到一个特定的历史顶点所必然出现的另一个高峰,这是那些富有革命性的艺术家为了艺术自身的发展,对绘画的僵死的现实所发出的猛烈反抗,他们是西方绘画史自身内部斗争的结果,是自身的挣扎,也是自身的进步。我们只要把安格尔画的土耳其裸女《浴女》和印象派画家所画的其他裸女相比就能充分感受到二者无论在审美情趣、价值标准、风格体现、技法要求上所存在的深刻差别,同时也能深刻认识到二者复杂的现实关系。德加 20 岁开始准备从事绘画时是一位学习法律的学生,他是在世界博览会期间为了展览安格尔的著名画作《浴女》说服此画的收藏者爱德华·瓦平松而结识了当时著名的大画家安格尔的。安格尔知道由于德加的努力而使自己的画作能参展世界博览会非常高兴,并叮嘱要从事绘画的德加:"画线条,……要画很多很多线条,有时候依照记忆,有时候现场写生。"简明的教诲使德加确定了自己对安格尔终生的敬慕和从事绘画事业的信念及以后终生奉为准则的绘画原则"多画线条",②而线条与色彩之争则是古典主义与印象派的一个重要争论焦点,这也是很多印象派画家

---

① 保罗·高更:《此前此后》,麻艳萍译,新星出版社,2006 年,第 53 页。
② 亨利·卢瓦雷泰:《德加——舞影烂漫》,吴静宜译,上海译文出版社,2004 年,第 17 页。

在一开始由于自己造型不精确的人物画激怒观众与理论家的根本原因。德加与安格尔短暂的接触决定了德加对艺术的根本信念,他是印象派画家中和马奈一起较为接近传统的几位画家,特别是德加的人物画,其构图精准,线条流畅,充满了古典主义风格,是其他画家,特别是与塞尚的画风根本不同,也是德加在印象派画家中所特有的艺术风格,他基本上处于古典主义与印象派之间,完美地结合了二者的最高成就。

至于马奈对传统的学习,加香在《马奈——画我所见》一书中说:"年轻的马奈从美术馆学到的本领丝毫不比从库图尔那里学到的少。首先是罗浮宫美术馆,他在那里临摹意大利画家的作品,包括丁托列托的《自画像》、提香的作品:《圣母与兔》及《朱庇特和安提厄普》,布歇的《戴安娜出浴图》,马奈的《美女吃惊图》借鉴的就是这幅作品。马奈还临摹了鲁本斯的《海伦·弗曼和她的孩子们》,及委拉斯凯兹的《小骑士们》,尽管原画后来被认为并非出自委氏之手。多次游历,让他有机会参观荷兰的美术馆。"当然还有意大利威尼斯及佛罗伦萨的美术馆。[①] 德加也是如此:"虽然德加常常去巴黎美术学院,他也乐此不疲地来往于意大利的各家博物馆和教堂,临摹拉斐尔、克雷热和儒勒·罗曼的作品。"[②]德加 1856—1860 年在意大利游学,共临摹 700 多幅文艺复兴及古典派的作品。[③]

---

① 弗朗索瓦丝·加香:《马奈——画我所见》,朱燕译,上海译文出版社,2004 年,第 21 页。

② 让-保尔·克雷斯佩勒:《印象派画家的日常生活》,杨洁译,华东师范大学出版社,2007 年,第 229 页。

③ 郭雯:《世界艺术大师——德加》,河北教育出版社,2009 年,第 10 页。

雷诺阿甚至说:"一个人必须在博物馆里才能学会绘画。"①当我们看到雷诺阿的画与委拉斯凯兹、夏尔丹、格勒兹(Jean-Baptiste Greuze)、比斯普(Cornelis Bisschop)、鲁本斯等的密切关系就不会感到惊奇了。②当有人对他说:"雷诺阿先生,至今我一直以为一谈到绘画,那就是德拉克罗瓦,而现在我认为是您!"雷诺阿回答:"在一个小角落里,好像没有足够的地方容纳德拉克罗瓦……以及数百个其他的人和俾人!"③凡·高也是如此,并不想把自己的时间浪费在画室里,而是把时间用来参观罗浮宫或在巴黎街头画速写。④即使塞尚这样以反叛著名的人物也有他的模仿对象。利伏尔德在《塞尚传》中说:"塞尚就题材上讲至少可以作为德拉克罗瓦的后继人了。其他朋友则受库尔贝的影响,要使素材单纯化。莫内画《卡美伊》,雷诺阿画《丽莎》,塞尚则画动荡的画面,偶尔也画有色情性质的东西,《圣安东尼的诱惑》《宴饮》《帕利斯的审判》等就是个好例子。这些作品与德拉克罗瓦的《萨塔那帕尔之死》和《奥南的葬礼》极接近。"⑤塞尚在瑞士学院学习人体素描时就沉醉于德拉克罗瓦的《希俄斯岛的屠杀》与《但丁与维吉尔共

---

① 杰里米·沃利斯等:《印象派艺术家与后印象派艺术家》,郭嘉译,天津教育出版社,2008年,第8页。

② *Ann Dumas, Inspiring Impressionism: The Impressionists and the Art of the Past*, Yale University Press, 2007, pp. 32, 45, 52 - 53, 69.

③ 让·雷诺阿:《雷诺阿传》,陈伯祥等译,上海人民美术出版社,1997年,第136页。

④ 约翰·雷华德:《后印象派绘画史》上册,平野等译,广西师范大学出版社,2002年,第42页。

⑤ 约翰·利伏尔德:《塞尚传》,郑彭年译,上海人民美术出版社,1997年,第86—87页。

渡冥河》。塞尚对德拉克罗瓦的极端推崇与对安格尔的极端批评是互为一体的，正如安格尔对德拉克罗瓦的批评。① 同样凡·高也对德拉克罗瓦充满了热爱。② 在对待传统画家的态度上，只有莫奈是例外，因为他在接受了布丹简单的教育后就直接走出画室，没有终生倾慕的艺术家，他倾慕的仅仅是自然中无限变幻的光与影，直接把自然作为自己最好的老师，正如他在 1926 年去世前不久所说的："我一直厌恶理论，我的功绩仅仅是我直接依据自然来作画，力求描绘出我对瞬间印象的感受。"③

其实所有的印象派画家都有与德加相似的艺术经历，只是每个人心中的艺术偶像有所不同，也就是说他们都有着自己传统的古典主义的一面。印象派艺术家在某种程度上只取法了这些伟大艺术家的基本理念，如对传统的学习，他们大都有去罗浮宫观摩经典的经历。但他们并不把自己的艺术局限在美术馆里，而是像古代的艺术家一样直接来自生活与自然，因此他们大都直接在各种生活场景中画画，莫奈、凡·高、皮沙罗、西斯莱直接在田野作画，高更则更极端，必须去原始的地方去画画，这也是对现代文明的一种反对与挑战，正如他在《诺阿，诺阿——芳香的土地》中离开塔希提时所说："再见了，你这殷勤好客、美不胜收的土地，你这自由与美的国度！我比

---

① 詹葡编著：《后期印象派绘画大师——塞尚》，河北美术出版社，2008年，第 8 页。

② 王镛·饶丹：《后印象派绘画大师：凡·高》，河北美术出版社，2008年，第 82 页。

③ 黄苗子：《印象派光影绘画大师：莫奈》，河北教育出版社，2007 年，第 27 页。

来时长了两岁，却年轻了二十年；我比来时更像个蛮子，却拥有更多的知识。不错，这些野蛮人，这些无知的化外之民，教给我这个文明老头的东西太多太多了。他们传授给我的是关于生活的科学和关于幸福的艺术。"[①]印象派风景画直接呈现了艺术家对人生与自然的真实体验，他们直接把自己短暂的，甚至是瞬间的感受表现在画布上，这种表现乃是艺术的伟大创新，和古典主义，如安格尔的学院派比起来则是南辕北辙，呈现出根本不同的审美趣味与价值追求，安格尔的伟大成功乃是一个新的毫无生机的凝固。这种凝固不仅是艺术形式与审美趣味上的，更是一种社会文化上的，一种主流文化对人生与自然，包括社会的一种停滞不前的渴望，因此，印象派画家对他们艺术形式与审美趣味的反叛正是新的艺术理念，包括新的社会生命力的体现。莫奈这位伟大的风景画家后来建造了自己巨大的花园，在里面画各种各样的花卉，这同样是取法自然的一种体现。他们对自然直接的取法正是历史上每次伟大的艺术运动生命力张扬的表现，因为人完全依靠自身对艺术的追求是无法达到艺术的最高顶峰的，至少每次伟大的艺术改革或运动都是对社会与人生，包括自然的一次新的思考，新的介入，新的阐释，那种完全躲在自己艺术的实验室里，创造着各种各样企图一鸣惊人的艺术手法的艺术追求是必然走向穷途绝路的，而这正是印象派画家对他们那个时代最为重要的启示。自然不仅仅是一种形式，更是一种生命的存在方式，看看印象派画家们的传记，看看他们画画的体验与记录，

---

① 保罗·高更：《诺阿，诺阿——芳香的土地》，郭定安译，中国人民大学出版社，2004年，第115页。

这些都使我们感到生命的张扬，艺术难道就是一种直线与曲线、圆形与方形、黑色与白色的关系？不是，艺术是生命的自我表现，是人阐释自我，阐释命运的一种形式。印象派对色彩的运用就是直接来自对自然的体验，很显然，自然的色彩是强烈的，各种各样的，纷繁复杂的，也同样是和谐的，但这种和谐不是画室里人的感觉的和谐，而是自然本身的和谐，是生命力与自然一起的和谐，是画家融入自然与自我之中的和谐。这种和谐是在画室里无法找到的，也正是画室里的画家所极力反对的。这正是印象派画家成功之处，也是我们今日画家所应反思自我之处。因此，印象派直接取法自然并不意味着印象派画家对传统一无所知，而是他们从另一个角度重新阐释了传统，对传统做了自我的解释。在这些画家中有些画家是直接到自然中去的，特别是印象派的自然风景画家，但这些画家也同样是传统自然风景画的一部分，他们只不过是对传统的风景画进行了新的理解与新的创造，因为自然是无限的。如马奈的风景画，其刚劲，其和谐，其深沉都是其他的印象派画家所很难达到的，也是其他印象派画家所缺少的。他也是印象派画家中与传统关系最为密切的一位。印象派画家们也常常到罗浮宫去临摹那些他们心仪的伟大作品，为谁更伟大争论不休，虽然他们之间也争论不出最终的结论，但他们与传统的关系确是明确的，他们并不是天生的，没有任何基础的空穴来风，而是有着坚实传统基础的伟大的画家，只不过是他们的传统往往是被那些所谓的学院派画家所淹没的，所排斥的，所忽视的一种传统，这种生命力在勇于创新的印象派画家手中重新得到了体现，重新得到了展示。

印象派画家与浪漫主义及现实主义的关系也是非常密切的，虽然每位艺术家和他们的关系各不相同，正如他们自身根本不同一样，虽然他们往往被冠之以同一个印象派之名。诞生于19世纪的浪漫主义是对当时处于保守阶段的新古典主义及新古典主义所代表的学院派美术观念与体制的一次革命性的冲击，浪漫主义在政治与哲学上追求自由、平等、博爱及强烈的个性解放，他们把这些基本理念运用到他们对艺术的理解与创作上，因此政治上的浪漫主义就成了艺术中的浪漫主义，因此整个社会的浪漫主义观念及氛围就成了整个社会的基本理念，如追求幻想的虚幻的美、注重感情的直接畅快的传达、喜欢热情奔放的性情的抒发与宣泄，这不仅体现在文学作品上，如拜伦、雪莱、济慈、普希金、雨果等一大批浪漫主义作家身上，同样它们也体现在一大批伟大的艺术家身上，包括伟大的音乐家身上，它是整个社会的一个基本价值观念。因此浪漫主义艺术家用自己动态的艺术实践来直接对抗古典主义画室中静止的艺术作品，并以强烈的直接的主观性、感性来对抗古典主义学院派的过分夸张的所谓的客观性与理性。伟大的浪漫主义画家首先在题材上就与传统的古典主义画家不同，他们很少在画室里仅仅找几个模特抽象地描述着所谓的历史，这些历史仅仅是他们眼中的，甚至是想象的历史，几个抽象空洞的人物并不能代表真正活生生的历史与现实，但那些整天一直在自己画室的古典主义者已经习惯于在自己的房间里画他们眼前的模特，并用自己僵硬的笔触描写所谓独特的性格。浪漫主义对感性的重视，对人生的强调，对社会的介入直接导致了浪漫主义艺术家在题材上展现出异国的情调，对生活中悲剧性的喜好，对异常事件的描绘、观察与记录，这些艺术题材不仅仅来自现实，来自历史，同样也来自与他们有着同样喜好的伟大的文学家，从他们伟大的艺术作品中找到源泉与灵感，他们的传统来自中世纪奇异的传说，还来自伟大的文学家如莎士比亚、但丁、歌德、拜伦等的千古传颂的文学名著。他们对学院派的打击与拯救是显而易见的，他们对时代的影响，对社会生活的基本观念的张扬乃是一个时代，甚至整个西方文明的进步的一部分。他们对想象与创造的强调，对创作题材取自现实生活与活生生的有意义的历史的强调，无疑具有强烈的时代意义。席里柯的《梅杜萨之筏》、德拉克洛瓦的《自由领导人民》，还有浪漫主义的风景画，其色彩之热烈，笔触之奔放与跃动，都是古典主义僵硬的艺术形式所根本匮乏的，古典主义的匮乏乃是一个时代生机匮乏的表现，因此浪漫主义艺术的兴起乃是时代的必然，是古典主义走向穷途末路的必然，是新的艺术形式必然再生的表现。而印象派画家则直接承继了浪漫主义理论家的基本理念，不断张扬人的精神价值，特别是人的感性的价值，强调个性的解放和人权的最终追求，这些都是与整个人类文明的进程是一致的，因此他们在绘画上强烈的个性与充分的感性的张扬，其有力的情感的表达，构图的丰富多彩，风格的多变各异，色彩的强烈对比都是他们能名垂青史的根本原因，也是这种基本价值倾向在人类文化史上能不断创作出伟大艺术作品的根本原因，印象派理论家张扬的个性与风格都是西方浪漫主义文化传统的一部分。他们对传统的反叛，包括对浪漫主义最后走向穷途末路的反叛与早期浪漫主义艺术家的反叛精神是一致的，他们都以反叛僵死的传统来开始自己的艺术追求。我们只要看看马奈从事艺术创作时所面临的命运就非常清楚了，马奈的反抗精神，包括他对家庭的反抗都是他们艺术实践的一个侧面。印象派画家丰富的个性及艺术实践与浪漫主义艺术家丰富的个性及艺术实践是一脉相承的，正如西斯莱曾对评论家阿道尔夫·达维尼埃所说的："我喜欢的画家就是德拉克洛瓦、柯罗、米勒、卢梭和库尔贝，他们都是我们的老师。他们热爱大自然并强烈地感受到大自然。"

虽然后期的印象派画家以反对处于没落的浪漫主义画风开始，其实没落的浪漫主义画风已经背离浪漫主义超越于古典主义的艺术真精神了，那就是对真善美的不懈追求。印象派画家多彩的人生与浪漫主义艺术家多彩的人生也是一致的，张扬的个性乃是他们基本的人生与艺术标注，这与古典主义所追求的和谐与一致是根本不容的，因为古典主义的极端就是千篇一律，其实浪漫主义走向没落时，他们的作品也同样是千篇一律的。印象派画家不仅继承了浪漫主义张扬的个性与艺术的完美主义，也就是对艺术本身的追求。这种追求，不是要艺术表达什么，而是艺术本身的价值就是艺术的真正追求，如果艺术要表达什么，那就是艺术必须真诚表达艺术家对人生与自然的深刻体验，这种体验不是从他人那儿继承的，也不是某些权威的号召，更不是所谓传统的不变的价值体现。所以印象派画家正如浪漫主义画家一样视自己的艺术为生命，因为他们的艺术就是他们命运的一部分，很多印象派画家一生都穷困潦倒，如马奈、郁特里罗、塞尚、高更，皮沙罗最后才生活得好一些。特别是凡·高的一生更是献身艺术的一生,他的命运几乎成了一个伟大艺术家悲惨命运的象征。他们有些人出身很高贵富有,如果不从事艺术可能生活得更好,但这些伟大的艺术家可以说就是为了印象派艺术而存在,在某种程度上就是为了表达,以一种印象派所特有的艺术形式,虽然这种形式被冠以难听的印象派的名字,虽然这里的"印象派"已经没有了贬义。当然任何艺术的成功都要以牺牲很多伟大的艺术家的一生为代价,正如孟子那著名的"穷困其身"的教导,司马迁就拿它来安慰自己。印象派把艺术自身价值的无限伸张使印象派被称为现代西方艺术真正的开始,因为现代西方艺术无论怎样争论不休,他们对艺术本身的强调确是完全可以统一的。印象派对浪漫主义对自然的强调的继承也是印象派与浪漫主义的一个非常重要的关系。自然不仅仅是自然界中的自然,更是人对自然界的一种天然的,直接的,感性的,根本感受,不是理性的自然,科学家眼中的自然,而是活生生的、有生命力的、时刻发生变化的、与画家一同存在的,也就是生活在画家身边的自然。我们从印象派与浪漫主义画家中的风景画的对比中能深刻体会到这一点,虽然浪漫主义画家画中的自然与印象派画家笔下的自然有很大不同,但他们对自然的直接感受确是古典主义画家中,更早的,如古希腊罗马艺术家、中世纪艺术家、文艺复兴艺术家等所根本没有的。他们不仅仅是简单地继承了画家与自然的关系,也就是说画家与自然的关系不仅仅是一种描绘对象与描绘者的关系,而是一种人与自然新型关系的体现。如果说浪漫主义画家已经开始了室外的创作,虽然他们的画有很多仍然是一种想象的自然,甚至是他们的自然也仅仅是他们画中为表达自己浪漫想象的一个手段,但印象派画家却把自然当成了艺术家的生命,很多画家就直接生活在自然之中,如凡·高、皮沙罗、马奈、莫奈等。自然与他们及他们的绘画就成为一个完美的生命的整体,不仅是他们绘画的源泉,而是与他们的生命完美地融合在一起,不可有须臾的分割。这种与自然的关系是艺术上绝无仅有的,只有中国的山水画家才能达到这种境界,后来的西方艺术家却较少缺乏这种对自然的直接的爱与感受了。从这个角度看,印象派画家对自然的热爱与描绘可称为西方文化史上一道独特的风景,而这道风景正是从浪漫主义开始,到印象派达到高峰的,正如对自然的深刻描绘是从浪漫主义的诗人与小说家开始一样,据说在浪漫主义作家描绘自然之前,人们还无法感受到自然之美。如果我们从浪漫主义绘画来看,这个问题就更容易明白了。

印象派对自然的热爱除了来自浪漫主义对自然的热爱外,还来自现实主义对自然的热爱,特别是现实主义对自然的真实性的强调就更增强了印象派对自然的直接感受性的描绘与记录。风景画家毕沙罗早期接受了柯罗的影响,但后来愈来愈多地显示出库尔贝画风中劲健的笔触与强烈的对比。① 雷诺阿除了受安格尔的影响外,也深受库尔贝的影响。② 正如雷诺兹指出的现实主义"新的兴趣和令人耳目一新的创作

① 黄苗子:《印象派绘画大师毕沙罗》,河北美术出版社,2008 年,第 12、15 页。

② 康春宏:《后印象派肖像画大师雷诺阿》,河北美术出版社,2008 年,第 24 页。

方法……体现了在一大批有才华又肯献身的青年艺术家中盛行的情绪与信念,后来成了'现代'艺术第一次大运动的基石,也就是人们所称的'印象派运动'(在当时这是一个贬词)。"①现实主义最早见之于 19 世纪 50 年代对法国画家库尔贝作品的评论。库尔贝作为一个伟大的画家,他从不按照当时流行的绘画观念来绘画,而是根据自己对绘画的独特理解,即按照生活本身的面貌来绘画,现实生活中的人物怎样就画成怎样,这在当时以追求美而著称的绘画界是不可容忍的,因此他被当时巴黎的官方评论家们讥为"现实主义"者,他的作品也因此被排斥在主流的艺术界之外。库尔贝为表示抗议,也为了展示自己对艺术的独特认识与强烈的艺术个性,于是树起了现实主义的大旗,从而为现实主义艺术的发展树立了一面光辉的旗帜,他的绘画及绘画理论对后来整个世界的影响是无与伦比的。现实主义作品注重准确客观地再现现实生活的精确画面,因此它与浪漫主义对主观想象的强调是明显对立的,也对后期浪漫主义软弱而狭隘的所谓幻想进行了挑战,因为生活本身比想象更有力,更丰富,也更具有挑战性,现实并不以作家个人的好恶和愿望而存在,比画家待在创作室中单纯而贫乏的想象更生动有力。现实主义对细节真实性的强调,对描写客观性的追求都使现实主义相对于浪漫主义在新的时代更加符合新的审美需求,因为单纯的浪漫想象和现实的激烈斗争相距甚远,和人的真实的现实生活更是不相融合,特别是现实主义对普通大众的关注更使浪漫主义所谓的贵族气息

① 唐纳德·雷诺兹:《剑桥艺术史——19 世纪艺术》,第 66 页。

在新时代丧失了时代的活力。现实主义同样是取法自然的理论,更重要的是取法普通人的自然,而不是一种贵族的高高在上的自然,我们从米勒的绘画中就能感受到这种对自然、对人生、对普通人的强烈的爱与关怀,他们和那些仅仅沉浸在自己想象中的所谓的浪漫主义者更加符合普通人的生活逻辑。读者也能够从印象派画家的描绘中体会到 19 世纪 70 年代各种各样的城市现代化进程,包括对各种消费符号的精确描绘,[①]甚至是火车的各种各样的描绘。[②] 现实主义对生活真实、自然真实的强调,现实主义画家对普通人命运的关注,特别是对细节的真实直接启发了印象派画家更加深入自然,深入普通人的内在精神世界,不是居高临下地去可怜广大的民众,而是和他们生活在一起,他们本身就是普通人的一部分,印象派画家人物画的主人公大都是普通人就是证明。因此现实主义者对现实的批判态度虽然很少影响到印象派这些唯美主义者,但其对艺术的强烈革新精神及对现实与自然人生的体验却是一脉相承的。当然印象派并非如现实主义者那样过分强调对现实的依赖,而是以浪漫主义为依归,对印象也就是对主观印象中的客观世界进行描绘,特别是对短暂的、偶然的印象的强调是与现实主义,特别是批判现实主义对典型形象与典型人物的塑造根本不同,但印象派画家对短暂印象的强调却与现实主义画家对客观真实描绘的强调在理论上有着内在的一

---

① 露丝·爱斯金:《印象派绘画中的时尚女性与巴黎消费文化》,孟春艳译,江苏美术出版社,2010 年,第 140—141 页。

② Meyer Schapiro, *Impressionism*: *Reflection and Perceptions*, George Braziller, 1997, pp. 97 - 107.

致性。

当 1874 年印象派画家在巴黎第一次举办以无名画家为主的画展时,它因莫奈著名的《日出·印象》而被批评讽刺为"印象主义画家展览会",然而令当时的理论界无法想象的是今日的印象主义或印象派已经成为法国文化,乃至人类文化的骄傲。印象派画家对当时占统治地位的古典学院派的反对,对当时就已日益落入俗套、矫揉造作的浪漫主义绘画的挑战,其对巴比松画派与库尔贝等人写实画风的学习等一起对当时整个画坛的冲击是可想而知的,然而如今他们也已成为法国绘画乃是世界绘画中的一种新的古典主义,他们与传统及时代既抗争又同一的复杂关系是任何艺术流派产生发展乃至成熟的一个缩影,也就是从这个角度,弗莱契说:"维普斯·德·夏凡纳,作为高更受其恩惠甚多的艺术家,也和高更一样游离于社会之外。德加和安格尔也是和高更同类型的艺术家。"[①]而印象派画家与古典主义之间的关系正如印象派画家之间难分难解的复杂关系一样,常常使我们困惑,同时又使我们颇受启发:同莫奈一起以画风景画为主的西斯莱长期处在莫奈成功的阴影之下,一生都抑郁不得志,特别是当马拉美指出他的作品中莫奈的影响时更使他愤恨莫名,以至于当评论家塔维尼耶撰文批评莫奈时他竟然致信附和:"你击中了莫奈的弱点,他喜好自我宣传的一面。"然而当西斯莱寂寞地病死后,留下两个孤苦无依的孩子,莫奈号召并组织了西斯莱作品的义卖:他自己的一幅风景画售得 6 000 法郎,并以 4 500 法

---

① 约翰·古尔德·弗莱契:《高更,他的生活与艺术》,陈奕译,北京大学出版社,2009 年,第 64—65 页。

郎买了西斯莱的一幅画,乔治·柏蒂为确保义卖成功自己以 9000 法郎的价格买下了西斯莱的《卢安河畔的小屋,傍晚时分》,拍卖总收入 14.5 万法郎,平均分配给西斯莱的两个孩子。①

---

① 黄苗子主编:《印象派风景画大师西斯莱》,河北教育出版社,2007年,第 156、206 页。

六

圣人的影像叙事

《孔子》与《甘地》

甘地虽然是印度的圣人，但电影中的甘地基本上是按照西方文化的原则塑造出来的，这不仅仅是因为甘地深受西方文化的影响，包括他在英国所受的教育，特别是受到基督教与托尔斯泰的影响，更重要的是电影中他所坚守的基本原则乃是按照西方圣人原则塑造出来的。电影中孔子的形象更多的是体现出今日对孔子的理解，同样也深含着中国传统文化中至今不变的基因。分析二者的异同对思考中西文化的差异，特别是现代化过程中中国传统文化的地位有着重要的理论价值与现实意义，如怎样评价目前流行的红色经典的问题等。

轰动一时的电影《孔子》如吹皱一池春水的阵风一样终于止息了，但这止息确实能给我们以很多思考与遐想，其中最重要的就是关于圣人形象的叙事。这部号称斥资 1.5 亿元塑造中国圣人的"史诗"传记电影到底在多大的程度上依靠操作的成分而获得票房的成功，我们不得而知；孔子与南子的"绯闻"能否成为今日文人知识分子绯闻选出的先例与榜样，我们更加不得而知；至于王菲借助《幽兰操》的主题曲的复出到底为电影增添了多少的魅力，只有王菲的崇拜者才能知晓，但周迅的情变肯定为电影票房增添了不少的噱头倒是有目共睹的事实。我们在电影中至少可以知道，《论语》中也这样告诉我们，孔子并不想成为"幽兰"，又有哪位伟人想成为幽兰呢？形貌有些古怪如福娃的周迅与永不会变老的任泉和中国传统的圣人有何牵连，到底在多大程度上能帮助我们回归中华民族本色的传统倒是令人怀疑的，虽然电影院基于某些类似行政手段的干预临时撤走了 2D 版的《阿凡达》，但国人似乎仍有很多并不怎样买账，电影院似乎并没有放映《阿凡达》时的火爆，至于观众看电影《孔子》时不时发出的阵阵哄堂大笑倒使我们更加清晰电影中的孔子和人们心中的孔子到底有多大的区别。虽然这些电影人想极力改变人们心中早已固有的孔子形象，但观众又怎能听从这些电影人的指令呢？况且孔子乃是天下人的孔子，又不是电影人的一己之私，电影人的话语霸权又怎能奈何他们呢？周润发虽然展示出了孔子被逐出鲁国的悲哀与重新回到鲁国的狂喜、他对爱徒与爱情同样的投入与《上海滩》里许文强对友情与亲情的刻意渲染在观众看来也没有多大的差别，因此，怎样刻画真正的仁人与怎样处理许文强与孔子之间的差别倒是电影《孔子》消散后留给我们的不得不沉思的问题。不明白鲜活傲岸的江湖硬汉到底与伟大的仁者爱人的圣人有什么区别，孔子就成了与你我无差的"非英雄"了。圣人的一生如此孤独全在于他的努力与他要达到的理想的巨大距离,电影的特技并不能消除这个距离,也无法增加圣人的任何气度,我们在电影《孔子》与电影《甘地》的比较中更能看清楚这个问题。这个比较不仅对从事《孔子》及其续集拍摄的人,同时也对目前流行的关于革命红色传记电影的拍摄无疑具有重要的理论的价值。

电影《孔子》讲述了孔子 50 岁后参与鲁国政治的经历:孔子想借助削弱三桓贵族势力实现自己尊崇王室复辟周礼的愿望而被逐出鲁国,只是在临终前才最终回到鲁国。其中问道老子,孔子辅佐鲁公,夹谷盟会收复失地,堕三都的失败,颜回、子路、冉求等师生友谊的穿插等在笔者看来都并无任何的诗意,似乎可以发生在流行电影中的任何主人公身上,更无所谓的圣人气象。白发苍苍、跟跟跄跄、泣不成声的归国孔子虽然能赢得观众的某些眼泪与惊叹,但这与一个真正的圣人有何关系,虽然这缩短了孔子与我们的距离,但真正的孔子哪里去了? 我们不得而知。南子作为孔子的红颜知己,对这个伟大的圣人又有何种现实意义呢? 不要说其存在的真实性到底有多大,反正导演与编剧是相信艺术加工的合理性的,不然如何创收巨大的票房呢? 南子死前还花那么长的时间来回忆她与孔子的一面之缘,这其中是否受到了但丁与贝阿特丽采爱情的启发,我们不得而知。但周大侠在说出了"你给个话儿啊!"却确实雷倒了在场的观众,人们在观众的欷歔声中看到了孔子作为圣人不在"德"而在"情",许文强的影子和孔子的形象重合在了一起。电影《甘地》则是从 1948 年 1 月 31 日印度为甘地举行盛大葬礼开始,再回溯到 24 岁的甘地在英国获得律师资格后到南非办理案件因种族被逐出头等车厢(这段往事就记录在他的自传里①），电影记录了甘地为南非印度侨民获得平等权利而进行的艰苦卓绝的抗争，特别是他为印度摆脱英国殖民统治、争取独立自治所进行的各种斗争更是令人惊心动魄，甘地的非暴力主义，及其坚定、简朴、忍耐、圣洁、幽默的个性等都通过电影的各种画面鲜明地展现在观众面前，令人久久不能忘怀。同时甘地所特有的正如亚里士多德所说的伟人所共有的忧郁气质，他作为圣人所特有的孤独、他对国大党内部矛盾的担忧、为阻止印巴分裂所做的各种艰苦的努力、对世人愚妄与自私的愤怒，都使我们感受到了圣人所特有的高远与力量。正如康德在《实践理性批判》中所说的："有两样东西，我们愈经常愈持久地加以思索，它们就愈使心灵充满日新月异、有加无已的敬仰和敬畏：在我之上的星空和居我心中的道德法则。"②电影《甘地》并不是像《孔子》那样通过揭示甘地各种并不为人所知的，甚至人为构造的各种奇闻秘事来缩小甘地与我们的距离，那样就是消灭了甘地自己，而是通过甘地各种超人的意志与情怀来加大他与观众的距离，而这种距离就产生了崇高感，这种距离又通过无数甘地追随者的介入而把我们也融入其中。甘地说："当我绝望时，我会想起，在历史上只有真理和爱能得胜。历史上有很多暴君和凶手，在短期内或许是所向无敌的，但是终究总是会失败，好好想一想，永远都是如此。"这也是他在《自传》中所说的："有一件事在我心中是根深蒂固的，就是深信道德为一切事物

①　甘地：《甘地自传》，杜危等译，商务印书馆，1998 年，第 97—103 页。
②　康德：《实践理性批判》，第 177 页。

的基础，真理为一切道德的本质。真理已成为我唯一的目标。"①这和甘地自己的基本精神是完全一致的，他在自传中说："我所以从人民得到这个称号（按指'圣雄'），细想起来，无非因为我对他们的爱，而我对他们的爱，又无非是我对'非暴力'持有不可动摇的信仰的表现。"②这也是整个电影的基本精神。外国人拍《甘地》和中国人为弘扬民族文化而拍《孔子》，背景不同，目的不同，这至少表明了人生与人类的最高真理，关于真善美的真理是相通的，并非只有印度人才能拍出真正的甘地，只有中国人才能拍出好的孔子。从《孔子》的失败可以看出这一点。正如韦伯所说，并非只有中国人才能了解《老子》，中国人解读老子和外国人比并不具有什么优势。③《甘地》是美国人解读印度人，《孔子》是中国人解读中国人，但从电影的结果来看，中国人解读中国经典并不具有什么特别优势，所谓的"爱国主义"并不能为解读中国经典提供任何合理的优势。

令人感兴趣的就是两部电影中的著名演员，一个是表演莎士比亚戏剧出身的金斯利，另一个则是表演硬汉风格出身的香港演员周润发。周润发为流行的性格演员，其从《上海滩》开始到《卧虎藏龙》都表现了始终如一的表演风格，这种风格乃是英俊潇洒、直率酣畅的风格，其与孔子所追求的温柔敦厚、中庸雅致的道德理想基本上是背道而驰的，在审美风格上也是迥异的，更不要说周润发作为一个流行演员在观众中根

---

① 甘地:《甘地自传》，第30页。
② 同上，第359页。
③ 马克斯·韦伯:《儒教与道教》，第237页。

深蒂固的形象所产生的持久的影响了，虽然这并不意味着二者是完全的背离，但周润发是一个基本定型的演员，从现今他表演的孔子角色来看，也基本上是《上海滩》的再现。据《史记》记载孔子是高大的，如盗跖般高大，这也许是导演起用周润发来扮演孔子的一个原因吧，但孔子的高大并不是他成为圣人的根本原因，很显然同样是圣人的甘地却是一个众所周知的小个子，作为猛男形象的孔子比"三等残疾"的甘地更能引起南子般女子的兴趣是众所周知的道理，但引起南子般女人兴趣的帅哥与当权者数不胜数，但只有孔子能名垂千古，其根本原因恐怕不是南子的引诱所决定的。虽然南子的引诱能为今日的电影带来看点，但正如《甘地》中没有引诱一样，这个看点让人们对上海滩的浪奔浪涌有着无穷不尽的遐想，但似乎对圣人的名垂千古意义不大。表演甘地的英国演员金斯利则是一个表演风格更为复杂的演员，因表演甘地而一举登上奥斯卡影帝宝座。他起初是英国著名的莎剧演员，身材比甘地略高而又魁伟壮实，他为表演甘地每天晒太阳，终于把皮肤晒得黝黑，并剃了光头，坚持吃素、纺纱、念佛经。为了能形神兼备地表演甘地，深入了解甘地的事迹，领会他的思想，他阅读了大量有关甘地的史料，揣摩甘地的纪录片，和甘地的亲人一起生活，这和周润发坦言不读《论语》是大相径庭的，事实也证明他对甘地形神兼备的表演是周润发这种流行演员所望尘莫及的，其在电影《约瑟》中表演的波提乏同样是沉静、坚韧、圣洁的表征，充满了一种宗教所特有的神圣性，这种神圣性正是关于圣人电影的崇高风格的根本来源，而这正是周润发这种充满生活情调与世俗精神的风格所难以企及的。从这个角度讲，如果让金斯利演孔子也许比周润发演更好些，《甘地》整部电影充满了仁爱与甘地对仁爱的坚定信念，而《孔子》则充满了欲念与混乱，《论语》讲，"子不语怪，力，乱，神"，[①]但无论从何种角度看《孔子》都充满了"怪，力，乱，神"。我们无法从《孔子》中感受到孔子的存在，只是看到导演与演员无法控制的自我，不停地在肆意表演着。每当孔子引用《论语》中的话时给人的感觉就是周润发在戏拟，在临时抱佛脚，甚至在搞笑《论语》与孔子。《甘地》中虽然也有很多宏大的场面，特别是甘地的死亡、盐场的集会、徒步千里的抗议、印度乡村的旅行、印巴分治的暴乱、英国殖民者屠杀镇压集会等，都是令人震撼的场面，但这种场面都使我们更加深入了解甘地的内在精神世界，也使我们了解甘地所处时代的政治与人文环境。当然其中也不乏表现甘地宁静、孤独的场面，特别是甘地临终告别妻子的场面，甘地独自走向英国王室宫殿的场面，甘地独自面向大海沉思的场面，甘地宁静而高远的心态正是今日追逐于名利之间的艺匠们所匮乏的，因此他们心中与艺术中的甘地，也包括孔子，正是他们自己心中的圣人的表现，艺术中的圣人是圣人的传记与电影人个性追求的混合物，和真正的圣人并非一回事。

总之《甘地》中的宏大场面与宁静的场面是完美地融合在一起的，其基调仍然是以甘地的圣洁宁静与伟人所特有的孤独为主。但《孔子》中的大场面仅仅是大场面而已，如车子落水的场面不知道能表现什么含义，当孔子朝着冰窟呼唤颜渊

① 杨伯峻：《论语译注》，第 72 页。

时,我们看到的是周润发呼唤任泉,它给电影院带来的哗然一片充分说明这一点,正如《英雄》中的射箭与空中打斗一样仅仅是一种视觉的冲击与感官的震荡,并没有什么令人值得深思的东西,这和孔子的真性情与孔子的人生观念无任何的关联,没有内在的真力量,仅仅靠表面上的帅哥的演技又怎能不引起电影院中的唏嘘声呢?这种充满了混乱与浮夸的大场面反而妨碍了孔子对人生与自我的真正表达,而这正是电影失败的关键。由此看来,《孔子》是一部毫无圣人气象,毫无任何民族自豪感的流行电影,正如《十月围城》一样,虽然它借助目前的经济运作体制取得了很大的商业价值,丝毫让人无法感到一种伟大事业的圣洁与万难,仅仅感到一种令人神经兮兮的杀戮与慌乱,辛亥革命的伟大被一群搞笑的莫名其妙的武林侠客所代替。在电影中,我们既无法感到孔子与孙中山的伟大,也无法感到真正的民族精神,停止播放《阿凡达》其实没有必要,很显然,我们把《孔子》命名为《十月围城》也可以,因为孔子的特别精神气质根本没有显现出来,可见中国的演员、导演虽然在物质的层面上特别是在大场面的技术与金钱的支持上有了巨大的改观,但在精神的层面上还相差很远,虽然相隔几千年,有着长长的顾问名单(不知道他们是否真正顾问了,还是顾问了因为各种的顾虑其意见没有得到采纳),《孔子》的失败确使我们深感今日中国电影的悲哀,特别是精神层面的浅薄与贫乏,电影人勇于深入到历史宏大题材的愿望确实令人感到敬佩,但这种代表人类精神文明最高成就的题材被表现得如此庸俗,不仅反映了电影制作人的水准,同时也反映了今日电影生产机制及推广发行机制的内在缺陷。《孔子》

与《甘地》的差别不是孔子与甘地的差别，而是导演之间的差别，不仅是金斯利与周润发之间的差别，而且是观众与电影的生产与发行机制之间的差别。黑格尔在《哲学史讲演录》中说："苏格拉底是各类美德的典型：智慧、谦逊、节约、有节制、公正、勇敢、坚韧、坚持正义来对抗僭主与平民，不贪财，不追逐权力。苏格拉底是具有这些美德的一个人，——一个恬静的、虔诚的道德形象。"[1]我们用这个标准来看待孔子与甘地，基本上都是一样的，可见古今中外的圣人没有多少的差别，有差别的是局外人对他们的理解，他们在用自己的眼光与胸怀来理解与揣度这些圣人。虽然《孔子》的票房取得了巨大的成功，《孔子前传》也将开拍，但正如柏拉图所说不能用观众的欢呼声来判断戏剧的成败。据报道《前传》将在剧情设置、演员甄别上更具有商业性，但问题的关键在于：真正的孔子是否具有很大的商业价值是令人怀疑的。

据司马迁《史记》记载，孔子与南子的因缘如下：南子欲见孔子，"孔子辞谢，不得已而见之。夫人在绨帷中。孔子入门，北面稽首。夫人自帷中再拜，环佩玉声璆然。孔子曰：'吾乡为弗见，见之礼答焉。'子路不说。孔子矢之曰：'予所不者，天厌之！天厌之！'居卫月余，灵公与夫人同车，宦者雍渠参乘，出，使孔子为次乘，招摇市过之。孔子曰：'吾未见好德如好色者也。'于是丑之，去卫，过曹"[2]。由此看来，孔子与南子并无今日导演所演绎之情感，当然编剧与导演也应该知道如此，只是他们为了迎合今日所谓后现代之风格，为增加看点而

---

① 黑格尔：《哲学史讲演录》第二卷，第 49 页。
② 司马迁：《史记》第二册，新世界出版社，2009 年，第 712 页。

故意为之。《论语》中也曾提及此事，孔子曾多处讲道："吾未见好德如好色者也。"①李泽厚说："孔子此章所叹，古固如此，今亦同然，何必专于卫灵公而发之？"②电影中的表现就是"古固如此，今亦同然"的佐证。至于颜回之死于疾，《论语》中反复讨论孔子与颜回的关系：孔子说颜回"贤哉，回也！一箪食，一瓢饮，在陋巷，人不堪其忧，回也不改其乐。贤哉，回也"（《论语·雍也》）是最著名的，至于孔子说颜回"好学，不迁怒，不贰过。不幸短命死矣"（《论语·雍也》）③则是对颜回悲剧命运的感叹，孔子甚至说"回也视予犹父也"（《论语·先进》）④，可见颜回对孔子的尊重是无与伦比的。"吾与回言终日，不违，如愚。""如愚"说明颜回不过是在礼节上对老师尊重而已，他"退而省其私，亦足以发，回也不愚"（《论语·为政》），⑤孔子内心也是明白颜回的内心世界的，也知道自己对颜回的态度是出于自己真诚的欣赏："回也非助我者也，于吾言无所不说。"（《论语·先进》）⑥然而令人困惑的是，而立之年便满头白发，32岁就英年早逝的颜回讲"不改其乐"，总是让人感到有些不实，他哪有"暮春者，春服既成，冠者五六人，童子六七人，浴乎沂，风乎舞雩，咏而归"⑦的快乐呢？孔子恐怕是美化了颜回的快乐吧！颜回的早死与甘地、苏格拉底和

---

① 杨伯峻：《论语译注》，第164页。
② 李泽厚：《论语今读》，第262页。
③ 杨伯峻：《论语译注》，第59,55页。
④ 同上，第113页。
⑤ 同上，第16页。
⑥ 同上，第111页。
⑦ 同上，第119页。

耶稣的死是相通的，但与孔子的长寿却有着某些不和谐。我们在电影中看到了颜回被改编为救书简的小帅哥。这真是如记者在采访编剧时，编剧所说的：我们要有改编（改变？）历史的勇气。历史是被改编（改变？）了，迎合了某些观众的低级趣味，经典近乎粗俗，所谓国学热真正成了所谓盛世哀歌。《孔子》与《甘地》的差别不是孔子与甘地的差别，而是导演与编剧之间的差别，是演员与观众的差别，同样也是文化机制与电影发行机制的差别。在《孔子》电影中我们不能明白孔子为何到处奔波，是为了那毫无着落的仁吗？还是因为自己不受重视？《甘地》的奔波我们是清楚的，因为他无法从当时印度上层社会中看到真正的印度，他必须旅行，必须找到自己的根，我们不知道孔子的根在哪里？《孔子》电影缺乏宏伟的风格，因为电影中的孔子缺乏切实的宏伟的目标，它充满了通俗与搞笑。《孔子》还不如电影《一个都不能少》更具有宏伟的风格，虽然他的演员的人数比《一个都不能少》多得多，因为产生宏伟风格的根本原因不是人数，而是电影的主人公所表现出来的基本精神，如果这种精神是伟大的，那就能产生伟大的风格，即使是一个人。如果有很多人，但都像《孔子》里从夹谷会盟后那样散漫地回来，即使人数再多也无法产生宏伟的风格。孔子本人之所以有宏伟的风格就在于其一生的追求都是"一以贯之"的对普通众生的关爱，其一举一动无不如此，所谓"君子无终食之间违仁，造次必于是，颠沛必于是"（《论语·里仁》）。[①] 甘地难道不也是如此吗？这也是孔子与甘地对思考

① 杨伯峻：《论语译注》，第36页。

今日世界普遍难题有所警示的根本缘由，而《孔子》电影正缺乏对这种普遍性的深入思考与关注，甚至没有深刻的理解与把握，因为导演与演员既不了解孔子也不了解今日的时代，所以他与孔子，与今日的观众，甚至是今日的中国都无任何关系，他们关心的也就是电影的票房而已。

《孔子》电影出现的问题是我们目前电影界关于"伟人叙事"普遍存在的问题，也就是导演、编剧、电影演员与被表演的传主之间在阅历，特别是在精神层面上的巨大差距使得电影的艺术效果远不能尽如人意。我们在阅读《史记》时为何能随着主人公人生命运的悲欢离合而悲喜交集，其根本原因乃在于司马迁用他深切的人生体验准确地传达出了他的主人公对人生及社会的理解，而这种理解同样能激发今日的我们，使我们真切地感受到人的伟大与人生的悲壮，而今日的《孔子》正缺乏司马迁这样的手笔，而被一种空洞的无聊所充斥，因此这种电影的教育效果也和预期差距太大，远远不如纪录片更能显示传主的巨大精神成就和历史形象，即使电影导演与演员对传主的美化，在某种程度上也是对传主的丑化，因为他们无法体会到，更无法传达出历史伟人对人生、对自然、对他者的一种真诚的感受与理解，他们的表演和伟大的人生很隔膜，他们的精神修养和这些伟人差距太大，远远不能把握这类具有崇高意义的题材。我们确实知道伟人也是人，但历史事实首先告诉我们他们是伟人，我们对他们如何是普通人并不感兴趣，我们感兴趣的是他们如何成其为伟人。现在的电影揭示了伟人们如俗人一般的爱情、私生活，电影似乎忘记了，或者说故意忘记了这些，他们故意把伟人拉到了与我们一致的水平线上,使我们感到某些满足,但我们将永远无法与他们一样成为伟人,感受到伟人心灵世界的波澜壮阔,他们将永远被历史所记忆,而我们活着都无声无息。他们忘记了朗加纳斯《论崇高》中那句著名的话,"崇高就是伟大心灵的回声"。[①] 如果导演仅仅或者主要是为了票房而拍摄孔子,她怎么又能真正理解孔子呢? 如果孔子为了追求商业价值的话,他也就不会成为电影今日的主题了,因为他无法成为圣人。但谁又能知道,导演到底是否想真正了解孔子为何是孔子呢? 有些人是想用《孔子》这部电影向西方人证明我们的传统,但我们能向西方人证明什么呢? 是要西方人不要活人祭吗? 西方人早就不活人祭了,虽然我们在关于古代罗马的电影中能看到。要西方人学习孔子用大雁作礼物来互相交换吗? 要让西方人学习孔子不要以公雉来判断冬祭吗? 欧美早已不用公雉的鸡尾来判断了。而富士康的"活人跳"才是真正的活人祭呢! 既然《孔子》讲"己所不欲勿施于人",如果我们能够按照孔子的理想来塑造今日的我们,恐怕不是我们到欧美去建造孔子学院,而是欧美像唐朝的日本那样来自己建造孔子学院或者派人来学习孔子了,问题的症结恐怕是孔子所说的"不能正其身,如正人何?","不患人之不己知,患不知人也"。[②] 我们现在是急于要人知道自己,表现自己,但是要别人知道自己什么倒不是很清楚。我们确实知道,正如柏拉图所说,这些电影人不过是模仿了孔子的话语,如果他们能成为英雄的话,就不愿意成为

---

① 伍蠡甫主编:《西方文论选》上卷,上海译文出版社,1979 年,第125 页。

② 杨伯峻:《论语译注》,第 10、138 页。

歌颂英雄的诗人，但英雄的真正归宿又有几个如歌颂英雄的诗人的命运的呢？苏格拉底为追求真理而死，耶稣为爱而死，孔子为仁而沦落为丧家之犬，释迦牟尼为解脱而抛家弃子，然而今日有人因讲授《论语》而大发横财，有人因导演《论语》而名利双收，对于注重世俗利益的中国文化来说，在世人心中孰轻孰重也就是一目了然了。正如鲁迅先生所常说的，孔子又被当作了一次敲门砖，这次的效用和以往的结果没有什么不同，都是为了名利，只不过是采用的手段不同，鲁迅的时代是考试，今日是电影传媒。元好问说"心画心声总失真"，魏禧说"大奸能为大忠之文"，但忠奸区别如何在文本中进行呢？难道在文本之中就没有任何后现代主义者所反复追寻的空隙和踪迹吗？假如我们从忠奸的人生出发来在文本中反复寻找，正如孟子所谓以意逆志，那答案是有的，播放《孔子》的电影院中不断传出的哄堂大笑就是这忠奸之间的空隙，是观众发现了它而忍不住发出的，那笑声的整齐与哄堂说明大家的眼光和判断基本是一致的，既没有通过举手来表决，也没有通过事后的发表来公之于媒体，它们仅仅存在于观众的人心之中。在第五十五届的奥斯卡颁奖典礼上获得八项大奖的《甘地》领奖人上台后一致强调的一句话就是：真正应该获奖的是甘地本人。是的，这些甘地的模仿者看到了他们成功的原因就是因为正确地模仿了人们心中的甘地，而不是尽情地表演了自己。

圣人的真正本质不是博学多闻，而是"一以贯之"，博学多闻乃是为了"一以贯之"，要把自己对人生的基本理解时刻贯穿于自己的行动之中，苏格拉底、耶稣、释迦牟尼、孔子、庄子无不如此。孟子讲，"仁者无敌"，[①]孔子真正的价值不在于他的射箭技术，他如果射箭不好，那就无法处理借兵会盟的事情吗？如果没有《孔子》的畅想，谁又能想到孔子如诸葛孔明那样是一个会使用"空城计"的军事家呢？《甘地》电影中并没表现甘地这种军事才能，这种智者的形象其实与孔子理想的道德家的形象是背道而驰的，虽然把孔子塑造为一个智者与圣人完美一体的形象更能增加我们的信心，但这种信心既与孔子的现实不合，也与孔子自己的理想不合。孔子对公山狃的嘲笑，到夹谷会盟的"空城计"，再到堕三都中的贬大夫，抑制家臣，让他们群龙无首的政治策划，都是孔子作为政治家与军事家的表现，也是孔子作为一个智者的表现，这种智慧不是表现在追求善，而是表现在治理现实的策略中。但这样的智者与真正的仁者毕竟不是一回事，所以孔子最后的失败是符合孔子自身的逻辑的，他是想实现所谓"仁者无敌"，而现实是"智者无敌"。这也是整部电影基本的缺失，这部表演圣人的电影却缺乏对圣人基本精神的理解，不知道贯穿电影始终的圣人精神是什么。孔子的奔波都是为了国，但这个国都是被国王所代替，如堕三都都是考虑国王的利益，与百姓又有何关系呢？虽然他的学生都誓死跟着他，但这个小小的集团的真正目的是什么，电影并没有给我们表现清楚，并不像甘地那样离开印度的上层社会，坐着拥挤的火车，骑着颠簸的大象，冒着酷热步行着去了解印度的最底层，去看真正的印度。孔子并没有，我们体会不到孔子与我们的关系，他只是诸侯国王的

---

① 杨伯峻：《孟子译注》，第 10 页。

一个棋子，而他更愿意做一个好的棋子，虽然电影中的孔子和《论语》中的孔子有很大的差距，但这种对《论语》的改造与取舍都显示了这部电影无法达到《论语》的境界，因此，把《孔子》的名字改为《孟子》，或者什么人也未尝不可，虽然其中的历史典故会出现误差。孔子对周礼的固执，虽然电影中提醒孔子，也提醒观众这种礼节的不合时宜，但孔子的表演除了给我们展示周礼的迟缓与费时之外还能展示电影制作者对周礼的钻研所费尽的心机，但这与今日的我们又有何警示呢？是想让我们或者西方人学习周礼吗，这显然是不可能的。虽然我们常常看到周润发在关键时刻不断地引用《论语》中的名言，但这种引用与孔子用自己的行动来坚韧地贯穿始终并不是一回事，恰恰相反还能让人感到一种莫名的滑稽，因为现在到处都流行着这种所谓的后现代戏拟与模仿，他们的戏拟与模仿不是为了强调而是为了颠覆，正如电影中引用孔子的名言本是为了强调孔子的人生理念，但其效果正如周星驰引用唐僧的话语一样，和今日到处充斥的反模仿效果相同，很容易让观众引起一种莫名的滑稽之感，每当周润发说出孔子的片言只语时，电影院里便发出哄堂的笑声，这就是文不对题与不合时宜的明证。

（二） 《孔子》与《亨利六世》

　　圣人的形象并非标准化，凝固化的，它是一个随着社会变化不断发展演进，不断被反复叙述，反复塑造的过程。我们可以通过对比改编自莎士比亚著名历史剧《亨利六世》的电影与电影《孔子》的不同，来分析中西现代化进程中所呈现出的不同文化间的交流与对撞。

　　1978 年英国广播公司将莎士比亚全部戏剧搬上银幕，这套作品由于忠实原作以及精益求精的艺术创作而著称于世。中国电影界于 2010 年在全国公映的根据孔子经历改编的电影《孔子》也一时引起了国内学术界的争议，这两者都是中英文化中最具有代表性的经典个案，从改编中出现的一些理论问题我们可以发现中英现代化过程中出现的一些差异。

　　如果拿亨利六世与孔子相比也许会让某些中国人看起来有些风马牛不相及，其实二者是有着巨大的可比性的：他们都是不合时宜的哲人。亨利六世不合时宜是因为他基于在柏拉图的哲学家与哲学王之间的巨大差异所形成的对时代的无力感,而孔子也是如此,无论亨利六世与孔子都是他们时代的哲人。柏拉图曾说最完美的统治者是哲学王,而亨利是王,孔子是哲学家,从另一方面讲,亨利也是哲学家,我们从亨利精彩不断的自我反思中就可看出,而孔子又是精神领域的王,所谓素王。自身与环境的深刻对立最终导致了二者的悲剧,一个被杀,一个成为"丧家之犬"——哪个怀着崇高志向的哲人又不是"丧家之犬"呢?亨利六世与孔子都时刻处在激烈的现实动荡与内心的安宁之间,亨利六世常常反思自己与现实之间的沟堑,《论语》中的孔子也是,然而电影中的孔子却没有,这正是中国目前现代化进程所缺失的。

亨利的悲剧首先是时代的悲剧,正如约克所说的,这是一个"好人牺牲、恶人稳卧"使人"怒火中烧,涕泗交流"的时代。忠诚机智、英勇无畏的塔尔博就死在大臣之间无聊的争执之中,群臣为了个人的恩怨,为了一己之痛快,就不顾民族国家的利益,对正在流血前线的将士袖手旁观,最终导致塔尔博与同样英勇无畏的爱子约翰一同惨死在疆场。二人在临死前关于谁更应该退出战场的争论至今仍然感人至深,这种感动并没有因为我们是今日的中国人而有丝毫的减弱①(上篇第四幕第五场、第六场、第七场)。这两位从不知退却投降的将军并不是被敌人杀死,而是被自己的人杀死。正如路西所说:"忠勇高义的塔尔博,不是陷在法国军队的手里,而是陷在英

---

① 《亨利六世》引文均见《莎士比亚全集》(三),朱生豪等译,人民文学出版社,1995 年。

国人的尔虞我诈之中。"(上篇第四幕第四场)软弱的亨利王正是这些互相争斗的大臣充分发作的条件。所以葛罗斯特说,他们最喜欢的是孱弱的幼主,像小学生一样,能受他们的摆布(第一幕第一场)。年幼的亨利王在大臣们争权结党互相倾轧的时候常常发表精彩的情词并茂的劝说,而这些含有无限浪漫成分的演说并不能使大臣们发扬祖德,保持和谐与尽忠报国,而只会加深这种分崩离析的局面。电视一开始就出现沉思的主题,脸上隐含着无限危机的亨利六世唱着赞美诗出现于镜头之中,为整个电视剧的氛围定下了基调,短暂的宁静隐含着无限的危机。特别是亨利六世沉思的、悲剧性的脸庞与神情是莎士比亚原作所没有的。一般的观众往往只注意到亨利王的软弱与善良:这种善良来自虔诚的基督教信仰,正如他自己所常说的,上帝的旨意是不可违反的。他常想国家太平,大臣们和谐相处,但被残酷的现实——大臣间永无休止的争吵所粉碎。亨利王曾批评温彻斯特说:"唉,这场争吵叫我心里好难受呀!温彻斯特贤卿,你看着我涕泪交流,竟是无动于衷吗?如果你没有恻隐之心,谁还有恻隐之心?如果供奉圣职的人爱争吵,还能叫谁笃爱和平?"(上篇第三幕第一场)"波福叔公!我听你讲道时曾说过,害人之心是极恶的大罪。难道你言行不一,首先违犯你自己的训示吗?"(上篇第三幕第一场)其实温彻斯特不过是一只披着圣职服装的狼罢了。戏剧一开始他就表露了自己的真实想法:"他们每人都有职位,都有公事要办,只剩下我独自一人无事可做。可我也不是一个久甘寂寞的人。我打算把新王从埃尔萨姆宫哄出来,好让我坐上掌握国运的最高舵楼。"(上篇第一幕第一场)事情发展也是如此，他联合王后害死了自己的死对头正直的葛罗斯特，最后也在恐惧中惨死在自己的床上。出于虔诚的信仰，亨利自然反对战争，即使对英法战争也是如此："我素来认为，我们两国人民都奉行同一的宗教，如果互相残杀，那是既违天意，又悖人情。"（上篇第五幕第一场）他甚至对国内叛乱的群众也表示自己的同情，他手持群众的请愿书说："我要派遣一位主教去对他们开导。要叫这么多的愚民（simple souls）[①]死在刀剑之下，上帝是不准的！我要亲自和他们的主将凯德谈判，以免流血的战争把他们毁灭。"（中篇第四幕第四场）当叛乱者被带到他跟前时，他马上就释放了他们，说："我虽然命运多蹇，可是我可以向你们保证，我绝不会刻薄寡恩。如今我感谢你们，宽恕你们，遣散你们各归原籍。"（中篇第四幕第九场）因此约克斥责亨利王的软弱："我刚才把你叫作国王吗？不对，你算不得什么国王，你连一个逆臣都不敢管、不能管，当然就不配统辖万民。你的头不配戴上王冠，你的手只能拿一根香客的拐杖，不配掌握那使人敬畏的皇杖。"（中篇第五幕第一场）但当他看到城墙上欲与自己争夺王位的约克的首级时，便说："看到你的首级，只能使我心底里感到不安。上帝呵，请不要降罚，这不是我的罪过，我不是居心要破坏我的誓言呵！"以至于克列福说他是一个"不慈不爱的父亲"。但他却回答说："克列福口若悬河，说的全是大道理，可是，克列福，请你告诉我，你从未听人说过，来之不义的东西是不会有好下场的吗？父亲一味贪财，多行不义，儿子能永享福吗？我只能替子孙积德

---

① 英文版本为 *William Shakespeare Complete Works*，edited by Jonathan Bate and Eric Rasmussen，RSC，Macmillan，2007。

(leave my son my virtuous deeds behind)，我但愿我的父亲当年也只把他所积下的德留给我！至于旁的东西，只能成为无穷的累赘，并不能给人以丝毫的快乐。哎，约克堂兄，你的朋友们哪里知道，我看到你的首级挂在这里，我心里是有多么难过呵！"当他册封自己的儿子时说："永远用你的剑维护正义。"（下篇第二幕第二场）他往往使中国人联想到迂腐的一无所能的唐僧，他只是自己原则的体现，而这个原则只能在理想的天国里才能实现。

亨利王心地强硬的王后便是他自己的反面。莎士比亚戏剧中创作了很多野心女子，她们大都充满野心，坚强无比，但最终往往都导致丈夫、家庭，特别是自己的灭亡，麦克白夫人与《亨利六世》中的葛罗斯特伯爵夫人就是典型的代表，另一个典型就是亨利的王后玛格莱特。国事让亨利王始终不得安宁，当他听到善言的萨福克关于王后的描述后，便把自己的希望寄托在王后与爱情的幸福上，梦想着两人能鱼水和谐、恩情缱绻。正如萨福克所预料的，亨利由于自己的年幼无知，一听说是位美貌佳人，就"耳朵变软"（上篇第五幕第三场）。他说："尊贵的伯爵，那美貌的玛格丽特，经你这一番描绘，真使我心神向往。她称得起是秀外慧中，我心中的爱情之苗已经茁壮起来了。犹如劲吹的狂飙激荡着檣幢巨舰去和波涛搏斗一般，她的芳名使我心旌摇荡，不能自持了；我若是不能驶进她爱河的港口，我宁愿覆舟而亡。"喜欢反思的亨利也知道自己的心情不仅被萨福克的话打动，也被自己的年幼无知所困，最后竟不顾葛罗斯特的反对撤销了原先的婚事。他的婚事使英国丧失了大量的钱财与法国的领土，如正直的葛罗斯特所说，这是一个"丧权辱国的合约",这桩婚姻是一个"不详的婚姻"。更为重要的是,这门婚事简直就是引狼入室:性格坚强且心狠手毒的王后根本就不把亨利王放在心上,不惜一切手段,一门心思要与红衣主教及萨福克一起掌握王权,最后落得身败家亡,抱着情人的头颅、看着亲生的王子被敌人乱刀刺死。软弱的国王则更使她感到绝望,她对自己的权力与婚姻都时刻处于不满之中。首先她对王位的摄政状态极为不满,她对萨福克说:"难道说,亨利王上老要在乖戾的葛罗斯特管辖之下当小学生吗? 难道说,我只能挂着王后的虚衔,在公爵面前俯首称臣吗?"(中篇第一幕第三场)她对公爵夫人更是生气,她说:"要说这些大臣惹我生气,那还比不上护国公的老婆,那骄傲的女人才更是加倍地惹我生气哩。她常常带着一大群太太、小姐们,在宫廷里像旋风一般冲来冲去,哪像是一个公爵的老婆,简直赛过一位王后。初到宫里来的人真以为她就是王后。她仗着一份公爵的进款,心底里瞧不起咱们没有钱。我今生能不对她报复吗? 她尽管是个出身卑贱的下流女人,她那天竟然对她那一帮狐群狗党们吹嘘说,在萨福克用两个公爵的采邑向我父亲把我换来以前,我父亲所有的土地,还比不上她的一件旧袍子的袍角值钱呢?"(中篇第一幕第三场)出于报复,王后当着众人的面把扇子丢在地上,命令公爵夫人捡起来,并打了她一个耳光。在她的心里,亨利不过是"吃奶的孩子"一般,没有任何价值。当最后葛罗斯特交出权杖后,她竟然兴奋地说:"现在亨利才是真正的王上,玛格莱特才真是王后了。"(中篇第二幕第三场)然而这仅仅是悲剧的开始。玛格丽特王后在莎士比亚原作中为次要人物,但在电影中作为主要人物反复出现，特别是福斯特的表演更是动人心魄，强烈的愿望与残酷的现实成为贯穿悲剧始终的基本主题，成为展示人性险恶、欲望悲剧的主角，也显示出莎剧在揭示人类的悲剧及人性的深度方面所创造的伟大成就。当亨利王决定流放自己的情人萨福克时，她便发出了最恶毒的诅咒，这种诅咒对她来说是经常的，她说："叫灾殃和悲惨跟随着你们！叫烦恼和痛苦做你们的伴侣！你们两个呆在一起，叫魔鬼来和你们凑成三个！叫你们走到哪里就在哪里遭到三倍的报复！"（中篇第三幕第二场）她对萨福克的深情从另一个角度看出她内心激烈的情欲。他们分别时她说："把手伸给我，让我用悲痛的泪水像露水一样滴在你的手上，作为我赠送给你的悲痛纪念物，望你加以珍惜，别让天上降下的雨水将它冲去。唉，但愿我的吻痕深深印在你的手上，使你常常想到吻你的樱唇，正在为你发出千百次的叹息！……让我们这一双遭难的朋友互相拥抱，深深亲吻，再做一万次的告别。生离比死别更是百倍地叫人难受啊！""把我的心交给你带着走。"（中篇第三幕第二场）当玛格莱特看到亨利王为了保住自己的王位，而出让了儿子的继承权时，便对亨利破口大骂，并说："我虽是一个没有见识的妇人，如果我当时在场，即便那些兵丁把我推上刀山，我也决不同意那宗法案。可你这人却贪生怕死，不顾荣誉。亨利，你既是这样的人，那我只得对你宣告离异，再不和你同桌而食，同榻而眠，直到你把那宗剥夺亲王继承权的法案撤销为止。"（下篇第一幕第一场）最后自己亲自领导多次争夺王位的战争。当她羞辱被俘的约克时更是彰显了她几近疯狂的本性，她对约克说："替你撑腰的那两对儿郎哪儿去了？那荒唐的爱德华、肥壮的乔治呢？那个粗声豪气、专会挑唆他爸爸造反的儿子，那个小名叫狄克的驼背怪物呢？还有你那心爱的鲁特兰呢？约克，你瞧！这块手巾上是什么？这是克列福用刀尖戳出那孩子心头的血，是我把那血蘸在我手巾上面的。如果你为孩子的死亡而流泪，我可以把这块手巾借给你擦干你的面颊。哎呀，可怜的约克唷！我若不是对你怀着深仇大恨，我对你遭逢的惨境也不禁要深表哀怜。我请求你，约克，痛哭一场吧，这样才能使我看了开心。怎么，难道你火辣的心肠已经烧干你的肺腑，以致听到儿子死亡的消息，一滴泪水也没有吗？汉子，你为什么一声不响？你该发狂呀。我这样戏弄你，就为的是使你发狂。跺脚吧，咆哮吧，暴跳如雷吧，你要是那样，就能使我高兴得边唱边舞了。呵，我明白了，你是要我给你一点报酬，才肯替我消愁解闷。约克一定要戴上王冠才肯说话的。好，给约克拿一顶王冠来！将军们，你们来对他鞠躬致敬。抓紧他的手，我来亲自替他加冕。"（将纸制王冠戴在约克头上。）仇恨满腔的约克骂她是"法国的母狼"，"阿玛宗的泼妇"，"没有一点妇道与羞耻之心"，"你这人面兽心的怪物呵！你能用手巾粘着孩子的鲜血，递给他父亲去擦眼泪，怎能还做出女人的姿态来见人！女人是温存、和顺、慈悲、柔和的，而你却倔强、固执、心如铁石、毒辣无情的。""你用这块布蘸了我儿的血，我现在用泪水把血冲去。你把这块布留着吧，你用这块布去到处吹嘘吧。"（下篇第一幕第四场）最后玛格莱特与人一齐刺死了约克，并让人把他的首级悬挂在自己的封邑约克城门上。

令人可悲的是她最后也遭遇了同样的悲剧，更为悲惨的是她目睹了自己儿子被约克的三个儿子刺死的惨状，而约克却没能看到自己儿子的死。玛格莱特的悲惨的命运与坚强的意志使读者不由产生一种悲壮之情，她是一切胸怀大志的女性共同悲惨命运的象征。当然在需要时，她也会装显出自己的柔弱，正如她见到路易王时所说的："玛格莱特现在该放下架子，学会在王爷面前低声下气了。我应该接受命运指定给我的位置，我的举动也该符合我卑微的地位。"（下篇第三幕第三场）连她儿子都说"妇道人家有英雄气概"，虽然她的政敌葛罗斯特认为她更应该安分守己，不要做像雄鸡啼鸣的雌鸡（下篇第五幕第五场）。当玛格莱特看到自己的儿子严厉斥责叛贼时，便说"你父亲能像你这样刚强就好了"，而这正是导致儿子惨死的直接诱因。面对这样的王后，亨利只有软弱的请求。他说："我请求你，我的好王后，别多嘴吧。这些亲贵们已经闹得不可开交了，别再火上添油吧。世上的和事佬是最有福的。"（中篇第二幕第一场）打仗战败时，亨利又搬出他的口头禅"我们能挽回天意吗（Can we outrun the heavens）？"，玛格莱特王后就骂他："你是个什么货色（What are you made of）？又不打，又不逃。"（中篇第五幕第二场）所以在战争时他们希望他不要发言，也不要待在战场，以便他们取得胜利，因为他不忍心把国家变成屠场，不想用刀剑而是用唇枪舌剑来和敌人交战。可是即使唇枪舌剑他也无法取胜，当约克提出自己的王权时，他竟然承认自己的理由有漏洞，最后只好剥夺儿子的王位继承权来满足约克的要求。以至于威斯摩兰说："卑鄙的、怯弱的、毫无出息的亨利"，"胆小的、下流的国王，在你的冷血里，连一星星荣誉的火花也没有"。克列福也说："祝你在战争中死亡;你如果苟且偷生,而只能受人唾弃!"王后更是骂他:早就知道他是一个无情无义的父亲,胆小鬼,断送了全家人,自己都被他羞死了。亨利自己也承认实出于敌人的逼迫,他不仅为自己,更为自己的儿子哀叹,含悲忍泪请求他们的宽恕,最后在众人的背弃下溜回王宫。华列克说:"胆小的亨利,他那种畏首畏尾的作风,早成了敌人的笑柄,"(下篇第一幕第一场)看到亨利王的软弱无能,约克就说:"他那种像老和尚(church-like)一样的性格是不配当王上的。""这些年来,在他的书呆子般(bookish)的统治之下,英格兰的威望是一天天低落了。"(中篇第一幕第一场)玛格莱特曾对亨利王有一段深刻的论述,她说:"我满以为亨利王上一定是和你一样勇敢、潇洒、风度翩翩,谁知他却是一心倾向宗教,整天念着数珠,诵经祈祷。他心目中的英雄是先知和圣徒,他的武器是经典里的箴言和圣训。他的书斋是他的比武场,他心爱的是圣僧们的铜像。我看最好由红衣主教最高会议选他去当教皇,把他送到罗马,把教皇的三角冕安在他的头上;那样一个地位才是最适合他那一心向道的精神哩。"(中篇第一幕第三场)正如潜心向佛的唐僧一样,亨利五世在众人的眼中不过是一个迂腐无能的木偶罢了,亦如玛格莱特所说,在这些大臣当中"哪怕那最不行的一个也比王上更能作威作福"。当波福红衣主教去世时,华列克曾说他是罪孽深重,罪有应得,但亨利王却说:"不要对别人下断语,我们全都是罪人。把他的眼睛合上,把帷幕拉拢,让我们都反省吧。"(中篇第三幕第三场)面对这个一生罪孽沉重的表立不一的恶棍,亨利的话表现出了他内心的真正虔诚。最后当葛罗斯特被诬告有叛国罪时,他竟然认为可以通过葛罗斯特的辩白来为自己洗清罪名,说:"我十分盼望你能将一切嫌疑洗刷干净,我的良心告诉我,你是无罪的。"其实葛罗斯特自己也有相同的想法。当他眼见着自己的结发妻子被人带着游街,并警告他提防奸诈的和尚波福的陷阱时,也盲目乐观地相信"我如果没犯法,人家总不能判我的罪。只要我奉公守法,忠于国家,哪怕我敌人的人数加上二十倍,哪怕每一家敌人的权力也加上二十倍,他们也无法伤我一根毫毛"(中篇第二幕第四场)。然而王后、萨福克与主教又怎有让他洗清罪名的机会呢。斗争的残酷远远超越了葛罗斯特这位久经沙场的老臣的预料,更不要说年幼的亨利王了。

　　亨利六世是悖于时代的,正如他的性格与理念不合他的身份一样。然而亨利精彩的反思中所隐含的智慧的光辉却往往被忽略。亨利王具有哈姆莱特一样的智慧,他时刻清醒地认识到时代与自身的危机,他恳求葛罗斯特与温彻斯特说:"你们都是我们英国的国家栋梁,我要恳求你们,如果恳求是有效的话,务必要和衷共济,言归于好才好。倘若两位重臣互相排挤,岂不是朝廷的耻辱?贤卿们,我虽然年事还轻,可我也知道,臣僚不合,好比是一条毒蛇,会把国家的心脏给啃掉的。"(上篇第三幕第一场)当他听到盲人眼明时说:"这人重建光明,活在世上该是多么舒服,只怕他能看东西以后,造孽的机会反而会更多起来。"(中篇第二幕第一场)当亨利王出去打猎时说:"看到这鸢飞鱼跃,万物的动态,使人更能体会到造物主的法力无边!你看,不论人儿也好,鸟儿也好,一个个都爱往高处去。"(中篇第二幕第一场)当玛格莱特王后、萨福克、红衣主教、约克、勃金汉诬陷老臣葛罗斯特时,他时刻是清醒的,他说:"凭我的良心说话,我们的宗室葛罗斯特对于朕躬绝对没有叛逆之心,他比得上吃奶的羊羔、驯良的鸽子一样的纯洁。公爵志行端方,宅心仁厚,绝没有邪恶的念头,绝不会对我进行颠覆。"(中篇第三幕第一场)当他信任的葛罗斯特被奸臣带走后,他便说:"唉,玛格莱特,我的心房已被悲伤淹没,我眼中满含心酸之泪,我浑身被困苦缠绕,我有什么事情比内心矛盾更使人难过? 哎,亨弗雷叔父! 我看到你的脸就知道你是多么正直、笃实、忠诚,可是,善良的亨弗雷,竟有这样的一天,要我说你是虚伪,要我怀疑你的忠忱。你是什么恶星照命,以致满朝的王公,甚至我的王后,都非把你置于死地不可? 你从未得罪过他们,你从未得罪过任何人。犹如屠夫牵着小牛,绑起它,用鞭子赶着它,把它牵到血腥的屠场里,他们同样残酷地把他牵走了。我自己呢,就像一头老母牛,哞哞地叫到东,叫到西,眼看着无辜的小牛被牵走,除了哀鸣以外,丝毫也无能为力,我对于葛罗斯特叔父就是这样,只能眼汪汪地看着他,没法解救,因为他的敌人是太强大了。我只能为他的命运悲啼,在我的哽咽声中,我要问:到底谁是叛逆? 葛罗斯特他绝对不是的。"(中篇第三幕第一场)所以玛格莱特说他"人太老实,心太软,见到葛罗斯特装出的假仁假义,就被他迷惑住了"。萨福克说,往往有人只能说,不能行,那亨利王就是这种人。他的智慧与美好的想法也像哈姆莱特那样往往局限在内心,正如温柔的梦幻碰到残酷的现实一样很快就粉身碎骨了。当他听到信任的葛罗斯特死去的消息时,自己也昏死过去,他深知他的死是和萨福克有关联的,他说:"不要用甜言蜜语掩饰你的恶毒。不要用你的手碰我。不许碰我,我说;你的手一碰到我,就好比是蛇的毒舌使我吃惊。你这个丧门神,不要站在我的前面!你的眼珠里杀气腾腾,世人见了都害怕。不要对我看,你的眼光能伤人。可是,你不要走开;蛇王,到我这边来,用你眼中的凶焰杀死我这无辜的注视你的人吧!我宁愿投身在死亡里,反而可以得到愉悦,现在葛罗斯特已死,我活着比死还加倍难受。"他深知萨福克是罪魁祸首,当王后替他辩解时便说:"不善不良的王后,你把萨福克叫作善良的人吗!不用讲下去了,我说。你如果替他讲情,你只能在我的怒火上浇油。"(中篇第三幕第二场)虽然他也说"至于他是怎么死的,只有上帝知道,我亨利是不知道的"。亨利王对葛罗斯特的爱与对萨福克及玛格莱特的恨交织在一起,他的爱憎是分明的,他的内心是清醒的,只是他缺乏有力的行动,他根本就不知如何行动。他所具有的只有沉思,所以当他看到萨福克反复为自己辩解时便说出了一个只有哲人才能讲出的道理:"一个问心无愧的人,赛如穿着护胸甲,是绝对安全的,他理直气壮,好比是披着三重盔甲,那种理不直、气不壮、丧失天良的人,即便穿上钢盔钢架,也如同赤身裸体一般。"(中篇第三幕第二场)

亨利王对王位的沉思是戏剧最为深刻的主题之一。亨利清醒地知道自己不适合国王的职位,他说:"从来世上当国王的,有比我的权力更小的吗?我刚刚爬出摇篮,在九个月的幼龄就被放到国王的宝座上去。如果说有什么老百姓想当国王的话,我这国王却更巴不得去当老百姓。"(中篇第四幕第九场)可见他并没有感受到国王的优越之处,身不由己的荒诞感时刻充满着自己的内心。坐王位的快乐是很多人所梦想的,他们抛头颅洒热血都是为了王位,正如爱德华所说:"为了争夺天下，背弃一个誓言又算什么事？如果我能当一年王上，叫我背弃一千个誓言我也干。"理查在劝自己的父亲夺取王位时说得更好："爸爸，您只想一想，戴上王冠是多么称心如意！王冠里有个极乐世界，凡是诗人所能想象到的幸福欢乐，里面样样俱全。还耽搁什么？我一天不用亨利心头的半冷不热的血来染红我佩在身上的白玫瑰，我就一天不得安宁。"（下篇第一幕第二场）王冠的快乐亨利并没有享受到，因为他的王冠是继承的，是天生的。肯特郡绅士艾登的话更能代表亨利的态度，虽然艾登的邀功请赏表明他还不如亨利真诚。他说："我的天主，一个人能在这样一个幽静的花园里散散步，谁还高兴到宫廷里去过那营营扰扰的生活？"关于王位的沉思最出名的就是下篇第二幕第五场亨利王在战场的高岗上看到战争双方恶斗时的心里独白：

This battle fares like to the morning's war,

When dying clouds contend with growing light,

What time the shepherd, blowing of his nails,

Can neither call it perfect day nor night.

Now sways it this way, like a mighty sea

Forced by the tide to combat with the wind.

Now sways it that way, like the selfsame sea

Forced to retire by fury of the wind.

Sometime the flood prevails, and then the wind,

Now one the better, then another best；

Both tugging to be victors, breast to breast,

Yet neither conqueror nor conquered:

So is the equal poise of this fell war.

Here on this molehill will I sit me down.

To whom God will, there be the victory.

For Margaret my queen, and Clifford too,

Have chid me from the battle, swearing both

They prosper best of all when I am thence.

Would I were dead, if God's good will were so;

For what is in this word but grief and woe?

O, God! Methinks it were a happy life,

To be no better than a homely swain,

To sit upon a hill, as I do now,

To carve out dials quaintly, point by point,

Thereby to see the minutes how they run:

How many make the hour full complete,

How many hours bring about the day,

How many days will finish up the year,

How many years a mortal man may live.

When this is known, then to divide the times:

So many hours must I tend my flock,

So many hours must I take my rest,

So many hours must I contemplate,

So many hours must I sport myself,

So many days my ewes have been with young,

So many weeks ere the poor fools will ean,

So many years ere I shall shear the fleece.

So minutes, hours, days, months, and years,

Pass'd over to the end they were created,

Would bring white hairs unto a quiet grave.

Ah, what a life were this! How sweet! How lovely!

Gives not the hawthorn bush a sweeter shade

To shepherds looking on their silly sheep,

Than doth a rich embroidered canopy

To kings that fear their subjects' treachery?

O, yes, it doth; a thousand-fold it doth.

And to conclude, the shepherd's homely curds,

His cold thin drink out of his leather bottle,

His wonted sleep under a fresh tree's shade,

All which secure and sweetly he enjoys,

Is far beyond a prince's delicates,

His viands sparkling in a golden cup,

His body couched in a curious bed,

When care, mistrust, and treason waits on him. "①

这段深思深刻反映了亨利六世对人生的基本理解。特别是演员 Peter Benson 的精彩表演，更是精微深刻，当他想到"这么多年后我就有羊毛可剪了"时，脸上发出会心的微笑，当他想到"牧羊人的家常便饭，皮囊里倒出来的冰凉淡酒，在清新树

① 电影全部引用了这段话。见《莎士比亚精选 4——亨利六世》，DVD9，BBC，辽宁文化艺术音像出版社，2007 年，1：11—1：14。

荫下睡惯的睡眠,他能无忧无虑享受的一切,远胜于国王终日的纸醉金迷,杯中的琼浆玉液,睡觉时盖的锦衾绣被,却整天提心吊胆,惶惶不可终日"时脸上闪现的惊惧与无奈,真是感人至深。亨利的理想与现实,憧憬与无奈,宽厚与平静的内心世界在这简短而形象的诉说中表露无遗。然而当他亲眼目睹儿子无意中在战场上杀死自己的父亲,父亲无意中杀死自己的独子时,他如暴风雨中的李尔王一样,更能体会到普通人的痛苦,他说:"狮子们争夺穴窝,却叫无辜的驯羊在它们的爪牙下遭殃。在内战的战火中一切都将毁灭,让我们哭瞎我们的眼睛,让我们的心房被忧伤压碎吧。""我宁愿用我的死亡来阻止这类惨事的发生。""人民(the country)听到这些悲惨的事情,一定要把我痛恨入骨,永不罢休的日子了!""人君为百姓(subjects)的灾难而哀伤,有像我这样深切的吗? 他们的确是够伤心的了,但我的痛苦却超过你们十倍。"在你死我活的战争中只有痛苦与反思的亨利王留给我们的只有他的不断的反思与信念。当他丢失自己的王位被护林人抓住时说:"你的王位已被人家占据,你的皇杖已被人家夺走,涂在你身上的香油已经洗掉了。没有人再匍匐在你面前尊你为恺撒了,没有人再向你求情讨赏,没有人再向你申冤告状了。我自顾不暇,哪里还有好处给别人?""厄运呵,我甘心对你逆来顺受,哲人们(wise men)说这是应付逆境最聪明的办法。"(下篇第三幕第一场)当护林人问他是否国王时,他回答:"至少该说我是一个人,总不至于连人也不算吧。""我确是一个国王,那就是说,我在精神上是个国王,其实那也很够了。""我的王冠不戴在头上,是藏在心里。我的王冠不镶珠宝,肉眼看不见它;我的王冠就是'听天由命',这是许多国王享受不到的一顶王冠。"（下篇第三幕第一场）最后只希望能"我自己只过我私人的生活，我一心虔修德行，赞扬天主，度过我的晚年"（下篇第四幕第六场）。他深知，只有他的隐退与沉思才能让他成为他所希望的圣人（to be a holy man）。^① 然而残酷的现实又怎会允许这种想法呢。

《亨利六世》，特别是戏剧的第二部分，还贯穿了一个重要的主题——民族，^②也就是强烈的爱国主义思想。剧中法国的阿朗松公爵说："我国一位历史学家傅瓦萨写过这样的记载，他说，英王爱德华三世在位时代，猛将如云，战士如雨，现在看起来，这话倒是真实的。他们派出来的将士，都和巨无霸一样，真是一以当十。这些骨肉如柴的恶棍呀！谁料得到他们竟是如此的勇敢善战？"另一位公爵瑞尼埃也说："我猜想他们的胳膊一定像自鸣钟上的小槌一样，是用什么机械装上的，能自动地敲打，不然的话，他们怎能一致坚持下去？依我的愚见，还是不要惹他们的好。"（上篇第一幕第二场）至于英勇的塔尔博更说："萨立斯伯雷曾打过十三场胜仗，我们的老王也曾跟他学习过军事。只要号筒在吹，战鼓在响，他的大刀在战场上就从不曾歇过手……他似乎想说：'我死之后，别忘记在法国人身上替我报仇。'普兰塔琪纳特，我一定替你报仇。我要像罗马的尼禄王一样，一面弹着琵琶，一面观赏那燃烧的城市。只要有我在，就叫法兰西遭殃。"（上篇第一幕第四场）书中充满了对法国与法国人的讽刺，甚至是咒骂。正如塔尔博

① *William Shakespeare Complete Works*，p. 1101.
② Tbid.

所说："下流的法国骠夫们！你们只能躲在城里装蒜，没有胆量作上等人，和我们一比高低。""那贞德哪里去了？我想她的老相好大概是睡着了。奥尔良庶子的俏皮话、查理的刻薄话，怎么都不响了？怎么，都没精打采了吗？那一帮好汉们都已逃之夭夭，害得卢昂伤心地抬不起头了。"（上篇第三幕第二场）而英国人呢，正如路西所说："什么降不降，太子！只有你们法国才有这个字眼，我们英国军人不懂这个字的意思。"（上篇第四幕第七场）塔尔博又说："如果死神果真是个法国人，那么死神今天已经死去了。"（上篇第四幕第七场）塔尔博的儿子在战场上"像发了疯，用法国人的血来试他的剑锋"。甚至贞德也不得不露出自己的赞美之情，同时也讽刺法国人："真像一个法国人干的，今天吃东家，明天吃西家，说变卦就变卦。"（上篇第三幕第三场）当有人指出"他们父子活着的时候，是英国的荣光，却是我们法国的灾殃，现在他们死了，我要把他们剁成肉酱"。但法国王太子查理却说："不可如此！他们生前既为我们所畏惧，他们死后我们也别加以糟蹋。"（上篇第四幕第七场）甚至说"到法国去，到法国去，把你们丢掉的东西夺回来；体恤体恤你们英国吧，这是你们的祖国呀"（中篇第四幕第八场）。书中对英国的歌颂，洋溢着强烈的爱国主义精神，这在电视剧中有着更为强烈的彰显。特别是对贞德的讽刺，甚至是咒骂更是如此。[①] 凯德用来鼓动叛乱的话也是当时普遍

---

① 如称贞德为"法兰西的恶鬼""该死的骚货""雌儿"（上篇第三幕第二场）、"浪妇"（上篇第四幕第七场）、"法国娘儿"、"丑巫婆"（上篇第五幕第三场）、"狠心的婊子，连父亲都不认了""会怀胎的圣女"、"放荡的女人"（上篇第五幕第四场）。

的一种爱国情绪的反映："丢了缅因，英国就残缺不全。……众位王爷兄弟们，我告诉你们，赛伊勋爵把我们的国家阉割了，把它弄成一个太监了。还有一件，他会说法国话，可见他是一个卖国贼。……法国人是我们的敌人，那么，很好，我只问你这一点：会说敌人语言的人能不能做一个好大臣？"（中篇第四幕第二场）海司丁斯说："只能利用法国，不能信赖法国。"（下篇第四幕第一场）

剧中张扬的爱国主义思想与剧中运用的大量希腊典故形成对比，充分显示了莎士比亚戏剧与古希腊文化的内在联系。剧中对希腊典故的大量运用引起读者对希腊悲剧的联想与反思。① 希腊典故不仅说明了亨利六世之英国与古希腊无论在

---

① 戏剧中大量希腊罗马典故如：培福把亨利五世比作"裘里斯·恺撒"（上篇第一幕第一场），塔尔博把自己比作"罗马的尼禄"（上篇第一幕第四场），塔尔博把贞德比作使用火牛阵的"汉尼拔"（上篇第一幕第五场），伯爵夫人把自己比作弄死居鲁士的"唐米莉"（上篇第二幕第三场），塔尔博把自己与儿子比作"伊卡洛斯与代达罗斯"（上篇第四幕第六场），萨福克把自己比作帕里斯（上篇第五幕第五场），约克把巫师的预言比作"德尔福的神谕"（中篇第一幕第四场），玛格丽特皇后把自己比作"狄多"（中篇第三幕第二场），船长把萨福克比作野心勃勃的"苏拉"，而萨福克则把自己比作"西塞罗"与"恺撒"（中篇第四幕第一场），赛伊引用凯撒大帝的《随感录》来说明英格兰是最文明的地方（中篇第四幕第七场），约克把自己比作"砍杀牛羊的大埃阿斯"（中篇第五幕第一场），约克把自己比作"阿喀琉斯"（中篇第五幕第一场），小克列福把自己比作"背着父亲的埃涅阿斯"（中篇第五幕第二场），约克把玛格丽特王后比作"阿玛宗的泼妇"（下篇第一幕第四场），差官把普兰塔琪纳特比作"特洛亚英雄"与"赫拉克勒斯"（下篇第二幕第一场），爱德华把玛格丽特王后比作给丈夫戴绿帽子的"海伦"（下篇第二幕第二场），死了儿子的父亲把自己比作"特洛亚王普里阿摩斯"（下篇第二幕第六场），葛洛斯特把自己比作"淹死水手的海上妖精"（下篇第三幕第二场），华列克把自己比作"智取索瑞斯的修底修斯"（下篇第四幕第二场），华列克爱爱德华王不是"阿特拉斯大力士"无法背起沉重的世界（下篇第五幕第一场），玛格丽特王后把杀死自己儿子的人比作杀死恺撒的凶手（下篇第五幕第五场），亨利王也同样把自己与自己的儿子比作被米诺斯断绝后路的代达罗斯与伊卡洛斯。

人性之贪婪、命运之悲惨、彼此之争斗等方面之联系，也同样说明了希腊、亨利六世之时代与今日之关系，人性的险恶、时事之难测、理想之遥远、权力之悲剧等都是如此，对这些人类基本问题的思考成为莎士比亚影响古今中外的最为根本的原因。剧本把"priest"译成"和尚"的做法则从另一个角度显示了译者对英汉文化交融性的一种理解。① 虽然"和尚"的译法让中国人听起来更亲切，也更符合中国人的心理，然而这种翻译无疑抹杀了中西文化的根本差异："和尚，凭着上帝的亲娘（by God's mother，priest），我要把你的脑袋瓜儿削得光光的。"（中篇第二幕第一场）这已经是互相矛盾的句子了，和尚哪来的上帝的亲娘呢？

与《亨利六世》电影所彰显的基本主题相比，我们可以从刚流行过的电影《孔子》中看出在所谓现代化的进程中中英之间的巨大差异。《孔子》主要记述了孔子50岁后参与鲁国政治的经历，特别是他借助削弱三桓贵族势力实现自己尊崇王室、复辟周礼的理想失败后被逐出鲁国的活动，与他在临终前才回到鲁国的悲惨命运，其中问道老子、辅佐鲁公、夹谷盟会、堕三都、师生友谊、会见南子等的穿插不过是现代商业电影的甜味剂，并无任何诗意，《论语·述而》讲：子不语怪，力，乱，

---

① 译文中多处把神父译为和尚。如葛罗斯特称温彻斯特为"光脑袋的和尚"（上篇第一幕第三场），"和尚留心你的胡子"（priest）（上篇第一幕第三场），"狂悖的和尚（priest）"（上篇第三幕第一场），"刁钻的和尚"（上篇第三幕第一场），"我要挖出那和尚的心肝"（上篇第三幕第一场），"奸诈的和尚波福"（中篇第二幕第四场）。克列福也说："看在你是个出家人，饶你一命。"（away, thy priesthood saves thy your life.）（下篇第一幕第三场）伊莉莎白皇后也说："我马上就要到庵里去避难。"（I'll hence forthwith unto the sanctuary.）（下篇第四幕第四场）

神。但无论从何种角度看,《孔子》都充满了"怪、力、乱、神"。电影虽然极力想把孔子塑造为一个智者与圣人完美一体的形象,但这种努力既与孔子的现实不合,也与孔子的理想不符。孔子对公山不狃的耳语嘲笑,到夹谷会盟的"空城计",再到堕三都中的"贬大夫,抑制家臣,让他们群龙无首"的政治策划,都是孔子作为"杰出"政治家与军事家的表现,虽然我们常常看到周润发在关键时刻不断地引用《论语》中的名言,但给我们的感觉却是:与其说是让我们感受到一种理想光辉的闪现,不如说是一种临时抱佛脚式的戏仿。当电影中的孔子对公山不狃说出"你给个话儿啊"时,确实雷倒了在场的观众,人们在观众的欷歔声中看到了许文强与孔子的完美重合,很显然,鲜活傲岸的江湖硬汉与寂寞坚忍的仁者到底有什么区别,剧本并没有搞清楚,白发苍苍、踉踉跄跄、泣不成声的孔子虽然能赢得观众的某些眼泪与惊叹,但这与一个真正的圣人又有何关系? 入水救书的颜渊正如《英雄》中在空中飞舞的剑客一样仅仅是一种视觉的冲击与感官的震荡,是目前商业电影中普遍充斥的混乱与浮夸,和圣人的伟大事业无任何的关联。可想而知,王菲的复出、周迅的情变、《阿凡达》的下架能为电影票房带来多少增益,但电影本身到底能在多大程度上帮助我们回归中华民族的传统却是需要怀疑的。从以上的分析来看,《亨利六世》的创作与改变并没有离开自己的直线,传统的正义、忠诚、和谐、爱国等主题均被继承,而我们从《孔子》中看到了,今日的我们并没有找到自己要靠近的直线。

　　当然,我们也可以通过对比亨利六世与莎士比亚创造的另一个著名的人物理查三世,也就是杀死亨利六世的凶手,来分析莎士比亚在创作这些著名的艺术形象时对人性的深刻理解与把握。如果说亨利六世与孔子有一个共同的特点的话那就是始终有着内心的信念，有着追求信念所必然的付出，那就是对欲望的控制，而理查三世则朝着欲望的深渊高歌猛进，他是莎士比亚悲剧人物中最令人痛恨，最令人可怜，而又令人困惑的人物之一。理查三世曾对爱德华的儿子说："上帝知道，表里如一的人是绝无仅有的。"(第三幕第一场)但理查自己就是一个"表里如一"的人，正如他自己在《亨利六世》第五幕第六场刺杀了亨利六世后的一段沉思中所说的："老天爷既然这样把我的身体造得这样丑陋，就请阎王爷索性把我的心思也变成邪恶，那才内外一致。"(Since the heavens have shaped my body so, Let hell make crook'd my mind to answer it.)外表的丑陋与内心的邪恶一起构成了理查人生与性格悲剧的基本特征，他的花言巧语与时时表现出的伪善正是他邪恶本性的一部分，这种伪装的外表常常欲盖弥彰，从而加深了他的邪恶。

与莎士比亚所塑造的其他人物根本不同，理查三世始终把他外表与内心世界的矛盾与冲突彰显在整个剧本的发展之中。一开始，当征战平息歌舞升平的时候，只有他理查形影相吊，看着自己歪歪扭扭的影子独自发出悲叹："可是我呢，天生一副畸形陋相，不适于调情弄爱，也无从对着含情的明镜去讨取宠幸；我比不上爱神的风采，怎能凭空在婀娜的仙姑面前昂首阔步；我既被卸除了一切匀称的身段模样，欺人的造物者又骗去了我的仪容，使得我残缺不全(deformed)，不等我生长成形(unfinished)，便把我抛进这喘息的人间，加上我如此跛跛踬踬，蛮叫人看不入眼，甚至路旁的狗儿见我停下，也要狂吠几声;说实话,我在这软绵绵的歌舞升平的年代,却找不到半点赏心乐事以消磨岁月,无非背着阳光窥看自己的阴影,口中念念有词,埋怨我这废体残形。因此,我既无法由我的春心奔放,趁着韶光洋溢卖弄风情,就只好打定主意以歹徒自许,专事仇视眼前的闲情逸致了。"(第一幕第一场)这段悲剧开始发出的独白表明了他一切悲剧的心理缘起:他无法容忍残缺不全的肉体所带来的人生悲剧,他本来和别人一样,甚至比他们更勇敢,更聪明,更坚韧,他的父亲就说过在所有的兄弟中他的贡献最大,正是他一直要证明自己,打破形象与颜值决定人生的内在冲动激励了他不顾一切地勇往直前,但在和平享乐的年代,往日的勇猛已无意义,长幼秩序、俊美相貌重新成为人们考量事物的普遍标准,残废的身体由此剥夺了他应得的快乐,于是他把自己置于众人的对立面以审判世人的存在,仇视他们的幸福,专门以他们的快乐为敌也就成了他人生的基本信条与心理逻辑。所以莱辛说:"我听到的是一个恶魔在说话,我看到的也还是一个恶魔,一个只有恶魔才会有的形象。"[①]理查很早就是一个胸怀大志的人,这个大志就是要成为国王。他的父亲约克也是如此,为了成为国王历尽艰辛最终惨死在玛格丽特王后手里,头被悬挂在城墙上。约克家族简直就是为王位而战,为此不惜抛头颅洒热血,前赴后继,甚至是背信弃义。在理查兄弟有力的劝说下,本来犹豫不决的约克终于下定决心,违背誓言,重新挑起争夺王位的战争,并因此而丧命,遭受玛格丽特王后惨无人道的羞辱后致死。在

---

① 莱辛:《拉奥孔》,朱光潜译,人民文学出版社,1997年,第134页。

长子爱德华取得王位后,理查这个离王位非常遥远的继承人,为了做国王,杀了无数的人:首先是国王亨利六世和他的儿子爱德华,自己的弟弟克莱伦斯,王后玛格丽特的三个亲戚——里佛斯、葛雷与伏根,他哥哥王位的继承人——两个小侄子,他的妻子安夫人,帮他夺取王位的最忠实的帮手勃金汉等等。《理查三世》一开始就写他如何残害他的兄弟克莱伦斯:他先是挑拨其与乔治的关系,然后假装关心,向他保证很快将其从伦敦塔里救出来,用这种撒谎欺骗的方式获得了他的信任,但一等到克莱伦斯离开,他就说:"走上你那万劫不复的路吧,单纯的克莱伦斯!我是多么爱你,恨不得马上把你的灵魂送归天国。"(第一幕第一场)这就是《圣经》中所讲的人类所犯的第一条罪,杀害兄弟之罪,正如哈姆莱特的父亲被他叔叔所杀一样,越是邪恶的人越是从自己的兄弟下手,理查三世就是这样,这是他屠杀亲人的开始。以至于他的母亲常常诅咒他,甚至是她自己,为生出杀害亲人的儿子而懊悔不已,称他是她的耻辱,自古以来没有一个母亲身受过她那样沉重的打击。当她碰到要出征的理查时说:"我早该从胎中把你勒死,早该拦阻了你的生路,免得你这个恶种来人间屠宰生灵。""你来到人世间为我造成了人间地狱。你一出生就让我背上了痛苦的重担;孩提时你暴躁倔强;入学后你更加凶狠粗野;血气方刚的时日你胆大妄为;成年后你又变得骄横、险诈、恶毒,愈是和气你愈能伤人,你笑里藏刀;在你和我同处的岁月中,你何尝有过片刻给我任何安乐?"最后发出了恶毒的诅咒:"愿天公有眼,你在这一次战争中休想得胜,也不得生还;否则我宁可年迈心碎而死,而不愿再见到你的面。现在要你听取我最凶恶的诅咒,让你在交战之际感到心头沉重,重过你全身的铠甲! 我要为你的敌方祈祷,向你攻击,让爱德华孩儿们的小灵魂在你敌人的耳边鼓噪,预祝他们成功,赋与他们胜利。你残杀成性,终究必遭残杀;生前有臭名作伴,臭名还将伴随你死亡。"(第四幕第四场)当她听到他要称王时竟痛恨地说:"呵,一股阴风播散着苦难! 呵! 我这可诅咒的肚腹,死亡的苗床,是你产出了一个残害世人的恶怪,他生就一副毒眼,谁也躲不了他那致命的目光!"(第四幕第一场)在文学作品里,我们很少看到母亲这样诅咒自己亲生的儿子,同时也诅咒自己。理查也无情地羞辱了母亲,为了散播哥哥王位的非法性,竟称哥哥不是父亲亲生,还诬陷他的母亲说:"当这个贪欲无厌的爱德华还孕育在我母亲胎中的时候,我父王,那高贵的约克,正出征法国,按时日准确推算,这出生的孩子依理不可能是他亲生的后嗣;单就他的外貌看也可以说明,他和我尊贵的父王毫不相似。"(第三幕第五场)令人富有讽刺意味的是后来勃金汉当着众人的面竟说理查:"仪表非凡,心地光明,正同你父亲一模一样。"[1](第三幕第七场)至于他让勃金汉找来市长市民劝他加冕王冠,他自己则捧着祈祷书两边伴着两位神甫假扮圣者沉思,把王位称作"君王的那副沉重的黄金牛轭",称自己"不是铁石心肠",[2]两者所反复表演的辞让,真是让人哭笑不得(第三幕第七场)。

---

① 原文:Being the right idea of your father, Both in your form and nobleness of mind,更能表达内心与形貌的关系。

② 即"the golden yoke of sovereignty",方重译为"辉煌的重担"。见《莎士比亚全集》第四卷,第 80 页。

罪恶罄竹难书的理查的灭亡自然是必然的,其悲剧也不是驼背的悲剧,而是欲望与人性的悲剧,是无限自私的欲望,正如叔本华所反复强调的"一切为自己,无物为他人"的利己主义的必然结果。[①] 正是这种根深蒂固的利己主义导致了他性格中的贪婪、冷酷、骄傲、暴躁、奸诈与怨恨,他觊觎王位,有钢铁一般的意志,最后也达到了目的,但他并不自认为是尼采那样的超人,能安逸地享受自己残暴的成果,他时刻处在坚强的意志与上天的惩罚之间的矛盾中,他知道自己在作恶,然而由于无尽的欲望而又无法止步,他周围的人也是如此,最后自然像理查一样被埋葬在欲望的坟墓里,他们的悲剧充分展示了莎士比亚对人性的深刻认识:他们都为自己无穷无尽的欲望付出了惨痛的代价,只不过理查,一个残疾人的横冲直撞为争夺王位的战争增加了更多的戏剧性场面罢了,一如跛脚的赫淮斯托斯怒斥偷情的妻子一样,他换来的并不是奥林波斯众神的同情,而是哄堂大笑,柏拉图对荷马的描述表示了自己的不满,然而又有谁能对莎士比亚笔下的理查表示自己的同情呢? 外表的丑陋剥夺了他作为普通人本应享有的很多快乐,所以他向众人辩解说:"Cannot a plain man live and think so harm?"(第一幕第三场)方平译为:"丑人就该死吗? 就一定存心害人吗?"BBC 拍摄的《理查三世》译为:"难道做一个与世无争的老实人也不行!"[②]方平强调了丑陋的外表对理查性格及内心世界的影响,而电视译本则强调了理查性格形成后

① 叔本华:《伦理学的两个基本问题》,任立译,商务印书馆,2004 年,第 222 页。
② 《BBC 莎士比亚精选 5·理查三世》,DVD 9,00:26:11。

的狡辩与无耻，然而相貌对理查内心的影响恐怕是一个局外人所无法想象的。理查的悲剧再次证明了无穷无尽的欲望正是人类悲剧的真正根源，而对欲望的思考正是哲人的起点。

七

晨光中行走的佛陀

　　歌德在《谈话录》中谈到《圣经》的意义时说："无论精神文化教养怎样不断向前迈进，自然科学在广度和深度上怎样不断进展，人类心灵怎样尽量扩张，它也不会超越'福音书'中所闪耀的那种基督教的崇高和道德修养。"如果说有一个人人格之崇高伟大可以和耶稣相提并论的话，那就应该是佛陀。关于佛陀形象对人类文化的意义，赫尔穆特·吴黎熙《佛像解说》中曾引用德国出生的斯里兰卡比丘三界智法师所说："佛陀既不是上帝，也不是上帝的预言家，或转世什么的。他是人类最高形式的存在，他对别人的教诲是通过自己的行为来进行的，他从自己的努力中获得了从苦中最终的解脱及最高的智慧，从而成为人类非凡的宗师及伟大的典范。只有那些亲自走完佛陀走过并指引过的道路的人，才能获得解脱。佛陀在其智慧和大慈大悲完美的和谐之中体现出来宇宙间（无限时间和空间）人类的光辉典范。"①这位世界之眼，以真理的语言，成为世人的大海之舟楫，长夜之灯炬，很少有人如释迦牟尼那样对整个人类的精神世界产生如此深广的影响，只有耶稣、孔子、穆罕默德能与其相提并论了，与他们相比，孔子由于更注重现实利益而不显得更加理想化。雅斯贝尔斯说，人类文明轴心时代产生了几个伟大的思想家琐罗亚斯德、毕达哥拉斯、孔子等，他们个体在今日世界的影响应该说都不如释迦牟尼。至于孔子的影响在今日也可谓微乎其微，基本上已成为书斋里或电视上的高头讲章，已很少有人真正钻研过《论语》，按照《论语》而行的人更是微乎其微了。释迦牟尼则不同，他仍然深深影响着世界各地数以亿万计的人，一如莎士比亚戏剧中的人物，从帝王到草莽，从商人到巨星，从科学巨人到贩夫走卒，各类人等无不包括。对佛陀传记的追寻在某种程度上就是对"圆满"的叙述，很少有人如佛陀的一生那样令世人震惊，既令当时的人震惊，也令今日的我们震惊。活在当下，让身心融入此时此处，向自身内心的深处洞视，追求简朴、自由、幸福的生活，涅槃就是远离内心的贪念和欲望，这就是佛陀的教导，佛陀说法的要义不在于解释这个世界，在于如何导向正知识，而贪念和欲望正是这个时代的标志。佛陀的漫游传道正如苏格拉底的集市演讲一样，既不收费，也不强迫，都是以激发听者内在的动力为目标。不同文化语境下的佛陀是如此相似，正如生活在不同语境下的人性一样，在贪念和欲望占据一切的世界里，佛陀的教诲正如黑暗中闪亮的一簇灯

人的乌托邦

344

---

① 赫尔穆特·吴黎熙：《佛像解说》，李雪涛译，社会科学文献出版社，2003 年，第 18—19 页。

火，它穿越不同文化的篱墙，照耀着世人的心灵。

如何尽可能地接近佛陀本原的面目及原始佛教思想，正是探索佛陀生平历程的根本动因。由于佛陀如孔子一样生前没有留下著作，保留下来的原始佛典也是弟子根据其生前口述回忆编撰而成，佛陀的传记也是根据佛经的记述整理出来的。早期佛教徒最关心的是佛陀的基本教义，所以巴利文三藏中并无完整的佛陀传记，只有散见于佛经各处的佛陀生活或传教片段，因为佛陀在传教时常常现身说法，用自己的切身经历来说明自己的教导，因此佛经也是他思想的传记，把这些片段串联在一起就能形成佛陀基本的生活轨迹。如《梵网经》中的《菩萨心地品之下》就简述了佛陀从出生到成佛及传道的故事："下生南阎浮提迦夷罗国，母名摩耶，父字白净，吾名悉达。七岁出家，三十成道，号吾为释迦牟尼佛。于寂灭道场，坐金刚华光王座，乃至摩醯首罗天王宫，其中次第十住处所说。"[①]关于佛陀早年的生活及觉悟的故事，多大同小异，他的后半生则是一场弘法之旅。布瓦瑟利耶在《佛陀的智慧》中说："关于佛陀早年的生活故事，所有典籍的记述几乎都一致。然而，这类故事中总难免掺杂着高度的神奇成分。叙述者对事实的夸大与其虔诚程度一般，这正是印度文学传统的最佳特色。"[②]巴利语经藏《犍度》中编入了许多佛教传说与故事，其中就有一些最古老的佛陀传记片段，《犍度·大品》记载佛陀觉悟后度化五个苦行者、迦叶三兄弟、舍利弗、目犍连及自

---

① 赖永海主编：《梵网经》，戴传江译注，中华书局，2012 年，第 194 页。

② 布瓦瑟利耶：《佛陀的智慧》，萧淑君译，上海书店出版社，2007 年，第 38—39 页。

己的儿子罗睺罗的故事,《犍度·小品》记载了给孤独长者、提婆达多、摩诃波阇波提夫人的故事,《长尼迦耶》第16《大般涅槃经》记载了佛陀涅槃前最后的生活,既有原始古老的成分,也有添加晚出的成分,其中也有对佛陀的神化,结尾还提到舍利的分送和佛塔的建造等。《中尼迦耶》第26《圣求经》、第36《萨遮迦大经》、第75《摩犍提经》和第85《菩提王经》记载了佛陀早期出家求道、苦修及成佛的故事等。《中尼迦耶》第61《教诫罗睺罗庵婆罗林经》,与汉译《中阿含经》第14《罗坛经》相对,就记载了佛陀如何教育罗睺罗绝不撒谎的故事。现存最早的佛陀传记则是梵文撰写的《大事》《佛所行赞》《神通游戏》,这些佛传记述了佛陀的一生,并融汇了各种关于佛陀的生平传说,细节描写多有夸张,甚至充满神话传奇色彩,常常为了渲染佛陀的神通而加以神化,与早期人们的思想认识水平相当。约一二世纪马鸣的《佛所行赞》,我国有北凉昙无谶译本、藏译本、宋宝云译本等,行文较理性严谨,注重作为人的佛陀的生活状况,而非神化的佛陀。5世纪觉音所著《因缘记》本为巴利文《本生经》作注的长篇序言。在汉译佛经中,除了《普曜经》《方广大庄严经》《佛本行集经》《佛所行赞》和《佛所行经》外,关于佛陀传记的经文还有《修行本起经》(后汉竺大力和康孟详译)、《太子瑞应本起经》(吴支谦译)、《异出菩萨本起经》(西晋聂道真译)、《过去现在因果经》(刘宋求那跋陀罗译)、《众许摩诃帝经》(宋法贤译)和《中本起经》(后汉昙果和康孟详译)等。① 在中国,自东汉佛教传入中国以来,佛教

---

① 郭良鋆:《佛陀和原始佛教思想》,中国社会科学出版社,2011年,第22—26页。

徒为传教需要出版了很多不同形式的佛传,除前面提到的几种外,明初释宝成收集了 400 余篇释迦牟尼的故事,并配以插图,编撰成《释氏源流》。清代佛门弟子永珊从 70 余部佛典中重新辑录、撰文、绘制了 208 则故事,按照顺序展示了佛陀从出生到涅槃的一生。每篇故事开头都注明所出经典的名称,一个故事配有一幅图画,文图精美,这种以连环画的形式来介绍佛陀故事及其思想的著作,无论是对研究佛学还是对宣传佛教都是一本雅俗共赏的传世之作,现有王孺童注译本印行。[①] 当今流行的佛陀传有星云大师的《释迦牟尼佛传》、郭良鋆的《佛陀和原始佛教思想》、崔连仲的《释迦牟尼——生平与思想》、王孺童的《佛传》等,其中星云大师的《释迦牟尼佛传》流传最广。其实佛陀的各种传说,在某种程度上,也可算作佛陀的生命历程,至少从佛教的观点来看是如此。法国著名佛学家布瓦瑟利耶的《佛陀的智慧》就用简洁的语言,融合佛陀的生平及其各种传说,并配以丰富的印度及东南亚佛教考古、雕塑、插图等各种艺术图片以文图结合的方式来叙述佛陀的历史。当然在信众心中与普通人心中佛的传记有着根本的不同,正如《佛陀的智慧》中所说的:"释迦牟尼的一生与传说是不可分离的。想象与事实、凡与圣、天上与人间,在其中不断地掺杂交织。""借由两部巴利文(pāli)正典,我们得以了解菩萨感人的志业。这两部典籍,一为《佛种姓》(Buddhavamsa,即《过去佛史》),一为《本生经》(Jātaka,讲述佛陀成佛前事迹的经典)。这两部典籍迟至 1 世纪——也就

(一)佛陀传

347

---

① 王孺童:《佛传:〈释迦如来应化事迹〉注译·前言》,中国人民大学出版社,2009 年,第 1—7 页。

是佛陀去世后 400 年——才写成，被视为是转述佛陀本人所讲的道和讲道的故事。这两部古籍尤其是《本生经》故事受欢迎的程度，可从众多的古代图像上窥知一二；其中包括很多发现于印度中北部巴赫特（Bharhut）地方的公元前 2 世纪中叶的图像，其时佛陀的故事尚未以文字形式出现。《本生经》受欢迎的情况历久未衰。"[①]但是佛陀成佛前的往世经历显然与现在所说的传记有所不同，现在所说的传记主要是指佛陀作为人的一生，当然这种一生在信众看来与前生有着必然的联系，特别是在因德的继承方面。由于《本生经》在佛教宣传中的广泛影响，一些信众对其中的故事甚至比对佛陀本身的生平更为熟悉。

现代世界里也从未缺少过对佛陀的崇拜，正如布瓦瑟利耶在《佛陀的智慧》一书中指出的，佛教道场遍布欧洲。[②] 早在 1879 年英国著名诗人阿诺德就曾著有《亚洲之光》，以抒情优美的文字叙述并颂扬了佛陀的一生，在欧美广为传播，甚至不少人因此而信佛。现代日本小说家武者小路实笃的《释迦牟尼传》，和他的《孔子传》《托尔斯泰传》等一起在东方世界里产生了广大的影响。其他著名的佛陀传还有：日本中村元的《瞿昙佛陀传》、副岛正光的《释迦其人及其思想》、濑户内寂听的《佛陀传》，英国亚当斯·贝克夫人的《释迦牟尼的故事》、凯伦·阿姆斯特朗的《佛陀》，德国格里姆的《佛陀的教义，理性的宗教》、赫尔穆特·吴黎熙的《佛像解说》，法国布瓦瑟利耶的《佛陀的智慧》，美国高乐斯的《佛陀的纶音》，印度巴塔查里

————————————

① 布瓦瑟利耶：《佛陀的智慧》，第 27—29 页。
② 同上，第 178 页。

亚的《佛陀的一生》,斯里兰卡那烂陀的《觉悟之道》、髻智比丘的《亲近释迦牟尼佛——从巴利藏经看佛陀的一生》,越南一行禅师的《佛陀传》等。其中一行禅师的《佛陀传》又称《故道风云》,就是要同众人分享重步佛陀"故道",细看"白云"的感受。从跨文化的角度,给笔者印象最深的就是凯伦·阿姆斯特朗的《佛陀》。凯伦·阿姆斯特朗(Karen Armstrong)是英国最著名的宗教学家之一,其对世界"轴心时代"中国儒道思想,印度佛教、印度教、耆那教,以色列犹太教,希腊理想主义哲学及文化的研究可谓举世闻名,曾著有《轴心时代》《佛陀》《神话简史》《神的历史》《伊斯兰简史》等,自己也曾在修道院苦修七年之久,后在牛津大学获博士学位。她的著作最显著的特色就是视野开阔,能超越不同宗教的局限而直指人类文明的真正核心。佛陀的一生充满了无数的神话与传说,一般的佛教经典由于忠于宣扬佛陀的精神,因而很少谈及佛陀生活及性格的细节。在佛陀从 35 岁悟道到 80 岁圆寂 45 年的传教生涯中,很少他个人生活的记录。巴塔查里亚在《佛陀的一生》中说:"至于佛陀个人生活,只有很少的事件被记录下来,但这些事件发生的先后顺序却无法得知,因此这些事件发生的时间也无法推算。"①那具体的细节除了想象与推断外就更难确定了。

正如福音书仅仅关注耶稣传道的故事,而没有他早年的生活一样,佛经中关于佛陀传道的故事也多是前五年的情景,而后的也很少提及,甚至佛陀生活的具体时间都有争议,佛陀

---

① 萨布亚萨奇·巴塔查里亚:《佛陀的一生》,谢岫岫译,四川人民出版社,2015 年,第 81 页。

最后 20 年的情景基本没有记载，这是因为故事的讲述者更多地关注历史事件的宗教意义，并不较多地关注历史事实本身。耶稣的死是《圣经》中记载最为详尽的乃是因为耶稣的死是其道成肉身的生动现场，是救赎活动的具体呈现，而佛陀的出生与早年求道的精神旅程则是整个信仰事件的关键，也是他号召弟子与信徒的无上法宝，至于证悟后的生活细节及较为确切的生活历程则是风平浪静后的收获季节，自然较少感人的细节，因而也较少呈现。佛经追求的不是佛陀个人的成就，而是要强调人在求道时所经历的各种心路历程，所以佛经不像犹太教与基督教经典那样对摩西或耶稣的生平有较为详细的年代记载或细节描述，阿姆斯特朗的《佛陀》也是如此，它共分为《出走》《求道》《证道》《佛法》《传道》《般涅槃》六个部分，是按照释迦牟尼有重要意义的人生节点来划分的，大都是佛陀一生中最为关键的几个时期：诞生、出家求道、证悟、初转法轮和涅槃，这是一般佛传所共同依据的基本时空顺序，遵循着人生的现实与佛教发展的必然逻辑的完美结合，也就是佛陀的人生与佛教教义的生成是一体化的。与此相似，巴塔查里亚的《佛陀的一生》则分为《太子降生——出家求法》《云游苦行——悟道成佛》《建立僧团——教化民众》《最后供养——大般涅槃》《佛法于当今之意义》等五章，与阿姆斯特朗的《佛陀》基本相似，其章节的安排与佛陀一生的重要经历及佛教的发展结合在一起，佛陀的一生也就成了早期佛教发展的缩影。另外，阿姆斯特朗还强调《佛陀》是依据巴利文三藏，特别是对南传巴利《律藏》《经藏》典籍的解读，勾勒出佛陀的生平面貌，重现了佛陀觉悟后的人生历程，给读者塑造了完整的佛陀形象。凯伦之所以注重巴利文原典是因为，一般认为，佛陀可能使用的就是这种语言，佛陀一生传教也注重对人们日常语言的强调，所以研究佛陀生活的学者与信徒往往都很注重巴利文原典，其中巴塔查里亚、髻智比丘的佛陀传大都如此，这也是当时印度东北部大众的语言，而不是当时印度许多地方学者所用的梵文。由于大陆版的大多数佛典直接译自梵文，很难直接找到对应的巴利文译文，为方便读者，译者最后经过多方努力终于找到了台湾版的巴利文佛典译文，并重新查核、注明了出处，这既是本书的一大亮点，也是佛家所讲勇猛精进的又一例证。

　　凯伦在著作的献词中说：献给我信仰佛教的妹妹琳赛·阿姆斯特朗，这是作者再一次申明此作与她人生的又一因缘。但令读者印象深刻的是凯伦有意识地把佛教与基督教相比较，如她谈到佛教经典与《圣经》不同的传播方式及传播者时说："所有经典都声称是佛陀原话的简单结集，没有比丘们的补充说明。这种口耳相传的方式排除了个人主创的可能，这些圣典不是某个佛教徒所为，不像马太、马可、路加、约翰就能写出自己个人风格的福音书。我们既不知道是谁结集和编撰了这些圣典，也不知道后来是交给谁来抄写的。"①这种消除个人的方式自然增加了佛经的客观性与神圣性，但同时也抹杀了探讨其传播媒介的个体性、主观性及追根溯源的可能性，因为无论怎样，佛经的结集与传统都必须经过个体佛教信徒的作为，无论他多么伟大都不可能达到佛的境界。佛传的历

------

　　① 凯伦·阿姆斯特朗：《佛陀·译后记》，贤祥译，生活·读书·新知三联书店，2014年，第7—8页。

史乃是言行一体，以身证法的历史，佛的哲学是自传式的哲学，也就是他所说的"见我者，即见法；见法者，即见我"。因此，无论人们怎样怀疑经典里的事件没有一件可以确定在历史上真实地发生过，连微不足道的细节都被夸大至神话，各种神通的故事与其说是用来证明佛的万能或有意欺骗渴求神迹的听众，倒不如说是传讲者企图用渲染故事的方法来增加它对信众精神及心理的影响。凯伦还对佛陀的形象与《圣经》中的耶稣，甚至是苏格拉底的形象进行了对比，她说："佛陀的传记还有其他各种挑战。比如，福音书把耶稣描述为一个具有特质的非凡人物，保存了他特殊的措辞，深奥的情感以及纠结、性情暴躁和恐惧的时刻。佛陀却不是这样，他被作为一个典范而不是一个个体呈现。在他的谈话中，我们找不到耶稣或苏格拉底式的突然的讽刺、抨击或者令人愉悦的诙谐妙语。他说话遵照印度哲学传统所要求的方式：庄重、正式或客观。在他证道后，我们根本不知道他的喜好和厌恶、希望和恐惧以及绝望、欣喜或强烈渴望的时刻。我们只能见到他超凡的安详、自控力、超越肤浅的个人偏好的高尚品质，以及内在的深邃的平静。佛陀通常被比作动物、树木或植物等其他生物，不是因为他低人一等或者不仁慈，而是因为他完全超越了我们大多数人认为与人密不可分的自私。佛陀想要寻找一种新的为人之道。在西方，我们崇尚个人主义和自我表现，但是这容易变成自我炫耀。我们在乔达摩身上看到的是完全彻底的、惊人的自我舍弃。"[①]佛陀超越自私与自我后所获得的平静、

---

① 凯伦·阿姆斯特朗：《佛陀·前言》，第16页。

安详、仁慈与优雅正是触动我们智性与人格的最大动力，也是佛教所寻求的解救现代文明偏颇的良方。佛陀的人格是佛陀传记的核心所在，也是佛教的基本主题。因此，各种佛传与其说是对佛陀一生的追寻与叙述，倒不如说是借助佛陀的故事来说明佛陀所表达、所追求的真理。阅读不同佛传的目的就是为了从不同的文化角度、不同研究者的视角来反复体察佛陀的人生经历与思想境界。

我们在阅读阿姆斯特朗的《佛陀》时能随时看到她把释迦牟尼的思想与苏格拉底、耶稣及孔子的思想相对比，试图探讨他们之间的异同，他们之间所代表的文化的异同及其最终结合的可能性，作者常常引用《圣经》的典故、原理来阐明佛教中相对应的类似的故事与道理，可谓俯拾皆是。这在其他佛传中是较为少见的，这充分显示了作者所具有的多种文化背景，及其企图以一种较为客观的实事求是的态度来研究佛教的努力，虽然她也同样以对佛教的尊重为前提，但这种前提是以苏格拉底的探索精神，而不是以毫无怀疑的信仰的态度作为前提的。这和其他几本著作，特别是星云大师的《释迦牟尼佛传》形成鲜明对比，后者基本没有提及任何其他的人物，因为他的信仰不允许把其他人与佛陀相提并论，髻智比丘的《释迦牟尼传》则由译者直接翻译成了《亲近释迦牟尼佛》，"亲近"与"佛"已和阿姆斯特朗的《佛陀》形成了鲜明对比，这对佛教徒来说自然是完全可以理解的，但这是否就是阿姆斯特朗所说的对"人"的崇拜，那就不得而知了。髻智比丘写书的一个显然的目的，正如书名所标志的，作为佛的佛陀已不是个体的人。髻智比丘的《亲近释迦牟尼佛》，仅在寺院刊行，市面较少见到，但可在网上直接阅读，由此可见其主要目的是为了传法需要，它还有一个副标题《从巴利藏经看佛陀的一生》。所以，书在开始的《导论：在巴利文献中遇见佛陀》中详细谈到了历史文献中的佛陀、本书内容的来源及采用巴利文献的具体意义，不仅是因为它历史的悠久，更是因为，"在三藏的典籍里，确实含括了佛陀的完整形象，对照后来辞藻华丽的书所勾勒的佛陀，更加显得朴实。若将三藏典籍与后期的书籍相互比照，三藏典籍对佛陀在开悟前的说明，其文词之简练与传神犹如一支利剑、一盏烛光或一根未经雕琢的象牙"。① 这部著作还有一个与众不同的写作方式，它借鉴了广播剧本的形式，除了对佛陀生平及传教故事的叙述外，还加入了叙述者、注释者、唱诵者等角色，叙述者对论及的事件以观者的态度给以客观的说明，注释者则提供历史的及巴利语的相关资料，唱诵者则朗诵某些偈颂。髻智比丘对不同角色的区分分清了在写作过程中常常由作者一人担当的多种角色，在一般的写作中，如星云大师的《释迦牟尼佛传》则有把叙述者与原始文献混合在一起的特点，使读者很难分清哪些是原典，哪些是叙述者加进去的，特别是叙述者的情感及价值取向对文风的影响更使一般的读者难以区分，这不是一个简单的学术问题，而是一个关涉真、善、美的问题，只有把善与美建立在真之上才能产生牢固的可靠性。

巴塔查里亚是印度著名的历史学家，印度是释迦牟尼生活传道的国度。他的《佛陀的一生》首先思考的问题是，"圆寂

---

① 髻智比丘：《亲近释迦牟尼佛——从巴利藏经看佛陀的一生》，释见谛、牟志京译，弘化社，无出版时间，第3—4页。

于两千五百年前的佛陀，他的所言所行，对于我们，特别是年轻人，是否或可能具有某种意义"。所以他把这句话写在了书的扉页上，而且还在叙述完佛陀的一生后增加了一章《佛法对于当今的意义》，可以说此问题既是此书的开始，也是此书的结束，既是出发点，也是归宿。很显然，在巴塔查里亚看来，佛陀对人生意义的追寻直指现代人孤独漂泊的心灵，其实所有对佛陀的追忆及其思想的钻研都是出于此目的，但此书更为明确。人们喜欢用自己的方式来想象佛陀，但正如人揣度神一样，很难不夹杂着自我的成分。正如凯伦指出的，早期佛教徒保存流传佛经的方法主要靠记忆，瑜伽修行虽然能赋予他们超凡的记忆力，他们发展出记诵佛陀经论和戒律细则的方法，使他们"可能像佛陀所记诵的那样，也以偈颂形式记说唱诵他的一些教法，并且发展出一种规律性的、反复唱诵的风格（至今还可以在经典里见到），以帮助僧侣们背诵这些经典"。但她同时也指出了这种方法的局限性，"尽管经过瑜伽训练的比丘记忆力超强，但是这种口耳相传的方式难免出错。很多文献资料都可能已佚失，有些已误解，比丘们后来的观点无疑被投射给了佛陀"。[1]《佛陀的一生》与其他佛陀传记不同，它的根本特点并不是对佛陀生平的细节展开想象，而是要"根据佛陀自己的言论来讲述他的事迹"，同时又指出"关于年轻的乔达摩·悉达多的传说非常之多，但可以相信的真实事情却少之又少"。[2] 只依据佛陀本人就他自己的生活所说过的话，所引用文献也多来自巴利三藏中的经藏，因为它是佛陀言论

---

[1] 凯伦·阿姆斯特朗：《佛陀·译后记》，第4、8页。
[2] 萨布亚萨奇·巴塔查里亚：《佛陀的一生》，第3、12页。

与教导的合集，所以本书在讲述佛陀的经历时，随后都附有佛陀的言论及佛经中的相关记载，同时还点缀以各种早期的佛教石雕像来呈现佛陀的一生，它的文献也是用最早的佛经所用语言的文献，这种语言也就是当时印度东北部大众的语言巴利语，而不是当时印度学者所常用的梵文，这就给读者以重新回到佛陀世界的感觉。当然，阿姆斯特朗的《佛陀》也采用了最原始的巴利文献。这自然可以在某种程度上保证它的可靠性，但也不尽然，从另一角度讲，既然佛教的核心意义乃是追求最终的精神解脱，不识文字的六祖惠能亦能超越文字纯熟的神秀而成为拈花微笑的真正传人，可见语言不仅是一种媒介与载体，同时也是一种必需超越的障碍与必需解脱的甲壳。

在这几本常见的佛传中，一行禅师的《佛陀传》最长，36万字，巴塔查里亚的《佛陀的一生》最短，6万字，阿姆斯特朗的《佛陀》12.3万字，星云大师的《释迦牟尼佛传》22万字，其他各有长短。各种佛传的长短对于读者是否具有某种特殊的意义呢，为何有些很长，有些很短呢？它们根本的差别难道是由于作者所占有材料多少的差别吗？其实它们所占据的材料差别是很小的，其中重要的区别应是由对细节的想象与细节的多少决定的。对于一个生活在2500多年前的人的传记过分强调他生活及言谈的细节是不是一种虚妄不实的表现？如何区分历史的真实与艺术的真实，在复杂的佛陀一生中，如何采用简朴而直接的叙述来接近其最原始的真实？如何谨慎地区分神迹、情感及细节的作用，其中的争论必不可少，但多数文本大都采用通过细节的描写来增加文本真实性的策略，在加强读者的现场感的同时也强化了自身的合法性,这一目的确是毋庸否认的。然而,佛陀的传记与众不同,正如耶稣、孔子的传记一样,如果不把他们的生命与言行看成对善本身意义的追寻,无法在他们的人生与善本身的价值之间建立真正的关联,各种所谓善良的欲望与冲动,都很难找到最终的依据,文本所宣扬的报应与永生,甚至是各种仪式、法力、神迹等都很难成为证明其合法性的现实或逻辑的依据。其实,如佛陀、耶稣这样在人类文化历史上有着特殊意义的人,任何对原初场景的增加(当然这种增加都包含着深思熟虑的设想及各种难以诉诸广众的冲动),其实都是自大的表现,是对人类最高真理的轻视。人类的历史反复证明,正如罗素所说,这个世界的真正悲剧乃是,愚者始终信心十足,而智者却总是疑惑重重。① 自以为是正是人类进步的最大障碍,人类史上所有重大的文明灾难,特别是宗教灾难,无不根源于此。人类的历史反复证明,人的愿望和他的预期并不完全对应,甚至常常是适得其反,究其原因就是他轻易地把自己的愿望想当然地加进了那些他不断追寻的伟人的思想与行为里,他在做着以自己的心思忖度伟人心思的事情而不自知,而自己和这些圣人的距离恐怕是他自己很难想象的。对细节的热衷正是文学与传记的根本区别,也是传记文学的根本特点,因为细节,特别是对几千年前生活言谈细节的追求多是揣测与想象的结果,并不是对史实的实事求是的记录。如一行禅师《佛陀传》对佛陀成佛后内心的描绘。此传原名《故道白云》,附有"全世界影响

---

① 克劳斯·艾达姆:《巴赫传》,王泰智译,商务印书馆,2000 年,第 198 页。

力最大的佛陀传记"的文字。一行禅师生于越南，长期在欧美传播佛教，倡导人间佛教，是世界著名的和平主义者。此《佛陀传》直接取材自 20 本巴利文、梵文及中文佛典，本书从给佛陀觉悟提供坐垫的牧牛人缚悉底的视角描写了佛陀普通而又神圣的一生，这位"不可接触者"见证了佛陀觉悟的那一刻，他追随佛陀的一生，行走在佛陀传道不断往返的故道上，也不停地瞻仰着佛陀曾经抬首仰望的白云，正是他亲切而又真实的叙述给阅读此书的我们以无限的身临其境之感。一行禅师通过自己的想象与揣测描述了佛陀成佛的心理："通过念念留心专注的观察，悉达多的心、身和呼吸都达至完满的合一。他在念力上的修习，使他培养出很大的定力。而他就是用这种定力，帮助他观照他的身和心。进入甚深禅定之后，他可以辨察到当时他身体内存在着的无数众生。这包括有机或无机的、矿物、草苔、昆虫、动物和人等。在那一刻，他也察视到所有其他众生就是他自己。他看见自己的过去生，和所有生世的生生死死。他看见无数星体和世界的建造和毁灭。他感受到所有生灵的喜乐和悲哀——这些生灵包括了胎生、卵生和细胞分化而成的。他看见自己体内的每一个细胞都蕴藏着天地万物，而且更跨越过去、现在和未来。那时，刚好是夜里的第一更。"[1]一行禅师以文学的手法融合了佛典的教义，想象了佛陀的内在心理。

　　濑户内寂听是日本著名的尼僧，也是著名的小说家，在 80 多岁时所著的《佛陀传》是她自己一生思想境界的反映。

---

①　一行禅师：《佛陀传》，何蕙仪译，河南文艺出版社，2014 年，第85 页。

此《佛陀传》与其是说写佛陀的活动与传记,不如说是写佛陀身边发生的故事,不同的人从四面八方不断走向佛陀,皈依佛陀的故事。整部书以阿难作为叙述者,以阿难的视角来叙述不同的故事,此书又有一个副标题为"12个疗愈身心的故事",借助佛陀身边发生的故事来说明佛陀阐明的道理。阿难是伴随佛陀始终的侍者,多闻第一的阿难天生容貌端严,面如满月,眼如青莲花,身洁如镜,佛经记载他虽屡遭女性之诱惑,但仍志坚身洁,然出家后常随佛20余年仍未开悟。在世俗的眼光看来,他应该有更多的故事,更能使人产生各种想象,况且阿难记忆力超强,能记住佛陀的任何言行,由他来叙述佛陀及其身边发生的故事就再合适不过了,这也是此书以记忆超强的阿难来做叙述者的原因。当然阿难虽然始终侍奉佛陀,但没能修成阿罗汉果,所以也可说是僧俗之间,因此阿难的一生也更加富有戏剧性,以阿难的视角来叙述故事也更具有艺术效果。书的腰封写着"全世界最深情唯美的佛陀传记",再配以多幅袒胸露乳半裸的艳俗美女插图,在外观上就给人以奇异的感觉,而书的第一章就是《阿难的忏悔》,描写阿难冒雨从庵婆婆梨的妓院里赶回来,反观自己肉体的情景,而且在标题下直接引用了阿难的内心感受来吸引读者,"其实,不近女色只是由于我害怕世尊的目光,这一点他早就看穿了",显示了作为小说家的写作特点。濑户内寂听也常常描写老年佛陀所遭遇到的个人磨难与痛苦,老、病、死,而且多是从常人的感受与角度来叙述描写的,佛陀仅仅以刚强的忍耐坦然地接收着。如她描写佛陀的肤色,"曾经光泽而富有弹性的金黄色皮肤已经松弛,褐色的老年斑像豆子的碎皮一样浮现其上"。其至还描写了佛陀的牢骚:"这段时间,世尊常常发牢骚。'阿难,我的背很痛。'"当然后来阿难又说:"无论世尊有多么痛苦,他也只是低声呻吟,从未诉说过自己的病痛。"这些与书中大量存在的对女性身体之美描写的段落形成了鲜明的对比,当然这一切都最后归结为佛陀的教诲,一切都是无常,都会烟消云散,在这变幻无常的梦幻世界里,没有任何事物能永远维持一个状态,只有佛陀的教诲,也就是对世间无常与人生苦难的认识,是唯一金刚不坏的真实。这些看似俗艳的描绘同时也是对人性的探索与刻画,也许只有经历过各种复杂人生,深察人性的智者,才会心无挂碍地看待这一切,正如书中所描述的佛陀能接受印度第一妓女庵婆婆梨的抚摸一样。书中也表明作者深受存在主义哲学影响,通过佛陀的话阐明了存在主义的根本观念:"我突然觉察到,无论我有多么爱妻子,即使通过性爱将两人的肉体融为一体并陶醉其中,即使我们分享同一张床并紧拥在一起,我们也无法做着同一个梦。人孤独地降生于世,随后又孤独地死去。母亲莫耶不也是如此吗?她留下深爱的丈夫和刚出生的我,一个人死去了。"[1]然而勇猛精进的佛陀与悲观厌世的存在主义对人生的理解有着根本的不同。

在众多佛陀传中,星云大师的《释迦牟尼佛传》有着特殊的意义。星云大师是当代佛学界影响广大的佛学家、佛教活动家,其开创的人间佛教研究中心为推动人间佛教的发展在全世界 70 多个国家和地区建立佛光会,拥有众多寺院及追随

---

① 濑户内寂听:《佛陀传》,刘薇译,华文出版社,2015 年,第 6、16、48、79 页。

者，让西方人认识到除基督教外还有一个更人道、对人生更有帮助、让心灵更安定的宗教乃是其重要宗旨。作为佛学家的立场决定了星云大师在写作《释迦牟尼佛传》时与阿姆斯特朗及巴塔查里亚有根本不同，特别是与阿姆斯特朗的立场与价值观及写作方式有明显不同。星云大师把佛教当作唯一至上的真理，在他看来不存在其他任何可以与佛教等量齐观的价值观，所以他也不会引用其他观点来比附佛教的信仰，论证佛教的教义。他的护教意识常常充满了他对经典的解释，这自然是他的工作。如，《六祖坛经》中六祖反复宣称自己"不识字"，所以在《第七机缘品》中无尽藏执《大涅槃经》问字时，六祖说："字即不识，义即请问。"无尽藏便说："字尚不识，焉能会义？"六祖就说："诸佛妙理，非关文字。"关于这段文字星云大师在《六祖坛经讲话》中解释说："其实六祖大师并非不识字，相反地，六祖大师不但在禅学的修正上有所体证，在佛学义理上，他也能发挥深奥微妙的道理。他讲《涅槃》《法华》《唯识》；他对《金刚经》《维摩经》《楞伽经》《楞严经》《梵网经》等，也都有很精到的研究。因此，虽然在《六祖坛经》中，惠能大师确曾自称是一个不识字的人，但这只是六祖大师自谦的言辞，不可以因此把他当作不识字，没有学问。"[①]惠能大师虽然反复强调人要谦虚，并不是要掩盖什么，他是一个坦坦荡荡实事求是的人，应该不会以这种小技来彰显自己。况且他既然说出"诸佛妙理，非关文字"的话就说明他对文字的态度，并非如今日我们这样强调学问与文字，况且释迦拈花微笑、达摩面壁都不

---

① 星云大师：《六祖坛经讲话》，新世界出版社，2008 年，第 281、308 页。

是什么学问的问题，可见六祖是否识字并非是六祖成为六祖的关键。总之，信徒的身份乃是星云大师解经的关键，在他看来，佛教是自明的无上真理，但在阿姆斯特朗的知识背景里，还有着根深蒂固的基督教与希腊文明，而这些在星云大师的《释迦牟尼佛传》中根本没有提到，他仅仅讲述了释迦牟尼的故事。虽然我们在他提倡的人间佛教里也能看到其与儒家文化相通的地方，但其根本的论旨无非是说儒家文化印证了佛教的某些观点，从另一个角度论证了佛教在解决中国传统文化及现代文明各种问题时的无所不适。星云大师在《释迦牟尼佛传·十版缘起》中说："我是一个弘法工作者，我写这本书时，并不是把佛陀当作一个普通历史人物来描写；在我心目中，他是我所信仰的教主，是婆娑世界众生最值得皈依的导师。因此，在撰写时我的心态是虔敬的、严肃的，我不唯自己亲切地感受到佛陀深邃的智慧和无比的慈悲，更亟于把这种感受传达给这一时代的国人。以这种心态所写出的佛陀传记，我相信与坊间那些学术式或历史式的佛传有所不同。"[①]这就是星云大师写作佛陀传的缘起，也是他贯穿于此传记的基本原则，由此也决定了整本书的基本特点。虽然作者在《出版自序》中说："我很惭愧，我还是凡夫的初学沙门，用凡夫的心情和知识不能来叙述佛陀的生涯，因为凡夫写佛陀，佛陀也要成为凡夫。"当然，他坚守了自己的基本原则。

阿姆斯特朗的《佛陀》与巴塔查里亚的《佛陀的一生》在描述佛陀涅槃的时候都能看到作为人的佛陀在去世时所遇到的

---

① 星云大师：《释迦牟尼佛传·十版缘起》，海南出版社，2007 年，第 1 页。

各种人生际遇，身体的衰老、病苦的侵袭、亲人的远离、缺乏知音的孤寂，这些年老的悲戚在星云大师的《释迦牟尼佛传》中一切都被得道的解脱所化解，从人的悲剧转化为佛的喜剧。这也是他们不同的人生价值体验，一是从人的角度，一是从佛的角度，来对佛陀去世心情不同的解读与揣测。但《杂尼迦耶》第四十八《根集》就记载了阿难在帮佛陀按摩身体时发现佛陀的皮肤起皱不再光洁的情景，而佛陀就现身说法，回答道："正是这样，青春必然会衰老，健康必然会生病，生命必然会死亡。"这正是生命的必然，也是佛陀教义的起点。① 与星云大师所采取的信徒的立场显著不同，崔连仲的《释迦牟尼——生平与思想》主要以历史学与宗教学的研究方法简洁明晰地阐述了释迦牟尼的生平与思想，其实释迦牟尼的思想就是他人生的重要组成部分。本书共分为《出世篇》《教义篇》《善恶篇》《平等篇》《伦理篇》《政道篇》《杂话篇》《涅槃篇》等。释迦牟尼的前半生主要以时间顺序讲述了他从出家到得道成佛的过程，后半生主要是云游活动，很难找出时间的顺序，主要按照说法的内容来分成不同篇章。每次佛陀的说法活动都依据佛经按照讲故事的方式，有时间、地点、人物、情节等，给人以通俗易懂、生动有趣的感觉。特别是书中大量的篇幅用以分析佛陀的基本思想及其构成，阐明其与中国传统儒家文化的区别及其联系，并指明其对中国及世界文化发展的重要意义，与其他著作形成了鲜明的对比，这也是作为学者所应具有的忠实客观态度的反映，很多在其他著作中都较为戏剧化

---

① 郭良鋆：《佛陀和原始佛教思想》，第103页。

的情节场面,如《重返故乡化亲族》《佛陀涅槃》《佛所遇到的非难》《提婆达多的分裂活动》等章节,在本书中都呈现出客观平实而亲切的风格。①

　　星云大师的《释迦牟尼佛传》共分 46 章,在释迦牟尼从出家到涅槃的整个过程中选择了最典型的节点进行了描述、细化,虽然他在完成这部"宇宙第一人"的传记时,宣称"不是用想象力来写的,不能说一句没有根据的话"。② 但他并没有指明其中的原始来源及出处,事件本身虽然都有根据,都在经传中有记载,但对很多事情细节描写的想象成分还是很显然的,可以说其中充满了生动翔实的描述,有些人物形象还非常鲜明,特别是佛陀各大弟子的个性也有着显著的不同,这应该是作者为了使佛陀的生活及其生活环境更加生动感人而努力想象营造的,这种随处可见的诗人与小说家的气质与丰富的想象力乃是为感染读者而故意为之的,也是阿姆斯特朗的《佛陀》与巴塔查里亚的《佛陀的一生》所绝无仅有的。如文中对迦留陀夷大骂并殴打偷兰难陀的生动描述,对迦留陀夷善于接引女人来皈依佛陀等都写得跃然纸上、生动引人,甚至似今日生动的日常生活场景。③ 在佛陀的一生中,除了佛陀出生、苦行、成觉、初转法轮、涅槃等具有标志性的人生时刻外,还有不少戏剧化的场面,其中佛陀成道返家、父子相见、与家人见面等,各种佛传中也多有刻画,关于其细节的描述,各传记有

---

　　① 崔连仲:《释迦牟尼——生平与思想》,第 42、313—317、296—303 页。
　　② 星云大师:《释迦牟尼佛传·初版自序》,第 2 页。
　　③ 同上,第 173 页。

所不同,但佛经的记述却简朴感人,《庄严经》曾记载这次父子之见。父王听说儿子得道六年后,也想成就阿罗汉果,佛陀也想度化父母,于是世尊威仪庄严,显现十八种神变,父王大喜,率群臣万民出城迎接 40 里,父王说道:"离别多年,现在得以相见。"《宝积经》也有相关记载说,净饭王看到世尊统领人和天人,富贵自在,不自觉地头面着地,顶礼世尊足。① 其记述均简朴无饰,较少细节刻画渲染。星云大师《释迦牟尼佛传》中佛陀与父亲的见面却因非常戏剧化的谈话而充满了世俗色彩:"佛陀的慈容,静得如止水一般,很温和恭敬地说道:'父王! 我已不是昔日的悉达多,请您不要再呼我的名字,请您依照我们先祖的规矩称呼我好了。'"②这种无情决绝的口吻很难与后来佛陀为父王主持火葬仪式的做法相提并论,同样也与佛经中直接简朴的记述形成了鲜明的对比,而质朴的叙述也常常包含着更加感人的力量。濑户内寂听《佛陀传》中描写佛陀父子再见时,佛陀则对父亲说:"实在抱歉。我把弟子们也带来了,在此地停留期间,我会与僧人们一起住在郊外尼揭律林中的小屋里。"父亲说:"这岂不是遗憾至极吗?"佛陀又说:"还望父亲海涵,教团刚成立不久,如果不严加管束的话,很快就会乱起来。明天孩儿一定出席难陀的婚礼。"③这些完全符合常人思维的想象,把大解脱的佛陀当成了看似维护父子关系、维护中庸之道的儒者形象了。一行禅师的《佛陀传》同样花费了很多笔墨在《重聚:佛陀回家了》一节中描述了佛

陀回家的情景："大王的马车离佛陀还有一段距离。大王叫车夫停下来。他下车行往佛陀。这时，佛陀看见父亲行近。他们朝对方走去，大王走着急步，佛陀依然是平和轻松的步伐。'悉达多'！'父亲！'"这就是他们见面时的称呼。当佛陀见到他的养母和妻子时，书中描写道："佛陀望着大王、王后、耶输陀罗和孙陀莉难陀，每人的脸上都泛起了重聚的喜悦。片刻沉默之后，佛陀说话了：'父亲，我已经回来了。母亲，我回来了。瞿姨，你看，我不是回到你身边了吗？'"①佛陀与他们的谈话内容也是常见的亲人相聚的内容，只不过是加上了关于佛道的讨论。

正如佛陀很少谈到自己苦行的具体细节，这些生动的描述多有想象的成分，但仍能深深地打动我们这些不能勇猛精进的俗人。但佛陀对父母的称呼却与《圣经》中耶稣对母亲的称呼形成了对比。《约翰福音》中迦拿娶亲的筵席上当耶稣的母亲对他说"他们没有酒了"，耶稣说："母亲（原文作'妇人'），我与你有什么相干？我的时候还没有到。"②文中译成"母亲"显然是为了适应中国文化的需要，然而耶稣这句话应该与《马太福音》"作门徒的代价"一节中所说的是一致的："你们不要想，我来是叫地上太平；我来并不是叫地上太平，乃是叫地上动刀兵。因为我来是叫人与父亲生疏，女儿与母亲生疏，媳妇与婆婆生疏。人的仇敌就是自己家里的人。爱父母过于爱我的，不配作我的门徒，爱儿女过于爱我的，不配作我的门徒；不

---

① 一行禅师：《佛陀传》，第 155—159 页。

② 《圣经·约翰福音》2：4。

背着十字架跟从我的，也不配作我的门徒。"①简单的称呼其实是宣称在人的生命里是父子、母女的血缘关系重要，还是人与神、人与佛的道缘关系重要，对文化传统的尊重也隐含了人神、人佛关系的弱化。这也与后来佛陀对父亲所宣称的："父亲，我已不再是一个家庭、一个民族或一个国家的儿子。我现在的家庭就是众生，我的家乡就是大地，而我的身份就是有赖所有人包容的僧人。"②亚当斯·贝克夫人的《释迦牟尼的故事》的《故乡之行》一章中则是这样描写的：佛陀的父亲"净饭王在王子必经的路上，站在树荫下等候。他的上下左右到处充满了欢乐气氛。等着等着，净饭王看到一个身穿袈裟，裸露着肩膀的和尚沿路走来，后面还跟了两个人。和尚手里托着化缘的大钵，每走到一家门口，就停下来无声无息地把大钵递上去，不管施主给什么，都庄重地收下来，如果人家拒绝施舍，就不动声色地缓缓走向下一个门。这就是他的儿子。净饭王看到这种情景，羞耻之外又是爱怜又是气愤。他的胸中好似卷起来了一阵旋风，搅得他心神不宁，于是用手扯住袍子的胸襟，对着悉达多大声叫喊着：'真给我丢脸，丢透了脸！我的儿子竟成了叫花子！我们的民族被你羞辱得无法抬头了！'佛陀泰然自若地站在净饭王面前，恭敬地行礼后，扬起脸来望着父亲答道：'净饭王，这是我们民族的风俗。'"③因为佛陀认为他的祖先在古代乃是佛陀。这些个性化的叙述与佛经中佛陀的

① 《圣经·马太福音》10：34—37。

② 一行禅师：《佛陀传》，第172页。

③ 亚当斯·贝克夫人：《释迦牟尼的故事》，赵炜征译，陕西师范大学出版社，2002年，第118页。

各弟子较少个性化的记载有着不同的文本风格,这与《圣经》中个性化的门徒也有根本不同,正如德国画家丢勒所设计的四个性格、外貌截然不同的门徒一样,基督教在保证信仰的前提下,信众的个性与衣着外貌是可以富有个性的,但佛陀弟子迥然不同,即使他几位著名的弟子如舍利弗、目犍连、阿难及其出家的儿子罗睺罗到底是怎样的形象与个性,也较为模糊,这种对个性的忽略应该与佛教的基本教义有关,既然姓氏都为释,衣着均为橙黄色的袈裟,那内在的要求与外在的形象一样自然也是追求一体化的,所以他们对佛陀及其弟子的记述就会较少地关注他们的特质和个性,而更多地关注他们放弃我执,达到无我的程度,及在追寻佛的教诲的路上走了多远,至于其他都是我执的一部分,都是应该放下的。

星云大师无疑把写作《释迦牟尼佛传》当作自己宣传佛教的讲堂,所以书中很多地方都直接把逐步形成的系统的佛法体系在文中当作佛陀一次成型的演讲内容。如书中在谈到佛陀对憍陈如等五人说四圣谛法门时就直接把四圣谛的详细解释放在了文中,并以讲纲的形式呈现出来,在讲十二因缘时也采取了这个方式,[1]甚至佛陀在对摩诃波阇波提夫人等宣讲比丘尼对比丘的八敬法时,说"佛陀威严地讲说八敬法道",接着列举了八敬法的具体内容,并一再叮咛,把佛陀对女子加入僧团的复杂感受顿时消解了。[2] 这显然违反了佛陀讲话的基本风格,其实佛陀讲话正如耶稣、苏格拉底、孔子,甚至是和庄子的讲话风格相似,常常以日常的、亲切无间的语言来吸引

① 星云大师:《释迦牟尼佛传》,第88、95页。
② 同上,第153—154页。

人、感染人,化解人心中的烦恼,常常读佛经的人也会感受到,佛陀讲道很少有这样细如罗网、密不透风的高头讲章,佛陀这样亲近人,不仅要化解婆罗门和刹帝利的烦恼,还要消除吠舍与首陀罗的人生困惑,所谓这些系统的讲章乃是后来的佛学家根据自己与先人的理解整理出来的。这显然是作者把写传记当作自己宣讲佛学理论的课本了。亚当斯·贝克夫人的《释迦牟尼的故事》在谈到佛陀为王后波阇波提提出八敬法时说:"接着佛陀就讲授了这八条令人难以接受的训诫(其中心思想是:把最年高的尼姑列在僧团中最年轻、最低等的人之下),阿难陀听完之后,向王后一一做了传达。王后和那些倦怠的女人们全都接受,她们的苦恼就像被风吹散的乌云那样一下子便消失了。"①高兴的王后与充满不平的贝克夫人乃是两种不同文化下的女性的正常反应。对于佛陀反对女性出家,布瓦瑟利耶的《佛陀的智慧》则认为佛陀是从印度的文化传统及现实僧团的利益出发得出的结论,他说:"佛陀对女性的表面态度完全是根植于对印度传统的尊重,因为印度传统认为女性应该依靠家族的男性成员过活。另外,也可能是基于佛陀自身的经验,特别是他想到波旬的三个女儿,更使得佛陀不禁要担心'女人的魔力'对刚成立不久的僧团可能产生的危险。"②其实佛陀的感受还是复杂的,《中本起经》记载了他处理此事的基本过程,姨母的三次哀求遭到了佛陀的拒绝,但她不停地在门外悲啼,引来了阿难,阿难便到佛陀那儿求情,佛陀首先回忆了姨母的恩典,再申明了八敬法,同时也讲述了

---

① 亚当斯·贝克夫人:《释迦牟尼的故事》,第 139 页。
② 布瓦瑟利耶:《佛陀的智慧》,第 89—90 页。

不让女性做沙门的根本原因。① 从另一角度看,佛陀宁愿让佛法在世衰微 500 年,也答应了姨母的请求,同时制定了八敬法,佛陀还是想在二难中找到一个折中的方法的,而不是简单地毫无人情地快刀斩乱麻式地用律条来解决这些复杂的情理纠葛。髻智比丘《亲近释迦牟尼佛》谈到了净饭王的请求,也就是比丘剃度时应先征求父母的同意。当舍利弗在为罗睺罗王子剃度时,净饭王便讲出了自己的心里话:"世尊,当你出家时,我心中有极大的痛苦。之后,难陀出家,现在罗睺罗也出家,这痛苦真令人难以承受。世尊! 父母对子女的爱犹如割皮,割皮而切肤,切肤而割肉,割肉而断筋,断筋而入骨,入骨而切入骨髓,并驻留在那里。世尊! 今后比丘剃度弟子时,应先征得其父母的同意才好。"世尊于是对诸比丘说:"诸比丘! 没有征得其父母的同意,不可剃度儿童出家。若比丘如此做,便是犯恶作。"②

由此来看,佛陀在勇猛精进的同时,也有中庸之法,他不是要无谓地增加世人的苦痛,而是要善意地解除、避开世人的苦痛。佛陀传中还常常谈到另一个令人感叹的情景,就是佛陀与他儿子罗睺罗的关系。佛陀即使在教育自己的儿子时,也要求他忘记父子关系,完全消融在"以戒为师"的信条里。与佛陀的父亲净饭王过分依恋自己的儿子不同,佛陀却按照信仰的原则来教育自己的儿子。佛经讲:当佛陀整理好衣服,持钵与僧衣准备去舍卫城行乞时,他的儿子也穿戴好衣

---

① 王孺童:《佛传:〈释迦如来应化事迹〉注译》,第 257 页。

② 髻智比丘:《亲近释迦牟尼佛——从巴利藏经看佛陀的一生》,第 115 页。

服,持钵与僧衣准备紧随其后,这时佛陀转身对他说:"罗睺罗!凡任何色……都应该以正确之慧被这样如实看作:'这不是我的,我不是这个。'"于是罗睺罗便重新回去,挺直身体,盘腿坐在树下,按照佛陀的教导冥想,以建立不执的正念。[1] 简朴的叙述,正如压抑着无限的力量,把世间极其重要的父子之情写得如此淡然,如此平静,既令人感动,也令人唏嘘不已,而这正是佛陀所展示的力量,也是他所追求的,任何从事伟大事业的人大都经历过这种舍弃的感受。那烂陀《觉悟之道》对佛陀与罗睺罗的关系有一段精彩的描写,书中写道:罗睺罗18岁那年,他因自己俊美的相貌,心中生起欲念。为此佛陀向他讲解了如何修习更高层次的心法。一天,罗睺罗跟在佛陀后面,沿路乞食,他俩一前一后,如同一只吉祥高贵的天鹅,领着一只美丽的小天鹅,又好像一只威武的狮王带着它雄壮的幼子。两人都面呈金色,相貌几乎一样庄严,同出武士世家,又都放弃王位。罗睺罗一面赞美佛陀,一面自我想到:"我同我父亲一样英俊,我同佛陀一样相貌庄严。"佛陀马上觉察到他心中这些不善之念,朝后看了看,对他说道:"无论何相,你都应该作如是观:此非我所(n'etam-mama),此非自我(n'eso'ham),此非自体(na me so atta)。"[2]风格简朴,较少细节的刻画。星云大师的《释迦牟尼佛传》里生动引人的故事与情景并不如阿姆斯特朗的《佛陀》与巴塔查里亚的《佛陀的一生》那样指明原始的出处,多是在佛经与传说的基础上自然而然地生发出细节,这些内容在星云大师看来都是毫无疑义的

---

① 萨布亚萨奇·巴塔查里亚:《佛陀的一生》,第83页。
② 那烂陀:《觉悟之道》,学愚译,山东人民出版社,2007年,第68页。

常识。正如他自己所宣称的，他坚守了自己的基本原则，在完成这部"宇宙第一人"的传记时，"不是用想象力来写的，不能说一句没有根据的话"。这些生动的记述自然能迎合大众读者的口味，但却无疑淡化，甚至是消解了整个佛教所包含的坚韧、崇高与克制的精神力量。这种原始的精简淳朴之美是后来的各种佛陀传记中所缺乏的，也是佛教艺术由纯朴到精美再到繁复的过程的再现。

　　在佛陀一生中最被反复叙说的就是他的出家与涅槃,出家是承诺与出发,涅槃是兑现与归宿。释迦牟尼开始踏上求道之路时 29 岁,这时他已有妻室及刚出生几个月的儿子,但天赋超群的他其实已识破人生的局限,所以他给儿子起的名字叫罗睺罗,意思是"系缚",他不仅束缚了自己,同时也束缚了自己的亲人,他与儿子的出家自然都是对"系缚"的解脱与呼应。佛陀为了如贝壳般完满纯净的生活而努力追求人生的意义,其对家庭与亲人的逃离乃是这一追求所必然付出的代价,《圣经》也多次讲述了耶稣的这种经历与宣教。《路加福音》中耶稣对那位说要先回家埋葬自己的父亲再回来跟随他的人说:"任凭死人埋葬他们的死人,你只管去传扬神国的道。"对那位要先辞别家人再回来跟随耶稣的人说:"手扶着犁向后看的，不配进神的国。"①他甚至说："人到我这里来，若不爱我胜过爱自己的父母、妻子、儿女、弟兄、姐妹和自己的性命，就不能作我的门徒。""你们无论什么人，若不撇下一切所有的，就不能作我的门徒。"②这使我们想到耶舍在听闻佛陀讲法证道后想回家探望母亲被佛陀温和拒绝的故事，他已成阿罗汉，不能再受世俗贪爱欲望的束缚了。与孔子的儿子鲤先于孔子辞世一样，佛陀的儿子罗睺罗也先于佛陀辞世。然而罗睺罗的辞世并不如目犍连的被害对佛陀的打击更大，一如《论语》中孔子对颜渊的去世更为悲伤，这也说明觉悟了的佛陀把世人的觉醒成为自己生存、悲喜的依据。对于突然失去自己最好的弟子与朋友的佛陀，阿难反复揣测着佛陀的心理，想法安慰佛陀，但佛陀对阿难说："阿难陀，人人都称赞你用功多闻，而且记忆力惊人。但你不要以为这样便足够。虽然照顾'如来'和僧团是很重要，但你还有更重要的事要做。剩下来的时间，你要精进修行，以能冲破生死。你要视生死为幻想，就如你揉目后所见到的星斗一样。"佛陀对阿难的关心，是要他把修行看得比亲情与身心更重要，不要拘泥于短暂的利益，而要以成道为归宿。佛陀对阿难的称赞也表明了他是一位知恩图报的人，他并没有把阿难当作自己的工具，而是当作自己的朋友与同道。当着其他比丘的面，佛陀说："没有人是比阿难更好的侍者了。过去曾有其他的侍者把我的衣钵丢到地上，但阿难陀却从没有这样。从最小到最大的常务，他都照顾得非常妥善。阿难陀永远知道我要在何时何地与何人会

---

① 《圣经·路加福音》9：59—62。
② 同上，14：26—33。

面,不论是比丘、比丘尼、在家众、大王、官臣,甚或其他教派的行者,他把这些会议安排得智巧方便。'如来'相信过去未来,都再没有一个觉者能找到一个比阿难陀更忠心和能干的侍者了。"①关于佛陀选择侍者《本生故事》就记载了。那烂陀《觉悟之道》记述得更为生动,佛陀说:"我现在老了,当我说要走此路,有人却要走其他的路,有人要把我的衣钵扔在地上。挑选一名永远侍奉我的弟子吧。"从舍利弗开始,每个比丘个个自告奋勇,愿意效劳。但是,佛陀拒绝了他们的好意。只有阿难陀在一旁默不作声。一些比丘就过去劝说他来侍奉佛陀,他同意了,但提出了如下几个要求:(1)佛陀不要把自己受供养的袈裟给他。(2)佛陀不要把自己受供养的饭食给他。(3)佛陀不要允许他同住一个香房。(4)佛陀不要每次带他去应供。(5)佛陀每次都要同他去应供。(6)佛陀要慈悲地允许他引见所有远道而来的客人。(7)佛陀要慈悲地允许他在有任何疑难时提问。(8)佛陀要慈悲地重讲他不在场时所讲的经典。当佛陀答应阿难提出的四要四不要条件时,阿难便成了佛陀真正的侍者。书中写道:"从那时起,阿难陀便成为佛陀喜爱的侍者达 25 年之久,直到佛陀涅槃。如同影子随身,佛陀走到哪里,他就跟到哪里。以挚爱小心谨慎地照顾着佛陀的起居。无论是白天还是黑夜,他总是依照老师的吩咐行事。据记载,在夜里,他总是手拿棍棒和灯把,提醒自己保持清醒,绕香房转九圈,保护佛陀的睡眠不受干扰。"②

但是佛陀对阿难的回报并不是等同的服侍,而是他的教

---

① 一行禅师:《佛陀传》,第 370,384 页。

② 那烂陀:《觉悟之道》,第 74 页。

导，正如耶稣把玛利亚看得比马大重要一样，乃是因为他把永生的道看得比世俗的服侍更重要，佛陀想看到阿难的得道与解脱，而这才是佛陀应该的回报，耶稣的回报则是永生与天堂。耶稣说："我实在告诉你们：人为神的国撇下房屋，或是妻子、弟兄、父母、儿女，没有在今世不得百倍，在来世不得永生的。"①佛陀的出家与耶稣对家与天国关系的讨论，其本质含义就是在人的一生中，到底是什么更为重要，是家，还是天下，是亲人，还是众人。在儒家来看，前者更为重要，虽然儒家把前者看成过渡到后者的桥梁，至少孔子如此，但大多数人也仅仅能做到前者就止步不前了。佛陀并不是这样，他与耶稣一样，直接抛弃了家庭，佛陀更是逃离了家庭，这是各种佛传中反复宣讲的内容：释迦牟尼出家时还常常提到他看到的四种景象，即老人、病人、死亡和僧人，其中还有天神扮演成病人和尸体来促醒他的觉悟，特别是晚上醒来看到娱乐的歌舞美女横七竖八地躺倒在地上丑态百出的情景，有的张着嘴巴，有的打着呼噜，有的口水流在身体上，有的磨着牙，有的说着梦话，这一切都使他看到了"美"的本质，这些由虚假的装饰来掩盖的人，更加促使他逃离这个虚妄的世界。传记还一再提到魔罗对他的诱惑，正如魔鬼对耶稣的诱惑一样，这是伟人传记中常常提到的人性阴暗面对自身成功的阻碍，是人生成长过程中的常态。佛陀传还常常提到佛陀所经历的各种残酷的修行，骨瘦嶙峋，腹部碰到脊柱，头发脱落，皮肤褶皱，形容枯槁，以至被路过的天人认为已死，这都是佛陀为去除贪欲和我执

---

① 《圣经·路加福音》18：29—30。

所做的艰苦努力,当然结果并不令人满意,所以他说"通达菩提,当有他道",这也是证误旁门左道所付出的代价。当然,佛陀放弃苦行及食用乳粥之后证悟的记述显示了早期佛教的中道思想及其对和谐、平衡与人性的尊重,正如佛陀所说:"诸比库,有二极端乃出家者所不应实行。哪两种呢?凡于诸欲而从事此欲乐享受者,乃卑劣、粗俗、凡庸、非圣、无意义;凡从事此自我折磨者,乃苦、非圣、无意义。诸比库,不近于此二极端,有中道为如来所证正觉,引生眼,引生智,转向寂止、胜智、正觉、涅槃。"[1]在佛陀看来,自我折磨的苦行与终生沉浸于享乐一样是两个极端,是与中道正觉相悖的,人只有使自己的内心既不被快乐所执着,也不被痛苦所烦恼才能得真解脱。虽然逃离家庭、舍弃自我是佛陀核心价值的反映,但佛陀在菩提树下成悟的故事至少说明早期佛教不是压制人性,而是合理地、中庸地释放人性,和苦行僧不同。当然教与家的争执作为佛教与儒教最大的争论之一在中国历史上从未断绝过,王国维在《红楼梦评论》中还在为贾宝玉的出家辩护,说:"夫宝玉者,固世俗所谓绝父子、弃人伦、不忠不孝之罪人也。然自太虚中有今日之世界,自世界中有今日之人类,乃不得不有普通之道德,以为人类之法则……夫绝弃人伦如宝玉其人者,自普通之道德言之,固无所辞其不忠不孝之罪;若开天眼而观之,则彼固可谓干父之蛊者也。知祖父之误谬,而不忍反覆之以重其罪,顾得谓之不孝哉?然而宝玉'一子出家,七祖升天'之说,诚有见乎所谓孝者在此不在彼,非徒自辩护而已。"[2]这也

---

① 萨布亚萨奇·巴塔查里亚:《佛陀的一生》,第69页。
② 王国维:《红楼梦评论》,第18—19页。

是王国维为自己的自杀提前所做的辩护。当然这种把现实原则与理想原则截然对立的观点与做法都是很难获得普通大众的理解的,也是与孔子及注重现实世界的古希腊文化不相一致的地方。阿姆斯特朗《佛陀》根据释迦牟尼的回忆谈到了他身穿苦行黄袍,剃除发须之后,父母号啕大哭的情景,同时也提到了在离家之前偷偷上楼看熟睡中的妻儿最后一眼再不辞而别的情景。[①] 简朴的叙述中彰显了他求道的复杂感受,求道不是不爱家人,而是在关键的时候如何在大爱中舍弃小爱,在大道之中舍弃小道,在大家之中舍弃小家。所以释迦牟尼的出家并不是一种消极悲观的虚无主义,而是一种勇猛精进的大智大勇,是乐观进取的救人救己。

佛经中佛陀在对自己的陈述中说,这也是佛陀的自传:"我出身刹帝利族,是刹帝利种,乃王侯武士的血统,我的姓是乔达摩。我的寿命短促,很快就要结束;而现在的长寿者可活到百岁或百岁以上。我在一棵钵多树下成正觉,以此树为我的菩提树。我的两位上首弟子是舍利弗与目犍连。我有一次僧众之集会,有一千二百五十位比丘,各个皆是阿罗汉。我的侍者、第一侍者是阿难比丘。净饭王是我父,王后摩耶夫人是我生母。此王的国都设在迦毗罗卫城。"[②]释迦牟尼传记的碎片化,正如《论语》的碎片化一样,与早期记录的碎片化有关,很难如后来的传记一样按照时间、空间的顺序来对一个人的一生展开详细的记载或论述。然而也与佛家,特别是释迦牟

---

① 凯伦·阿姆斯特朗:《佛陀》,第2—3页。
② 髻智比丘:《亲近释迦牟尼佛——从巴利藏经看佛陀的一生》,第257页。

尼把生命的细节看得远不如佛教的教义更为重要有关，所以当释迦牟尼去世时，他的学生就哭诉，深感前途无助，正如布瓦瑟利耶《佛陀的智慧》中讲述的，现场信众中已成阿罗汉者仅仅表现出虔敬的沉思，但是"尚在（求道）路上"之人只能强忍悲痛，说："世尊去世得过早，'善逝'（Sugata）离去得过早，'世界之眼'阖上得过早。"①"生死大海，谁作舟楫？无明长夜，谁为灯炬？"释迦牟尼告诉他们，他虽然逝世，但他的话还在，应当以诚为师，而不是以人为师，即使释迦牟尼也有不完美的地方，也有人的局限，而他的教导则完美的。这与佛陀对薄伽梨的教诲是一致的，当其愧疚很久没有见到佛陀时，佛陀说："你以为要见到我的面容才是见到佛吗？ 这外在的身体是不重要的，最重要的是我所教之道。你见到佛所教的，就是见到佛。如果你单是见到我这个身体而不见我所教的，那便完全没有价值了。"②与释迦牟尼对自己的态度相对比，各种佛传大多是对佛陀完美的追求，也是对佛性圆满的塑造，因此很少提到佛的不圆满，除非是作为圆满的反衬，如成佛之前修行过程中出现的各种丑恶，但在修行之后就很少提到，甚至在涅槃之前身体的衰老、疾病、丑陋也很少提到，这是作为过程的佛陀的肉体本应该存在的基本形态，但一般的信徒传记较少出现，其策略应该是担心因此而影响佛的神圣性，从而强化对佛的尊崇。但巴塔查里亚的《佛陀一生》在描写佛陀最后涅槃的过程中，却让读者深深感受到作为人的佛陀的感伤，书中写道："当佛陀渐渐老去之时，他的一些弟子并不在他身旁，他们

---

① 布瓦瑟利耶：《佛陀的智慧》，第 106 页。
② 一行禅师：《佛陀传》，第 296 页。

正忙于在各地传播他的思想。而他的第一批弟子，有些已经去世。所以佛陀入灭之时，似乎相当孤独。他的儿子罗睺罗曾有一段时间与他一起出游行乞，但当年老的佛陀大多数时间都居住在舍卫城时，罗睺罗却像佛陀的其他弟子一样，常年行走在弘法的路上。在佛陀生命的最后日子里，只有他十分信任的近亲阿难厮守在他身旁。"①巴塔查里亚《佛陀一生》的这段叙述充满了人性的味道，所谓"孤独""厮守""儿子""十分信任的近亲"等都使我们倍感亲切，但是否更符合佛陀的真正感受，那是很难验证的。正如王国维所说："佛之言曰：'若不尽度众生，誓不成佛。'其言犹若有能之而不欲之意。然自吾人观之，此岂徒能之而不欲哉！将毋欲之而不能也……释迦、基督自身之解脱与否，亦尚在不可知之数也。"②巴塔查里亚的描述正是王国维观点的再次展现，然而佛陀之所以是佛陀，王国维是王国维，其差别正在于此。但这种描述在释迦牟尼的其他传记中却较少出现，正如在各种耶稣的传记与研究中很少提到他临死前的痛苦、对死亡的恐惧及看到弟子们沉睡时的孤独感一样。这些虽然在《圣经》中有明确的记载，但在一般的传记中，特别是传道中很少提到，《圣经·路加福音》说："耶稣极其伤痛，祷告更加恳切，汗珠如大血点，滴在地上。祷告完了，就起来，到门徒那里，见他们因为忧愁都睡着了，就对他们说：'你们为什么睡觉呢？起来祷告！免得入了迷惑。'"③这也与佛圆寂前的宁静形成了鲜明的对比，而这也是

---

① 萨布亚萨奇·巴塔查里亚：《佛陀的一生》，第 128 页。
② 王国维：《红楼梦评论》，第 21—22 页。
③ 《圣经·路加福音》22：44—46。

基督教充满激情的信仰与佛教追求寂静的境界形成了对比。

与各种佛陀传记中佛性圆满的塑造相关，传记同时也充满了各种圣迹，正如《圣经》中的神迹一样，巴利圣典中也常常记载佛陀的奇迹，特别是他天才的慈悲之心与轻易就达到普通人很难达到的寂静喜乐的禅境。阿姆斯特朗的《佛陀》就分析了这种异于常人的圣迹："小男孩本能地禅坐，挺直后背，盘起双腿。他是天生的瑜伽士，很快就进入初禅，即达到寂静喜乐，但仍能思考和反省。没有人教过他瑜伽方法，但是一会儿小孩子就体验到超然物外的感觉。这段记录告诉我们，自然世界都知道幼年乔达摩的精神潜能。是日将近，其他树影都已偏移，唯有他头上的阎浮树影静止不动，为他遮阴蔽日。看护人回来被眼前的奇迹吓呆了，赶紧叫来净饭王，净饭王见状便向小男孩礼拜。这最后的情节自然是后人虚构的，但是这个入禅故事，无论真实与否，在巴利圣典中都很重要，据说对乔达摩的证道有关键的作用。"从这段叙述中我们能感受到阿姆斯特朗对早期圣迹的怀疑，同时也能感受到虔诚的佛教徒与一个现代文明的宗教学者对待佛陀神迹的不同态度，这是信徒的"信"与研究者的"疑"之间的差别。从另一个角度也说明了，原始佛教时期严谨纯朴的比丘们记录下来的佛陀的言论及形象与经历过几个世纪由信徒们塑造的形象之间有多么大的差别，其中最大的差别就是人的佛陀与神化的佛陀、智者的佛陀与神通的佛陀之间的差别。凯伦就《本生经·姻缘谭总序》中有关证道的描述说："故事中没有瑜伽术语，完全以神话去描述证悟。作者并不打算写我们所说的历史，而是以永恒的想象力，去显示证得涅槃时的情形。他们使用神话学里常见的主题,我们通常把这些主题说成是近代以前的心理学,它们追溯心灵的内在轨迹,使潜意识心灵更加清晰。佛教基本上是心理学的宗教,难怪早期的佛教学者都那么擅长使用神话。我们必须再次提醒,这些圣典要告诉我们的,并不是真正发生过的事,而是要帮助读者获得自己的证悟。"①不是对物理学意义上的现实真实事件的叙述,而是对意识领域里的心理现实的叙述,是对读者心理想象的强烈暗示。也就是从这个角度,从简单的物质世界的立场来理解佛教的各种叙说就是南辕北辙,在佛教与基督教共同描述的,盲人看见、跛子行走、聋子听见的世界里,太纯粹理性的现实逻辑是不适用的。

　　这使我们想到佛陀所常常采取的沉默的态度。佛陀并没承诺过什么天堂,甚至也没承诺过跟随他的人都能达到自己的目标,他常常用沉默来回答弟子的疑问,特别是对于那些超出人的能力所能认识的问题,他的态度与孔子"君子于其所不知,盖阙如也"类似,苏格拉底也常常说,自己的聪明就在于知道自己不知道。佛陀关心的问题仅仅是此世生命遭受的痛苦及解脱痛苦的方法,他自己也这样认为,是他的思想,而不是他本人更能对人具有根本的意义,而这个看似简单的问题竟是如此之难,他甚至怀疑是否有人愿意跟随自己,并能跟随多久。根据《大般涅槃经》,佛陀临终时反复告诫弟子要时刻精进,以自作舟,自作归依,勿皈依他人,以自己为明灯,做在自己看来是善的事,甚至不可依靠宗教典籍,"勿信与藏经之教

---

① 　凯伦·阿姆斯特朗:《佛陀》,第93页。

相合之说"。人必须从内心之中,在自己心中去寻找引导自己的光,光从内心升起,并以智慧之灯唤醒众生。他也并不确定佛法在他入灭后能否永久流传下去,自己只是一位指路人,他并不确定任何人都能达到彼岸,甚至他还确认,即使没有机会听闻佛法的人,也可以因善业圆满而入证涅槃。[①] 由此来看,佛陀的心胸是无限宽广的,如天空与大地一样无所不包,如森林与海洋一样无所不容,这正是后来者所往往不及之处,也是我们要追寻佛陀足迹的根本原因,他的人生的每一个印记里都包含着慈悲与友善,只要世界的暴力存在,它就具有非比寻常的现实意义。佛陀在这一点上与《圣经》及孔子的想法是一致的,不需要暴力,不需要刑法就可以为国家带来和平与幸福。对佛陀完美人格及境界的描述在不同文化背景的作者描述中,并没有本质的差异,这也是佛教的理想与信念对不同文化、阶层、性别、宗族的超越,它要面对所有的人,解决他们的人生问题,而不仅仅针对哪部分人,甚至是针对哪些团体,正如六祖惠能在回答五祖弘忍说他"汝是岭南人,又是獦獠,若为堪作佛"时所回答的:"人虽有南北,佛性本无南北,獦獠身与和尚不同,佛性有何差别?"[②]佛教与基督教对超越不同文化的追求,正是它超越儒家执着于血缘与独特性的伟大之处,乃是人类追求整体一体化文化模型的努力的表现。佛教告诉世人,只有体会他人的苦乐仿佛自己的苦乐,不是隐居在深山密林之中,而是走向人群之中,投入世人的烦恼里,才能成为真正的人,并与世界融为一体。 房龙所说的摩西的十诫乃是

---

① 萨布亚萨奇·巴塔查里亚:《佛陀的一生》,第 155、166 页。
② 赖永海主编:《坛经》,尚荣译注,中华书局,2010 年,第 6 页。

整个人类文明的基石，释迦牟尼对完美人生的追求，也可如是说。

在佛教的发展史上，佛陀允许女性出家无疑具有深远的意义，但其过程却往往让人产生困惑与歧义，阿姆斯特朗《佛陀》就探讨了他对女性出家的态度。阿难在佛陀生命的最后请教应该怎样与女人接触，佛陀便告诫他最好不要接触，万不得已就不要讲话，最后是要保持正念，所以阿姆斯特朗说："佛陀自己也许不同意对女性保持这么极端的歧视，但是这些话有可能反映了他始终无法克服的担忧。"①当然这种担忧与其说是针对女性的，倒不如说是针对人性的，是人性的软弱造就了这一令人不得不担忧的局面，也许单独的男性是坚强无我的，但一遇到女性，那最终的结果倒是很难预料的，这也就是所谓的爱情价更高的原因吧。一行禅师的《佛陀传》中，关于女子出家的八规条是由舍利弗宣布的，而且舍利弗还与目犍连关于此规条是否歧视女性进行了简单的辩论。当舍利弗宣布完八条后，目犍连大笑起来说："这八规条很明显是歧视了。你还不承认吗？"舍利弗回答道："这八规条的目的，旨在开启女性加入僧团的大门。它们不是旨在歧视女性，反而是终止对她们的歧视。你体会吗？"目犍连随之点头，以示认同舍利弗的高明见地。② 如果说这八条规不是"旨在歧视女性"，那一定是合情合理的，因为佛陀连"不能接触者"都能允许加入僧团，女性又如何不能呢？但如果因此说这是"终止对她们的歧视"，那就令人费解了。那烂陀《觉悟之道》在谈到佛陀的八

---

① 凯伦·阿姆斯特朗：《佛陀》，第 163 页。
② 一行禅师：《佛陀传》，第 204 页。

敬法与妇女加入僧团将使圣法延续由 1000 年变为 500 年时说:"一般来说,这些评论也许不会迎合妇女口味,但是佛陀当然没有全盘指责妇女,只不过是指出了她们在性格上的弱点而已。"①阿姆斯特朗《佛陀》中则根据律藏《大品》指出"比丘尼八敬法"是佛陀为波阇波提出家做出的让步,是佛陀对整个僧团发展的担心,而这种担心正是实事求是的,因为,正如阿姆斯特朗指出的,"我们必须很遗憾地说,文明从未善待过女人"。② 一行禅师企图化解矛盾的努力是很显然的。其实,佛陀担心的不仅仅是女性,还有男性,不然他为何要求男性出家呢,但是更担心的是男女结合后所产生的巨大力量,而这种力量是单独的男性所无法产生的,这是对话的力量,而不是孤独的力量。作为一个对佛教保持着尊敬的局外人,阿姆斯特朗的《佛陀》时刻坚守基督教义与现代文明的基本理念,对释迦牟尼的整个生命历程,及其这种生命历程所隐含的佛教教义的精神实质进行了自我的解读。她从不回避佛教本身的局限,佛陀身体的衰老与病痛的侵袭,他的被反复谋害,与提婆达多的对立,僧伽的我执与争斗,甚至是佛陀在处理僧团分裂、僧众争议时的无奈,他宁愿独自到森林里与一只受伤的大象一起过夜,也不愿意与争吵不休的固执自我的比丘们一起。律藏《小品》和《增一尼迦耶》的《八集》中记载了摩诃波阇波提夫人出家的故事,与汉译《中阿含经》第一一六《瞿昙弥经》相对,提到佛陀要摩诃波阇波提只要接受八重法就能出家。

　　律藏《大品》和《中尼迦耶》第一二八《随烦恼经》就记载了

---

① 那烂陀:《觉悟之道》,第 78 页。
② 凯伦·阿姆斯特朗:《佛陀》,第 163 页。

佛陀看到比丘们就戒条产生歧义，争吵不休，他再三劝告无用，只好离开的情景。佛陀甚至斥责提婆达多说他是一个废物，当提婆达多向佛陀提出要接受僧团时，佛陀便义正辞严地说："我甚至不会把僧团交给舍利弗和目犍连，又怎么会交给你这样一个无用的废物？"①这是佛陀在责骂人吗？佛陀是否如马丁·路德严厉咒骂教皇那样责骂过人呢？一行禅师《佛陀传》中说："很久以前，缚悉底曾听过佛陀责骂和辅导罗睺罗，他又见过佛陀矫正一些其他的比丘。他现在才明白佛陀责骂的背后，是深切的爱。"②其实，爱的态度并不能完全解决教团的一切纷争。一行禅师《佛陀传》就详细描述了僧团内的各种争论、分离，甚至还有对佛陀的诽谤与暗杀，这是对人性复杂性的展示，也从另一角度彰显了佛陀的伟大，但一般的佛陀传却常常遮蔽这些僧团内部的争论，甚至为了彰显佛陀的万能而人为消解了佛陀这些伟大的人格力量，虽然人格力量不是万能的。一行禅师并没有用神通来彰显佛法无边的荣耀，可能是作者长期生活在西方，受强大的科技理性精神直接影响的结果。《默默反抗》一节详细地描述了提婆达多如何分裂教团及其如何被佛陀所战胜的过程。当佛陀企图用"不可执着自己的见解"来化解僧团内的一次戒师与经师的争论无果时，一个比丘请他不要插手此事，欲自己解决。"接下来的，是鸦雀无声的沉默。佛陀站起来，离开了礼堂。他回到自己的房子，拿起乞钵，步往拘赏弥乞食。之后，他独自行入森林里用食。吃完后，他又起来离开憍赏弥，向着河那边走。他没

---

① 郭良鋆：《佛陀和原始佛教思想》，第 88、98 页。
② 一行禅师：《佛陀传》，第 330 页。

有通知任何人，就是他的随从罗祇多和阿难陀也不知道他离开了。"①调解无果的佛陀孤独静静地离开了是非之地，正如甘地企图调解愈益分裂的印度教派与伊斯兰教派无果一样，他又一次目睹了人性的丑陋与粗鄙，即使是佛陀这样的智者有时也难以让人不执着于自己浅薄的见解，正是他真正彻悟了人性的各种迷痴才说出自己仅仅是导师，不能保证任何人都能最终觉悟的话。佛陀的无奈正是他省察到人与莲花一样，每个人都有自己的先天条件，都需要不同的法门，自然也会有不同的果，这是一种伟大的实事求是，与各种宗教虚假无妄的承诺形成了鲜明的对比，人只有自己才能解脱自己。佛陀明白，这一切都必然通过自我的修行与觉悟才能达到，只有同情与爱才能化解，但深植于人性内部的自私与自我很难被彻底干净地拔出，成为出淤泥而不染的红莲花，成为抛弃我执、超越世间的觉者，不是简单的剃发、穿衣、读课所能达到的。后来六祖的被追杀也让世人看到了人真正的觉悟之难，所以佛陀的担心不仅仅是担心女性，更是担心人性，他深知要从根本上改变人的思维方式与行为方式是多么艰难，担心人总是执着于他们执着的东西，更担心执着的人自认为放弃了执着。佛教很难彻底征服世界的根源乃在于世人很难达到佛陀所要求的境界，只有看到佛陀所面对的人性的难化，才能体会到他的真正伟大。

面对教团的争执，不同的作者采取了不同的态度，也记述了佛陀面对这些争执时所采取的不同的策略与手段。一行禅

① 一行禅师：《佛陀传》，第 208 页。

师《佛陀传》描写了佛陀在面对无知僧团的内争时所特有的坚韧与无奈,而那烂陀的《觉悟之道》却采取了不同的策略。那烂陀为佛国斯里兰卡著名佛学大师,其《觉悟之道》初版于1942年,为著名的南传上座部佛教著作。该书的第一部分为佛陀的传记,第二部分则阐述了巴利语系佛教的基本内容,第八《佛陀和他的眷属》、第九《佛陀和他的眷属(续)》两章专门探讨了佛陀的家庭关系,他与父亲净饭王、妻子耶输陀罗、儿子罗睺罗、同父异母兄弟难陀、堂弟阿难陀、姨养母摩诃波阇波提等之间的关系。第十章专设一章《佛陀的反对者和护持者》讨论佛陀在传教中所面临的各种人为的偏见及艰难险阻,这是其他佛陀传记较少见到的。在很多常见的佛陀传记中,为了宣传佛陀的神圣及其神通广大,把佛陀的传教历程设想为所向披靡、一往无前的坦途,《觉悟之道》也首先采取了这种策略。净饭王渴望见到自己的儿子,佛陀去见父亲,但在释迦族的花园里高傲自大的释迦族元老并不向佛陀行礼,这时佛陀运用自己的神通征服了他们,书中写到:"即时,佛陀升至天空,大显双运神通,以此制服了他们的狂妄。老国王见如此不可思议之神通,率先向佛陀行礼,口言这是他第三次礼拜佛陀。其他人也不得不依次向佛陀行礼。随即,佛陀从天空降至地上,坐在早已准备好的座位上,谦恭有加的释迦族人一齐围坐四周,渴望听闻佛陀的开示。"《觉悟之道》在描写佛陀与父亲关于乞食的争执时也采取了基本相同的策略。当国王得知佛陀沿街乞食时顿感羞辱,便以荣耀的出身来劝说佛陀放弃此行,但站在街头的佛陀劝说国王:"大王,这不是你国王家族的传统,而是我佛陀家族的传统。诸佛以乞食为生。""正念乞食,正法行事,善行之人,此彼得乐。"①听完此偈,净饭王也即刻见道而证初果。《觉悟之道》还讲述了佛陀如何化现神通,带领同父异母兄弟难陀游历兜率天见识天女以忘记未婚妻的故事。②《觉悟之道》多次描述佛陀为解决困境而幻化神通的故事应该与那烂陀作为佛国斯里兰卡著名佛学大师所言说的语境及其听众有关,这与长期生活在西方的一行禅师有着根本不同的文化语境。关于佛陀这次传教中所显现的各种奇迹,也就是佛陀成道后第六年再次回到舍卫城,在由波斯匿王主持的与外道的辩论中,佛陀显现大神通,特别是"芒果树奇迹",以最终战胜外道富兰那,使其投水自尽,布瓦瑟利耶在《佛陀的智慧》中说:"佛陀于舍卫城,在作为仲裁者的波斯匿王面前所示的'大神通',足以震惊对立的教派领袖们,即众位敌视佛陀及佛教的成功的'外道'。这类公开辩论的优胜者势必影响力大增。但若要震惊群众,仅仅在口头上辩论是不够的。因此,尽管佛陀厌恶这么做,展现神通也是必要的。"很显然,如果耶稣在他的传道中,不能使水变成酒,不能使死人复活,不能治病,不能驱鬼,正如摩西不能降灾以惩法老,不能使红海分道,不能使磐石涌泉,不能天降吗哪,那能有多少人愿意跟随他确实是值得怀疑的。但是过分的渲染也会适得其反,关于佛陀的各种遭遇,布瓦瑟利耶说:"关于佛陀游历说法三十七年期间内的事迹,较为人熟知的并不是皈依者的增加,而是佛陀所遭遇到的一些阴谋恶行。佛陀游历期间内的某些时期缺乏可资记述的事迹,因而有些作者甚至怀疑佛陀'最后

---

① 那烂陀:《觉悟之道》,第 63 页。
② 同上,第 72—73 页。

一生'的实际年寿可能被有意延长了十五年,以便达到'人类满寿的最低限度'。但是没有特出的事件原本就不意外,而且,引起轰动的皈依场面本来就不多,更遑论奇迹的示现了。

要杜撰一些神奇的轶闻当然是很容易的,因此,包括学者费里尤乍在内的人都相信,文献对此期间甚少着墨,其实正说明了作者的诚实。"①其实,任何企图掩盖,甚或弱化佛陀艰难历程的努力都是不符合历史史实的,也是不符合人类文化发展的基本逻辑的,无论是代表古希腊文化的苏格拉底的死,还是代表基督教文化的耶稣的死,甚至是代表儒家文化的孔子的多灾多难,都表明任何人类的进步都需要无畏的勇气,需要付出艰辛的努力,最后才能达到理想的境界,佛陀传道的历程也不会更平坦,从另一个角度,如果是太容易,那又何来佛陀的伟大呢? 所以那烂陀说:"虽然他为人类服务的动机是绝对的纯洁,彻底的无我,但是在宣说和传播教法中,佛陀不得不与强大的反对者做斗争。他受到刻薄的批评,公然的侮辱,以及无情的人身攻击。这是其他宗教领袖从来没有经历过的。他的主要反对者就是外道之师及其追随者。而他们的传统教法和盲目的祭祀仪式受到佛陀的公正抨击。就个人而言,他最大的敌人就是他的姻弟和早期弟子提婆达多。他曾试图谋害佛陀。"在佛陀拒绝提婆达多提出的转移领导权的意见时,那烂陀的《觉悟之道》中这样写道:佛陀斩钉截铁地拒绝了他,说"我甚至不把僧团交给舍利弗和目犍莲,我又怎会交给你?"②佛陀对提婆达多的憎恶与羞辱给省略了,也许在那烂

---

① 布瓦瑟利耶:《佛陀的智慧》,第91—92页。
② 那烂陀:《觉悟之道》,第83页。

陀看来，对于已经觉悟的佛陀来说，愤怒与憎恶是不应该的，也是没有的，其实佛陀的伟大就在于他具有一往无前的坚韧性格，具有化解一切的方便法门，哪是普通的信众，甚至出众的传教者所能体会的呢？所谓现身说法，所谓方便法门，所谓随机设教，所谓超凡入圣，所谓金刚怒目，所谓拈花微笑，所谓棒喝狮吼，都是如此。常理设想，提婆达多这种人怎能是简单如那烂陀那样的一句话所能改变的呢。其实，佛陀受辱也是常理，历代圣人似乎都没有逃过受辱的命运，不是圣人羞辱庸人，而往往是圣人遭受庸人的羞辱。即如孔子，不是孔子羞辱阳货，而是阳货羞辱孔子，庄子描述了盗跖对孔子的羞辱，这从另一个角度证明了孔子忍受阳货羞辱的可能性，都是一样的羞辱，盗跖的更甚，孔子对此都能忍受，阳货的更不在话下了。释迦牟尼也是一样，不是释迦牟尼侮辱哥利王，是哥利王侮辱释迦牟尼，而且释迦牟尼在成道后还第一个度他。同样，耶稣在被钉死在十字架上的时候不是他侮辱强盗，而是强盗侮辱他。甘地的死也是一样，不是他杀死了纳图拉姆·戈德森，而是后者杀死了他，圣人的心中只有他的理想，而庸人的心中只有他的利益，他看到的仅仅是圣人的理想挡住了他的利益，那就是他宁死也不愿改变的欲望与本性，他甚至常常坚定不移地认为他的欲望就是世人必须满足的欲望的代表。当他遇到圣人的原则时，他只会坚定不移地摧毁它，而这只有依靠暴力，他哪有别的可能来战胜圣人呢？忍耐，他们肯定是不屑一顾的，辩论取胜的可能性极小，表决又是他们极端蔑视的，只有暴力是他们极愿选择而又不得不选择的方法，侮辱不过是暴力的辅助手段，在他们看来，暴力自然最有效率。

在佛教的传播史中，佛陀的图像对佛教的传播起着非常重要的意义，佛像的传记已成为佛陀传记的重要组成部分，因为佛教所追求的境界有很多是语言很难传达的，虽然早期佛教反对塑像，但后来还是得到了很大的发展。正如在西方基督教历史上反复出现的破坏圣像运动一样，中国历史上也多次出现佛教造像兴盛与屏息的交替。正如梁思成所指出的，在元魏统治下，帝王提倡佛教，"故在此时期间，造像之风甚盛，然其发展，非尽坦途"。[①] 早期佛陀的存在往往用菩提树、法轮、佛的足印、宝座等一些在佛陀一生中富有典型意义的物件来代替。直到 4 世纪末，印度东南方的案达罗地区仍有佛教的不同教派争论该如何表达既有神性又有人性的佛陀，是用神的形象，还是用人的形象，还是直接采用象征性的事物来标志？有的浮雕就直接采用拂尘所围的大伞盖来象征新生的佛陀。[②]《圣经》摩西十诫中也有"不可为自己雕刻偶像"的规定，这也使得最初的基督信仰中很难发现具体的圣像，圣像也往往用象征的手法来体现。在佛教的传播史上，人们发明借助外在的形象来感知神圣事物的存在正是人的局限与需要，人必须借助有限来表达无限，人在阅读佛经时，同时也能从佛堂的图画与雕塑中感受想象到佛的慈爱与威严，各种殿堂所营造的庄严肃穆的神秘气氛，佛像所展现出的慈祥、亲切、庄严、高贵及神圣性，佛像的直观性与冲击力无不对身临其境的心灵、对信徒的心理及感受的影响具有文字语言所不能取代的价值和意义，这正是宗教家热衷佛像的根本原因，也直接导

---

① 梁思成：《佛像的历史》，中国青年出版社，2010 年，第 12 页。
② 布瓦瑟利耶：《佛陀的智慧》，第 41 页。

致了佛像艺术的标准化、程式化、风格化。那些静坐在佛堂或寺院中的精修者自然知道这些关于佛的壁画与雕塑并不是真正的佛,而仅仅是通向佛的路径,但完美的艺术形象却充分展示了佛经所竭力追求的固守自我、坚忍一切、内外合一的大解脱者的精神形貌,对佛陀图像的解读与美学分析无疑会加深对佛陀本人及其教义的理解。所以赫尔穆特·吴黎熙在《佛像解说》(本意为"佛陀之像"[Das Bild des Buddha])中说:"有什么能比给佛陀造像以代替其预期的权威,更容易让人接受的方法呢?"①他在谈到自己在博物馆观看佛像的感受时说:"多年前,当我第一次在萨尔纳特博物馆,站在萨尔纳特那尊著名的坐佛面前的时候,我明显地感觉到自己完全被征服了。我似乎在还未意识到这一古典主义的每一特征时,便感觉到了这件成功的艺术杰作表现手法之独特性、卓越性,这绝不仅仅表现在佛陀的面部表情上,其身体的所有部位以至于松松的相互叠加在一起的双手的指尖,都被刻画得极其细腻入微。此乃进入大解脱者的写照。忍受一切、固守着自我的道路、回向于内心,这一切乃印度笈多艺术之特征,也是印度佛教古典主义之标志。"②博物馆单独的佛像都会如此,那真正的佛的殿堂,正如庞大的哥特式教堂一样,神秘的烛光、繁复的壁画、幽深的殿堂、庄严的佛像和内心的信念一起都融入了顶头膜拜的信众的心中。

在这里,绘画、雕塑、建筑中的形象与文学语言的形象融为一体,把观赏者从遥远的现实带入艺术所创造的神圣氛围

---

① 赫尔穆特·吴黎熙:《佛像解说》,第 10 页。
② 同上,第 36—37 页。

之中,这种视觉的警醒与言语的叮咛一起不断告诫观看者要牢记自己的目标与归宿,不断超越自我。著名漫画家蔡志忠在《佛陀说——觉者的法音》一书中以精美的图画配上佛陀的各种言说以阐明佛陀的基本教义。书的开始就以简明的文辞,配以高大挺拔的菩提树、树下成觉的佛陀、讲法的佛陀、围绕听法的众比丘等几幅线条流畅、构图精美的图画传神地表达了佛陀的一生。[①] 蔡志忠绘画中的佛陀有一种宁静活泼而又亲切自然的现代味道,他是以佛陀的思想及自己的绘画来努力为困倦的现代人提供释然的直接结果。亚当斯·贝克夫人的《释迦牟尼的故事》则用 80 幅佛教名画,155 种世界大寺院及博物馆珍藏艺术品来解读释迦牟尼的一生,特别是其彩色插图是其他纯文本图书所无法取代的。靠图像来了解佛陀的生活及其人生理念在某种程度上具有语言所无法达到的效果,正如佛陀与迦叶之间的拈花微笑。当然,图像并不是一种如实的描绘,而是按照佛经的记述及佛教的理念对佛陀形象及其言行的完美塑造。布瓦瑟利耶的《佛陀的智慧》就专设一章《佛的容貌与形象》来分析佛经对佛的形象的记述、描写及其佛学意义,特别是对不同于凡人之处的三十二相给予了分析,因为那是无尽前世所积功业善因福报的明证。[②] 此章不仅讨论了佛陀的身体特征,还讨论了佛陀的各种身体姿态,各种立、行、坐、卧姿势及各种代表性的手势及各种手印,以辨别佛陀一生中最具意义的时刻及其在佛教中的具体意义。语言的呈现与图像的呈现对接受者的心理自然产生不同的意义。

---

① 蔡志忠:《漫画佛学思想》上册,商务印书馆,2009 年,第 9—16 页。
② 布瓦瑟利耶:《佛陀的智慧》,第 147—148 页。

泰国艺术家关于佛陀最后一餐所食食物的画面就让文化语境不同的信众产生异样的感受，布瓦瑟利耶《佛陀的智慧》中说，其中有一道"猪肉膳"似乎让佛陀病痛复发，而且病情加重，甚至还有泰国的艺术家用图画描述了众人采用当地烹调方式，将小猪串于铁摇杆上烘烤的情景，并以众神的在场来确认此事件的真实性与重要性。①

　　我们为何要一再地重回远古佛陀的精神世界里呢？正如每次的基督教改革都要重回原初的耶稣传道的世界里一样，那是因为在他们原初的生活与精神原型里更少后世人为的掺杂，更加接近精神世界所最终追求的本真而又简朴的精神理念，体系愈来愈庞大，规则愈来愈繁复，人愈来愈迷失方向，不仅迷失在世界与自我里，而且迷失在道路与规则里，看着厚厚的规章制度，哪有不歧路亡羊的呢。写作、阅读佛陀传记并不是一个简单的实事求是问题，而是关涉对佛教的基本教义及对人生、自然、自我等人类基本问题的理解，正如《法华经》中记述妙音菩萨对佛的问讯："没有烦恼吧？日常起居、行、住、坐、卧都安稳快乐吧？四大调和吧？世事都可忍受吧？众生容易救度吧？没有过多的贪欲、嗔恚、愚痴、嫉妒、悭慢吧？没有不孝顺父母、不恭敬沙门、没有邪念不善之心吧，能收摄喜、怒、爱、恶、欲等五种情感吧？众生能降服诸魔怨吗？久已灭度的多宝如来也在七宝塔中听您说法吧？"妙音菩萨又向多宝如来问讯："能够身心安稳、无忧无恼吧？"②菩萨的修行天高地厚，海深河广，但他们仍然是为了解决这些日常生活的基本

---

① 布瓦瑟利耶：《佛陀的智慧》，第102页。
② 赖永海主编：《法华经》，王彬译，中华书局，2010年，第475页。

问题。所以一本佛陀传既是作者的一次精神旅程，也是一次在读者面前自我展示精神境界的过程。对佛陀的描述与塑造既是对佛陀一生的澄清与追随，同时也是对佛陀一生的美化与歌颂，这既是求真的艰苦历程，更是求善、求美的精神历程。佛陀对人生意义的追寻穿越两千多年的历史直指现代人孤独漂泊的心灵，所有对佛陀的追忆及其思想的钻研都是出于此目的，各种《佛陀传》更是如此。但佛陀反对个人崇拜，如孔子一样，他虽然也相信神的存在，但很少考虑神的问题，认为对神的献祭很难真正解决人的问题，他认为要坚定地依靠自己的力量，依照原则而行，以身证法，相信善恶本身因果轮回的力量，抑制自我，去除自私的本性，拒绝贪爱与欲望，培养心灵的宁静以显示精神的力量，最终来实现自我的解脱，而不是仅仅靠崇拜什么，崇拜本身没有任何意义，如果自己的心、行没有任何变化。今日我们在佛教界看到的对佛陀的崇拜是不是算作个人崇拜已很难定论，因为人性的需要在佛教的传播中已成为无法忽视的因素，这是对信奉者施加影响的一种重要策略，是俗众的需要。对自我与原则的信靠与基督教对神的信靠不尽相同，对神的信靠乃是建立在神的万能的基础上，但其最终还是对自我的信靠，在这里，自我、神、原则乃是完美的三位一体，如果任何一方出现偏差，信仰的力量都无法真正实现，信仰的大厦也即顷刻崩塌。正如那烂陀的《觉悟之道》的《佛陀怎样看待创世主——上帝》一章中佛陀对创世主的看法，文中说："巴利语中，相当于其他宗教创世上帝一词的是Issara(梵文 Isvara)，毗湿奴或梵天。佛陀在好多场合中，否定了永恒灵魂的存在，只在为数不多的情况下否定了创世上帝。但是,佛陀从来没有承认创世上帝的存在,无论它是一种力量或一有情。虽然说,佛陀没有置超人的上帝于人类之上,有些学者则说佛陀在此特别重大的矛盾问题上保持了特有的沉默。以下的摘录将明白无误地表明佛陀对创世上帝观念的看法。"但在《般达龙本生故事》中,菩萨这样质问创始者所谓的神圣公正:"有眼之人皆能见到疾病,梵天为何没把所创造之人塑造好? 如果他法力无边,为何他又很少伸出他祝福之手? 为何他创造之人又都惨遭痛苦? 为何他不给他们施予快乐? 为何欺骗、谎言和无知如此盛行? 为何虚伪如此嚣张? 真理和正义如此衰落? 数落你梵天非正义,创造了容纳错误的世界。"在《大菩萨本生经》中,菩萨反驳了一切皆是万能者所造的理论,他指出:"若有万能之主的存在,支配一切众生的苦乐和善恶,此天主沾满了罪恶。 人类只能按其意志行事。"[①]其讨论的问题仍然是恶从何来,世界有没有最终的善恶主宰者,而世界为何又常常不能见到正义的实现,也就是善良的人常常悲惨不幸,邪恶者又往往飞黄腾达呢? 而这正是司马迁与约伯共同的困惑。

---

① 那烂陀:《觉悟之道》,第 210—212 页。

我常常反问自己：在我一生的道路上，作为一个人，
我是求真，求美，还是求善？

附录：一个普通学者的自我反思

——浙江大学人文学院教授、博士生导师邹广胜访谈

邹广胜，穆宝清

对话者：

邹广胜，浙江大学人文学院中文系教授，博士生导师。

穆宝清，山东大学外国语学院副教授，文学博士。

穆宝清（以下简称穆）：邹老师，您好！很高兴您能接受我的
采访。

邹广胜（以下简称邹）：谢谢您的采访。但是我们首先还是应
该感谢《社会科学家》对我们这些普通学者的关照与提携，给
我们这个发言的机会。我自然不会像那些卓有成效的老前辈
那样回忆过去，展示自己等身的著作与圆熟的思考。我们只
是坦诚地谈谈自己多年来思索的困惑与探索的彷徨。

穆：邹老师，在众多的青年学者中，您好像是较为沉静的

一个。

邹：谢谢您的鼓励。这恐怕是个性的原因，这也是我在《西游记》中较为喜欢唐僧和沙僧，而不是很喜欢孙悟空与猪八戒的原因吧。

穆：但是作为一般人，却更喜欢孙悟空，他代表了智慧，也有很多人喜欢猪八戒，虽然他外表不好看，但很实惠，很能代表今日普遍流行的实用主义的基本价值观。而您独喜欢唐僧与沙僧，确实令人感到新奇，他们是否给您较为与众不同的人生启迪呢？

邹：是的。每当看到唐僧那种宁静高远的神态就使我心驰神往。至于沙僧那种任劳任怨，沉默寡言的人生更使我感佩不已。我们今日确实是孙悟空、猪八戒太多，唐僧与沙僧太少了，大家都喜欢上蹿下跳，喜欢实惠，而缺乏深思与实干。

穆：您的想法确实与众不同。您能否简要地给我们谈谈您的学术经历呢？

邹：我的学术经历应该从考研开始。高考的时候，当时主要的想法就是不要重新回到农村，特别是不要当老师，当时考师范的人很少，我也是在高考时一个师范类的志愿都没报，宁愿选一个好的专业，将来分配到大城市，也不上很好的师范类的学校，将来教书。现在回想起来，很为当时坚定的想法感到惊奇。但这却为我将来的考研带来了困难。为此我在徐州的一个大工厂里待了五年。但我并不后悔，在那里，我交了很多朋友，有好几位现在仍然保持着联系，同时也磨炼了自己，那五年的人生经历与考研的各种艰难困苦确实使我从另一个角度加深了对人生与社会的理解。

　　我的学术生涯真正开始应该算是在四川大学跟随易丹老师读硕士研究生的时候。易丹老师当时刚从美国留学回来，第一次招收研究生，他是系里几个最受学生欢迎的青年教师之一。我也常常为此感到自豪，以至于我有一次在火车上碰到一个川大中文系毕业的学生，我就很自豪地讲出自己是易丹教授的学生，当时那种由衷的自豪感现在还能清晰地感受到。易老师风度翩翩，很有才气，风格潇洒倜傥，在我的眼中，很有些雅皮士的风度，现在我对学生的那种比较民主的态度，还是模仿易丹老师对我们的态度。1997年我很荣幸地考上了南京大学中文系第一届文艺学博士研究生，后来赵宪章老师准备到香港访学一年，我便跟随杨正润老师学习，杨老师也是国内著名的外国文学专家，特别是在莎士比亚与传记文学研究方面的成就是学界有目共睹的。南京大学确实是一个有着深厚学术传统的学校，大家都很努力敬业，特别是赵老师更是兢兢业业，作为著名的文艺理论家，他以身作则，使我们这些学生不敢有丝毫怠慢。南大朴实深厚的学术风格及学术传统更是坚定了我自己努力的方向。我时至今日一直坚持的原则——以经典著作、经典理论家、经典问题为学术目标就是赵老师在课堂上一直强调的。从南大毕业后，我有幸跟随众人景仰的著名的文艺理论家王元骧先生从事博士后研究。王老师严谨踏实的学风学界有目共睹，特别是他几十年如一日对学术的忠诚，都是我们这些后学所高山仰止的。有一次大年初一我去看他，当时他正在看一个学生的博士论文，其兢兢业业如此。我常常很庆幸自己能跟随这些国内最著名的学者学习，也常常在内心里以他们为榜样，但一直很遗憾于自己的笨拙愚痴，学无所成。

我跟随易丹老师研究的主要方向是二战之后的西方文论与文学，当时的选题是刚刚在国内开始讨论的后现代主义。这个选题也可能与我的兴趣有关，当时的我对各种稀奇古怪的现代与后现代艺术很着迷，自己也常常无意中去模仿，虽然我现在的兴趣在经典领域，但经典里各种奇妙的有着现代与后现代风格的成分仍然能不由自主地引起我的共鸣。跟随赵宪章老师主要是研究文艺学的基础理论，当时他上课让我们读的是三本书：《1844 年经济学哲学手稿》《文心雕龙》《纯粹理性批判》。我当时花了很大的工夫去阅读康德的著作。现在康德仍然是我思考问题、解决问题的主要理论资源之一。记得有一次听王元骧老师给博士生上课，他让我讲一下我当时读博士时赵老师讲了些什么内容，我便把阅读康德《纯粹理性批判》的事讲给在场的学生听，他们都很惊讶。我当时看到赵老师阅读《纯粹理性批判》的书里写满了各种注解，几个不同版本的对照写得密密麻麻，所以现在我对任何东西如果没有自己仔细研读过，都不会轻易发言，所有经典书籍都是一字一字地仔细阅读，做笔记，从不马虎，这都是我当时看到赵老师、王老师他们敬业的态度，向他们学习的结果。我也常常告诚学生,希望他们能精读经典原作,这是他们超过我的唯一一条路。

我喜欢到不同的地方去游历学习,读万卷书,走万里路乃是我终生的信念。我在喀什师范学院教书的时候就和朋友们走遍了整个南疆,包括塔什库尔干唐僧经过的石头城,中巴边境5 300米的风雪高山,和田的玉龙喀什,轮台的大胡杨树林等。那四人一起如唐僧师徒流浪天涯的感觉现在还一直回荡在我的记忆之中。后来又和我的朋友家人一起去西藏旅行,也是这个理念的体现。因此,我也鼓励自己的学生要身体力行,小到杭州的山山水水,大到祖国的大江南北,最后再到世界各地,尽力而为。而且要尽可能地坐火车,包括骑自行车,甚至是步行,要和自然,和他人亲密接触,特别是一个人孤独旅行时候的沉思对人生非常重要。启功先生曾书写的一副对联"天地大观尽游览,今古无多独行人",王维的"行到水穷处,坐看云起时"都是我时刻坚守的信条。在伯克利时有一次到斯坦福,看到地图上标注着一个湖,便按照地图,打听湖在什么地方,好几个美国人告诉我,没有必要去,因为水早就干了,已经算不得湖。但我还是坚持自己要亲自看一下,最后走到湖边时确实看到了一个早已干涸了的大水坑。去剑桥时也是一样。我很喜欢哈代,看了聂珍钊先生参观哈代故居的文章后更是加强了我要拜访哈代故居的想法,我很羡慕他有英国朋友开车去参观的方便,而我却只能一个人去哈代的故乡参观他的旧居,其中也是历尽周折:当时我住在威尔士卡迪夫大学的一个朋友那儿,原准备和他一起从那儿去,因为从地图上看,从那儿出发较近,但最终发现从那儿去也很不方便,我便一个人一大早从卡迪夫坐火车到伦敦，再从伦敦转火车到多尔切斯特（Dorchester），到达市中心后，转了一圈，原准备步行去哈代小木屋的，但苦于无人知道路线，原先自己准备的手绘路线图，最终也没有派上用场，只好打出租车拜访了令无数人倾慕不已的哈代简陋的小 cottage。我一个人去勃朗特的故居也是如此，而且沿着勃朗特姐妹平时游玩的小路一个人、原野里走了四五个小时，最后终于到了她们姐妹常常游玩的小瀑布脚下，中间还经历了狂风、大雨、冰雹、泥泞的山路、让人无法撑开雨伞的狂风、不得已在石头墙下的躲雨、围观我的好奇的羊群、雨后灿烂的阳光，始终陪伴我与我在山间小路一同游荡的孤独身影，所有这些都是我这次冒险的收获。想想唐僧的朝圣，就明白为何他能名垂千古，而我等只能默默无闻的根本原因了。我的旅行与努力与他们的付出相比，真是微不足道。但是我仍要鼓励同学们向这些伟大的先贤学习，不仅要行万里路，还要读万卷书，不要做井底之蛙故步自封，那样的偏见与狭隘只会使人盲目自大，自以为是。

穆：您的这些经历确实使我羡慕，我在英国的伦敦大学学习时也是如此，走遍了伦敦的各个角落，也走遍了欧洲的各个国家，这些经历确实对我们理解文学，理解文化，理解人与自然，甚至自我有着不可或缺的价值。您能否谈谈您最近研究与探讨的一些理论问题？

邹：我最近经常思考的一个问题就是中西文化的差异：中西文化的差异到底在哪里呢？中国优越于西方的到底是什么？

西方优越于东方的到底是什么？我的基本结论就是：西方优越于中国的就是西方有一个公正的、平等的理念，虽然这个理念并不是一开始就深入人心，而我们的文化对权力与等级过分痴迷。目前为何"被"流行：被城市化、被就业、被拆迁、被自杀、被涨工资、被提高、被自愿、被幸福、被满意、被高兴、被感动、被赞成……"被"字也被流行。为何如此呢？归根结底，这是权力在发挥着作用：对权力的追逐与对权力的无限制发挥，弱势群体自然也就被失声了。公正的理念来自希腊，荷马史诗中阿喀琉斯为何发怒就是因为不公正，阿伽门农躲在后面却分到最好的战利品。平等的理念则来自基督教，托尔斯泰为何也要亲自劳动，就是因为正如他在《天国在你们心中》所说的，一切人都是平等的。我们即使在今日都很匮乏这方面的理念。我们的文化是一个有着悠久等级传统的文化，我们文化的内部差异很大，虽然都叫中国人，都叫中国文化。这个问题鲁迅论述得最为充分，但今日我们仍然没有很好地解决。举一个最为显著的例子。我们研究文学理论的往往把《文心雕龙》奉为圭臬，但作为中国人又有多少人读过呢？大学确实是一个研究高深学问的地方，但这些高深的学问，无论它们的出发点，还是最终的归宿都应该是大多数人的幸福。我常常想，我们到底比西方人优越在什么地方呢？我们比西方人聪明，掌握了更多的真理吗？我们恐怕不能这样说，特别是近现代更是如此。我们比西方人更善良，更尊老爱幼吗？孝道一直是中国人所引以为自豪的东西，且不说现实，即使理论上苏格拉底与摩西十诫都主张要孝敬父母。至于一直令中国人头疼的婆媳关系，《旧约》的《路得记》中就彰显了很好的解决办法。中国儒家奉为神灵的中庸之道，在亚里士多德的《尼格马科伦理学》中讲得更清晰，更生动。至于"扒灰"的历史在中国也有着悠久的传统：从《诗经·邶风·新台》中所说的卫宣公霸占自己的儿媳妇，到《长恨歌》中李隆基与杨玉环的"在天愿作比翼鸟，在地愿为连理枝"，再到《红楼梦》里焦大提到的扒灰，只有像贾宝玉这样的纯洁青年才不懂其中的情理呢。可见我们也并不比西方在道德上好到哪里去。儒家所谓修身、齐家、治国、平天下不过是一种书面上的理想而已。如果说真有什么领域中国人具有自己的特色那是中国的艺术：中国的书法，中国的绘画，中国的建筑，中国的京剧等，自然也包括中国的文学。问题的关键是，如果在理论上认为中国人有着不同于西方的真理，不同于西方的善，那中国人就会痴迷于此，而不加反思，从而得出很多莫名其妙的结论来。就像康德所说的，善于提出合理的问题，乃是聪慧的标志，如果问题本身没有意义，那么它除了会使提出问题的人感到羞愧外，还有这样一个缺陷，就是引出荒谬的回答和造成可笑的场面：一个人要给羊挤奶，而另一个人却给它垫上筛子。我常常想，政府应该鼓励资助所有，至少是大多数优秀的学生，到欧洲，包括日本去参观旅游，甚至是生活一段时间，就像欧美的背包客一样。这样大家就不会依照着书本的内容，为某些子虚乌有的问题争论不休了。

穆：是的。邹老师，我也常常思考这个问题，到底中国传统文化的特色在什么地方，中国今日的文化应该朝着哪个方向走？不过我确实也为此问题困惑不已，目前学术界也在争论不休，没有定论。您能否简要地谈谈您在美国学习的收获？

邹：2006 年我很荣幸地获得了浙江大学首批新星计划的资助，到美国学习两年。第一年去加州大学的伯克利，当时主要是考虑，伯克利是美国现代文明的一个重要标志，自由思想的发源地，反对越南战争的游行就是从伯克利开始的。第二年是去哈佛大学，这是美国传统文化的象征。这两年的最大收获，第一是对基督教文化有了较为广泛而深入的了解与思考，包括对《圣经》文本的学习研读，我跟随好几个人学习《圣经》，有台湾人，有美国人，也有加拿大人，甚至是意大利人，也有大陆的移民，其中有牧师，有神父，也有自由派的基督徒，当然是为了了解美国文化。不过我对基督教的观点，仍然以康德的《单纯理性限度内的宗教》为原则。另一个最重要的收获就是尽自己的能力走遍了美国的山山水水，除了阿拉斯加基本上都走到了，包括在美国得瑟米蒂国家公园森林里野营一周，游览了黄石公园，参观了中国人不愿去的天使岛，尼亚加拉大瀑布是很多人都去过的，夏威夷也是一样。至于人文景观，给我影响深刻的就是旧金山三多个小时的同性恋大游行，盐湖城的摩门教堂，还有在美国人家里的生活。我的想法很简单，就是尽可能地了解西方的文化与生活。在剑桥也是一样，在学习之余，我走遍了剑桥的大街小巷，包括一个人沿着围绕剑桥城外的公路绕行剑桥一周。整个英国也是如此，从西部威尔斯的卡迪夫大学，到东部的约克大教堂，从北部的尼斯湖，到南部哈代的故乡，我都尽力走到。我常常深夜十一二点坐从伦敦到剑桥的火车回剑桥，车上的人满满的，大都拿着报纸看,还有一群群刚刚下班回家的工人站在车厢的接口处畅聊,中间的我想必一定很醒目。就是在这个火车上一个英国人告诉我日本发生了大海啸,因为他当时误认为我是日本人。在多彻斯特车站和一个退休的爱尔兰建筑工人的长谈也令我怀念不已,是他向我又重复了别人曾提到的中国在崛起,英国在衰落的说法。在英国人家里一个月的生活则使我亲身经历了对中国友好的英国人的态度,与仅仅通过媒体了解中国并对中国抱有偏见的英国人的精神世界。虽然在英国的交通费很贵,我的经济也很紧张,我的目的只有一个:要尽可能地了解真正的英国。不仅仅是西方在妖魔化中国,中国也在妖魔化西方,这是文化交流中所经常出现的现象。所以我也鼓励学生要尽可能地节衣缩食到处走走,以开阔视野。即使成就不了学问家,也不要成为一个自以为是、心胸狭隘的书虫。歌德在 1827 年 1 月 31 日关于中国传奇的《谈话录》中说:"中国传奇并不像人们所猜想的那样奇怪。中国人在思想、行为和情感方面几乎和我们一样,使我们很快就感受到他们是我们的同类人。"我也知道苏格拉底与康德从不旅行,也同样达到了人类思想的高峰,但他们是在人的精神的深度里旅行。我的旅行使我坚信了一个基本的信念——人类必将按照一个共同的基本的原则,那就是互相尊重,互相关爱的原则来建立起和平的家园。过去是以部落为中心,现在是以民族或者国家为中心,将来必将以一个共同的原则为中心。我们的文学研究应该促进这个伟大的进程,至少应该以完善自我为归宿。

穆:谢谢您这么伟大的理想,这个理想既古老又让人有些迷茫。我们确实有些被现实的生存压力压得有些喘不过气来，而忽视了对这些问题的思考，对于在学术领域里摸爬滚打的年轻人来说更是如此。您能否直率地谈谈您对目前学术界的看法吗？虽然直率有些令人不愉快，只要能实事求是，总能获得多数人的理解与支持。

邹：目前学术界大家都在出于各种原因拼命工作，但我认为目前学术界仍有两大痼疾需要大家共同努力克服：一是门户林立，二是言行脱离。门户林立乃是学术走向凝固的一种表征，大家都是自立山头，近亲繁殖，门户之争不绝于耳，而门户之内也是"兄弟阋于墙而外御其辱"，哪里能谈得上真、善、美？至于言行脱离，则更是令人担忧。孙中山先生在 20 世纪初谈到"知难行易"，而今日突出的问题是"知易行难"，大家在理论上都知道要追求真、善、美，但又有多少人在行为上去追求真、善、美呢？虚假的学术自然没有真，充满弱肉强食与权力争夺的学术之争也谈不上善，而从事此项工作的人又大都愁眉苦脸，头秃发白，美又何来？在某些人的心中，真、善、美的位置早已被钱、权所代替。这种状况发展下去令人堪忧。我并不是针对某些个人，作为一个年轻的学人，只是发出自己的担忧而已。其实这个状况大家都知道，这种担忧大家都有，很多人也提出了自己更为激烈的批评，只是现状似乎没有什么改观，反而有愈演愈烈之势，这种状况对中国学术的发展至关重要，所以今日不避重复之嫌再次向您提出，希望中国的学术能打破自身的壁垒，双倍的喜人景象能再次呈现。其实，一切社会科学的思考都归结为对人，特别是对人的本性的思考。我非常喜欢甘地所说的一句话：你看看历史上那些暴君恶行，也许他们在短期内会存在，但从长远来看，只有真理与爱才能够永存。

穆：您的批评确实是正中时弊，但我们也不应该否认大多数学者仍然是在真诚地追求着自己的事业。

邹：是的，您说的很对，对于那些默默无闻的劳作者，我一向身怀无限的敬意，其中包括我的那些至今职称等现实利益仍无着落的同仁朋友，他们的学问很好，也始终兢兢业业，只是不愿意违心迎合今日的评价体制，然而他们才是中国真正的脊梁。我为自己庆幸，更为他们祝福。鲁迅先生在《最先与最后》中说，我每看运动会时，常常这样想：优胜者固然可敬，但那虽然落后而仍非跑至终点不止的竞技者，和见了这样竞技者而肃然不笑的看客，乃正是中国将来的脊梁。正如在《西游记》中，如果没有唐僧则不会有取经，没有沙僧，那么多行李聪明的孙悟空与追求实惠的猪八戒是不会代劳的，但孙悟空的上天入地与猪八戒的家庭意识虽然能得到各种评价体制与现实大众的认可，但仍然无法取代唐僧与沙僧的作用。

穆：邹老师，您最近在研究什么呢？能否给我们讲一下。

邹：我最近在研究莎士比亚。有些人问我，好像我的研究领域游移不定，不像一般的人那样容易贴上标签，称为某某专家。老实讲，我并不想成为某某专家，虽然我并不否认他们卓有成效的工作,因为每一个真诚劳动的人都是在往学术的大厦上添砖加瓦,任何人的劳动最终都通向真、善、美的高峰。只不过我有自己的困惑,我想解决自己的问题,寻找内心的宁静。我非常崇尚第欧根尼关于读书的说法,人读书正如狗啃骨头,不停地啃了很多骨头,但其真正的目的也就仅仅是那非常少量的骨髓而已。我在如高山一样耸立在我眼前的巨人面前感受到了自己的渺小,看到很多人唯我独尊,趾高气扬地在众人羡慕的目光中如入无人之境地走过,我就常常提醒自己,难道他们心中没有孔子、庄子、苏格拉底、耶稣、释迦牟尼、甘地这些圣人吗? 难道所有这些圣人共同的特征不就是既伟大又谦虚吗? 但我也在自己每日艰苦的劳作中感受到内心的充实,我的目标不过是不停地爬山而已,爬过了 200 米的高山(200 米对我来说已是高山),接着再爬 400 米的高山,同时准备着爬 800 米的高山,直到不能爬山,坐在路边看着后来者继续前行为止。虽然我的那些朋友同仁们早已爬到了 5 000 米的高处,在俯视着我,但我并不气馁,依旧照着固有的节拍,跟随在他们后面,寻找着自己要寻找的东西——内心的平静。

穆:非常感谢您坦诚的交谈。我们也希望学术界能多一些真诚的交流,少一些大而无当的空谈,这样既有利于后学,也有利于当下的思考。

邹:再次感谢您与《社会科学家》给我这次机会。我只是坦诚地讲出自己的思考与困惑,也真诚地希望我的思考能给大家或多或少的启发。讲得不对的地方,也欢迎大家批评指正。谢谢。